中国近现代行业文化研究

技艺和专业知识的传承与功能

[法] Christian Lamouroux
（蓝克利）主编

國家圖書館出版社

图书在版编目(CIP)数据

中国近现代行业文化研究：技艺和专业知识的传承与功能/(法) Christian Lamouroux(蓝克利)主编. —北京：国家图书馆出版社，2010.7

ISBN 978-7-5013-4383-6

Ⅰ.中… Ⅱ. Lamouroux(蓝)… Ⅲ.①工业经济—中国—文集②商业经济—中国—文集 Ⅳ.①F42-53②F72-53

中国版本图书馆 CIP 数据核字(2010)第 121311 号

书名 中国近现代行业文化研究——技艺和专业知识的传承与功能

著者 (法)Christian Lamouroux(蓝克利) 主编

出版 国家图书馆出版社(100034 北京市西城区文津街 7 号)

(原北京图书馆出版社)

发行 010-66139745,66175620,66126153

66174391(传真),66126156(门市部)

E-mail btsfxb@nlc.gov.cn(邮购)

Website www.nlcpress.com → 投稿中心

经销 新华书店

印刷 北京汉玉印刷有限公司

开本 787×1092 (毫米) 1/16

印张 24.5

版次 2010 年 7 月第 1 版 2010 年 7 月第 1 次印刷

书号 ISBN 978-7-5013-4383-6

定价 86.00 元

图一　土地公　（Bodolec收藏）
图二　合龙口仪式（Bodolec摄于1999年）
图三　工地上　（右边穿蓝色衣服的是总头。Bodolec摄于2008年）

图一
图二
图三

图四	
图五	图六
	图七

图四　青铜钟上的枚

图五　唐铜锣上的旋纹

图六　唐银盒上的旋纹与震纹

图七　锡壶上的旋纹

图一

图二

图一　朱剑鸣作品：立织机模型（毛传慧摄）

图二　朱剑鸣作品：竹笼机模型（毛传慧摄）

图三　小满期间盛泽居民在先蚕祠祈福

（左二为周德华先生。毛传慧摄于2009年5月19日）

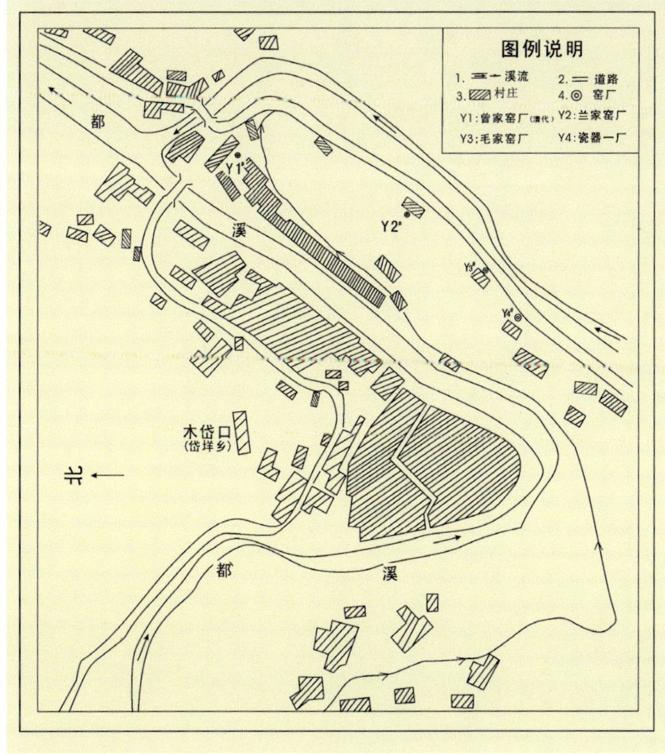

图一　龙泉县岱垟乡木岱口村曾芹记作坊全景（Guichard摄）

附：民国时期木岱口村瓷窑遗址分布图（根据浙江省测绘局1990年版1:10000图放大而成，由浙江丽水学院教师制作）

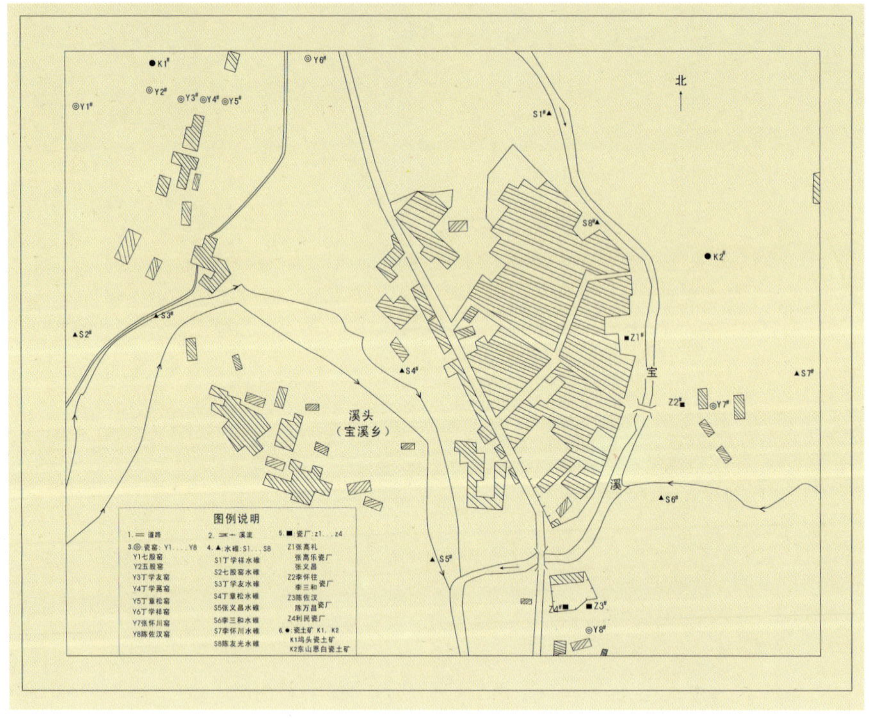

图二　龙泉县宝溪头村全景（Guichard摄）

附：民国时期溪头村瓷窑遗址分布图（根据浙江省测绘局1990年版1:10000图放大而成，由浙江丽水学院教师制作）

图三　左：南宋龙虎瓶　（龙泉县古墓出土，高18.9厘米，口径6.9厘米，足径9.5厘米，失盖。香港中文大学冯平山博物馆：《浙江青瓷》插图61）

中：陈佐汉《古龙泉窑宝物图录》插图之一（陈佐汉后代收藏，许军摄）

右：龙泉县宝溪乡车盂村龚庆芳家庭作坊民国时期制作的龙虎瓶（高20.3厘米，口径5.5厘米，足径7.8厘米，失盖。龚家第四代艺人龚益华先生个人收藏，赵冰摄）

图四　龙泉县烧窑点火前祭拜窑神——祭窑（钟琦摄）

图三

图四

甘肃省跨民族的商业网络

图一

图二

图一　景德镇“天兴隆制”瓷碗（购于临潭古玩店。方李莉确认此碗是景德镇40年代产品。碗的纹饰是吉祥的蝙蝠和大龙，碗底印章为“天兴隆制”。瓷碗的套包是藏族牧民手工编织的。Hille摄）

图二　临夏的批发纺织品商店（临夏纺织品批发商店都集中在东部市场的周围，托运部按照目的地不同有十几个。图为商贩正与藏族顾客进行交易。Hille摄）

图三

图四

图三　玛曲县的安多市场（从市场大门所摄。一层的两面能看到人造毛布料，铺面全都是西道堂商人经营的。楼上是服装加工作坊，主要是为藏民加工。Hille摄）

图四　安多市场的一个布料铺（父子两代经营。请注意藏民穿的藏袍都是用安多市场销售的布料加工的。商人也销售在当地制作的藏袍，加工制作者大多是中年藏族妇女。Hille摄）

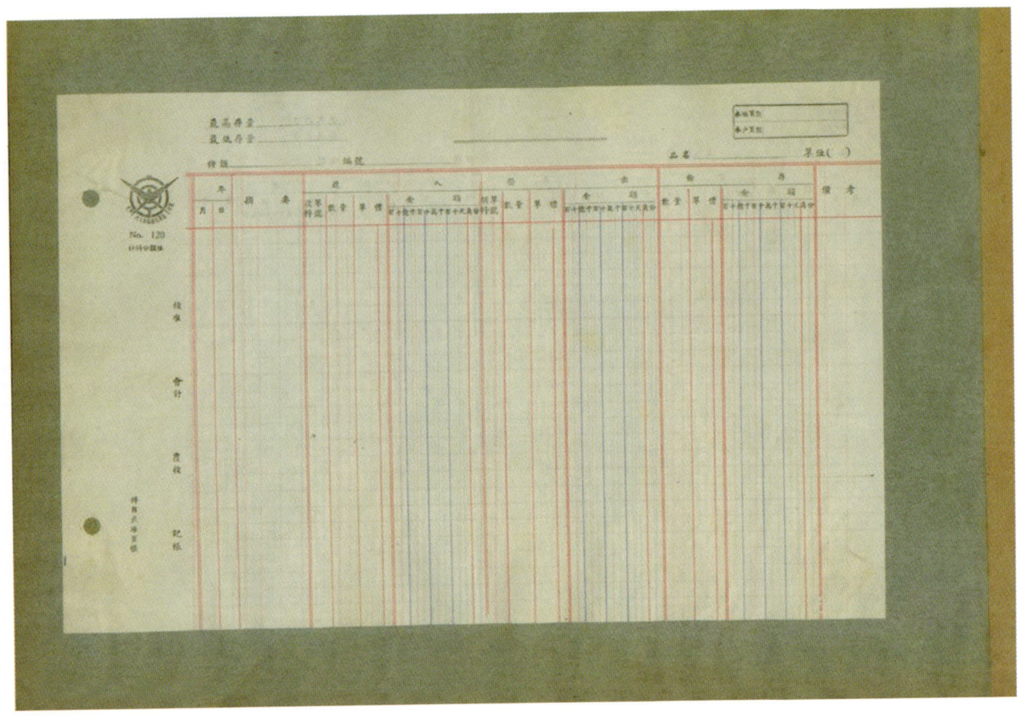

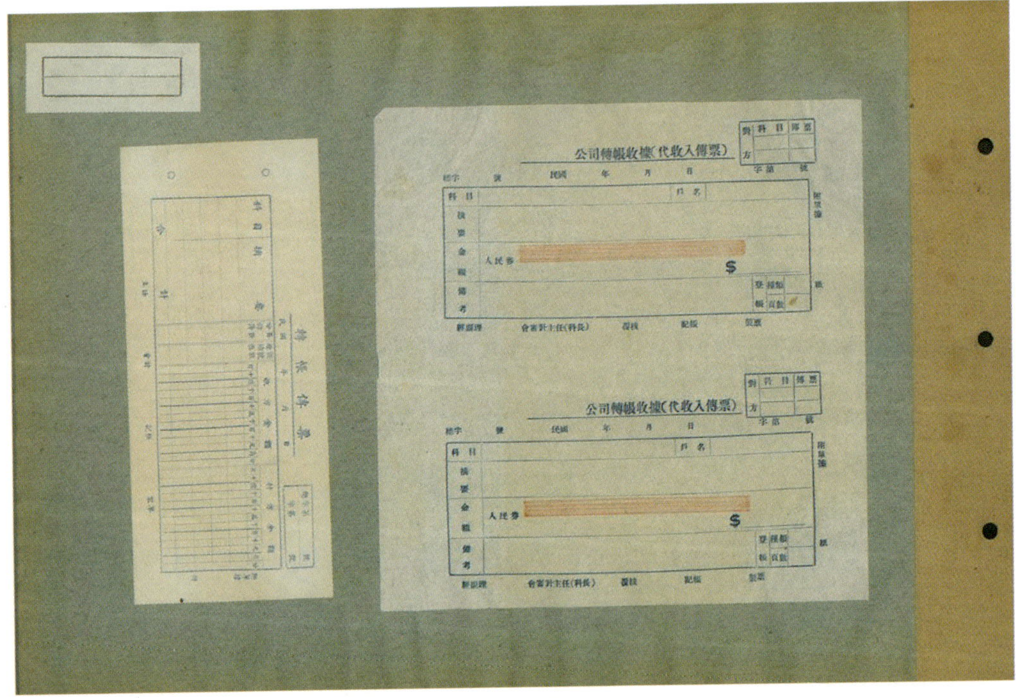

图一　成文厚的五色账（北师大资料）

图二　成文厚为大中小客户制作不同类型的账簿表单（1940—1950）（北师大资料）

图一

图二

目　录

北京商业文化 Trade Culture in Beijing

前　言

2008年10月27日至29日，由法国巴黎高等社会科学学院与北京师范大学文学院和民俗典籍文字研究中心联合主办，在北京师范大学召开了以“行业文化和行业技术传承”为题的国际学术研讨会。会议在“行业文化和专业技术传承”中法合作项目基础上进行[①]，与会中法学者共发表了20余篇专文，介绍了各自搜集的资料，开展了相互评议，总结了初步考查的结果，并共同商议了下一步研究方向和最终成果形式。会后，又有19位作者做了进一步的研究，修改了论文，提交了论文定稿，兹将这些论文结集出版。作为主编，我的职责是通读全稿，尽量统一体例和统稿，撰写《前言》[②]，说明“行业文化”项目的研究宗旨，以及阐述我们的一些初期研究观点。

在2005年的本项目申请书中已对此做了阐述：“所谓行业文化，是专业技术的地方组织系统，是由不同社会群体所组成的。”项目本身的着眼点，一方面，是这些地方组织系统所创造和传承的各类专业知识、技术和经营的内涵，及在其形成、发展和变迁的过程中所逐渐稳定下来的、能够给予一定保障的传承过程，它有助于建构、强化和保护那些具有专业知识和技艺的群体或个人，发挥他们在社会关系或社会网络中的创造和合作能力；另一方面，这类地方社会组织系统的再生产，又直接取决于专业程序化和规范化，两者共同塑造了专业技术行业化的复杂过程。因此，专业知识的传递不大可能一开始就通过固定的行业传承下来，而是要通过不同的技术、文化和社会的渠道才能获得传承。我们认为，掌握专业知识和技术，可以成为体现群体或个人的社会身份和权力的主要因素；但是，我们也强调，行业化是不同社会阶层互动关系的结果。

本项目的研究目标有两种：一是通过探讨专业技术传承，了解行业化的具体过程，二是把该过程作为认识中国社会基本结构及其再生产过程的一把钥匙。因为技术传承的具体方式与地方组织系统内部的演变和社会分化有明显的互动关系，

---

① 中法合作项目“行业文化和行业技术传承”获台湾蒋经国基金会的支持和资助，谨此致谢！

② 在编写《前言》中，获得本项目组同仁的大量帮助，特别是中文稿润色，兹向诸位同仁致谢。

所以本项目的基本方法是从社会史的角度开展对技术传承史的综合研究。我们考察技术的沿革，但决不局限于技术层面，更主要的着眼点是社会历史面向的研究。因为专业技术传承的具体方式决定了地方组织系统的社会演变，而研究社会演变过程显然属于社会史的范畴。

本项目的研究分工与合作范围是从地方行业组织的实际出发确定的。由于专业技术的程序化和规范化研究不是历史学家所能单独承担的，因此，参加合作研究的学者也是多学科的。他们分别在六个子课题组中工作，其中有历史学者，也有研究社会学、人类学、民俗学和考古学的专家。在这次合作中，有五个子课题分别涉及陕北、浙江和江苏、河南、甘肃和青海乡镇的专业技术传承和保护、技术传统的连续传承或再现传承，其中有三个子课题对乡镇（或村镇群）的工匠群体做了调查研究，有两个子课题对农村回民商业组织及其贸易活动给予了较长时间的关注和研究。第六个子课题研究北京中小商业企业的专业技术引进和普及传承的问题。

以下介绍六个子课题相关论文的内容大要。

一、陕西

罗琳（Caroline Bodolec）和冯奋的考察重点是陕西省延川县的民居，即窑洞。他们在《二十一世纪的窑洞：陕北延川县工匠传统建造技艺的学习与传承》一文中，对几年来访谈和积极观察的结果作了报告，主要介绍在1980年代以后，当地农民如何在农闲组织窑洞建筑队和传承技术的过程。延川县的工匠保持了18、19世纪窑洞建造的传统技艺，但在改革开放以来，他们也创造了一些民居建筑新传统，包括工具、工程程序和建房仪式。作者认为，在陕北的这一地区，目前已经培养出一批年轻的、有较高技能水平的建筑工匠群体，但这些工作还是农忙务农、农闲造房，沿袭了传统的工程时间。论文详细描述了这批半农半工的年轻石匠和木匠的培养过程，指出他们在地方社会中的流动性和工期灵活性，也说明了工匠队伍内部的等级关系。将本文与其他子课题对比来看，有两点是富于启发的：(1)在石匠和木匠的眼中，专业技术并不是最难掌握的。他们都认为，建筑工程中最关键的技术能力是属于总头（施工方负责人）的。总头的才能体现在两方面：与房主签订合情合理的工程合同；同时动员和组织工匠队，并在队内协调人际关系和业务关系，处理在工作中遇到的各种矛盾。总之，拥有具有这种组织能力的人才是关键。(2) 因为地方组织所面临的社会经济环境变动较快，工匠技术的新传统不一定能持续传承下去，所以子课题还附带产生一个具体目标，就是保护和弘扬地方传统民居建筑技术遗产。作者计划拍摄一部纪录片，文章对纪录片的基本内容也做了大略的介绍。两位作者强调窑洞建筑的文化价值，希望地方政府和民众对自己的传统建筑技艺的价值有更多的理解和认识。

关于传统技术的文化价值，民间艺术家冯山云所撰《人活的就是个文化》做了详细的描述。作者利用回忆录的方式，说明自己对民居民俗文化的发现、珍爱和保护的心路历程。这篇文章说明，在近三十年来，当地人获得专家的帮助，通过举办民间艺术培训班和民居博物馆，在思想上和组织上具体发挥了当地代代传承的建筑技术和艺术的价值。作者通过描述这种自觉的组织过程进而说明，罗琳和冯奋所观察到的民居社会史现象不是偶然的，也不可能是孤立出现的。传统技艺传承必须在一定的文化空间中才能发挥其社会作用，因为窑洞是社会群体生存的建筑空间，也是民俗文化生存的空间，只有恢复和保护窑洞的民俗文化价值，才能保证和保护窑洞的民间新技艺的传承。用冯山云的话说，开放社会不仅对外开放，对“荣誉的过去和理想的未来”也得开放。

考古学者秦建明在《中国古代的车削与车床》一文中指出，技术传承是民间文化的组成部分，是直接保护物质文化和非物质文化两方面遗产的基本社会机制之一。长期从事考古的作者是从剖析一个具体的车削工具入手，逐渐推进对行业文化的认知。由此可见，一位考古学者对行业文化研究如何作出贡献。该文搜寻了相当多的历史文献，结合部分文物上存留的车削痕迹，讨论中国古代旋床与旋削技术的历史与概况。从作者所提供的资料看，在中国历史上，旋床很早就已出现，对旋床的运用历史也绵延不绝，但古代史籍很少注意到这种机械，对其缺乏记载，对有关的工艺技术更鲜有提及。在这种情况下，间接地通过对古代遗物的旋削加工痕迹，或对民间记忆中的旋床与加工技术进行调查，就成为一种可尝试的和可行的研究途径。秦建明所调查的大佛寺旋床只是散存于乡间的古老旋床之一。这种旋床的构造是初级水平的，所能加工的旋削品种有限，与中国古代文献记载的旋削品种相比，尚有许多缺失，对更大尺寸的工件不能加工。作者认为，这种旋床只能算是传统古老旋床的幸存样式之一，很多类似的工艺和工具已经消失，这是不可避免的社会现象。因此，目前的当务之急是要尽快采用这种调查方法，使我们对这种传统技术和使用其工具进行生产活动的传承过程获得进一步的认识。

二、浙北和苏南

第二个子课题将考察地点集中在浙北和苏南的几个乡镇，调查研究江南蚕桑生产和丝绸技艺的传承与社会演化的关系。在这方面，主要有毛传慧和包伟民的两篇文章。

毛传慧根据文献史料分析研究19世纪末至20世纪30年代初当地蚕桑业改良的过程。毛传慧专攻中、法、意蚕桑养殖业和丝绸史，她在《清末民初的蚕桑改良——传统与现代的递演》一文中，把当时的中国改良运动放在世界技术发展和贸易史的宏观历史背景下探讨，交替使用中法文献，详细论述桑蚕业技术改良的历史过程。她认为19世纪下半叶欧洲转向科学蚕桑业以后，欧洲专业技术和科学知识流传到亚洲，影响到日本的蚕桑业发展，也刺激了中国生丝生产现代化的历程。这一历程分为三阶段。（1）1870年代末的酝酿期。此阶段法国蚕丝业者积极推动，但尚未引起中国政府的重视。（2）甲午战争后的奠基期。这时由地方官员设立蚕学馆，聘请日本蚕师，从日本引进新式蚕桑知识和技术，在农学会的支持配合下，奠定了中国地方蚕桑改良的基础。（3）民国初年的发展期。在这一阶段，地方蚕桑改良会成立，在江浙一带普及新式蚕桑技术，并为1930年代蚕桑业统制政策提供了实施蓝图。毛传慧还注意到历史大趋势和普及科学知识之间的互动关系，指出，民初合众蚕桑改良会组织的构想，是在欧美国家试图抵制日本垄断市场的背景下萌生的，而江浙皖丝绸总公司担心外国列强可能对国内丝茧业带来不良影响，便积极促成中国合众蚕桑改良会的成立。换言之，改良蚕桑业技术、普及新知识和新方法，有赖于地方新组织机构，如学会、试验场或学校，但新组织机构一般是在持久的政治压力下设立的。

在民国时期，地方蚕桑业的技术教育、技术学校和技术试验机构的发展固然受到地方政府的重视，但值得注意的是，包伟民在《技术传播与社会进步：1930年代浙江蚕桑统制案例分析》一文中提出，除了政府机构，非政府民间组织等地方社会力量也从事蚕桑业改良和参与普及，政府和非政府民间组织的交叉空间是学会和公司，他的核心观点是要关注政府与民间的互动关系的历史现象。他利用大量地方档案，主要是嘉兴市王店镇江苏大有蚕种制造场第三蚕种场和中国蚕丝公司第一蚕桑试验场的资料，分析当时浙江省政府推行蚕桑统制政策、传播新技术的个案。他认为，从清末设立蚕学馆以来，这种传播有两个特点：（1）封闭的生产经营不得不转向国际市场竞争环境，（2）面对国际市场的中国蚕桑业必须改革，这种改革通过实验室的试验和学校教育的方式，建立了传播蚕桑技术的新途径，使改革蓝图变为社会现实。民国政府虽然发挥了积极作用，动员了一定的行政力量，打下了发展新蚕桑业的基础，但当时国内外的消极因素也始终纠缠着当地桑蚕业现代化过程。通过包伟民的个案，我们可以看到，在20世纪20年代之后，中国和西方国家的现代化过程都是在既动荡又开放的社会环境中进行的，也都是积极因素与消极因素相纠结的，但这也激发和汇聚众多社会力量参与改革。无论在亚洲或欧洲，帝制瓦解后的幼稚政治体制，对地方组织的改革既是一种推动又无法完全控制。

毛传慧在浙北考察时，除搜集蚕书、文献档案等文字资料以外，还在海盐、南浔和含山等蚕区进行植桑养蚕技术的考察，特别注意到蚕桑发展和国家政策及环境变迁之间的密切关系；预计将这部分的观察分析，制作成纪录片和考察报告。此外，她也特别重视当地的专业知识人才对本地技术传承的理解，而采用访谈法介绍苏州民间工艺美术师朱剑鸣。朱先生在苏州丝绸博物馆和苏州联合文化艺术中心江南织造所工作20余年，一直从事古代工艺传承的工作。他一方面研究江南丝绸文化及其具体知识，另一方面也重视物质文化，学习古代织造传统技术。从学术角度看，他以个人经历，具体呈现了上面所提及的行业知识和专业知识的差距：他是传承专业知识的代表性人才，但他并不传承行业知识。他不是通过行业组织，而是通过博物馆专业系统，参与保护传统工艺知识。他的工作价值是明显的，带有保存部分行业化过程的记忆的功能。

周德华也成为保存丝织业技术记忆的文化角色。他在《吴江蚕桑风俗》一文中，整理了他毕生搜集的丝绸习俗资料的一部分内容，文章符合现在保护非物质文化遗产政策的重点要求。实际上，我们在国际学术会议上，也都感觉到在进行现实研究工作时，不能忽略中国学术传统对工艺环境的重视，周德华继承了中国历代方志采集“风俗”的传统。丝绸文化的语言和习俗表现了民间技艺的另一个重要作用：民间技艺的语言和习俗能集中表现地方民间文化的认同感和独特性，是体现地方社会的价值观和共识的载体，是地方社会组织构架的重要因素。

三、浙江省龙泉县

第三个子课题是调查研究民国时期浙江省龙泉县境内的乡镇传统制瓷行业。和其他的传统手工艺相比，瓷业技术社会体系更加复杂一些。首先，瓷器生产本身包含一些具有不同程度独立性的生产环节，如坯胎制作和烧窑成器。不同的器物又包含着不同程度的专业技术成分（不管是个体陶工的技术水平还是生产环节内部的分工精细度）。此外，瓷器生产的正常运转还必须依靠诸多辅助行业，如瓷土矿、釉料、匣钵（烧窑时用来防止瓷器与窑火直接接触的窑具）和柴薪的供给，瓷器的包装和运输等等。清末、民国时期是中国传统瓷业经历改革的重要时期。

清末兴起的现代龙泉瓷业的主流是效仿江西景德镇瓷器风格。该时期的产品是以白底蓝花碗为主的日用瓷器。民国初年出现的仿古青瓷则是民间极小规模的、秘密生产的。但是，恰恰是这个特色地方技术促进了20世纪龙泉地方特色瓷业文化的成型。钟琦、吕鸿和赵冰认为，应该把20世纪上半叶的龙泉瓷业发展放到民国时期复杂的社会变革大环境中分析研究。三位作者主要使用了两种搜集资料的方法，即实地采访与档案整理。他们采访了当地数家民国时期秘仿青瓷艺人的后裔，从中了解这些青瓷世家的前辈们对龙泉青瓷烧造技术的恢复和传承所做的功业。这些田野考察工作的成果主要体现在钟琦的《田野研究：龙泉窑停烧后龙泉青瓷的技艺传承》一文中。钟琦通过反复梳理和校正多方搜集的口述信息，整理出四个家庭的青瓷技艺传承谱系，并对当地值得纪念的家庭和人才做了详细的描述。

赵冰和吕鸿潜心整理和研究了一些迄今被很少人注意到的新鲜文字资料，尤其是龙泉市档案馆保存的1919年至1949年之间的行政和刑事档案。虽然很多档案目前都不完整，但作者从中提炼出一些非常珍贵的、能再现复杂的龙泉瓷业社会和特色职业文化的材料，如民间工匠与地方政府的互动关系、地方乡绅的主导作用、地方技艺和地方文化的交叉作用等等。在《从地方档案窥视民国时期龙泉瓷业社会》一文中，两位作者选择分析了多起有代表性的定碗、窑厂租赁、瓷土挖掘等纠纷刑事案件。她们从中观察到牙行转运商人在山区乡镇瓷业生产、运输和销售各个环节中的强大实力。作者指出，民国时期龙泉制瓷业是以家庭作坊为基本元素的、以亲情关系为纽带的小工匠社会。为了能更深入地理解地方社会瓷业内部不同社会集团之间的矛盾和冲突，作者还整理并分析了与瓷业有关的两大类行政档案。第一类是县政府及各职能部门在行政管理中形成的文书材料，以工作报告为主。第二类是龙泉县商会组织材料以及有关瓷业组织的代表名册、统计报表，瓷业行业各组织有关建议、设想、组织公会的章程、计划等文书材料。其中有相当一部分是地方人士办厂、办会的提案和他们创建学术团体组织的文献。在我们看来，这种纯属民间组织的第一手历史资料不多，因此作者的工作是很有意义的。此外，实业救国改良派所提交的报告、或与官办瓷厂有关的档案所反映的大多是开办拥有工业化设备的现代瓷厂的历史。当然，民国时期改良派的影响非同一般。比如，他们建立职业学校力图改变陶工的知识结构，打破了传统的技术传承模式。在民国时期，这个从农村手工艺社会走向现代手工业社会的改良进程在龙泉只是有了开端。所以，这种自上而下的改良运动显然是不能全面涵盖当时地方民间瓷业的社会史。进一步说，不能涵盖这种民间工匠和家庭作坊在民国时期所面临的危机和所展现的应变能力。从龙泉个案来看，与此同时，龙泉地方乡绅则自行找到了另一条路，那就是以制作技术为工具创造一个新兴的青瓷技术社会体系。为此，他们采取了一系列充满智慧的措施。比如，以学术团体的名义聚集同行，通过结社、著书把青瓷技术上升成青瓷文化，以搞地方特色产品来赢得地方政府的扶持，等等。所以，民国时期的龙泉瓷业文化不是普通工匠、艺人的行业文化，它是由地方艺人、乡绅、官员苦心经营起来的、一个做了文化升华的职业文化。所以，龙泉现代青瓷职业技术文化体系的内涵不只是严格的行规行矩，其技术传承更不是简单、机械的承袭。

这种民间瓷业史在江西景德镇也值得书写，因此，方李莉在《冲突与融合——早期现代化在景德镇陶瓷业中的阵痛》一文中，做了同样重要的工作。作者观察到江西景德镇在民国时期也经历了一次改良，该研究也能说明改良派在景德镇所采取的措施，与龙泉大同小异。当然，江西景德镇和浙江龙泉的制瓷史背景不同、传统行业制度发展的深广度不等，改良运动在两地的结果和影响也迥然不同。方李莉的视角包含一定的理论思想，对两个历史上最重要的南方制瓷中心开展不同角度的研究。因此把这篇文章附在浙江龙泉制瓷业一章之后。

最后三个子课题都是涉及商业活动和商人组织，侧重探讨商人将各种信息变为发展业务的商机，以及创造商业管理知识的不同方式。古人视商业贸易为“通有无”，已认识到商业是跨区域的交通通讯系统和通货系统。中国历史上的地方商业运行往往依赖于不同民族在不同区域的交流，因此我们的研究也注意到多民族商业经济。

四、河南省桑坡村

第四个子课题选择了河南省桑坡村的鞣皮业为研究对象。作者伊丽莎白（Elisabeth Allès）一直致力于桑坡村的考察，她的报告题目为《河南桑坡村毛皮鞣制历史重建的几个元素》。为全面进入当地的回民毛皮行业系统，她还到相关地区做了考察，如到新疆维吾尔自治区的伊宁市观察该村农民购买原料，又到广州考察该村农民的皮革销售等。该村的回民毛皮商业发展了自己的国际网络。作者调查研究的结论是，该个案充分表现了中国地方商人的能动性和创造性。需要指出的是，作者的结论和当地文献的观点有所不同，作者决不否认国家和地方政府的积极作用，但她通过自己细致的调查研究，发现了以下几个差异点。（1）桑坡村早有皮行的历史传统，但目前的行业和历史上的皮行已没有连续性，鞣皮业在当地的传承出现了断裂。在 1940 年代左右，因民族矛盾和冲突的原因，原来有鞣皮业技艺和知识的家庭离开了河南，当地皮行停产。1960 年代末，在某党支部书记的影响下，村民在清真寺原址建设了一家小工厂，恢复皮革厂。但是，到 1970 年代末，这个工厂的生产水平下降了，领导和老工人不愿意改革。最后，有几位民间人才意识到时代的变化，感到非改革不可，才搞起了家庭个体企业，重建桑坡村的鞣皮业。（2）新的商业活力依赖于妇女的积极性。这个例子说明，不能千篇一律地认为，传统手工技艺和知识是从上一代向下一代传承的，这个村的手工专业知识是通过男女两性、回汉之间的互动关系得以传承的。（3）桑坡村回民皮行的再现，显然依赖于业务传统，但这种传统只能通过很复杂的社会过程而发挥作用，只能被看为是对当地人的智慧和积极性的历史资源的合理调动。

五、甘肃省临潭县

第五个子课题调查甘肃省跨民族的商业网络，张世海和伊玛丽（Marie – Paule Hille）专门进行了三年的大量田野调查，查阅了相当的文献资料，研究甘肃西道堂回民商人长途贸易的历史和现状。他们指出，甘肃省临潭县是多民族共同生活生产的典型地区，是周边地区的经济和文化枢纽，很有传统商业特点，也有社会组织的灵活性。西道堂在该地区的社会和经济组织活动正是这类样本。西道堂商人信奉伊斯兰教道德观，坚持奉行商业组织的集体管理原则，长期进行多民族商贸活动，在其主要活动区域都赢得了很高的商业信誉。作者的调查研究依靠历史和经济资料，也运用了民族学、宗教学知识，对西道堂的历史传统和社会演变、行业文化和商业知识、宗教信仰与经营方式的传承等，都做了相当深入的研究。

张世海在《民国时期西道堂商业相关研究资料的发掘、运用情况》一文中，从地方史志、民国报刊书籍、当代专著文集、档案和调研报告等五种资料中，进行资料发掘与选择，对有关民国时期西道堂商业方面的资料运用等情况进行了全面评述，这对日后西道堂的相关研究奠定了基础。张世海还使用这批资料另撰《民国时期西道堂商业发展研究》一文，介绍了西道堂这一中国伊斯兰教教派的形成和发展，以及民国时期商业发展和商业文化的独特性，对清末至民国时期西道堂伊斯兰教与社会和商业组织不同层次的互动关系做了分析。他的论述说明，民国时期的西道堂既是内外尚不稳定的、独特的社会组织和经济组织，又是一个能变迁发展的社会网络。

1980年代以来，西道堂适应社会改革进行了调整，又发挥了新的社会活力。在这方面，伊玛丽和冯艳使用以人类学和社会学为主的方法，进行了深入的个案分析，她们在《洮商经历的片段，经营知识的传承以及当代商业的转型——以中国伊斯兰教西道堂的“天兴隆”商号为个案》一文中，通过考察“天兴隆”商号的历史和新的发展变化，及其行业文化和专业技术传承，研究了1980年代后西道堂商业活动的再现。经过十个多月的积极观察，伊玛丽与“天兴隆”的商人建立了互相信任的关系，搜集到不少文字资料，包括一些管理资料；她还采访了不少职工，得到宝贵的口述史资料。为了理解从当地商业组织在杭州—临夏—玛曲（甘肃省甘南藏族自治州）之间建立的完整商业网络，她还前往杭州考察研究。经过大量的调查研究工作，作者研究了历史和现实不同阶段的商业活动，也研究了新一代和老一代商人之间的知识传承关系，还发现了民族间的新关系，注意到商人在其中的适应能力，阐述了他们的企业活动如何转型而对待新的挑战。

六、北京

与前述各子课题不同的是，第六个子课题把研究的重点放在繁华的都市。刘小萌、定宜庄、蓝克利（Christian Lamouroux）和董晓萍是从不同角度研究清代、民国和1950年代初期北京的商业文化。在北京这样的大都市中，商业活动丰富多样，商业网络错综复杂。有鉴于此，北京小组成立之初就提出要有一个分工，即围绕北京商业这个中心，由每位研究者各自确定一个研究对象，彼此呼应，相得益彰，以期发挥不同学科的协作优势，并在学术研究上形成一个有机的整体。

作为清史学者的刘小萌，负责整理中国社会科学院近代史研究所图书馆收藏的北京契书。该图书馆一共藏有清代、民国时期房契4000多件，计划从中选出与商业活动有关的400多件，作为研究的基础性资料 。他在《清代北京商业契书的种类与内容》一文中，首先就选择契书的标准作了说明：所选“商业契书”，非指严格意义上的商业经营契书，而是指能够从不同侧面反映商业活动者。原因不言自明，如果将搜集范围限定在前者，不仅所获极少，而且会限制研究的视野，进而影响研究的深入。接着，作者介绍了北京商业契书的分类和特点：从形制上讲，有旗契（旗人契书）和民契（民人契书）的分别；从性质上讲，又有典契、老典契、卖契、铺底契、合伙经营契等等的分类。其中，与商业活动息息相关的铺底契，以及随之产生的有关铺底权的复杂形式，尤其值得探讨。作者认为，铺底契系由铺底权的产生而来；而铺底权的产生，则因铺面房出租与辗转交易、改建或增建所导致的所有权切割与分离；从清代到民国，随着店铺租赁关系的高度发展，铺底契的种类越来越多，产权关系日益复杂；归根结底，铺底权属于物权的一种。作者还依据契书，从商业的分工、店铺的转手、地域优势与老字号、经商的人群、影响商业诸要素等五方面，对清代北京商业活动的内容和特点作了概括的分析。作者认为，通过房契，可以具体了解清代200多年间，北京商人是通过哪些方式或途径进行投资的，投资涉及哪些领域和部门，他们在经营过程中克服了哪些障碍，又取得了怎样的发展。同样值得关注的，还有商业发展给京城旗人与民人（满人与汉人）带来的深刻变化。本文的研究仅限于清代，清代北京商业文化，不能不受于帝制以及八旗制度的多重影响。民国以来，北京商业文化无论从内容还是形式上都发生了明显变化。但不论这种变化如何明显，都只能是在既定的历史传统与文化传承的基础上进行。人们的社会关系在延续，势必影响到他们的商业交往，尤其是在城市内外、城内不同地区、本地人与外来人口等不同群体之间。清代北京商业契书反映的只是一些具体个案，这既是它的价值所在同时又是它的局限，因此需要多重史料的挖掘与彼此印证。不管怎么说，对于这类史料的整理，将给今后的研究奠定一个比较坚实的基础。

有学者认为“北京没有大商帮”，但事实上，北京从来就有商业网络较广、业务影响较大的店铺、商行，众所周知的同仁堂药铺就是其中之一。尽管同仁堂早就引起学者的关注，但是定宜庄在《民国时期北京同仁堂药铺的经营模式：有关同仁堂的口述历史》一文中通过多篇口述，说明同仁堂的历史还有诸多可以开拓的余地。在本文中她首先介绍搜集到的有关资料，以及搜集和运用这些资料的方法和原则，强调无论这些资料是什么性质的，作为历史学者都必须要考订史料与史实之间的关系。因此，她尽可能寻找不同的依据，对不同人提供的口头资料进行比对。具体地说，对于同仁堂在民国时期的历史，由于劳、资双方出于不同利益而有着不同的阐释，所以她特别注意搜集双方的口述和史料。这不仅在方法上而且在内容上都是很重要的。过去对同仁堂的研究多放在乐家的家族历史上，很少有人系统地观察该商行的内部管理机构与分配制度、用人方式和培养人才的具体运作过程等等问题。再者，对于同仁堂历史上的这些具体问题，20世纪50年代的当事人曾留下过详细的文字记述，得以弥补同仁堂历史的某些重要方面，也是很难得的。总之，根据20世纪50年代老职工的回忆，作者深入了解到同仁堂和其他药行在经营概念和方式上包括生产分工上，以及相关药品质量上的不同。另外，这些口述也促使作者重新审视对乐家历史研究的不足：过去对乐家的记述往往都是以四房为主，而未曾对乐家四大房在清末至 1949 年以前的社会交往、生活方式等获得过一个整体性的印象。定宜庄搜集的资料与分析研究是以老大房为主的。这对家族内在的矛盾、中西结合的生活方式或四大房的社会网络都能有更为具体、丰富和完整的阐述。

从理论上说，北京组研究的商业对象，不是以经济导向为主的，而是要了解商人活动和社会网络的特殊社会史。蓝克利（Christian Lamouroux）和董晓萍以北京成文厚为个案，系统搜集了北京民国时期至 1950 年代公私合营前的账簿业史料，包括工商档案和商人与商人家庭的口述史。在《北京成文厚个案研究：撰写北京商业史的资料、方法与初步结果》一文中，作者运用文献和口头资料，详细叙述了北京资本家刘国樑在 1942—1953 年间的个体商业活动史。他出身于一个山东农村传统私人企业家族，1935 年在北京创立成文厚，1942 年开拓北京城市账簿业，不久将成文厚带入事业的顶峰，形成“南有立信、北有成文厚”的鼎立局面。1949 年后，他成为成文厚公司首任经理，兼任同业公会副主席。1953 年，他在三反、五反运动中被定性为“严重违法户”并罚款，离开了公司。论文讨论了一个中小企业在 1940 年代至 1953 年的十余年间，如何吸收当时北京社会的各种社会资源，包括现代会计知识和专业培训学校等，在城市社会动荡中把握了稳定的商机。作者还强调富有进取心的商业组织的特点，主要是发挥不同层级和不同类型社会网络的功能，包括继承和发展家族企业的传统，积蓄和激发城乡移民的流动性活力，进入北京市民基督教系统和建立守信与开放的经营思想，在政府行政规定的股份制和铺保制度中灵活运作，获得自主发展的权力和利益等。在现代会计制度还没有稳定、统一下来的时期，刘国樑的创业理念和实践对普及现代会计知识起到了一定的积极作用。在 1951 至 1952 年的关键年份，刘的经营围绕两个核心进行：（1）将扩展商号规模与房地产结合，（2）维护家族私营股份制与城市政府管理分配制的各自权益。他把两者关系处理得当，有利于他增加企业资本，使之从小资本变为大资本。但当时这种经营也有可能被视为变换手法保存家族资本。1952 年以后，按照当时政府政策的框架，这位企业家无论怎样做出抉择，都被置于“资本家的思想状态”而被投入阶级斗争的漩涡中。

以上介绍本项目的各子课题的具体研究对象和初步成果是必要的，但是这种概括性的介绍大概也会让读者感觉到，这种行业文化项目的研究对象庞杂，范围很广，所得到的成果分散，很难弥补一些重要领域的不足，不会引发出新的思路，发展出新的研究课题等。本论文集犹如一个拼盘，难以编成专辑，以呈现不同课题成果之间的联系，例如，城市会计账簿业与农民盖窑洞的专业技艺传承之间会有什么关系？河南桑坡村的鞣皮业、甘肃西道堂的商业贸易与浙江龙泉制瓷业的各自传统再现，呈现了哪些相似的社会现象？作为论文集的主编和“行业文化”项目的总负责人，有必要对本书作者的一些观点作出归纳，并就本人在三、四年来的观察与讨论中所受到的启发作出说明，给读者提供参考。

首先，要承认我们考察的局限性。我们认为，研究项目的目标和方法之一，是把书面文献和口述资料结合起来，所以我们非常看重利用口述资料恢复历史过程。这样就有两种后果。（1）我们只能把研究对象的历史阶段限定在 1940 年之后。因此，本项目的研究对象基本上集中在抗日战争以后的中国社会。（2）我们只能做个案分析，注意个别的地方文化和传统、个别的行业习俗和结构，而我们最后也只能说明某一个地方、某一个时间、某一些工商活动的具体情况而已。这是个案法的不可避免的局限性。但是，这种个案法的研究，同时也具有其他方法所不具有的长处[①]。个案分析的特点，是强调描述社会史的具体过程，注意到具体活动，以及在活动中所建立的具体社会关系及行业网络。它可以从具体地点、小规模的组织、个人的日常活动、详细的专业知识和具体业务运作，研究行业文化史。由于个案研究离不开描述，所以它不是只盯着历史规律，而是关注实际、微观的变动，这样我们通过详细观察和描述，能达到对个别的、特殊的历史现象的具体分析，从而引起对社会运行和现象的新关注。从这种理念和方法论出发，在我们的调查个案中，可以看出以下四个重点。

第一，无论学科有多少不同、研究视角有什么区别，或者考察地点有何等差异，每一位子课题的学者却都注意到了一个很普遍的现象：在 20 世纪的中国，尽管技术知识会通过文本传承下来，但是文字资料绝对不是唯一的传承方式。实际上，不管什么专业技艺和专业知识，最关键的考验都是掌握专业工作的运作和程序。所谓规范化，包括行话、程序、习俗等，可以通过文本，如教科书、规章、契约和合同等形式确定下来，但在具体实践中，还是要通过人际关系，尤其是家庭内部和行业师徒、师兄之间的关系，通过口述和技艺操作，才能传承下来。因

---

① 可以参见 Jacques Revel and Jean – Claude Passeron（dir），*Penser par cas*《用个案思考》，Paris，EHESS，2005；Philippe Lacour，“Penser par cas，ou comment remettre les sciences sociales à l'endroit.”《用个案思考——把社会科学的头脑颠倒过来》，*EspacesTemps. net*《空间与时间》电子版，Mensuelles，31. 05. 2005，http：//espacestemps. net/document1337. html，2008/10/23。另外也可以参见 Charlotte Furth 主编，题目同样的 *Thinking with cases*《用个案思考》，Hawaiʻi，University of Hawaiʻi Press，2007.

此，各子课题的考察组都对有地方知识和技艺的专家进行了访谈，邀请专家尽可能地当场把集中体现技艺的物质结果、实际运作过程展示给我们，允许我们拍照片。还有一些学者，除了写论文之外，准备用拍电影的方式来介绍自己的调查研究成果。总之，技艺和专业知识的传承属于非物质文化遗产，但是也属于日常实践，因此，这种实践的过程是我们所看重的。

第二，在20世纪的中国，专业知识传承一定是要保护技艺的基本过程，但更为突出的是，因为传承是日常实践，因此本身也具有创造性。20世纪上半叶至1950年代公私合营之前，北京同仁堂对于本店技艺和药品质量的保护，有利于中医的重新价值化，通过弥补西医之不足的方式推动中药的发明；北京成文厚账簿文具店也通过普及专业知识而扩大了本店的商业组织规模和商业市场。这两家企业都通过参与技艺传承和普及专业知识的过程，把企业经营现代化，并且推动了北京社会的缓慢转型。1980年代初，陕北农民继承和发挥盖窑洞的技艺传统，如同河南桑坡村农民恢复中断的皮毛业一样，他们把本土技能和地方专业知识重新价值化，使本地拥有共识、共信和共利的人群凝聚一处，构建成新的行业组织。农民自己培养了一群新的工匠，克服了当时的困难，满足了当地的需求，使当地的历史资源被用来辅助现代化。从这个角度看，专业技艺与专业知识传承对这些地方社会的重组是不可缺少的活力。其实，技术和专业知识本身也具有强大的组织功能，可以促进本地社会的转型。

第三，根据我们观察的具体结果，这种组织功能在20世纪的中国经常是通过家族来发挥社会作用的。无论浙江龙泉制瓷业、河南桑坡村皮毛行业或甘肃西道堂商业网络，都靠家族或所谓的“大家庭”网络来保护和重组自己的业务活动；在城市，家族也是同仁堂劳资不同层次经营、分工、专业化的核心组织；对成文厚而言，家族既是发展与文具纸张相关的历史传统的基本结构，也是后来发展城市账簿业现代经营的动力。本研究项目通过这些不同个案的研究，确认了家族对近代中国行业文化起了不可缺少的作用。但是，仅仅确认这种作用是不够的，还应该认识到家族作用的多样性，首先是它的积极性。民国时期，江浙改良派积极进行改革，他们所采取的与丝绸危机有关的措施都是通过实验室和学校教育落实下来的；换言之，改良蚕桑技术、普及新知识和新方法均有赖于新组织和机构，而政府和民间积极分子都把家庭生产经营看作为一种封闭性生产方式，是不能应付国际市场竞争的落后经济组织。与此相反，在同一个时代，龙泉从事改良的地方乡绅决定发挥家庭组织作用，致力于保护制瓷传统知识，提倡以青瓷技术为中心的地方文化，因此青瓷烧造技术的恢复主要依赖于家庭传承。这两个例子可以证明，当时行业技艺的改良政策有不同选择，而是否动员家族或家庭式的组织直接影响到改良政策的可否持续成功。在存在着专业学校并使科学知识得以普及的条件下，也需要积极发挥其他社会组织的作用，启动其他相关制度，专业知识才能成为社会的有用资源，而最能发挥这类作用的社会组织无疑是家族。民国时期的龙泉和现代的桑坡这两个例子都说明了，在最不利的社会条件下，在没有专业学校的情况下，专业知识只能通过家族或家庭或者具有家庭形式的师徒、师兄的关系传承下来。总之，家族或家庭始终是社会上最基本的知识宝库和知识传承机制。我们这种肯定家族或家庭功能的提法，不等于否认现代教育制度的极大作用，我们只是强调专业学校传承的知识与家族或家庭传承知识的价值观有密切联系。因此我们认为，在分析20世纪的中国行业文化时，不能把家庭体系和学校教育制度这两种传承方式对立起来，不能把学校教育制度与家族或家庭组织的关系看为先进和落后的关系。

第四，我们的调查研究在重视家族或家庭组织的同时，也思考其他社会组织对专业技术和专业知识的作用。在20世纪的中国，虽然技术和专业知识具有普遍价值，它们的传承过程是在具体地方产生，所以传承渠道一定受到地方文化的支配影响。技术、工艺、工具、行业习俗（包括行话）的传承，都属于具有一定地方文化色彩的系统。子课题都能证实这一点：技艺或知识都是通过一定的地方组织才能成为社会资源的。在农村，无论是在浙江或河南的家庭作坊，在甘肃西道堂的“大家庭”网络，还是在陕北的窑洞建筑队；以及在北京，无论是同仁堂药铺，还是在成文厚账簿文具店，所有工匠、工人和职工等，都是通过严格的技术培训过程，才能变成“同行”。也就是说，他们在受到集体培训的过程中，同时享有业务上的配合和彼此认同。这正是技术和专业知识传承可以发挥组织功能的另一面。在这里，所谓组织功能，对集体组织和商业系统本身，包括家族、学校、同业组织和企业公司，都能发挥结构性作用，并由此产生技术和专业知识传承对社会形态的影响。这种影响体现在两方面，一方面促成集体组织内部一体化，一方面促进社会分层，造成新的社会分工，增强行业专业化。这两个基本动力当然也很值得思考。由此可以观察工匠、工人和职工进入不同社会网络的途径，也可以探讨民国至今家族或家庭企业如何转化为公共企业组织的道路，思考外地人如何变成城市市民的道路，同时还可以研究中国社会处理社会再生产的基本运作。

Christian Lamouroux（蓝克利）谨志
2009年12月5日于北京师范大学

陕西民间技艺和文化

Folk Technologies and Culture in Shaanxi

二十一世纪的窑洞：陕北延川县工匠传统建造技艺的学习与传承

（法）Caroline Bodolec（罗琳）　冯奋

引言

陕北地区位于黄河流域、黄土高原。黄土高原是世界上最大的风积和冲积平原之一，气候恶劣。本文所要介绍的窑洞，是适应这个地区的气候条件和峡谷、清野组成的独特地理环境的产物。

延川县人今天仍持续建造窑洞。现在的窑洞有三种形式：土窑，是直接在黄土形成的岩壁上挖洞建造而成；半土窑，或称半土半石窑洞，是在土窑前面加盖砖或石的门脸；第三种称为独立窑洞，是脱离黄土岩，在平地上建造的砖石居室。这三种形式的窑洞，在建造样式上的共同点是，都具有拱形顶，内部是进深较长的长方形。

图二　三种不同形式的窑洞（Bodolec 摄于 2006 年）

建造这种拱形顶样式的房屋需要掌握十分繁复的技术。造窑洞的季节（农闲时），掌握了建造技术的工匠们就依人缘和地域便利自发组成建筑队伍。本文的研究依据两个线索进行：一方面是工头（总工）、石匠、木匠、粉刷工等不同行当内的各种建造技术的传承，另一方面是参与建造的工匠们学习手艺的过程。目前，在这个特别的建筑领域内，存在一批非常年轻、技术很高的建筑工匠群体，他们在农忙时需要做农务，也没有接受过特别的技术训练。本文的目的就是了解他们是如何，在哪里，又是通过何种途径学习建造技术的。

图三　总头确认拱的尺寸（Bodolec 摄于 1998 年）

本研究的基础是从 1995 年开始在陕北延川地区的人类学调查。但本文中提及的主要信息来自于 2006 年 10 月到 2008 年 10 月之间，在该地区建筑工地上进行的非正式调查与交谈。本文第一部分的资料来源主要是 40 余个这样的访谈。

笔者了解到，延川县的建造传统从 20 世纪 80 年代开始有了重大的变化：石建的独立窑洞逐渐取代建造在黄土岩中的土窑。因此，当地房屋建造市场的供求关系也产生变化，当地建造工匠需要学习建造独立窑洞的技术来满足市场需求。但实际上，延川拥有大量 18—19 世纪建造的独立窑洞群，只是直到 20 世纪 80 年代初，当地都没有这方面的建筑工匠。此前的独立窑洞都是外来工匠建造的。

同时，我们将关注窑洞建造涉及的各个行当，以及它们的学习和传承的情况。最后，我们将关注经济发展的条件如何影响了这个刚刚开始在延川奠基的传统技术。

通过在建筑工地上的观察，我们可以看到建造窑洞是一个很复杂的过程。管理一个工地，不仅需要了解建造技术，也要管理整个工程涉及的不同行当之间的关系，还有房主十分关注的是否依照传统仪式建造的问题。笔者留意到，目前还没有任何研究者关注窑洞的建造过程，因此，收集这些受到失传威胁的传统技艺的相关信息十分必要。调查的实际情况是，每年窑洞的建造数目都在下降，工匠也逐渐流失。长此以往，作为陕北民间文化一大特色的窑洞的建造技术和相关仪式都可能失传。窑洞建造技术是一个完美融合到陕北物质和文化环境的建筑传统。为了保存这项传统的一些片断，我们决定拍摄一部纪录片，把建造一孔窑洞的方方面面，从选址到入住的整个过程都做一个纪录。本文的第二部分将介绍这个纪录片的主线。

第一部分：传统建筑与新工匠

在延川，甚至在整个陕北，独立窑洞逐渐成为大趋势，而土窑洞逐渐被取代。独立窑洞跟土窑洞具有同样的建筑样式和造型，但是用砖石建造。大多数的研究者认为独立窑洞取代土窑洞体现了物质生活的改善，人们建造独立窑洞，放弃土窑，是因为后者带来的不便：采光和透气性不好，容易长霉，不抗震等。然而这些观点都忽视了一个事实：18—19 世纪间这个地区就有很多砖石独立窑洞。在它的现代形式形成之前，延川已经有建造砖石窑洞的传统。

陕北和延川的建筑遗产

我们在延川地区的地方志里找到了当地第一批独立窑洞的信息。当地有一定数量的衙门、孔庙，或者学堂的建筑都是独立窑洞。有些地方志还记录了建造日期和窑孔数目①。它们大多数是清道光年间建造的。

1831 年的《延川县志》里记载了一部分独立窑洞的情况，并附有图示，比如孔庙的训导堂②、衙署内的土地祠等。监狱里也有一孔独立窑洞。另外，县志还提到了 1786 年建造的登峰书院。1830 年，该书院的部分建筑重建，在北面建造了四孔独立窑洞③。

目前，大多数作为公用建筑的窑洞都不存在了，不过仍有不少私人窑洞得以保存。笔者研究了延川的几个重要窑洞群，它们是为当地的地主建造的，其中一些已经废弃④。比如肖永村的肖家窑洞群，有围墙、仓库，还有几个院落。窑洞群的主体建筑对面是肖家当铺旧址。延川县西北的曹家圪塔村也有 19 世纪建造的窑洞群，拥有 10 个院落，其中几个窑洞有楼层。

---

① 窑洞的计算单位是“孔”，也称为“眼”。它的外观特色是筒形拱和窗棂格。一户一般有三到五孔窑洞。

② 根据县志文字记载，这是一个五孔窑洞，但县志图中显示三孔，参见《延川县志》（1881 年）县图考，第二卷，第 4 号，第 9b 页。

③ 《延川县志》（1881 年）第二卷，页 9b—10a，及县图考，图 5。

④ 关于这些窑洞群落，参见 Caroline Bodolec（罗琳），*L'architecture en voûte chinoise. Un patrimoine méconnu*（中国拱穹建筑物：无人重视的遗产），Paris，Maisonneuve - Larose，2005，第 217—236 页。

类似的窑洞群落在延川非常少见，不过很多村庄都保存有19世纪时为当地名门望族所建造的砖石窑洞。

由此可见，延川县在20世纪之前就有砖石窑洞。不过这个时期，建造砖石窑洞所需的特别技术，比如材料的选择和准备，拱形顶的建造，都由外来的工匠带至延川。这个时期的砖石窑洞都是公共建筑，或者富宅，而普通村民则仍然在黄土岩中建造土窑。这种情况持续到20世纪80年代。我们所能接触到的县志等史料都证明了这一点。

从20世纪80年代末开始的新发展

20世纪80年代，是中国政治经济形势发生重大转变的时期。这时期的延川县普通村民，开始更多的建造房屋。在1979年到1983年之间[①]，村里建造了11588孔窑洞，其中62%是砖石窑洞[②]。镇上的新建公用建筑也绝大多数是砖石窑洞[③]。直到1985年，镇上才出现第一个平板房。

笔者在调查中所采访的工匠基本都是这个时期学艺的。据会举塬村的杨栓财（57岁）[④] 回忆，1979到1980年间，他当时29岁，看到越来越多的村民想要建造砖石窑洞，因此决定学艺做石匠。他解释说，这个时期政治气候变化，人们可以自由改变职业。同村的杨聚财（64岁）的情况也基本类似。1981到1982年，他当时35岁，做石匠学徒已经好几年了，因给他叔父当帮手，才第一次建窑洞。当时有几个米脂的工匠到延川来，建造半土半石窑洞和独立窑洞，他便决定跟米脂工匠学建造手艺。

在1980年之前，延川地区能够造砖石窑洞的石匠不多，所有工匠都来自离延川100多公里的榆林地区的米脂或者绥德。一般来说，外来的工头带领整个建筑队伍前来，只有一些非技术性的工作可能会由延川当地人来做，比如房主及其家人。延川地区的学徒学艺的方式一般有两种：一是在工地上学，比如杨聚财；一是去外村拜师学艺，比如延川的杨延林（45岁）的长兄就是这样，后来杨延林跟他的长兄学艺。

如此，延川当地工匠学成手艺，获得承认，逐渐取代外来工匠。不过，外来工匠的高超技艺仍然保有盛名。白家湾的白江泉想要替他母亲——著名的剪纸艺术家高凤莲建一座七孔窑洞，他请了绥德的石匠和清涧的砖瓦匠，在窑洞大门的石头上雕刻剪纸纹样的花纹。

在外村学艺的情况比较少见，但仍然存在。刘家山的郝卫卫（41岁）随一个外

---

① 《延川县志》（1999年），第3页。

② 同上，第252—253页。

③ 同上，第353页。

④ 被访谈人的年龄是访问时的年龄，即当地人习惯用的虚岁。

图四　白家湾高凤莲的窑洞（Bodolec 摄于 2006 年）

来木匠学艺六、七个月之后，又随师父去子洲学艺四、五个月。王涛涛的例子则比较极端，他去贾县白云山村拜陕西最有名的木匠康仲武学艺六年。

在延川做工匠

由于窑洞的样式在延川所有的县乡都完全一样，工匠的工作主要在于保证传统得以延续，而不是提出新的样式。所有的村民都对窑洞的建造有基本概念，在工地上，房主和家人、朋友都会来做临时“小工”帮忙。但房屋的某些部分还是需要掌握特别而复杂的技术，比如窑洞门脸券脸石的切割，拱顶角度的计算以保证建筑的稳定，又或者是窗棂架的建造。会手艺的人一般愿意把自己称为某种行当的工匠，比如石匠、木匠、粉刷工或者水泥匠。但实际上，很少有工匠能够仅仅凭一个工种过活。只有延川的赵兴说自己是全职木匠，其他大多数的工匠平时仍然务农，比如会举塬的杨栓财只在农历正月和三月做石匠，其他时间都在地里做活。

这些不同的工种各自保留和传承其行当内的传统、仪式甚至某些具有神秘色彩的秘密，这些特色使他们与当地村民保持一种特别的关系。不过赵兴认为村民对他的尊重主要不是怕他施咒语，而是希望与他保持良好关系。因为大多数人一辈子只会建一孔窑洞，他们不希望因为跟工匠关系不好导致窑洞的安全有问题。不过，也有众多因为房主态度不好导致工匠报复的传说，这使得房主和工匠之间的关系十分微妙。有些人也借题发挥，比如郝延军就说他做木匠的时候，喜欢别人称呼他“郝师”。

学徒过程

我们访谈的大多数人都经历了学徒的过程，不过也有一些人没有拜师，而是在工地上跟外来工匠学手艺的。前面说到的杨聚财，在出师之后几个月就决定自己带一个学徒，是他自己的弟弟。这使他在村里获得“首席”石匠的地位。古寺村的王良宝（40 岁）也没有师父。他的故事既是 20 世纪 80 年代提供的机遇的例证，也是他适应能力的表现。王良宝只念了小学，又不喜欢务农。于是他离开延川，去了邻近的子长，在一个工厂做保安。他与工厂的泥水匠成为了朋友，后者教他制造石灰浆等工艺。这段时间他一边做保安，一边跟几个不同的师父学手艺。后来他辞职去了山西，找到别人推荐给他的泥水匠师父继续学艺。之后他回到延川做泥水匠，同时继承他父亲的田地。他说他从来不缺活干，因为窑洞内墙大约每十年就需要重新粉刷。

贾家坪的杨应祥的情况就更复杂。他 20 岁的时候，父母亲需要建一孔砖石窑洞。他认真观察了邻居家的窗棂之后，决定自己来建窑洞。今天回忆起来，他表示窑洞建得不是很成功，不过至少是不要钱的。此后几个月，他一直自己造木家具和物品，可是他从没有学过木工，也没有师父指点他。到二十一二岁的时候，他开始对别的行当感兴趣，比如拖拉机的发动机，还有雕刻墓碑，甚至还学摄影。总的来说，他想找到一个比种地收入更好的职业，不过他自认为在任何领域都没什么才华。到 20 世纪 80 年代末，延川比较富裕点的人家开始给他们的父母建“堂子”（祠堂）。杨应祥既然自学过一点石雕，这时便随一个本地石匠继续学石艺，此后开始以此为生，生意还很不错。他主要建造窑洞型的地下陵墓。现在他是本地最有名、最受尊重的人之一。

以上的三个例子并不是少见的特例。我们从中可以看出从 20 世纪 80 年代以来社会生活的变迁，以及当地人对时代强大的适应能力：他们脱离传统的学习模式，通过各种不同的方式从师，找到适合自己的职业。不过，其中大多数工匠还是从传统的学艺模式学习的。他们大约十五六岁开始（少数从十三四岁就开始）跟从家中某个会手艺的人学艺，比如父亲、兄长、叔伯、堂表兄，或者姻兄等。很少有人是在家庭以外学艺的。前文说到的王涛涛，先跟从一个姻兄学木工，随后到这个姻兄在贾县的表兄康仲武那里学艺。这个叫做康仲武的木匠相当有名气，他一般只收本家人做学徒。

学艺过程一般持续三年左右，偶尔两年，但总的来说不应该少于两年。一个师父可以同时带两个徒弟，这二人都居住在师父家中。一个学徒在头两年是没有收入的，只是在工地上有饭吃。没有开工的时候，学徒就在师父的地里劳动。第三年，学徒也会收到工钱，不过其中一部分要交给师父。比如师父一天工钱是四块，学徒是三块，他要交一到二块给师父。到出师的时候，师父送给徒弟一套新的工具。但很多受访人也表示，师徒间的家庭关系也会改变这种收入分配关系。比如杨进财（46 岁），在他 23 岁结婚之后就开始跟其堂哥学石匠手艺，此后一直跟他一起做工。从学艺开始，由于跟师父的血缘联系，他就可以收到工钱，以此来养家。

在学艺之初，学徒只能帮助师父准备材料：学木匠的，准备椿木、槐木，学石匠的，准备石口。在这之后才逐渐开始做一些更加有难度和精度的工作。个别的工匠对笔者说起这个时期的困难：郝延军说到他的师父，也就是他伯父，对他要求极其严格，决不接受任何失误。他几次想不干了，但他的父亲都阻止他放弃。两年半的学艺结束后，郝自己开业做木匠，也收了徒弟。这时候他才理解教徒弟所需要的责任感，也因此对与伯父之间的关系能够释怀。问题在于，做师父的既要遵守客户对建造时限的要求，又要让学徒能有时间钻研学习；不能让学徒浪费材料，但又得给他练习的空间。如果一块木材或石材上沾了血，就绝不能再使用到建筑中，因为这会给屋主带来厄运。另外，石匠用的工具是绝对不能拿进屋子的，即使只是临时收置也不行。郝也承认他曾经在十分气恼的情况下打了他的第一个徒弟，那还是他的小舅子。

在出师以后，师徒关系仍然会保持。当然很多人本身就是亲戚，但即使没有亲戚关系，师徒关系也会保持。王涛涛就在师父身边待了六年，此后每年春节和农历四月初八白云山庙会时，都会去看望他。

受访的工匠都表示说，在他们的职业生涯中，学徒是最容易的一部分。最难的是自己开业以后，怎样找到客人，怎样讨价还价，还有在工地上怎样管理工人，怎样调节与房主的关系等。

情势的发展

20 世纪 80—90 年代，延川造砖石窑洞的市场很大。在建房的季节，工匠们都有大量的工作。有些人同时做五、六个工地，因此这是一个收入很好的行业。

不过，到 2000 年之初，情况则有所改变。水泥平板房逐渐在延川县城出现，周围较大的乡，比如永平、土岗乡也都开始有了。到 2008 年春天，延川县城已经基本没有建新窑洞的工地。而窑洞的造价也开始下降：2007 年一孔窑洞造价约为 13500 元人民币，而到 2008 年 4 月，则降到 1 万元。在农村地区，还是以建窑洞为主，只是村里的人已经越来越少了。

大约从 2004 年开始，延川地区的农村常住人口大量下降。主要原因有两点，一是农村中小学关闭，二是植树造林。比如在延川西北部的小程村的情况：小程村的学校有本村和邻村碾畔村的学生在读。2006 年年底，学校关闭，随后村里 600 多名居民搬迁。根据与延川县副县长吕勤芳的交谈，笔者了解到地方政策并非系统性的关闭学校，而是不再指派教师。如果当地村民希望学校能继续留存，就要自己去寻找愿意来本地教书的教师，工资仍由行政负责。如果找不到教师，学校就只能关闭[①]。这和直接关闭学校的结果没有什么区别。小程村的学生一部分留在邻近的土岗上学，还有一部分就要到更远的延川县城。不论是哪种情况，学生的父母都只能举家搬迁以便利孩子就学。有些家庭，夫妻一方在城里打工，另一方留在家乡务农。另外，由于黄土高原植树造林范围的不断扩大，当地的可耕地面积也有所下降，很多农民也因此离乡去外打工。

这一系列变化很快就影响了当地建筑市场。很多父母犹豫是不是要为孩子加盖窑洞。因此建造独立窑洞的数目大大下降了。不少工匠决定放弃这个职业，比如郝延军就在2004年开始做红枣生意，这也是当地最重要的农产品。另外一些人，比如延水关的毛树延（61岁）改行做修理磨制面粉和豆腐的石磨盘的工作，杨应祥则改做雕刻墓碑。不过杨也继续建用作陵墓的地下砖石窑洞。

木匠们的职业也受到影响。延川县的赵兴表示说现在木匠太多了，而大多数房主都以砖石窑洞取代土窑洞，对木匠的需求也就小了。因此他改做暖气安装，城里住房对此需求量很大。还有一些木匠主要在做棺材，因为窑洞的窗棂已经基本没人要做了。

这些变化严重威胁着延川地区窑洞形态建筑的保存，不仅是建筑窑洞的传统技艺，也是围绕窑洞建筑形态所产生形成的“窑洞文化”，包括窑洞建造过程中的技术，象征性、仪式性的社会活动和经济活动，比如风水先生对建筑与土地神等周围空间的关系的诠释，房主与石匠、木匠之间的人际关系，“合龙口”等相关仪式，等等。当然，窑洞文化还包括地方气候与地理特点、地区物质文化（生产和消费方式），以及地方民间艺术、地方歌舞等等[②]。

窑洞这种居住形态的逐渐消失，对当地丰富而仍具有活力的地方文化是一个严重的威胁。另外，人们大多并不了解建造窑洞所涉及的繁复知识和文化角色与传统技艺之间的紧密联系。由此，我们认为有必要拍摄一部纪录片，以让更多的人了解上述这些情况。目前纪录片正在摄制中，下面介绍一下它的主线[③]。

第二部分：关于窑洞建筑纪录片的介绍

对一个陕北人来说，盖一孔窑洞是一生中最重要的事之一。找到手艺高明又可靠

---

① 被访谈人吕勤芳是2008年10月21日在桑洼村访问的。

② 参见 Bodolec（罗林），“Décider ensemble de son développement local：le cas du musée des arts et traditions populaires de Nianpan（Shaanxi）”（对地方发展一起下决心：以陕西碾畔黄河民俗文化博物馆为个案点），in Thireau Isabelle（主编），*Figures d'association en Chine contemporaine*（当代中国结社研究），Paris（未刊稿）。

③ 纪录片将与人类学纪录片专业导演 Elodie Brosseau 合作拍摄。

的工匠是很难的事，而找到一个好工头就更难。一般而言，好工匠在整个地区都有名气，但有时也会受到地域的限制，比如在东边的永坪县人就不会去找一个在黄河沿岸地方的石匠，反之亦然，这主要是因为两地的建筑传统有较大的区别。对一个想建窑洞的房主来说，第一要紧的事就是找到一个工头，或者也叫总头、公头，也就是“施工方”。我们决定把纪录片的主线着落于这个关键性的角色身上，从工头与房主的第一次交流开始介绍建筑的过程，直到房主入住新房。下面我们介绍建造窑洞的各个阶段，尤其是其中关键的步骤和元素。

准备工地

在开始建造之前，总头负责与业主讨论合约形式、价格，以及建造的时间进度等。工头可能是业主的朋友、家人，不过最理想的情况是总头自己是石匠，因为一个窑洞最重要、技术含量最高的部分就是石砌拱形顶。如果总头自己不是石匠，他可以跟一个“站场”合伙，后者负责建造中的技术部分。木匠或水泥匠很少做总头，因为这两个工种都是在石匠的工作完成之后一年，窑洞的泥土足够干燥以后，才开始做。

不过，并不是所有的石匠都可以做总头，很多石匠都承认总头工作的难度很大。杜木塬的贺新堂（37 岁）说，一年到头，总头都要不停地找新工地，跟业主谈判，找好工匠组建队伍。在工地上，总头既要负责保证不延误工期，又要保证建筑质量符合要求。工作结束以后，他还要想方设法尽早拿到工程款，这也不是件容易的事，因为业主们经常要经数次催促才有可能按期付款。

一个不称职的总头会带来很多麻烦。例如，曹家沟的曹师傅讲述了一件几年前发生在延川的事。那时候他是个普通的石匠，在一个有八孔并列窑洞的大工地上工作。某日，他发现最早建成的一孔窑洞顶上面铺的泥土太厚，可以明显看出拱形顶难以承受泥土的重量。他向总头报告了此事，但总头没有认真对待，要求工程继续。几个小时之后，两孔窑洞坍塌，造成两名工人当场死亡。这两名工人的家人将总头告上法庭，最后业主也负担了一部分丧葬费用。曹师傅认为，这个总头技术水平不合格，他与业主签订“包工”形式的合同后，光想着争取时间，不顾质量。

一般来说，建造窑洞的合同有三种形式：均工、包工和半包工。业主与总头、木匠和水泥匠要分别签署合同，不过这三个合同必须是同种形式。

均工合同是最简单的形式。在这种情况下，业主负责一切：他选择工匠，购买建筑材料，负责施工期间工人的住房和伙食。大多数时候，业主会另外雇人负责监察工程的技术质量，不过也有些业主自己负责这一部分工作。最后的报酬依工作日计算。如果工地的负责人诚实无欺，又没有意外情况发生，这种计酬方式是比较合算的。一般而言，建筑质量很好，比较精制。这种合约形式的谈判一般比较随意，大多数都是口头协议，没有文字合同。

与此相反，包工合同的谈判则比较复杂。这种情况下，总头负责所有的施工细节，业主只根据协议付一笔固定经费。这种合同对业主而言是比较有利的，因为如果施工时间超出预计或者有技术问题的话，业主无需支付超出预算的费用。例如，杨延林在为王艳军建造两孔窑洞的时候，协议好一笔固定费用，预计工期为28—30个工作日。但是施工期间，一部分黄土岩突然坍塌，杨只好追加了十余个工作日。多出来的工时和材料费根据合同由总头承担，杨只能从自己的盈利中扣除。不过，相当多的工匠都承认在包工合同下他们会有赶工的倾向，做活也会相对马虎，因为做得越快成本越低，挣钱也越多。这大约也是上面所述安全事故的原因之一。

合同不仅是对施工成本的估计，也是业主和总头谈判的结果。谈判内容包括孔的数目和面积、材料购买和运输费用，以及付款方式。笔者看到的合同上也明确了业主和总头各自的责任。有时候也会有第三方参与谈判，帮助书写合同，并在合同上签字，充当中间人。王艳军和杨延林之间的合同就具有代表性。

第三种形式的建筑合同“半包工”合同是前述两种的混合形式。在这种合同下，业主负责购买建筑材料、施工期间工人的住房和伙食，但是不用自己去寻找工匠，只是支付一笔固定费用给总头。不过，这种合同实际中使用较少，大多数的业主和总头都比较倾向包工合同。

谈判全部结束后，即使没有签署任何文字合同，业主和总头之间的雇佣关系就此建立，他们谁也不能对承诺反悔。总头开始组建他的建筑队伍，其中包括工匠和小工：平均而言，建三孔窑洞需要3个石匠，9个小工。同时他也要购买建筑材料。在从采石场取出石材的时候，业主需要支付总体费用的30%给总工。建筑主体结束，举行合龙口仪式的时候再支付40%。剩下的30%则在全部工程完工以后付清，或者最多延迟到下一年的春节。

在开工之前，业主必须取得建筑许可证，不过这一点在延川几乎没有任何问题。接着他要请风水先生确认他的窑洞的朝向没有问题。

土地神保佑

造窑洞的第一步，是在黄土岩上选择一个好的位置作为挖掘开口，或者作为建筑的依靠。这个位置由风水先生来选择。在延川，风水先生也被称为“阴阳先生”，或者“牧师”，他们使用一种十二环或者十八环的罗盘。

笔者的调查主要在延川县杨家湾村进行。调查中发现，此地的窑洞都不是正南朝向，而多数是西南或东南朝向，还有不少窑洞是东北朝向。在这个村，实际上在整个延川县，普遍认为窑洞不能正南朝向。但是选择窑洞朝向很不简单，因为“吉利”的方位每年都会变化。这主要是因为，建造窑洞之前先要确认土地神没有住在准备开凿的黄土岩里。风水先生的工作之一就是确定土地神所在的位置，为业主一家趋利避难。问题在于，土地神的方位每年都会改变，因此每次都要重新计算。这也就是为什么我们看到去年建造的窑洞是西南朝向，今年则是东南朝向。有的时候，工程已经开始了一年，为了确定不会得罪土地神，只能等上一年再继续。土地神是窑洞文化中很重要的一个神祇，同时也是整个中国文化中，尤其是汉族文化中一个重要的元素。他在每个地区的拟人化形象都会有变化。在延川以及周边的子长和延长地区，土地神以黄帝的形象出现。延川布堆画里他的形象为站立着，有白胡子——他的象征符号。土地神的形象可以说是整个中国汉族文化共通的元素，在陕北地区，他的特色是“生活在黄土地下面”。

为了保证不得罪土地神，一般开工之前会举行一个“安土神”仪式。风水先生会首先选一个吉日。这天，他在预先选好的地点，在黄土岩上凿一个窑洞形状的洞。然后在洞里放一碗酒，一个鸡蛋，再放上一些写了咒语和吉言的纸条。最后再把洞堵上。安土神仪式的最后一部分是在窑洞全部建成之后，业主一家搬迁入住之前进行。这时候，会在屋子上贴一些写了祈求保佑的吉言的彩色纸条。

建造窑洞之前的准备程序、协议和一些依照文化传统的仪式，是窑洞文化中的关键性内容，因此在纪录片里应该在施工正式开始之前体现出来。下面，采用人类学基础研究方法“运作链”[①] 的模式，简要介绍一下建造施工过程。

施工的主要步骤

拱形顶的支撑

在延川地区，地基一般挖得比较深，但不同的总头也会有所不同。一般来说，地基需要挖若干个 1.6 米深的基坑，有时根据地下承重墙的需要，可达到 1.9 米甚至两米深。挖地基时，工人们在选好的地面上，根据承重墙之间的间距和窑洞预计纵深长度挖下地基。然后用石夯把地基底的地面夯实。有时也用土夯。土夯有多个把手，需要多人一起操作，由一人发号，有节奏地抬起和放下夯，以使地面平整。这样，基底的地面变得“跟水泥一样硬”，然后在这个地面上，用石头建承重墙。

如果土质不够实，或者太干，窑洞的基础可能不牢。这时候就必须在建石承重墙

---

① 关于“运作链”（Chaîne opératoire）的概念，参见 Balfet H.（主编），*Observer l’action technique：des chaînes opératoires，pour quoi faire?*（观察技术行动：运作链有什么意义?），Paris，éditions du CNRS，1991 年。

之前把整个地基的地面铺上石头。首先要再朝下多挖30—50厘米，在地面撒上石灰粉后夯实，再在上面铺上一层碎石。

铺上碎石后，才开始建承重墙，也就是整个窑洞的支撑。在所有采访的工地上，承重墙最下面的一块基石都是一尺高。承重墙的建造方法是，先用切割好的大石块建一道空心围墙，然后在中间铺好碎石，最后灌入水泥、沙和水调制成的很稀的灰浆。这些承重墙的厚度根据情况会有很大的不同，如果是做支撑拱形顶的支柱台基，需要1.2米厚，如果是做两孔窑洞之间的间隔支撑，则是90厘米厚。

图五　承重墙（Bodolec 摄于 1998 年）

总头或者负责的石匠会随时检验建造是否准确，并且安装一些白线来确认墙是否垂直。

拱形顶

在建筑窑洞的架构——拱形顶之前，要先安装一个临时模架。有三种安装方式，经常三种同时使用。

第一种方式是：在黄土岩中凿洞造地基的时候，保留在各个地基洞之间的土岩不动。把这个土岩切成需要的拱形，然后依势在上面造拱顶。拱顶造好后，再把黄土移除。这应该是造拱顶最简单的方式。

第二种方式是：保留一部分黄土。建造一个由石块、木板、塑料袋和黄土构成的临时拱顶模架。这个模架被小心地放置在用来代替平水墙的一块横梁上。在工地上拍摄的照片可以清楚地看到一些用平石块叠造的石柱。它们之间保持一定间距，用来支撑沿着整个临时拱顶下方建造的脚手架。整个建筑的结构，也就是拱顶，由扁形石块堆叠而成，形成一个半圆形，上面覆盖梁、木板和黄土。表面再用混合了水的黄土抹平。经过严格检验拱顶的表面后，在外表面边缘一圈抹上泥，再在上面砌上切好的券石。

最后一种方法是，有些总头会使用预先造好的金属模架，以节约临时建造土木模架的时间。

图六　预先造好的金属模架的安装（Bodolec 摄于 2008 年）

建造拱形顶使用的计算方法是一种“记忆法”：首先，一个石匠要知道平水券口的宽度（延川地区的标准是 3.35 米）。把这个宽度除以二，得到两个 1.675 米宽的部分，二者之间是“中点”。在前文提到的用来代替平水墙的横梁中间钉一个钉子用来表示这个“中点”。从这个点朝左右各量五寸（16.66 厘米），然后钉上钉子做标记。在这两颗钉子上，各固定一根预先准备的木条。木条的长度等于整个平水墙长度的一半再加上五寸（总长 1.85 米）。然后把这两根木条交叉起来，就得到要建筑的拱顶的拱高和需要的弧形。石匠在整个建造过程中，经常用这两根木条来确认整个拱顶外弧形的尺寸。

平水墙的高度的计算也跟平水券口的宽度相关。把宽度 3.35 米减去一半，得到 1.675 米，然后再加上五寸，就得到平水墙高度，五尺二寸五分（约 1.84 米）。

窑洞内墙的高度计算方法也是如此。目的是让拱顶的平移长度是条平整的直线[①]。

① 关于窑洞拱顶建造中算法的细节，参见 Bodolec（罗琳），“The technology of the vault structure in Chinese architecture: links between the Gongcheng zuofa 工程做法，1734, juan 44 and the contemporary building methods of yaodong houses in Shaanxi and Shanxi provinces”，in Moll－Murata, Song Jianze, Vogel（主编），*Chinese Handicraft Regulations of Qing Dynasty*（清代匠作例：理论与应用），Kempten, Iudicium, 2005 年，第 213—232 页。

窑洞朝外部分的“门脸”，是使用切割的券石建造的。剩下的部分则是用大小不一的小平石加上土灰浆砌成。大多数时候一家的几孔窑洞都是同时建造，一般情况下，第一孔的临时模架已经拆除，最后一孔才刚刚开始动工。等到一孔窑洞已经拆架，其他几孔的拱形也基本完成的时候，就可以准备合龙口仪式了。

券石和券脸石的切割

券石是指打磨成扁形，用来砌造拱形的小石块。券脸石是指拱顶最外层的大方形石块。

石匠们在工地上切割准备所需要的砖石料。因此，工地上凿子和石料的撞击声和电手锯的声音不断。手工作业的第一步是在石料上画上切割线。这一步称为“扎线”，用浸泡在墨汁中的墨线来画直线，或者直接用切割石料用的工具在准备切的花岗岩石料上画线。建造拱顶用的券石的尺寸已经预先由负责石匠指定，工人们只需要把石料按斜度切好即可。

在砌窑洞最外层的券脸石之前，先要把大石块切割打磨到合适的大小，再按地方审美标准在券脸石朝外可见的一面做一些装饰线，此步骤称为“装线”。装饰线的花纹体现了不同地区的审美风格，有时也跟石匠个人的审美观有关。同时，工人们需要将券脸石切割成一定斜度，以便能与其他券脸石严密地结合起来，构成半圆拱形。这个斜度也预先用方尺测量，画线。最后还要打磨石块之间相邻结合面，这一步骤称为“齐线”。

合龙口仪式

开工后大约28天，窑洞结构大致成形，就可以举行“合龙口仪式”了。首先，业主和总头共同选择一个吉日。吉庆活动大约在中午开始。这一天，工人们虽然只工作上午半天，在仪式结束后即可休息，但能收到一整天的工钱，同时还能收到从开工第一天算起的工钱。业主准备一餐特别的午餐：啤酒、点心、土豆粉丝、猪肉，还有油炸食品，并跟工人们喝酒干杯。业主还给每个工人送件礼物，比如红线和T恤。

合龙口仪式的目的是合上“龙口”，也就是支撑整个窑洞的拱顶（最中间）那块拱顶石，它是整个拱顶，也就是屋子的稳定所在。总头首先在拱背上挖一个小洞，里面摆上一小瓶墨汁，一支笔，然后盖上土。在拱顶上铺上红布，然后在门脸上贴上红对联。在中间，拱顶石上方，摆上一个装了五谷（糜、麻、谷、麦、豆）的碗。在拱顶的正中表面，挂上一双交叉绑好的筷子、一本新书、一个装满麸皮的口袋，里面藏了七口别针和一根红线。在陕北其他地方，有时候也放一些草药或者用红纸包上的钱币①。一般的说法是，红线是为了避免将来有人在这间屋上吊自杀，七口别针是祈求合家团圆。在旧社会，课本是业主祈求儿子将来能进入朝廷做官，而今天则是祈求儿子能考进清华北大。筷子和五谷则体现了对饥荒的恐惧。

业主在窑洞前烧香和纸钱，倒酒，跪倒祭拜土地公。然后总头站在窑洞拱顶上，把前面摆上去的碗里的五谷朝四方洒下。他一边洒，一边唱“合龙口词”：

一合龙口再不开
家添人口外添财
窑里窑外喜气生
天神地仙降福来
一撒东方甲乙木
二撒南方丙丁火
三撒西方庚辛金
四撒北方壬癸水
五撒中方戊己土
匠工无忌　主家无忌
天无忌　地无忌
姜太公在此
百无禁忌
大吉大利

接下来，就可以放鞭炮，开宴了。

吊在拱顶上的筷子、书和装有麸皮的口袋，不能摘下来，只能等它们自己掉下来。这需要几个月，甚至一年才会掉下来。有时候，木匠来安装窗棂时，这些东西还吊在拱顶上。

入住准备

1. 烟筒和炕的安装

最后，在窑洞的最深处，也就是紧靠黄土岩处，砌一面石墙，上面抹上柴泥，接着再抹石灰，这样可以防潮。接下来就是盘炕。至于烟囱，在建造窑洞本体的时候就已经预先建好，这时候只要确认其可使用，然后跟炕连接起来即可。

2. 窑洞的干燥和上石灰浆

① 《子洲县志》，西安：陕西人民出版社，1993 年，第 435 页；《米脂县志》，西安：陕西人民出版社，1993 年，第 664—665 页。

建拱顶的模架拆下来以后，需要一年的时间，窑洞才能干燥。然后，在窑洞前加筑夯土外墙或者横入字式建造的女儿墙。再过几个月后，泥水匠在窑洞内部的石子墙上涂抹上稻草、黄土和水混合的泥浆，最后再覆盖上石灰水。

窗棂架的安装

最后要安装的内容是窗棂架，这是陕西和山西的窑洞在中国各地窑洞中独具特色的关键。木制的窗棂架，给面向阳光和热浪大开的窑洞一个精雕细琢的装饰。

在陕北的窑洞建筑过程中，木匠活基本只包括制作安装窗棂架和打造一些木家具，并不涉及建筑本身的结构。安装窗棂架是在石匠工作结束至少一年以后进行，而造一扇窗户大约需要一周时间。一般情况下，并不是由业主决定窗的装饰花纹，而是木匠自己随意创作。有些木匠会随身带一个本子或者一些木片，里面有他习惯使用的花纹样式。在中国不少地方都有关于木匠的一些古老传说，据说他们有诅咒业主的能力①。比如说他们把染上血的物品藏在木建筑结构里，用来复仇。在陕北，关于木匠的传说主要集中在窗棂架上。比如窗的某一部分长度不准确，或者某些花纹本应该是单数而造成双数，或者反之，都可能决定业主一家的“生、死、病、断、绝”。

木匠用木头或金属制的尺子来丈量长度，长度单位在中国不同地区有所不同。一般而言基本单位是寸。某些数字会被认为是“吉”，这些数字的旁边就用红字标上“康”、“义”、“财”等字。反之，有些数字是不吉利的，则在这个数字旁边用黑字标上“病”、“害”等。

最后，业主选择一个吉日，邀请亲朋好友，准备搬家。从决定建造窑洞开始，到这时候，需要大约一年半时间。总的来说，窑洞所需要的维护工作是很少的：每隔一段时间需要重新粉刷窑洞内墙，以及对窗棂架做小的维护。如果这些工作都做得适当，一孔窑洞可以供几代人居住。

综述

建造窑洞的过程从来没有完整的被记录过。我们计划拍摄的纪录片有两个目的：一方面是保存这些特别的技术以及相关的仪式，另一方面也是促使当地政府对这些传统技艺的价值有更多的认识。因为目前当地保护非物质文化遗产的工程并没有把窑洞

---

① 参见 Ruitenbeek Klass, *Carpentry and Building in the Late Imperial China, A Study of the Fifteenth – Century Carpenter's Manual Lu Ban jing*《中国帝国后期的木匠和建筑：研究十五世纪〈鲁班经〉》, Leiden, E. J Brill, 1993 年。

建造技术包括进去，而这些技术又确实面临消失的境地，需要了解和保护。

延川地区的工匠们保持有从 18、19 世纪即开始使用的窑洞建造传统工艺，但他们在这个地区立足的时间并不长。20 世纪 80 年代这个特殊的时期，给窑洞建造技术在延川农民手中的传播提供了特别的文化环境，使得这些技术、相关仪式和传承方式在延川都具有相当的地方特色。可以说在整个研究当中，最令我们惊讶的就是当地工匠在传承过程中这种极大的灵活性，就好像这些来自不同源泉的文化元素很自然的结合成一个和谐的整体。关于这个问题，笔者认为很值得对米脂和绥德的石匠技术做一个更细致的调查，因为它们是延川窑洞建造使用的石匠技术的来源地①。这样的话，我们就可以对延川窑洞建造工匠的发明、借用，以及使用的延川当地元素做出更详尽的描述。须知对于延川当地人来说，窑洞建造技艺在延川的短暂历史并不为人知，而这些“新传统”也都很自然地融入了地方文化中。

翻译：王历 ；校对：赖彦斌

Caroline Bodolec（罗琳）

法国国家科研中心，巴黎近现代中国研究中心副研究员

冯奋

陕西省延安市延川县碾畔黄河原生态文化博物馆摄影师

① 目前因为这两个地区交通不易，暂时未能进行采访。不过这是我们下一步计划的内容。

中国古代的车削与车床[①]

秦建明

车削技术的产生，是人类文明史上颇值得一提的发明，这种专门加工圆形工件与器物的技术，使人类生产和加工许多产品的能力大增，推动了社会经济与社会文明的发展，特别是在工业革命时期，车床与车削加工创造了辉煌的功绩。

中国古代多称车削技术为旋（亦有书为“鏇”者），故车床也称旋床，操此术为生者则称为旋匠。中国古代车床产生很早，车床的运用也绵绵不绝。但长期以来，很少得到研究者的重视。在史料中，还保存着星星点点与此相关的资料记载，在出土的考古材料中，也偶尔会发现车削加工的痕迹。另外，现在民间个别地区尚保存有传统的旋床，通过对其调查，也能窥视到一些中国古代车床构造与旋切工艺的影子。

研究中国古代车床与车床加工，对于深入认识古代社会与研究传统手工业技术，保存历史文化遗产，具有一定作用。同时，也是一项任重道远的工作。

中国历史上早期车加工线索

世界上最早的车床是什么？说起来，应当是早在新石器时代已经出现的陶车。传说中国古代的圣人舜，曾经“陶河滨，河滨器皆不苦窳”[②]。应当是他推广了陶车，改变了当地手工捏塑制陶工艺，使原先不规整的陶器变得圆整。

陶车今日犹存，或称之为陶轮，这是一种用于制造陶器和瓷器的工具。陶车水平旋转，旋轴与水平面垂直，按照现代机械分类，属于立式车床。陶车最常见的功用是加工圆形陶器的泥坯、干坯，古代陶器上的一些旋纹，就是旋加工的痕迹。人类受到陶车启示，又发明了卧式车床，用于加工其他材料。从陶车开始加工泥土，到出现旋床削铁如泥般地切削金属，其间无疑有着漫长的经历。抛开陶车不提，数千年间，车削运用得最广的，当推木料的加工。对金属切削加工，因受刀具等诸种因素所限，尚

① 本研究项目受到王秋桂先生的鼓励，特此致谢。

② 见《史记·五帝本纪》，中华书局版，第34页。

处其后。但带有早期的车削痕迹的木质器具保存困难，多朽烂不堪，使得很多线索湮没难寻。反倒是后来才与车削有缘的金属器具，存留有更多的相关信息。

考古发现的中国商周时代青铜器为数甚巨，可以对其考察，搜寻车加工的证据。商代铜器，造型多奇古自由，及至西周，圆形器物比例明显增多，这种变化，很是微妙，值得我们深思。其背后，可能隐藏着车削技术一步步拓展应用的身影。比如鼎，商代有大量的方鼎，西周则方鼎减少，圆鼎增多。

西周时代的青铜簋外侧，有一种被称为“瓦纹”者，实为器外并列的弧槽旋纹，这种纹式，即与旋加工有关。

古青铜器上往往饰有一条条突起的小柱状体，如铜簋上之乳钉、铜编钟上的“枚”，均为此类形状。

这些乳钉与枚，形状规整，大小一致，很多编钟上装饰之“枚”有锥度，有阶，已经不是简单的圆柱状。这种枚与乳钉，手工很难雕塑，应当也是运用了旋加工类的生产方法。当然，这种旋切并非直接加工铜器，而是加工铸造部件用的泥土模，或者是加工铸造部件的木模。因为结构复杂的青铜器，很多模型部件是分开制造的。

春秋战国时期，中国的建筑、车船、器具、兵器等制造技术又有新的发展，如出土的这一时期青铜器与漆器等更为精巧复杂。各种圆形器具与零件大量涌现，如车上之轮轴车軎，伞上之顶，戟下之镦，许多出土的青铜器与青铜镜已经非常圆，这种圆度，必须用车旋技术方能实现。

《周礼·冬官考工记·轮人》说到加工车轮时，有一种校正轮子的不圆度与不平度的方法：“是故规之，以视其圜也，萬之，以视其匡也。”注云：“为萬蒌以运轮上，轮中萬蒌则不匡刺也。”疏云：“今车近萬蒌于轮一边，置于轮上，是等于萬蒌以运轮上也。轮一转一匝，不高不下，中于萬蒌，则轮不匡刺。”①

这里说的萬蒌是一种校正轮子的工具。将轮子支起来转动，轮外缘不上下跳动，则说明轮外侧已经圆了。轮侧面不左右摆动，说明其平面与轴垂直。也就是说，合于标准的轮子，转动时不会哐里哐啷摆动，这样车行驶起来就平稳。

如果检测下来，轮子达不到标准，肯定要进行修整。最佳的修整方法，当然是将车轮穿于轴上，在旋转中削去高出部分。但如何切削，《考工记》并没有说明。春秋战国时代车战盛行，“千乘”“万乘”之国很多，车辆生产规模极大，应当已经很好地解决了这一问题。“萬蒌”是校正的支架，如在其上加刀，转动车轮，就可以削去高出的部分。我们可以推测，类似结构的旋床可能已经产生。

战国时期，灭人之国，夺人之城，则掠其珍宝美人工匠。因此，秦战胜诸国，列

---

① 见《十三经注疏》，中华书局版，第909页。

国的很多先进技术也都汇集到了秦国。秦始皇陵出土两辆精美绝伦的铜车马，就是秦代高超金属加工工艺水平的最好体现。秦阿房宫出土的一些铜构件，上有大圆孔，极是规范，非车削难以达到，当然，其应当也是车加工铸模而非直接加工铜件。

秦中央设有将作少府机构，专门管理国家工程与官工生产制作。其属下具有大批技术高超的工师、工匠。另外，还有少府下属的尚方，更是制作御用精良器具的中心，拥有一批高技艺匠师。除中央外，各地方上也有一批能工巧匠。这些机构，掌握着先进的生产加工技术，同时，也拥有先进的设备与上乘的加工原材料。很可能，其中有加工圆形器具的旋床与旋匠。

1981 年，至秦陵考古队参观时，曾见到一件出土的黄金车軎，其端面上，存有类似车削加工的螺旋线纹。秦出土的铜车马，有些零件非常圆，也让人怀疑与车削有关。由此看来，秦代的匠师可能已经掌握了加工软金属的车削技巧。

种种迹象表明，先秦时期，除了传统加工陶器的陶车之外，中国应当已经拥有了加工木质和金属物质的旋切技术。秦代出现的旋加工器物，应当是先秦旋切技术的综合体现。

汉初陆贾所著《新语·资质》说，良木可以“坚者补朽，短者续长，大者治樽，小者治觞”①。以木制做容器，历史久远，汉初也可能采用旋法生产。

西汉著作《淮南子·说林训》：“璧瑗成器，礛诸之功。”这里所说的璧瑗，都是圆形玉器，古时琢玉已经有旋转的加工工具，礛诸究竟是什么工具，是否与后代的玉车有关，还需要继续探讨。

西汉五铢钱中有一种赤仄钱，就是一种对铸造出的圆钱外侧再加工的货币。我们发现，个别出土的赤仄钱外侧的表面上有类似车削的痕迹②。

东汉时《说文解字》中即有“镟”字，许氏曰：“镟，圆炉也。”金字部首的“镟”字出现，说明汉时，圆形的金属小炉可能已经与镟切有了联系③。汉代还有“承镟”之词，“承镟”器形就呈圆盘形。故宫藏有一承镟，下有三只蹲熊足，器上铭曰：“建武廿一年，蜀郡西工造。乘舆一斛承旋，雕蹲熊足，青碧闵瑰饰。”④ 由此推测，一些圆形托盘，应当也是承镟，如杯盅之托等。从承镟之名，可知其上部之物与镟有关，也许当时用旋切法加工出来的器物就叫镟。这其实也有佐证可查，中国古代有一类圆形的器具就名叫旋子。如古典小说《水浒传》中曾多次提到旋子，鲁智

① 见陆贾《新语》卷下，辽宁教育出版社，1998 年，第 10 页。

② 见姜宝莲、秦建明《汉钟官铸钱遗址》中“钱币的整修加工”一节。科学出版社，2004 年，第 201 页。

③ 如小型的铜香炉等。

④ 见孙机《汉代物质文化资料图说》，文物出版社，1991 年，第 315 页。

深用酒旋子舀酒喝，这种旋子大约就是车削加工出来的圆形木器。叫旋子者也有金属类器物，从宋至今，民间都将一种浮在热水上，蒸加工面食的盘形铜罗叫镟子，有一种乐器小铜锣也被称为镟子，说明这些金属也有可能经过车削。

汉代不但出现很多木制机械，也出现了精密青铜天文仪器，其上圆形部分与转动部分不少，加工制造，很难离开旋切工艺。

北齐人刘昼著有一本《刘子》，其中《崇学》篇，讲到治学积累的成效时曾举有如下例子："悬岩滴溜，终能穴石；规车牵索，卒至断轴。水非石之钻，绳非木之锯，然而断穴者，积之渐所成也。"①

规可以解释为圆或圆规，规车，很可能就是中国古代的木车床。规车与牵索的关系，是古代木车床多为弓车床，用绳弓牵引使工件旋转而进行切削。此处记载的规车，作为一种例子来比喻，必然是常见的事物，由此可以推断，中国在唐之前，已经普遍运用木车床。这种车床以木为轴，以绳索绕于轴上，反复拉扯，使轴转动，作为制作圆活（规）的动力。但这种规车的结构形状，书中并没有给予描写。

以弓牵轴旋转，历史很早，民间有一种孔钻就是用的弓。

北朝的一些器物上，也发现有与旋切有关的痕迹。如陕西历史博物馆藏北朝铜醮斗，内部有一凹弧，与古代青铜簋上的瓦纹是同一类的加工之痕。在此器内侧器壁，也有许多类似于后边将要说到的旋切加工之痕。当然，这件器物上的旋痕，也可能是器模上的痕迹。

《北齐书·元韶传》："元韶字世胄，……袭封彭城王。齐神武帝以孝武帝后配之。魏室奇宝，多随后入韶家。有二玉钵相盛，可转而不可出；马瑙榼容三升，玉缝之。皆称西域鬼作也。"其中圆形相套在一起的双玉钵，应当是车加工产品。西域的宝石玉器加工技术，完全可能随产品东传。

唐代车加工金属器物的探讨

唐代的一些金属圆盒，外圆和内孔的不同心度很小，刀痕细致，子母扣扣合严密。由此判断，中国在8世纪之前，可能就出现有加工金属的车床。

陕西历史博物馆收藏有一件唐代的铜锣，锣面直径大约30厘米，其锣面外部存有清晰的旋纹。这些旋纹很深，旋纹线很长，同一条旋线也是大致一样粗细，决非一般打磨痕迹。古代磨削此类金属时加工痕迹一般较浅，磨削产生的线纹也不会如此规律。因铜上打磨如此深痕，没有非常巨大的力量，是难以做到的。

---

① 见《百子全书》所载《刘子》，浙江人民出版社影印扫叶山房本，第六册。

我们发现，锣面个别旋纹断面呈方槽状，其槽宽约一毫米多（即大于 0.1 厘米），虽然这种槽很浅，但还是可以看到两侧有明显的阶。此种方槽，决非古代磨削所能产生，因为磨料的形状一般是不规则的，很难磨出此种槽形。这种方槽，应当是一种宽度在一毫米左右的平口刀对面切削所产生的痕迹。

这一铜锣面上的旋纹，分布在靠近外侧十多厘米的范围之内，在直径七八厘米的锣心部位，无有旋纹分布。我们怀疑这是加工铜锣时顶夹的部位，现代运用传统方式生产的一些铜锣，中心也不进行车削。

这种旋加工痕迹，我们还可以在西安何家村出土的唐代银器中获得另一证据。如这批银器中有一件“光明红砂银盒”，其盒盖内存有唐人墨书五行。此盒器盖间以子母扣相配，银盒器口与子扣台阶方整规范，棱角分明，具有车削特征。在银盒盖内靠近外壁的部位，有清晰的几道旋纹，间距匀整，与前述唐代铜锣上的旋纹形状相似。

在这几道明显旋纹的外侧，还发现类似于车削时产生的震动纹，这些震纹大致与旋线垂直，细小平行，长度较短。震动纹主要分布在盒壁上，我们推测，当切削加工时，器壁距离顶夹处较远，同时又薄，此一部位是最容易发生震动的。现代车床加工此种薄件，也同样易于震动，其产生震动纹与此相类。为了防止震动，现代一般运用降低切削速度、减小刀具切削面积，或者加强刀具与车床的强度，或者运用靠模等加强被切削部位的强度。古代切削速度本来就很低，所以推测主要采取后几类措施。在铜锣上，我们也发现有此类震动纹，这些都说明唐时，已经开始运用车削技术加工软质金属了。

有些学者认为何家村出土唐金银器上的圆形线纹是打磨痕，其实很难讲通，因为打磨很难产生震纹。在陕西历史博物馆，同出的器物上也有打磨的痕迹，与此旋纹完全不同，两者可以比较。

对当时刀具和加工旋床的结构，由于条件的限制，目前尚难以进行深入研究。但这些加工痕迹的存在，确实为我们深入认识唐代车削技术，提供了难得的实物。

宋代之前，中国有关车削的文献稀少，考古发现的古代圆形器物，如木器、漆器之木胎、金属器等，上面如存留有车削痕迹，是有关车床应用的重要证据，今后应当加强此方面的观察研究。

宋代至明清的旋床

从宋代开始，关于旋加工的记载渐多。北宋李诫所撰《营造法式》卷十二、卷二十四、卷二十八中，有大量关于旋作与旋作产品的记载，其产品种类繁多，结构复杂，许多产品直径很大，说明当时旋品在木构建筑中已得到广泛的运用[①]。另外，古时普遍应用的算子佛珠之类，当也是旋削而成[②]。

宋时民间，旋匠也随处可见。范成大撰《桂海虞衡志》曰："燕脂木坚致，色如胭脂，可旋作。"[③] 宋周去非撰《岭外代答》，书内卷八的花木门中，亦有相同记载。曰"燕脂木坚致，色如燕脂，可镟作。"

《桂海虞衡志》还有如下的记载："蛮鞍，西南诸蕃所作，不用鞯，但空垂两木镫，镫之状，刻如小龛，藏足指其中，恐入榛棘伤足也。后鞦旋木为大钱，累累贯数百，状如中国骡驴鞦。"[④]这种西南少数民族生产的鞍上，排列有许多钱形装饰，全用木材旋出。这则记载，说明西南诸蕃，亦熟练掌握车削技艺。

元代至元九年，在工部下专门设立管理民间旋匠之机构，曰"诸路旋匠提举司"。"旋匠提举司，秩从五品。提举一员，副提举一员。"[⑤]

元代《王氏农书》倡导种榆，曰："五年之后，便堪作椽。不梜者即可斫卖，梜者镟作盏。十年之后，魁椀瓶榼器皿，无所不任；十五年后，中为车毂及蒲桃瓨。"[⑥]

元司农司撰《农桑辑要》卷六竹木一节亦提到榆木"不梜者即可斫卖，梜者镟作盏。十年之后，魁椀瓶榼器皿无所不任。十五年后，中为车毂及蒲桃瓨。"

明代徐光启著作《农政全书》中重复说及用榆木旋器，另外还给出了当时旋器的产品价格："十年之后，魁椀瓶榼器皿，无所不任。一椀七文；一魁二十；瓶榼器皿一百文也。"[⑦]说明旋器在民间应用已经非常普及，旋器商品大量出现，必然也存在大量的旋匠与旋床。

明代的音乐家朱载堉撰《乐律全书》，书中《匏音之属总序》说及造笙："又一法用桐木旋作匏身，取其轻也。用枣木钻作匏面，取其硬也。"[⑧] 说明笙上的匏身，是用桐木旋作出的。

朱载堉提出律管制作："欲就利器，则于骨牙匠、旋匠辈，选巧者易教也。"[⑨]他制律管时，"先将铜律管安在旋床上，手执钻柄亦如旋匠常法，非如木匠所用之钻也"[⑩]。说明旋匠也时常在旋床上钻孔，当时的旋床已能加工内孔。明代能在旋床上

---

① 见宋李诫《营造法式》相关章节。《四库全书》本。

② 汉魏时，徐岳著《数术记遗》一书，所记两仪、三才诸算中已有算珠之记载。见《四库全书》本。

③ 见宋范成大《桂海虞衡志》"志草木"一章。《四库全书》本。

④ 见宋范成大《桂海虞衡志》"志器"一章。《四库全书》本。

⑤ 见《元史·百官志》卷八十五，《四库全书》本。

⑥ 见元王桢《王氏农书》卷十"竹木"下，《四库全书》本。

⑦ 见明徐光启《农政全书》卷三十八"木部"相关章节，《四库全书》本。

⑧ 见明人朱载堉《乐律全书》卷八"律吕精义内篇"八"乐器图样第十之上"，《四库全书》本。

⑨ 同上书，卷五"律吕精义内篇"下"制律"条。《四库全书》本。

⑩ 同上书，卷二十一"造律第七"条。《四库全书》本。

加工铜管，加工铜管不能运用两端顶紧的装夹方法，能加工铜管，这种旋床，应当有装夹工件的设置。

明人梁寅撰《诗演义》，注“笾豆有楚”时曰：“笾者，织竹为之，面径尺，柄亦尺，容四升。豆者，镟木为之，制与笾同，亦容四升。”①木豆烛台等圆形祭祀器物，用旋切加工者很多。

方以智的《物理小识》中也说：“桄榔如棕竹，而大与莎椤等，皆可车镟作器。”②其也称旋为“车”。这与今日称“车削”相近。

《明会典》记明代征用工役，每年轮班人匠中就有“旋匠四十六名”③。说明民间与宫廷都需要加工大量的旋品。

清康熙年间成书的《粤西丛载》转引《南宁府志》曰：“山子，夷人，散处横州震龙六磨诸山谷中。无版籍定居，惟斫山种畬，镟木盆锅，射兽而食之，食尽又移一方。”④ 这里所记，广西山区夷人能旋较大的盆锅，大直径切削，对旋床有一定的要求。

《大清会典则例》工部下，记额设匠役：“拨蜡匠一名；铸匠二名；铜匠三名；锉匠二名；镟匠二名；锭铰匠四名。”⑤ 这批匠人，全为加工金属者，故其旋匠，当也是进行金属旋削者。

明清时期，西方一些机械技术逐步传向东方，如明代宫廷已经开始造钟表，这里边，离不开车床与旋技。和本土机械的关系，也值得关注。

这一时期建筑与古器物现存较多，其中应当不乏旋削之痕。如在山西古庙宇中，一些神殿的神橱都有很好的保存，其中，可能会发现不少柱头扶栏类的旋加工产品。

中国古代旋床结构探寻

列举了这么多的历史资料，现在，我们应当来探讨中国古代旋床的结构问题了，这也是很多人非常关心的一点。

中国古代虽然很早就出现了旋床，并且得到广泛的应用，但是，此类只言片语的记载，实在过于简略，又无实物存留，我们对旋床的结构知之甚少，这不能不说是一大缺憾。而中国古代旋床的种类与结构在历史上的演进变化，目前也只能暂告阙如。

---

① 见明人梁寅撰《诗演义》卷十四“宾之初筵”下注。《四库全书》本。
② 见明人方以智撰《物理小识》卷九草木类。《四库全书》本。
③ 见《明会典》卷一百五十四，“工部”相关章节。《四库全书》本。
④ 见清人汪森编《越西丛载》卷二十四“山子”条。《四库全书》本。
⑤ 见清《大清会典则例》卷一百三十八相关章节。《四库全书》本。

认识古代旋床结构，可以从如下几个渠道入手。

一是从现存和历史记载相类的传统加工器具中寻找，如玉作中的玉车结构，陶作中的陶车结构。

如清人唐英所撰《陶务叙略碑记》，文中第十四工序《镟坯乞足》[①] 曰：“圆器尺寸既定于模，而光平必需于镟，故复有镟坯之作。作内设有镟坯之车，形与拉坯车相等，惟中心立一木桩，桩视坯为粗细，其顶浑圆，包以丝绵，恐损坯衷也。将坯扣合桩上，拨轮转旋，用刀镟削，则器之里外皆得光平。其式款粗细，关乎镟手之高下，故镟匠为紧要之工。至乞足一行，因拉坯之时，下足留一泥靶，长二三寸，便于把握，以画坯吹釉。俟吹画工竣，始镟去其柄，乞足写款。图中工匠镟乞并列。”[②]

唐英撰《陶务叙略碑记》，文中第七工序《琢器做坯》曰“鉼罍樽彝皆名琢器，其浑圆者，亦如造圆器之法，用轮车拉坯。俟其晒干，仍就轮车刀镟，定样之后，以大羊毛笔蘸水洗磨，俾光滑洁净，然后吹釉入窑，即成白器。”[③]文中所记的对干坯用旋刀加工，就是典型的车削工艺。后面则还有磨削加工，此一器之上，既有车又有磨也。这些资料，即很珍贵。

中国古代琢玉技术源远流长，其加工机械与加工方法，也许能对研究古代车床有所启发。如《天工开物》上绘有琢玉车，即与山东郯城县作玩具的传统旋木踏床结构有些许相类。

二是从现存的传统旋车调查入手。前面说过，封建时期的首都，是匠人云集之处，随着历史的变迁，都城虽有改易，有些技术可能尚残存于民间。如北京、开封、西安、南京等地与其周边，旧时都有旋工与旋品店铺。另外，一些木器制造中心与少数民族地区，也可能保存有老的旋床与旋技，生产手把伞头、杯盘烛台、木碗蒜锤。对这些地方的旧旋床进行调查，很有必要。

银与铜锡都是软金属，这些金属，易于旋切加工。据调查，清末至民国时期民间常常有小炉匠制作锡器，如酒壶茶筒之类。其工艺，不仅有熔铸焊接，有锤凿镂刻，也有旋切。其旋切时，即以木为顶尖，两端顶起，下用足踏板上下踏动，绳带木转，乘机用刀削之。

后面我们将介绍的大佛寺古旋床，即为一例。

三是通过古代有旋床加工的遗物，特别是圆形器具，如古代天文仪器、纺机等，结合工艺，研讨古代旋床结构。也要注意古代的木雕泥塑作品，其中，有许多圆形木构件保存。如脊顶宝瓶、莲柱宝铎、杖首器柄、木瓜骨朵、连珠扣钉、佛头螺髻、日

---

① 此处“乞”即“挖”字之异体。

②③ 见《江西通志》卷一百三十五，《四库全书》本。

月宝镜，有些可能也是旋成。

四是通过境外研究成果与民族学材料，探讨我国古代旋床结构。

大佛寺古车床结构

陕西彬县大佛寺[①]民间尚保存旋木工艺和传统的旋床，旧时可以生产大擀面杖、小擀面杖、棒槌、蒜槌、拂尘柄、线轴、马鞍零件、大车绳轴等。据老人回忆，至少已经有五六代人从事旋木生意了。为了认识这种车床的特点，我们专门对其进行了调查[②]。

当地叫这种木旋床为“床子”，结构古来未变。旋床安置地上，人坐在其旁操作。

大佛寺传统旋床属于弓车床，操作皆右弓左刀类型，结构比较简单，由床架、支顶结构、靠杆、旋刀与手弓五部分组成。一般用不易变形的杂木制造，以槐木为多。现以当地齐顺利先生之旋床为例，说明其结构功用。

图一　大佛寺旋床（秦建明摄）

床架

床架是旋床最大的部件，平面状如罗马字的Ⅱ，由两端的木墩和两根平行方木档构成，相当于车床的床身与导轨。木墩比较厚重，高 15 厘米，宽 10 厘米，长 55 厘

---

① 大佛寺为一村庄名，其位于陕西彬县，渭河支流泾河的南岸。

② 详见《秦建明考古文选》中所收《大佛寺古旋床调查》一文。三秦出版社，2008 年。

米。木档被称作“木桄”，两条木档平行，用榫卯穿于木墩上，木档皆宽 7.5 厘米，床架总长 140 厘米。旋床大小并无规定，可以做长做短。长床子可以加工短活，短床子却不能加工长活，所以大都做成长床子。

支顶结构

支顶结构由两个铁顶尖——铁钻和码子构成，右侧的铁钻钉在右侧木墩上部中间，左侧的铁钻钉在码子上部，左右钻尖相对。码子两端开有叉槽，卡于床架两木档之上，可以左右移动，根据工件长短进行距离调节。当工件安装好，距离决定后，把码子上附带的一活木楔子，打入码子与外木档间的空隙，将码子挤死固定。

顶尖当地叫“赞”（音 zàn，疑本字为钻），共两件，用铁打造，中宽两头尖，从中弯作曲尺形，状如“Γ”。一件下端钉入右墩面中部，一件下端钉入码子面中部，露出部分高约 6 厘米，两钻尖相对，以顶夹工件。两钻尖间形成的轴线，要与床架两条木桄平行。

支顶结构部分的功能相当于现代卧式车床的工件夹头与尾架及顶尖功能。

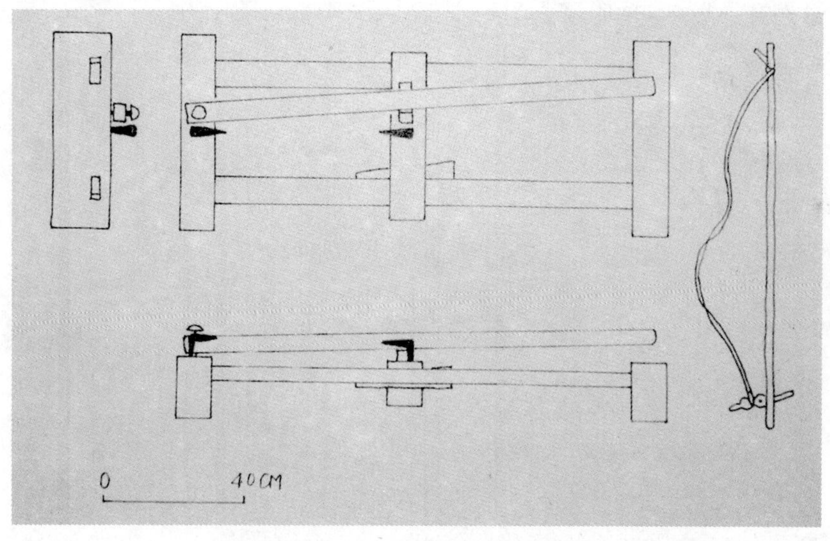

图二 大佛寺旋床测绘图（秦建明绘）

抬桄

抬桄是当地的名称，主要是旋切时架刀用，相当于现代车床上的刀架，我们可称之为靠杆。靠杆为一断面方形的长木条，长度几与床架相当。靠杆左端有孔，用带盖钉与右侧木墩相连，钉盖并不压紧靠杆，有松活的间隙。靠杆可以水平旋转移动，并能抬起一些。靠杆应用时中间架在码子之上，下边垫一带阶的木垫，以调整刀架与工件的距离和高度，另一端腾空。

旋刀

旋刀，用于加工木活时切削，相当于现代车床之车刀。当地专门有人打刀，旋刀通体用铁打制，刃口加钢。大佛寺旋刀分为平口刀与斜口刀两类，刀长35—40厘米。平口刀系双面开刃，用于旋切外圆，斜口刀则多用来旋切工件的端面、弧面与开槽切断。

巡棍

大佛寺传统旋床的切削动力是用手弓带动工件旋转的。当地将手弓称之为“巡棍”。

“巡棍”全长94厘米，大约相当于古三尺。巡棍是一节比较直的天然圆木条，直径约2.5厘米，有用枣木为原料者。巡棍前端横钻一稍大之孔，后端横装有一固定的小铁柱。小铁柱上边突出约数厘米，下端露出一扁钱形，中有一孔，上活铆着葫芦形木扳手。皮条须用坚韧而柔软的牛皮，皮条一头固定在葫芦形木扳手的上部，另一端穿缚在棍前孔中。工作时皮条的松紧很重要，大的调节可以改变前端孔中皮条捆缚的长短，小调节则是手持棍时向后搬着手把的力度。

此外还有一些旋床的附属器具介绍如下：

图三　民间旋床加工操作（秦建明摄）

裹缠

裹缠是一块长条形布，长约80多厘米，宽约12厘米左右，四角上缀有小带子。工作时将裹缠捆扎在顶刀的右小腿上，顶刀时起到护腿的作用，也可以省此不用。

小马扎

旋切坐具，由木架与绳子构成，高如小凳子，可以开合。当地叫“交床”。

斧

即一般木匠所用斧头。用斧将坯料的方棱片去，便于旋削。对于不整端的材料先用斧头片去多余部分，如料是个吊吊（即不直），就不好旋。《六书故》：“刓，削去廉隅也。《楚辞》：刓方以为圜。”①

锯

工作前，将坯料两头用锯子锯齐，便于顶夹。

磨石

供磨旋刀用。旧时用沙石，蘸水磨刀。

下面以加工大擀面杖为例，说明大佛寺旋床之旋切工艺。

准备工作

旋床平放在地面，旋切者坐于其旁交床上，准备工作。

旋切前操作者将准备加工的坯件于旋床左侧放好，便于拿取。做活时同样粗细的放在一起，可以少调节皮条；长短相近的放在一起，可以少调节码子，提高效率。加工时先作长的后作短的。

磨好的刀具也放在左侧，一般平刀准备四把，斜刀二把，用钝一把，随手更换。

将裹缠绑在右小腿上。

安装工件

安装坯件前，一般都将巡棍上的皮条缠在右侧的铁顶尖上，工件装上后，巡棍向里（即向左）一带，皮条就滚上了工件。每件活完工后，也要将皮条回归到右顶尖上。皮条缠法是前方自左上入，缠工件一圈，自右上向后出。

右手将坯件一端中心先顶在右侧铁顶尖上，然后左手持刀，用刀柄击打移动码子，用码子上的铁顶尖将工件左侧中心也顶紧，再用刀把击打码子上的楔子，楔紧码子，将其固定在床身的木档上。固定前应当先转动一下工件，使顶夹的松紧合度。同时工件不能甩，不能跳，如没装合适说明中心选择不对，应当重新调整夹持。

调整抬枕

在抬枕下支木垫，用左脚蹬住抬枕（即靠杆），令其靠紧木垫之阶。木垫平放在码子上，与铁钻靠紧。工件直径大，则可将木垫加厚，将抬枕支高。

进刀旋切

左手持刀，将刀头架在抬枕上，小腿顶住刀柄。持刀时手心向上，大指在上压住刀，以中、无名小指握刀，以食指挤贴于抬枕内侧，调整进刀。

右手持巡棍，将皮条向左带上工件。前后拉送巡棍，皮条带动工件转动。向后拉

---

① 见《六书故》卷三十，《四库全书》本。

时，工件向内旋转，便可进刀旋切。工件正转一下，反转一下，旋刀也随时一进一退，进行间断切削。左手持刀，手靠抬桄，稳刀定位。刀后柄顶在右小腿上，用小腿顶刀柄控制进刀力量的大小。

旋切时巡棍与皮带多处于工件右侧，对工件左侧进行旋切，当左侧加工完毕，再取下工件，调换两头，对准原来的眼装上，加工完另半段。

粗旋与细光

开始光粗坯时跳动大，光圆之后，跳动渐小。继续将工件加工到合适的尺寸，最后用快刀细光一遍。

旋切时，操作者双手双脚并用，全身都出力，动作须协调，轻重应得当。

旧时擀杖小，太细了难做，太长了也难做。

打磨

旋切完的产品，为了美观，旧时还可以用硬木串珠打磨，使之光亮不毛。这道工序，一般由妇女在闲暇时进行。

大佛寺旋床，可以作为我们认识古代旋床结构的一种参考材料。

图四　左手持弓之民间古旋床（秦建明摄）

结语

从上述资料看，在中国历史上，与陶车加工材料不同的旋床，很早就已经出现，其运用也绵延不绝，生产了大量的产品。

但历史学家们和古代的文人很少注意这种机械，相关记录很少，对其技术，更是罕有提及。这种情况，给后人研究中国古代旋床带来了不少的困难。但间接通过对古代遗物上的旋加工痕迹，或对民间尚存的、老人记忆中的旋床与加工工艺进行调查，也是一种途径。目前的当务之急，要尽快采用第二种方法，因为它们正逐渐在中国消失。

本次调查的大佛寺旋床，只是残存于民间的古旋床之一。这种旋床，主要加工轴类木件，外切割为主，其装夹工件运用双顶尖，比较原始。这种旋床，所能加工的旋品种类有限。大佛寺的旋作产品与中国古代文献记载的旋切品类相比，尚有许多缺失，对于更大尺寸工件也不能加工，所以，我们所见这种旋床，只能算是传统旋床中的一种。

大佛寺旋床属于中国传统旋切技术中常见的右手持弓，在其他地方调查中，我们也发现有左手持弓者。

秦建明

陕西省文物局文物修复中心科研室研究员

人活的就是个文化

冯山云

按语：本次中法合作项目邀请了一批熟悉行业文化的本地人参加，他们曾与中法学者一起调查，一起寻访散落在城乡基层社会的民间行家，一起讨论资料，为本项目的研究提供了大量外人难以了解的地方传承知识和行业技术信息，陕北作者冯山云先生正是其中的一位。冯山云，民间艺术家，陕西省延安市延川县延川黄河原生态文化协会会长，碾畔黄河原生态文化博物馆馆长。本文原稿由他个人撰写，介绍他和儿子冯奋通过与法国学者合作，在双方交流和对话中，在反观思考之后，从当地合作者的角度，所产生的自身文化描述。这篇文章肯定不是高校和科研院所训练产生的学术论文，但却肯定是为学者所尊敬和所需要倾听的一种声音。作者有他自己的思维脉络和叙述风格，有他的文化中被认为是最要紧的故事。本项目所强调的研究目标和个案方法上要求关注的具体活动与社会史的联系，在此文中给出了一个多元的答案。本文在发表时，完全保留了作者的行文思路、修辞风格和民俗内容，仅在有些需要归纳的地方，征得作者的同意，做了少量调整，并增加了段落标题。这样读者可以更清楚地了解作者的观点和贡献，也有助于此文扩大学术交流。特此说明。

近几年，我与法国学者罗琳合作研究陕北窑洞的建筑传统和行业知识，这个项目研究的对象正是我的家乡，罗琳所感兴趣的东西养育我长大，我所习以为常的现象被罗琳反复调查和搜集资料，现在我们共同为保护陕北家乡的文化遗产保护项目而工作。这些年的经历给我的最深的体会是，它让我这个土生土长的陕北人不断地问自己：到底什么是文化？为什么外面的文化概念不断改变？我们农民究竟应该怎样守护文化，以及守护什么样的文化？法国蓝克利教授在他的著作中引用了一句陕西农民的话，叫“人活的就是个文化”，我反过来看自己这些年的经历，感到这句话说出了我们农民的道理，又响亮，又实在。本文就从“文化”上，谈谈我的认识，共三部分：一是从项目到文化，二是从陕北窑洞生活民俗到行业文化，三是从行业文化到文化传统。

一、从项目到文化

现在我感受到，我们生活中最普遍、最一般的东西，常常就是我们传承几千年来的古老文化。真正的文化，人们并不以为然，反而认为社会发展了，生产力提高了，一切不适应现实社会人们生活的东西，就应该淘汰；“否定与否定”是社会发展的规律，这种看法应该是在现实社会人们的情理之中的。近年来我国解决了温饱问题，人们的日子还过得红红火火，这是历史以来前所未有的，是淳朴善良的人们最普遍、最一般的愿望和要求。顺应时代的发展而发展确实是硬道理。但也正是这些人们在世世代代生存的土地上过着淳朴善良、勤劳厚道的生活，形成了家乡土地特有的黄土文化，历史以来人们所经历的文化，就是我们的文明史，它是不能被淘汰的。

（一）窑洞项目和文化

我认识这件事，还得从 1995 年 10 月说起。我们正在中央美院办展出，靳之林教授介绍法国在校学生罗琳去我县研究陕北窑洞，完成她的博士学位论文。我还是第一次听说用窑洞作学术研究。在陕北，住窑洞是最一般、最普遍的生活，人们都习以为常，不以为然，连 3 岁的小孩也知道，这有什么学问好作？开始有的乡亲还对罗琳这一研究嗤之以鼻。但罗琳研究陕北窑洞持之以恒，多年来在这里深入生活，有时一待就是三、四个月。几年后看到她的博士论文，真让我咂舌！就这么些事，她竟能做出如此学问来。罗琳一个外国人，只了解了窑洞很小的一部分，我们又何尝不可研究研究呢？几千年来的窑洞，有待于我们进一步去研究和探讨。罗琳的这个项目不但感染了我，还感染了我的儿子冯奋。近年来，由于罗琳家庭和工作的繁忙，再不可能一待就是三、四个月了，有好多未涉及和要探讨的问题，就交给冯奋去完成。冯奋原本从不着手这些事，他后来经过长期的走访和调查，也学习到不少知识。2008 年，我们父子一起到北京师范大学参加中法国际会议，他在会上将这几年走访考察的结果作了发言，得到了专家们的好评。冯奋既不是在校生，又不是专门从事研究这一学问的人，无非是掌握了好多第一手资料，这是他的长处。他由于爱好摄影，加上他的人际关系好，接触了好多人，因此他能调查出很多别人很难了解的事情，也就是这些调查，使他能把好多事讲得非常明白，因而引起了大家的关注。

这个项目让我感受到，对许多问题，我们不探讨、不研究，是不能引起人们重视的。一旦探讨了、研究了，就能明白其中的道理，人们就会去关注它、重视它。罗琳对窑洞的研究，充分说明了这个道理。

（二）农民博物馆项目和文化

第二件事，是我协助靳之林教授建立“碾畔黄河原生态民俗文化博物馆”。这个博物馆的陈列品，都是被人们遗弃的日常生产生活用具。原本最一般、最普通的黄河老渡船，现在在碾畔周围已经找不到了，我们费了好大的劲，才从别的地方找到它。还有一些生产生活用具，现在也很难找到了。日常生活中一些东西，在消失的时候，人们是不经意的；一旦我们要找回它时，才会感觉到它。近年来陕北农村的变化迅猛异常，40 岁以下的年轻农民，很难区分是城市人，还是农村人，这种发展和变化是不以人们的意志为转移的。正因为如此，农村的好多东西消失了。但我们是从哪里来的？到哪里去？我们要回答这个问题，就得从我们身边消失的东西中去找。靳之林教授要我们建立碾畔黄河原生态民俗文化博物馆，正是从这些被遗失的古老文化中，寻找我们是从哪里来的。

2001 年，靳之林教授详细地考察了碾畔村，这个村有郝、冯、郭三大姓，集中居住在碾畔村的旧址。那是一个簸箕形、偏西南的向阳湾，村中按姓氏划分，分为三大院落群，有 48 孔窑洞。在每个院落中，都有一盘碾子和一株大槐树，后面是窑洞，这是典型的陕北黄土高原村落。近年来，由于家户整体搬迁，这个古老的村落已人去楼空，彻底地被遗弃了。如何留住这个村落遗产？能不能建立一个让农民自己管理、自己讲解、自己受益的博物馆？这就是一个办法。靳之林教授将这一想法向村委会作了汇报，在村委会的支持下，召开了村民会议，农民听了以后积极性很高，于是我们马上动手。靳之林教授负责筹措资金，我负责博物馆的陈列，村委会领导程海负责基础建设。从 2001 年到 2003 年，用两年的时间，就把碾畔博物馆建成了。

这个博物馆是我们自己祖先文明的镜子，共分 13 个系列陈设：历史长河、黄河古渡、农耕生产、运输交通、过年习俗、农村工匠、原始宗教、民间娱乐、油灯发展、民间饮食、民间纺织、婚嫁喜庆和繁衍生息。其实罗琳研究窑洞文化，不也就在这里吗？我们在博物馆中摆放了大量实物，有上万件，还增加了照片和文字说明。大到一只渡船，小到一根针、一条线，对每种东西都有详细的说明，对来龙去脉都交代得很仔细。所有的文字说明，都要符合农民日常生活的真实性，还要适合农民的口气，以便农民自己介绍。一般生产生活用具还容易介绍，那些民俗的和宗教的东西，较难介绍，要有丰富经验的老人，懂得风土民俗，才能讲清楚。对宗教物品的陈列，要用许多照片配合，才能说明它的细节，否则现在的人们没有经过这些事，很难明白是什么意思。还有大量遗失的东西，也需要用文字作补充，要不人们也不明白它们究竟是干什么的。

解释自己的生活让我们想起了很多从小听过的传说。我们碾畔村是个很有代表性的地方，黄河在这里连转了几个大弯，一个连着一个。据说，人类的始祖伏羲就是从这个大弯中得到启示，始创太极、演绎八卦。现在这里的福寺村和伏义河村，都是据传说留下的地名。在福寺村和伏义河村之间，有一个苏亚村，相传当年伏羲造八卦的时候，困了，累了，就在苏亚宿夜，久而久之，这个村就名为“宿夜”。“宿夜”，我们当地人把“宿”读作“苏”，把“夜”读作“亚”，因此就把原来的“宿夜村”读作“苏亚村”了。传说提醒我们认识历史，我们这一带有好多先民遗址，如在黄河湾的牛尾寨，可以捡到新石器的遗物；在碾畔黄河的三台地，有好多古墓群；在小程村，有千年古窑和古城墙等。因此，在这里研究窑洞，筹建碾畔黄河原生态民俗文化博物馆，是很有必要的。但是，如此古老的文明竟也会消失，照此发展下去，再过几年，我们很难想象这里会是啥样子。

办这个博物馆，我终于明白，把自己的文化弄懂也不容易，要通过好多人的工作才能完成。因为这里边涉及的问题很多，有些需要走访好多人才能说明白，有些需要学者的参与才能了解它们的文化用途，还有更多的问题需要做长期研究。学问这件事，如同靳之林教授说的“学问、学问，问着学，学着问”。正是在这些项目中，我真正感受到了民族民间文化的博大精深。不论是靳之林教授的创作《生命之树》，还是罗琳的窑洞博士论文，都是从我们陕北这块黄土地中寻找出来的。再普通不过的窑洞，再常见不过的工具有如此的学问，对我触动很深。不是他们的影响，我不会去做如此的探讨和研究。人类文化就是通过如此的手段，一代一代地在传承。这些文化就是人们长期生活感悟和体验的积累，也是学者不断地探讨和研究的结果。

文化，正如小鱼问大鱼水是什么？它就是我们无时无刻不在创造着和应用着的生命依托。因为文化就在我们的生命里，所以我们不以文化为文化。而正是这种不以文化为文化的文化，才是人类最根本的文化。文学、戏剧、电影、电视、音乐和美术都是文化，属阳春白雪的文化；正如陕西农民说的“人活的就是个文化”，这种文化是在水、空气和土壤中的，在人们世世代代传承的观念意识中的。它每时每刻与人们的生活和生存息息相关、密不可分。所以说，我们在文化中，文化在我们中。

如此两件事说明了什么呢？我感到，现在保护动物、保护环境，那么我们勤劳仁德的精神家园要不要保护？如何保护？现在我们社会的发展刚刚起步，就连最普遍的黄河渡船也很难找到了，照此下去，再过几十年，我们将会失去的更多、更多。现在灯泡代替了灯笼，电视压倒了秧歌，玻璃窗户抹掉了窗花，很多习俗不见了，而我们失去的仅仅是这些习俗吗？我们几千年的文明史还完整吗？在全球一体化的地球村时代，探讨我们自己是谁的问题，不能不引起重视，所以，我们本地人也要参加搜集、调查和研究。

二、从陕北窑洞生活民俗到行业文化

我是如何认识窑洞文化的呢？20世纪五六十年代，鼓励“人人学文化”，搞扫盲运动，那时“识字”就是文化。七八十年代，改革开放，加强文化教育事业，提高国民素质。90年代左右，兴起民族民间艺术热，把古老的传统和具有民族民间特点的东西视为文化。进入21世纪，兴起世界性的文化遗产保护热，一时“非物质文化”还成了最时髦的名词。实际上，文化原本就和人们的生活密切相关，这些提高文化观念的运动和文化保护工作，应该让我们更加关注自己的生活意义，特别是那些代代留传的民俗文化。我们是陕北本地人，祖祖辈辈住窑洞。说到窑洞文化，应该具备比外国学者更多的生活知识，过去我们自己并不在意，但也不能随意违背。就是人搬家了，窑洞仪式也不能改变，窑洞工匠故事也还在民间流传。以下，我重点介绍这两点。

（一）窑洞生活民俗

跟罗琳做项目调查前，我对这些窑洞里的生活民俗也不明白。我调查过本地的一些婚庆总管，他们也不知道含义，但是他们说，结婚都必须举行这些仪式。这是老辈人一代一代留下来的。不举行这些仪式，在人们的观念中，就不算明媒正娶。通过参加窑洞研究的项目，我明白要通过仪式的表面探讨它有什么讲究，明白这些表面现象到底是什么意思，我把主要精力放在这里，反复调查研究，结果发现，其实解开这些仪式的答案是在很多故事、笑话和开玩笑的行为中找到的。以下，重点介绍和分析我搜集的三种窑洞仪式的资料：抱孙子、入洞房和上头。

1. 抱孙子

抱孙子，是新郎的父母在窑洞中演示的仪式。新娘进村后，新郎的父母按男左女右的秩序端坐。炕前摆放一桌丰盛的酒菜，用新郎和新娘的枕头，扮作童男童女，竖立在两位老人前面，象征抱着的孙子。新郎的父亲不停地捣蒜，新郎的母亲认真地合线。就这么简单的仪式，看起来一点意思也没有。除扮作童男童女的俩枕头有点意思外，其他都看不出什么。

其实问题就在于父亲的捣蒜母亲的合线。我们要找到里面问题的答案，还必须问故事，调查民间玩笑，在故事和玩笑中，有好多性的问题，它们用“儿话”（陕北人把用“性”开玩笑称“儿话”）来要笑，暗示性教育。有这样一个故事，相传远古黄河泛滥，淹死了好多人，唯有伏羲、女娲兄妹二人骑在葫芦上，在水上漂了七七四十九天，洪水退后，天下只有他兄妹二人了。人类的繁衍生息成了大问题，上天的玉皇大帝为这事十分头痛，他只好派太白金星下凡，命伏羲女娲兄妹二人成亲。他俩说：“世界上哪有兄妹成亲的事，有失伦理道德，这使不得。”太白金星说：“但这是天命，使也得使，不使也得使，要不天下就没人了。要不这样吧，你俩各背一片磨，兄上黄河东山，妹上黄河西山，同时将磨向下滚，如果石磨合在一起，这不就是天意吗?”真是天意，石磨如此完好地合在一起了，从此他俩繁衍后代，华夏民族生生不息、兴旺发达。因此“合”的意思就在这里。陕北好多汉画像石中，蛇身人首的伏羲女娲的两尾也交合在一起。

陕北人习惯称长期结婚不育的人，说这两人不合（ge），一旦有孩子了，就说这两合了。这个寓意来之“石磨”，新磨磨合得好用了，就是“合磨”好了。通过了解这些后，我终于解开了抱孙子的含义。

2. 入洞房

入洞房，是新郎新娘本人进入窑洞新房的仪式。新人入洞房时，唢呐队的头把号手，吹着老号，用手指将一眼窗户纸捅破，然后进入房内，绕洞房吹着老号，转一圈，退出。这时新郎和新娘抬着盛有谷种的斗（俗称“米斗”）进入洞房。米斗的意思，是种子在这里生根、开花、结子，意思是暗示早生贵子。

3. 上头

上头，也叫“结发”，是在窑洞正房内举行的最关键的仪式。这个仪式通过后，新人就是合法夫妻了。传统观念认为，不举行“上头”仪式，新人就不会被承认是结发夫妻，族内的一切活动也没有他们的位置。上头仪式非常隆重，新郎新娘双方迎亲和送亲中各来一位伴娘，由一男一女主持“上头”仪式。备一桌酒席，另用一张桌子摆放上头的所有用品。鸣炮三响，然后“上头”，唢呐伴奏。此时新郎和新娘背靠背，双双坐在水桶上，其意思是所生子女如长流水生生不息。新娘的头发搭在新郎的头上，由主持“上头”仪式的一男一女手拿木梳，在两人的头上来回梳，一人唱“上头”歌，歌词如下：

一木梳长，二木梳长，
三木梳翻过娘家的墙。
四木梳四喜见新郎，
新郎新娘喜成双。
男才女貌好人样，
比翼双飞程吉祥。
男的赛过杨宗保，
女的胜过穆桂英。
生小子要好的，

穿蓝衫戴顶子。
生女的要巧的，
石榴穆旦冒铰的。
双双核桃双双枣，
双双儿女满炕跑。
男抢核桃女抢枣，
万结夫妻直到老。

接着，是咬馍夹肉，抢核桃和枣。主持仪式者上前，把新郎和新娘双方父母备好的大馍和大肉片拿来，将大肉片夹在两个馍的中间，让新郎和新娘分别咬；咬完后，把核桃和枣子从新郎和新娘背靠背的中间倒下去，让他们抢。

然后，闹洞房，能开玩笑的亲朋好友拥进窑洞，与新郎、新娘一起要笑。这些玩意有摸糜子、老婆抱娃娃、吃甜甜等。解读这些含义也得从民俗、故事和笑话中找。

现在窑洞里的生活民俗还在延续，虽然大多数人不明白其中的意思，但它仍然有生命力。这种文化是人们心领神会的传承，使民族兴旺发达。

（二）建筑行业文化

陕北窑洞的建筑行业文化也要从故事里找，下面是我搜集到的窑洞工匠故事。

不得罪木匠

有一家做门窗，把木匠怪罪了。安门窗时，木匠有意耍了小心眼，做了手艺，把一个拿锹的木头小人，面朝外，放在没上好的平墙口内。木匠吃饭去了，主人看见拿锹的木头小人挺好玩，拿下来玩，后无意中面朝内放回原位。木匠吃饭回来，没在意有人动过木头小人，就把门窗上好了。几年后，这家人的日子过得越来越好，木匠很纳闷：按理这家人应该越来越穷，这到底是怎回事？他索性去打问。主人告知，平墙口内一个木头小人，拿木锹面朝外，他看后，面朝内放回原位。原来如此，要不他家的日子会越来越好了。

石匠锻磨

一位石匠，给朋友锻磨时，有意捉弄朋友的老婆。磨锻好后，磨面时，狗向磨腿下撒尿。这事真怪，不磨面没事，一磨面，狗准来撒尿，弄得朋友的老婆哭笑不得。没办法，朋友只好去找石匠，石匠一见朋友来，笑了："我知道你准会来的，我的錾头想吃你老婆的鸡蛋揪面片。"他俩到家了，酒足饭饱后，石匠把磨脐重安了一下，笑着说："就是这碗鸡蛋揪面片的毛病。"朋友问："石匠，你怎弄了两下就好了？"石匠说："这把戏好要，上磨脐时，拔几根狗毛安进去就是了。磨面时一发热就有狗腥味，狗嗅见这味，准会来撒尿的。”朋友明白了，说：“就这个毛病，你把我老婆给骗了。”

骑马坐轿，不如土圪塔林里睡觉

从前一个财主家的账房先生，深更半夜老是折腾不休，闹腾了半天，一根头发丝垫得他不能入睡，财主一气之下，辞去账房先生。三年后，财主家日渐衰败，财主百思不解。他找到账房先生，账房先生正在烈日下呼呼入睡。他百叫不应，猛踹一脚说：“我家一根头发丝垫得你不能入睡，在土圪塔林里怎么睡得这么死?”账房先生说：“你家万贯家产，全挂在我的心头，我身闲心不闲。现在我整天劳累不休，心闲身不闲。人常说‘骑马坐轿，不如土圪塔林里睡觉。’”财主恍然大悟。

藏元宝

一家财主整天愁眉苦脸，财主老婆不解地说：“咱家万贯家产，你整天愁眉不展。咱家的长工整天唱歌乱弹的，一点愁也没有。”财主说：“你把咱家的元宝偷偷地放进咱家的牛槽，注意观察，看长工会怎样。”财主婆照此办理，注意观察长工的动静。鸡一叫，长工穿好衣服，打着灯笼，吹着口哨去喂牛。当他发现牛槽里有两个元宝时，立即停止了口哨，偷偷地将两个元宝藏起来。

几天后，财主问老婆：“你看到了什么?”老婆说：“自从长工得到元宝后，再听不到他唱歌乱弹了。”财主说：“去把元宝揭谋了，看他再怎样?”财主婆又照此办理后，注视着长工。下工了，长工又去藏元宝的地方，元宝没了，长工叹了一口气。从此，他又和往常一样，不是口哨，便是小调，照样有唱歌乱弹的。

木匠和石匠的故事大部分匠人都会讲。其他两个故事也是生活中原本就有的。就是这些不经意的事，甚至是玩笑，竟能引起学者专家的兴趣。现实生活中有好多我们不解之谜。它们与我们的生活紧密相连，我们竟然感觉不到，这是我们的窑洞文化。但这里面究竟有什么学问？有待我们进一步去探讨和研究。

三、从行业文化到文化传统

我多年来的体会是，最早的文化来自父母。早在儿时，母亲灵巧的手艺，能把原本贫穷的生活装点得五颜六色，使我感到生活的美好。从母亲那里，我知道了窗花、扎花、拨画，那些都是母亲的名词。延川农民擅长剪纸、刺绣和布堆画，就是在这样的氛围中，我从小就喜欢上了这些。当力所能及地随父亲上山劳动时，又听了好多好多的民间故事，故事大都讲的是勤劳忠厚的事，如《骑马坐轿，不如土疙瘩林中睡觉》、《穷高兴，富忧愁》和《兄弟四人》等。这些故事一直影响着我的做人做事。随着生活阅历的增长，我对这些故事的理解和认识越来越深。我曾把这些故事发在网上，有些青年人说："怎么穷的高兴，富的忧愁呢?"让我进一步做解释。说实在的，当初我也不理解。没有亲身生活经历，对这些故事确实是无法理解的。我是在这种文化氛围和环境的熏陶下成长的，我对这块黄土文化有深深的眷恋和热爱。

20世纪70年代末，延安市群众艺术馆举办民间剪纸培训班，各县文化馆的美术干部都参加了培训。这个班是在延安群众艺术馆美术组组长靳之林教授的指导下开办的。"文化大革命"后，我们不懂民间剪纸，也不喜欢这些，培训班来了一群老太太，都是各县民间剪纸艺术高手，靳教授说："这些老太太就是老师。"经过这次培训，我了解了民间剪纸艺术，从那时起，延安市开始了对民间艺术的挖掘和抢救，安塞的剪纸、洛川的毛绣、富县的熏画、延川的布堆画等，都在那时得到了挖掘和保存。随后安塞、洛川和延川先后在中国美术馆作了专题展出，扩大了延安民间艺术在全国的影响。随着民族文化热的出现，各级政府对民族艺术更加重视。我后来从事布堆画的创作，也得到了很多鼓励。我所表现的都是黄土地的精神和灵魂，我对家乡文化的了解越多，越富有创作灵感。黄土地使我活得实实在，生活充满阳光。

与行业文化相比，民间绘画是它的很少的一部分装饰。在陕北民族民间文化的大海洋中，剪纸、刺绣、布堆画、故事、笑话和仪式等，也都只占很小的一角。但文化就是这样，它小到让你没有察觉，大到让你万世不移。一个人，一个民族，一个国家，有了文化，才活得实实在在、自自然然、信心百倍。学术研究的目的，就是让我们更加尊重文化、了解文化、保护文化、建设幸福文化。我从事文化工作多年，还要继续做下去。

冯山云

陕西省延安市延川县碾畔黄河原生态文化博物馆馆长

浙北苏南丝绸技艺

Silk Handicraft in Zhejiang and Jiangsu

清末民初的蚕桑改良

——传统与现代的递演

毛传慧

光绪年间是中国蚕桑丝绸业由传统手工业生产迈向机械化、制度化的转折时期。首先是机械缫丝开始在中国扎根，紧接着是蚕桑技术的改良，以及化学原料和机动织机在丝绸业的使用。享有“丝绸摇篮”美誉的丝国，不再是将近20个世纪以来，东西各国争相进口精美丝织品和质精价美生丝原料的丝国，更与长时期以来各国千方百计不远千里而来，设法获取先进蚕桑丝织技术“秘密”的理想国度不可同日而语。

19世纪下半叶开始，在经济、政治、外交等因素多方交相侵扰下，中国反而被迫向法、意和日本学习引进新的蚕桑知识和蚕缫丝织技术与工具：从原料生产、丝绸织造和生丝质量管理，到生产程序的分工与人员的训练，彻底进行了一连串的改革。此过程完全发生在第二次鸦片战争后，西方工业化与殖民主义在东亚迅速膨胀的历史背景之下，中国与列强的微妙关系、清朝财政对欧美外销市场的倚赖、朝野对西方科学技术的认识与观点、地方的社会结构与经济状况等等多重因素，在在影响了中国丝绸工业机械化改革的脚步。而蚕桑改良又与当时中国传统社会以及政治、军事、制度和知识技术各层面所遭逢的冲击，交织成紧密而复杂的互相牵动、掣碍的关系网，成为中外近现代史学家的研究重点，从各个层面探讨西学和西方社会制度的引进对近现代中国史的影响，而有深邃的探讨和省思，文多浩繁，在此不一一赘述。

20世纪下半叶，特别是80—90年代，有关清末蚕桑丝织技术现代化的研究颇丰，但绝大多数均从经济史的角度探讨中国缫丝的机械化过程[①]。李明珠（Lillian M. Li）的《中国近代蚕丝业及外销（1842—1937）》[②] 将中国丝绸业置于世界贸易的背景下，探讨鸦片战争以来中国财政对生丝外销日益显著的倚赖下，机械缫丝在中国引

---

① 例如：Chen Tsu - yu（陈慈玉），*The Silk Industry of Modern China*，1860 - 1945，Taipei ：Institute of Modern History Academia Sinica，1989，312p ；徐新吾：《中国近代缫丝工业史》，上海：人民出版社，1990年。

② Li（Lillian M.），*China's Silk Trade*，*Traditional Industry in the Modern World*，1842 - 1937，Havard University Press，1981.

进的过程，及其与传统丝绸业的相互冲击与影响；同时为清末民初的蚕桑丝织技术改革提供较为整体的背景考虑，并与日本的实例进行比较分析，藉以深入分析探讨中国丝绸业机械化过程迟缓而曲折的现象。然而，其中涉及蚕桑改良的篇幅相当有限，且并未深入探讨蚕桑改良的内容、原因和影响。有关蚕桑生产的论著原本相对稀少，多散见于学术期刊或专书论文中①，且均针对某一历史现象，或较短时期的蚕桑生产进行探讨。Lynda S. Bell 的 *One Industry*, *Two Chinas* 一书是极少数关于蚕桑生产的专著之一，作者以太平天国乱后在无锡引进的机械缫丝工业为核心，利用社会学的方法，探讨地方士绅与生产蚕桑原料的农家之间所存在的对立与互相依赖的微妙关系，同时分析蚕桑生产技术改革在推广的过程中，在政治、社会和经济等各方面所面临的矛盾与障碍，为清末民初一些新兴蚕桑地区在欧日技术的引进与推广提供了一个较全面的区域研究②。王庄穆的《民国丝绸史》搜集了许多关于中国各个重要蚕桑地区的相关材料，包括各地所使用的技术、传统生产模式与蚕桑改良的组织机构等讯息，为民国时期蚕桑改良提供了重要的研究讯息③。

研究清末民国时期蚕桑改良的中国学者多将重点放在蚕学馆的设立，及其在新式制种法和养蚕法的引进，以及蚕桑教育和技术推广的贡献；且有将 20 世纪初中国生丝外销为日本所超越的现象，归咎于中国蚕桑技术落后、设备陈旧简陋、蚕农多因循旧法，不愿学习新法的倾向④。然而所谓的“新法”其内容和本质为何？与传统养蚕法的操作原理和方法有何不同？为什么在中国蚕桑文献中未见的蚕瘟，却在晚清爆发，且一发不可收拾，甚至几乎彻底毁灭数千年历史的中国蚕业呢？蚕学馆的设立固然为中国近代蚕桑改良的推行竖立了新的里程碑，然而如果蚕学馆在推广新法制种方面已达到普及全国的目标，那么当 1919 年合众蚕桑改良会试图与江、浙、皖三省的蚕桑学校及蚕业机关合作协力改良中国蚕桑业时，为何各单位却又一致认为巴斯德选种法宜于欧洲而不适用于中国，而有要求合众改良会放弃此法才有合作可能性之议呢⑤？晚清至民国初期蚕桑改良的实质内容与进行的方式究竟为何？而其对中国蚕桑

---

① 李平生的几篇论文（《论晚清蚕丝业改良》，《文史哲》1994 年第 3 期，第 90—97 页；《论民初蚕丝业改良》，《中国经济史研究》1993 年第 3 期，第 100—106 页；《世界经济大危机与中国蚕丝业》，《中国经济史研究》1989 年第 4 期，第 128—142 页）先后探讨晚清至民国时期的蚕桑改良，为此一时期的蚕桑改良作了初步的调查；王福海、黄为民：《中国合众蚕桑改良会镇江蚕种制造场的创建及在历史上的作用》（《中国蚕业》2007 年第 3 期，第 85—87 页）简略而初步提及中国合众蚕桑改良会在民国时期对浙江地区蚕桑改良的贡献。

② Bell (Lynda S.), *One Industry*, *Two Chinas*, *Silk Filatures and Peasant - Family Production in Wuxi County*, 1865 - 1937, California: Stanford University Press, 1999.

③ 王庄穆：《民国丝绸史，1912—1949 年》，北京：中国纺织出版社，1995 年。

④ 李平生：《论晚清蚕丝业改良》，《文史哲》1994 年第 3 期，第 90 页。

⑤ 其时仅初成立之东南大学首表合作之热忱，见《中国合众蚕桑改良会民国十二年报告》。

业的技术、生产模式等方面的演进到底又起了何种作用呢？

本文将利用中、西文的相关文献史料，特别是《农学报》和《中国合众蚕桑改良会年度报告》等的汇整分析，参考现代学者的论述，从技术层面探讨清末至1930年代初蚕桑统制制度设立期间蚕桑改良的实质内容①，以及改良政策的手段与方法；同时探讨中国传统蚕桑技术的传承与新技术吸收的过程。并将重点聚焦于观察新的知识技术之引进是否存在着与传统技术和生产结构冲击的必然性，及其所遭遇的牵制与因素，并整合归结其面对障碍所采取的措施与方法。此外，藉着清末民初蚕桑改良的研究以探究所谓“现代化”的意义与内容，审视地方官员和士绅与中央之间在政策的决定和推行上的互动关系，同时探讨朝廷和中央政府的政策和法令如何在地方落实的问题。

“西法”与蚕桑改良的起源

19世纪20年代中，法国蚕桑技术在经过丝绸业者和学者们长达半个多世纪的实验考察后，终于藉由对家蚕生理和其所需理想生长条件的进一步认识而获得长足的发展，并超越意大利而创立“法国蚕桑学派”，进而促使法国蚕桑业在19世纪上半叶的蓬勃发展。此一丰硕的成果其实得归功于18世纪下半叶开始，法国国家和各省的科学院士、耶稣会士、各个学会会员、蚕桑业者以及对蚕桑有兴趣的新兴中产阶级（bourgeois）等来自不同社会背景和领域的人士，利用在华耶稣会士传进法国之中国累积数千年的蚕桑经验基础上，藉助欧洲新兴科学知识、仪器和研究方法，不断实验观察分析而得的成果②。

从17世纪末，路易十四派遣的耶稣会士抵华开始，即利用其在中国境内旅行的机会，考察中国蚕桑丝织生产的实际情形：一方面全面搜集中国蚕桑文献，并与中国

---

① 有关蚕桑统制政策在浙江省的施行见本论文集包伟民《技术传播与社会进步：1930年代浙江蚕桑统制案例分析》。

② 有关中国蚕桑技术的利用和其对法国蚕桑发展的影响，可参考本人几篇学术研究：MAU Chuan-hui（毛传慧），“Les techniques séricicoles chinoises dans le développement de la sériciculture française de la fin du XVIIIe siècle au début du XIXe siècle”（18世纪末至19世纪初中国蚕桑技术对法国蚕桑业发展的影响），Natacha Coquery and al.（éd.），*Artisans, industrie. Nouvelles révolutions du Moyen Âge à nos jours*, Cahiers d'Histoire et de Philosophie des Sciences, n°52, Lyon, ENS-éditions / Société française d'Histoire des Sciences et Techniques, 2004, 第409—420页，及“Enquêtes françaises sur la sériciculture chinoise, fin XVIIe-fin XIXe siècles”（17世纪末至19世纪末法国对中国蚕桑的调研），*Documents pour l'Histoire des Techniques*, Centre historique de documentation des techniques, 2007, nouvelle série n° 14, 第24—36页。

文人合作，将内容“翻译”成法文，介绍给法国的学者与丝绸业者①；一方面亲身进入蚕乡实地观察，与蚕桑业者访谈，甚或进行养蚕实验，然后将结果汇整成报告寄回法国本土。此外还不时地将中国的桑种和蚕种寄回，以利法国学者进行驯养或对照实验等更深入的研究观察，希望寻得足以生产量丰质美且价格低廉之生丝的蚕桑技术，达到发展法国蚕桑业、降低丝绸业制造成本的目的。为了对中国文献有关蚕缫知识技术叙述性的描写有深入的理解和认识，法国学者们将科学仪器（如：温度计、湿度计）用于养蚕实验中，密切观察家蚕生长的每个阶段对温湿度、光线和桑叶大小、数量的需求和反应，进而对每个发展阶段所需条件——特别是温度和湿度——作量化的纪录与分析。同时对蚕室设备进行改善，19 世纪上半叶更尝试以加热设备和动力通风系统等进行人为的条件控制，以期达到大规模养蚕的工业化生产②。

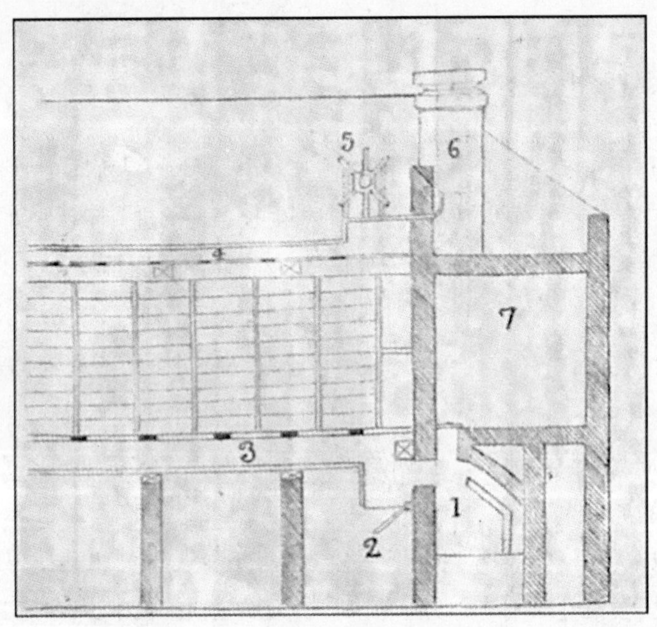

图一　法国机械工程师 D'arcet 于 1835 年所设计的蚕室机械抽风系统

（《最新养蚕法》，第 37 页）

① 最早有关中国蚕桑技术的详细介绍见 Jean－Baptiste Du Halde（杜赫德），*Description géographique, historique, chronologique, politique, et physique de la Chine et de la Tartarie chinoise enrichie des cartes générales et particulières de ces pays, de la Carte générale et des Cartes particulières du Tibet et de la Corée*（中华帝国志），la Haye，chez P. G. Le Mercier，1735，tome 2，第 208—223 页。其内容并不局限于纯粹的翻译工作，作者在整合后，重新调整内容顺序并加入本身的观察而得。

② 法国蚕桑学家利用中国人累积的蚕桑经验，进行一系列的实验，目的在寻找适合家蚕生长的环境，以减低养蚕过程中过高的死亡率，提高蚕茧生产，同时希望藉着中国白茧蚕种的引进，以改善蚕茧质量，获得品质良好的生丝。1830 年代并将机械抽风系统和加热器引进蚕室，试图对整个养蚕过程进行人为温湿度的控制，以减低人工数、增加蚕桑生产。

然而，紧随着大片桑园的种植与养蚕数量的快速增长而来的，是1840年初期开始显现的茧收量不稳定之现象，而于1850年代中期爆发了几乎将法国、甚至全欧洲蚕桑业全面摧毁的蚕病。为了寻求有效遏止蚕瘟蔓延的方法，许多蚕桑业者和学者们远赴欧洲和其他蚕桑地区，从邻近的意大利，到伊利里亚（Illyrie）、布加勒斯特（Bucarest）和高加索（Caucase）等地购买未染病的蚕种，以维持本国蚕桑生产所需；法国、意大利和其他欧洲国家的政府联合支持学者的研究，以期发现蚕病的原因和治疗方法。然而随着商人和学者的足迹所至，蚕病亦随之蔓延至各地并导致该地蚕桑业的衰败。直到1867年，受法国政府委托寻找病因与解救之道的巴斯德（Louis Pasteur，1822—1895）发现肇祸的微粒子病（pébrine）① 具有“遗传”的特性，而发明了利用显微镜检验筛选无毒蚕种的“袋制种法”，才遏止了这场世界蚕桑史上的巨祸②。自此法国的蚕桑技术超越中国，执世界蚕桑技术之牛耳，次年并于奥地利首都格尔子公院设立蚕务讲习所传授新法。当时，日本农务局长即已远赴奥京学习新法③。

欧洲蚕瘟开始造成法国蚕茧明显减产，而后迅速蔓延至欧洲其他地区的期间，恰值太平天国于广西崛起，并迅速扩展至长江下游诸省之时。清廷三织造和江南地区的民间丝织业因而受到严重的影响，有些织造和作坊大量减产，甚至完全停止丝织生产，江南地区的生丝因此得以大量流入外销市场，提供维持欧洲丝织业继续运作亟须的原料。之后，欧洲的蚕桑业适因巴斯德新法而开始复苏，但此时法国农民因蚕桑生产操作过程辛苦且风险较大，获利不如其他农业生产或新兴工业，虽经政府提供经费

① 微粒子病是由一种称为 Nosema Bombycis Nageli 的原虫所引起的传染病，感染的蚕儿发育受阻，而有每一只蚕宝宝生长不一、发展不齐的现象；稍晚，在蚕体上会出现黑色的斑点。一般罹患微粒子病的蚕儿在成熟前即已夭亡，即便可以结茧羽化，也多变形，如果制种者严格遵守《务本新书》有关种蛾筛选的原则，将“拳翅、秃眉、焦脚、焦尾、熏黄、赤肚、无毛、黑纹、黑身、黑头、先出、末后生者拣出不用”，可有效避免微粒子病的流传。然而极少数貌似健全的蚕儿仍带有传播微粒子病的椭圆形微粒，如将之选用作种蛾，所产的卵亦将带有病原。巴斯德的袋制种法即将每对蛾，或至少是母蛾置于附在其所产卵的蚕纸上之小袋中，然后将之磨碎，利用显微镜观察，如发现椭圆形的微粒，则将该蚕种纸弃之不用。微粒子病主要可藉由蚕儿的食物——桑叶——或蚕种传播，蚕房温湿度失调或较孱弱的蚕儿亦为促使微粒子病发生的因素。像大部分的蚕病一般，微粒子病并不存在治疗的秘方，仅能采取预防措施：不带病原的蚕种、蚕种消毒、蚕具和蚕房的卫生、理想蚕室温湿度的保持等，均能有效地杜绝微粒子病。

② 有关蚕病的发生与蔓延，详见笔者的博士论文：MAU Chuan - hui，*L'industrie de la soie en France et en Chine de la fin du XVIIIe siècle au début du XXe siècle : échanges technologiques, stylistiques et commerciaux*（18世纪末至20世纪初法国和中国的丝绸业：技术、装饰风格的交流与贸易），Paris，EHESS，le 23 octobre 2002，第252—258页。事实上，巴斯德提出选择无病蚕蛾制种的理论，并未立刻获得所有欧洲蚕桑学者的同意。

③ 康发达在其《蚕务图说》卷一即已提及，后重刊于卫杰《蚕桑萃编》卷十五《日本蚕务》；邵章（1872—1953）在为《最新养蚕法》（1904）所作序中犹提及此事。

补助，但效果不彰；其丝织业必须依赖国外生丝入口——特别是意大利和中国——以维持丝绸生产的运作[①]。当时机械丝织技术的发展已臻成熟阶段，随着织机的外销，丝织业亦随之迅速引进新兴地区：美国丝织业即朝着机械化生产发展，纽约迅速崛起，取代伦敦和里昂而成为西方世界最重要的生丝市场。为配合机械化运作的需要，美国市场对于生丝的均匀度和规格化均有严格的要求，其入口生丝以日本机械缫丝为主[②]；而法国丝绸业者则缅怀着18世纪里昂丝绸位居欧洲丝绸业首席的辉煌历史，坚持维持"半手工"传统小型作坊的生产模式，继续织造华丽而纹饰繁复的高级丝织品。因此法国丝绸业对于生丝均匀度的要求不如美国市场严格，而以价格较低的中国丝为主要原料来源。

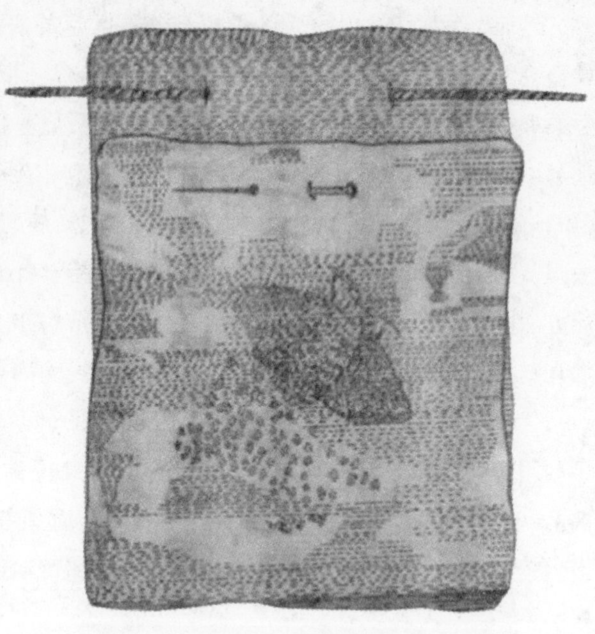

图二　袋制种法（《喝茫蚕书》卷七）

在欧洲蚕病猖獗的时刻，为了取得符合欧洲丝绸工业所需质量的生丝原料，英商怡和洋行（Jardine Matheson and Co.）率先于1862年在上海设立机械缫丝厂，但由于受到茧源短缺、蚕茧保存等因素的限制[③]，再加上蒸汽缫丝的技术仍未臻完善，而告

① 有关法国丝绸业与意大利蚕桑的关系，可参考 Frederico Giovanni, *An economic history of the silk industry*, 1830—1930（丝业的经济史，1830—1930），Cambridge，Cambridge university Press，1997.

② 《农学报》翻译日本报刊对生丝外销市场情形亦有所陈述，如十一、十二期载有《欧美诸国需用日本丝情形》。

③ 中国传统蚕桑生产主要由蚕户自行缫丝，除了因应政府税赋的缴纳生丝要求以外，缫好的生丝较蚕茧容易保存，蚕户可以等待较有利的时机出售生丝，而不至于承受必须赶在蚕蛾破茧而出前出售蚕茧，被迫贱价出售的威胁。一般蚕户只有在缫丝不及的情况下才将无力处理的蚕茧流入市场。

失败[①]。直到1880年代初，机械缫丝厂才得以在上海和广州地区立足，并获得快速的发展。由于中国生丝在世界市场上仍占有首要地位，再加上机械缫丝对于蚕茧的大量需要，欧美丝绸业者对中国的蚕桑业生产自然赋予极大的关注。光绪初年，一些法国丝绸业者即已密切观察到：尽管清廷积极倡导蚕桑、扩充植桑面积，然而茧收非但未见增加，生丝出口反有缩减的趋势。1878 和 1879 年，里昂商会驻巴黎代表倪恩（Natalis Rondot，1821—1902）[②] 曾两度函请当时的海关总税务司赫德（Robert Hart，1835—1911）对中国的蚕桑丝绸业展开全面性的调查[③]，结果发现长江下游的蚕桑养殖有罹患微粒子病的征兆。与此同时，美国旗昌洋行（Russell & Co.）延聘至上海设立丝厂的法国技师保罗·布鲁纳（Paul Brunat，1840—1903）[④]在察访上海附近的蚕区时，亦发现该地区的家蚕普遍感染了当年几乎彻底摧毁欧洲蚕桑业的微粒子病。1883 年，布鲁纳利用与李鸿章晤谈的机会，恳请其正视蚕病的严重性，及时采取有效的遏止措施，可惜其建言并未引起北洋通商大臣的注意[⑤]。

海关税务司展开中国丝绸业的全面调查后，倪恩与镇江海关税务司康发达

---

① 机械缫丝的技术问题向为丝绸史学者所忽略，绝大多数学者们认为在 19 世纪初里昂容苏乐（Ferdinant Gensoul，1766—？）在提出专利申请时，即已具有工业生产的价值，其实 1805 年发明的缫车仅将蒸汽用于煮茧加热上，尚未用作丝车运转的动力。稍后虽将蒸汽用作动力，但因采用两条丝线共捻以帮助抱合的方式，仍有许多技术瓶颈有待解决。虽然香苯（Chambon）于 1828 年解决共拈式缫车在缫丝过程中因丝鞘太长，或因杂质而造成丝绪断裂，影响缫车继续运转的问题，然仍有许多细节上的技术障碍限制机械缫车在工业上的应用：如何让同一动力带动数个丝车？遇到丝绪断裂必须停车时，如何在不影响其他丝组的缫制下，单独停止该丝车以便接绪？理想缫丝水温的掌握，以免丝茧因浸泡过久，丝胶流失太多而散乱无法成丝等。请参阅笔者学术论文："Le dèveloppement technique du dévidage de la soie à travers une étude des brevets d'invention déposés entre 1791 et 1860"（1791 至 1860 年间法国缫丝技术的发展：申请的发明专利证档案的研究探讨），Marie－Sophie Corcy et al.（éd.），*Les archives de l'invention. écrits, objets et images de l'activité inventive, des origines à nos jours, Toulouse*, CNRS, coll. Méridiennes, série Histoire & Techniques, 2007, 第 485—498 页。

② 曾任拉萼尼访华使团（Mission de Lagrené，1843—1845）附属商业考察团的羊毛和酒业代表，返国后与汉学家儒莲（Stanislas Julien，1797—1873）往来，并成为亚洲学会（Société asiatique）的成员。1850 年进入里昂商会担任驻巴黎副代表，次年被推选为伦敦万国博览会的评审。终其一生，倪恩对法国丝绸业以及中法间的蚕桑贸易和技术交流有莫大的贡献，著有 *La soie*（丝），Paris：Imprimerie nationale，1887；*Exposition universelle de* 1889（1889 年万国博览会）. *Rapport sur les travaux du comité d'installation de la classe de l'industrie de la soie*（*classe* 33），Paris，Imprimerie de Chaix，1889；*Exposition universelle deVienne en* 1873：*Industrie de la soie*（1873 年维也纳万国博览会：丝绸业），Lyon：Imprimerie de Pirat aîné，1875（2e éd.）等多部与丝绸生产、经济或世界丝绸史有关的论著。

③ 该调查动员海关税务司在中国各地的海关关员，其结果于 1881 年出版：*China, Imperial Maritime Customs, II. Special Series*：3, *Silk*, Shanghai：Statistical Departement of the Inspectorate General, 1881.

④ 来自里昂的布鲁纳，先受日本之邀，至富冈创立机械缫丝厂，1875 年约满，后旗昌洋行聘至上海创立机械缫丝厂。紫藤章：《清国蚕丝业一班》，东京：生丝检查所，1911 年，第 73 页。

⑤ 布鲁纳奏疏的内容在经过其本人当年九月的补充后，于次年寄给 *Bulletin de la soie et des soieries*（丝绸公报）的编辑发表（1884 年 9 月 20 日，第 390 期）。

(Kleinwachter) 继续保持联系。在倪恩多次敦请下，1886 年康发达自德国返回中国担任宁波税务司后，终于开始着手对浙江地区的蚕桑业进行深入的调查：康发达邀请农民填写问卷，并请其于送回填好的表格时，附上所养蚕种、蚕茧、成蛾和蚕丝等的标本；此外，还聘请蚕师，自市场上购回蚕种，在海关府邸进行养蚕的实验。之后将各蚕家寄来的样本，连同海关府邸实验育蚕的样本一齐寄到法国，进行检验分析和试养，进一步确定了浙江地区家蚕普遍罹患微粒子病和脓病的事实。在倪恩的提议下，康发达上书总理各国事务衙门陈述江浙地区罹患蚕病的严重性，同时提出改良中国蚕桑的方案①。其计划主要包括三部分：(1) 在浙江蚕桑地区设立国家养蚕局，依照欧洲最新养蚕法育蚕，制成优良蚕种，以低价售给蚕农，并在局内设立新式缫丝机，以展示最新的缫丝技术；(2) 在上海设立总局，以与各口岸保持联系，继续搜集各地蚕种以送往法国进行检验；(3) 持续派员前往法国学习蚕桑学和缫丝技术。此外他还鼓吹继续在中国各地搜寻新的野蚕品种，驯养其中丝质较佳者以增加生丝产量。可惜清廷的官员仍未体会此事的严重性而置之不理。倪恩和康发达于是决定先自行筹费派遣曾在海关府邸育蚕的蚕师江生金，在同文馆学生金炳生的陪同下，于 1889 年初出发到法国南部蒙贝里叶（Montpellier）学习新式养蚕法②。然而，康发达改良中国蚕桑技术的努力并未受到清廷的注意，直到 1897 年杭州知府林启（1839—1900）③设立蚕学馆时，才聘请江生金担任该校首任教习，而康发达早已于 1889 年去职。

倪恩之所以对中国蚕病蔓延的现象予以深切的关注，可能与曾于 1858 年担任法国皇家动物驯养学会（Société impériale zoologique d'acclimatation）委员审核意人的卡斯帖拉尼（C. - B. Castellani）到中国进行家蚕微粒子病研究的计划有关④。1859 年春，卡斯帖拉尼在当时法国驻沪大使蒙提尼（Charles de Montigny，1805—1868）的协助下，随行携带确定感染了微粒子病的蚕种和科学仪器与设备，随同在上海附近雇用的一位蚕师，到中国的蚕桑首府——湖州地区的一座小庙进行育蚕实验，同时对当地的

---

① 康发达:《蚕务图说》，格致汇编馆，1889 年。

② 有关详细过程详见康发达《蚕务条陈》，转载于卫杰《蚕桑汇编》卷十四。

③ 林启，字迪臣，福建侯官人。光绪丙子（1876）进士，十一年（1885）以编修任甘肃省（《清秘述闻续》卷十二）。丙戌（1886）任浙江衢州知府（《味经书院志》），十五年由翰林院编修补授浙江道御史（《国朝御史题名》）。

④ Guérin - Méneville Félix - Edouard, *Rapport sur le projet de voyage en Chine de MM. les comtes Castellani et Freschi ayant pour objectif d'étudier les vers à soie dans ce pays et d'y faire faire de la graine pour essayer de régénérer nos races atteintes depuis quelques années par l'épidémie de la Grattine*（卡斯帖拉尼和福瑞斯基公爵提出到中国进行试验以遏止蔓延多年的蚕瘟之计划报告书），Société impériale zoologique d'acclimatation, extrait du *Bulletin de la Société impériale zoologique d'Acclimatation*（皇家驯化动物学公报），novembre 1858，第 1 页。

蚕桑生产技术、使用蚕具和蚕病情形进行调查[①]。在使用放大镜检验当地的蚕体后，卡斯帖拉尼声称当时湖州地区并无任何类似微粒子病的症状存在。如果仔细检视中国蚕桑文献，类似微粒子病特征的蚕病记载首见于同治《湖州府志》的《蚕桑》卷[②]。

有关意大利蚕学家在湖州进行实验一事，值得专文深入探讨。1858 年英国和法国虽然与清廷签订了《天津条约》，但湖州并不在开放的通商口岸之列，且意大利也非签约国，卡斯帖拉尼在中国内地的停留其实与法不合。然而卡氏仗着法国大使的支持，利用湖州与北京讯息交通往来旷日费时，且地方官员害怕与西人冲突，尽量避免引起不必要的事端以免受到朝廷严惩的畏惧心理，在湖州停留了数周之久，一直到他在当地的实验与调查结束才离开。此事亦因清朝地方官员未曾呈报中央而不见于史册，蚕病于是在无人知晓的情况下流入中国，在毫无戒备之下快速蔓延至全国，而几乎将具有数千年历史的蚕桑业毁于一旦，实是值得深思探讨的课题。

蚕学馆与“科学救国”

谈到清末蚕业改良，鲜有学者不将之与林启创立的蚕学馆联结在一起。在利用官方力量将西方新法引进中国以改良传统蚕桑生产的具体化上，林启诚然扮演者举足轻重的角色，但似乎更应将此历史事件视为反映清末士人思潮的具体象征。

蚕学馆的创立是在中日甲午战争后，清廷的战败引发朝野人士对洋务运动自强救国成效的怀疑，而积极鼓吹进行包括政治体制的基本改革，提倡以“科学救国”、“实业救国”的背景下创立的；时值 1895 年，康有为和陈炽在北京安徽会馆创办《万国公报》[③]、成立强学会，而后各地纷纷成立会社，以翻译传播西方科学技术、报导世界时事为首要目的风潮的高峰时期。其中农学会的成立对于引进和推广西方及日本的农业知识技术，报导世界农业技术发展概况、介绍当时中国内部政策与生产状况和世界贸易等情形，有相当重要的贡献[④]。蚕学馆的发展及其所倡新法的推广，与农学会的组织目的和活动内容，特别是农学会出版的《农学报》之宣传报道，应有互

---

① 此次的调查实验报告见 C. – B. Castellani, *De l'éducation des vers à soie en Chine*（在中国进行的育蚕实验），Paris ：Amyot libr.，1861.

② 例如《湖州府志》卷三十一所载“蚕生黑点，或遍身，或一二处”，即为微粒子病明显的特征。《湖州府志》卷三十、三十一有关蚕桑的专门论述后结集为汪日祯的《湖蚕述》（序：1874）。现代中国蚕桑史学者曾对微粒子病在中国的流传进行研究，有学者认为王祯《农书》中某些记载颇类似微粒子病发育不齐的症状，但造成此现象的因素很多，并非微粒子病所特有的。

③ 该报因与上海广学会的一份报刊同名，旋改名为《中外纪闻》。

④ 在绝大多数学会、会社因带有浓厚政治色彩而被清廷禁止停办之时，农学会因其所倡导的农桑科学技术为国计民生迫切所需，非但未被严禁，反而获得朝廷的支持鼓励。详见赵方田、杨军：《中国农学会史》，上海交通大学出版社，2008 年，第 8—11 页。

相支持、互为表里的作用：《农学报》曾多篇巨幅报导蚕学馆的创立过程、课程内容、所采用新法的内容及蚕学馆的动向等等；而《农学报》之发行亦受到杭州知府林启以及其他官署的支持与倡导[①]。

早在1880年代，一些参与洋务运动、与欧美商人有往来的买办，或有维新思想的人士即萌生使用西法以推广农业的看法[②]，由于他们有较频繁的机会接触欧美知识技术，对于欧洲在华人员的公开活动也略有所知。郑观应（1842—1922）在其《盛世危言》[③]中即有如下粗略的报导："曩有宁波税务司康必达见我养蚕未善，不能医蚕之病，往往失收，曾倩华人到外国学习，尽得其法，并购备机器，欲在沪仿行，格于当道未准，其机器尚存格致院中。"[④]郑氏对法国利用显微镜制种法有初步的介绍："法人郎都（即倪恩）近创育蚕会，用显微镜测试，凡蚕身有黑点者，谓之病蚕，即去之。讲求日精，故所养之蚕较中国恒出三倍。"[⑤]然而曾留学法国的马建忠（1845—1900）对法国蚕桑新法能够治愈微粒子病（但作者借用"僵"一词）的特效，有神乎其技的描写，表现出对西法的盲目推崇："凡蚕欲僵者，其两侧腰际必有极细黑点，目力不能见者，需用极软翎毛羽，蘸药水轻拭之，甚或患者多，则用药水洒叶饲之，逾两宿则愈。"[⑥]

光绪十七年（1891）薛福成出使英法意比四国时，或曾与倪恩交谈，在其日记中载有关于法国蚕桑生产的纪录，对微粒子病有较确实之描述，同时还鼓励在中国推行显微镜选种[⑦]：

> 巴黎育蚕会教习郎都（即倪恩）来谒，近来西国经营蚕业，先以显微镜视蚕身之有黑点者，即知其所生之子皆不可用。凡蚕子亦可用显微镜辨其有用无用。各国设有养蚕学堂，讲求日益精微，即如法国向不产蚕丝，近始

---

① 《农学报》中记载数则官府饬令书院购买或购赠给各地书院的消息，如第五期《杭州府林太守饬各属购阅农学报并分给各书院札》、《江宁府刘太守饬各属购阅时务/农学报并分给各书院札》，经元善：《居易初集》卷二《余上劝善看报会说略章程》。

② 冯桂芬在其《校邠庐抗议》中即已倡议使用西方机械农具及采西学之议，但未提出具体方案。稍后出现的一些言论，如以"商战"著称的郑观应，也已提出如何具体利用西学、西法以提高中国农、工生产力，增加与欧美日等国商业竞争能力的筹划。

③ 《盛世危言》初刊本自序作于光绪十八年（1892），但自同治年间，郑氏即有"救时"之论。吴相湘推断《农事》一篇定稿最晚当在光绪十七年以前。见《盛世危言增订新编影印本》（台北：学生书局，1965）序，第2页。有关郑观应变法思想研究，详见刘广京：《郑观应〈易言〉——光绪初年之变法思想》，《清华学报》1970年第8卷1—2期，第373—418页；夏东元：《郑观应》，广东人民出版社，1995年。

④ 郑观应《盛世危言》卷八《农事》，第20页。

⑤ 郑观应：《盛世危言初编》卷五《商务》。

⑥ 马建忠：《适可斋记言记行》，《富民说》。

⑦ 薛福成：《出使英法义比四国日记》（清光绪十八年本）卷五〔光绪十六年十二月〕"十九日记"。

> 育蚕，数年以来业已增旺五倍，郎都研此甚久，谈之甚精。据称中国数年前寄到蚕子皆已有病，此等蚕子约重八两，所出之蚕，计可收丝二十五斤。现在意法等国拣择精良，其蚕子约重八两，所出之蚕，计可收丝七十五斤，最多有收至百斤者。……而中国收丝仅得西人四分之一者，以蚕子未经拣择也。不但此也，蚕子之病者不去，则次年所出之蚕有病，即所产之蚕子亦皆有病，以一化百，百以化万，恐中国之蚕务日渐衰息。……欲救其弊，莫如每年多寄蚕子到巴黎育蚕会中代为查验精拣，然后寄还分给江浙民家，并劝令各购显微镜一具，华民果能渐自辨别，且知其实有明效，则互相传习风气益开，中国蚕务方可保也……

光绪二十二年（1896）春，当林启初任杭州太守时，可能即对康发达试图改良中国蚕桑事有所闻，是以特意留心注意到浙江民间养蚕收成每况愈下的现象，而四相探访获得《日本蚕书》和康发达的《蚕务条陈》二书，吸收后者设局整顿的构思，于次年恳请浙江巡抚廖寿丰（1836—1901）发款试办，于西湖金沙港设校[①]。林启同时还受廖寿丰所托，将善慈寺后群屋整修后设立求是书院，以西方的军事、科学、实业知识和“经史国朝掌故”培养学生[②]。“以除微粒子病，制造佳种，精求饲育，传授学生，推广民间为第一要义”的蚕学馆于1898年开始对外招生，首任教习即为当年被康发达派往法国学习制种的江生金[③]。蚕学馆的授课内容除了栽桑养蚕的实际操作技术之传习（桑树培养论、蚕体生理、蚕体病理、蚕儿饲育法、缫丝法等与蚕桑有直接关系之应用科学），还相当注重理论部分的传授（物理学、化学、动物学、气象学和植物学等基础科学）。江生金于开馆后数月辞职，可能即因当初在法国的学习仅限于“巴斯陡新法所有之功用”[④]，而于“巴斯陡及西国蚕务各事，所有格致之理……全不知悉”，无法胜任蚕学馆教习任务的缘故。基于“外洋蚕业之盛，法创其始，日集其成”[⑤] 的考虑，林启通过日本驻杭领事代为寻找东瀛农学士，最后聘请前宫城县农学校鹿儿岛县轰木长为教习[⑥]。

此后日本成为清末引进新式蚕桑知识技术的主要来源，非但各地先后成立的蚕桑学堂多延请日本教习授课（1989年湖北农学堂延聘日本蚕师峰村喜藏为教习[⑦]，淮安

---

① 《农学报》四十一《浙江蚕学馆表》；《农学报》二十一《浙江蚕学馆招考章程》。

② 相关记载见《清续文献通考》卷一百，学校考七；俞樾《春在堂杂文》六编卷六。

③ 《农学报》四十一《浙江蚕学馆表》。

④ 《蚕务条陈》，第21页。

⑤ 《农学报》四十一《浙江蚕学馆表》。

⑥ 《农学报》四十一《浙江蚕学馆表》；光绪二十四年与轰木长签订合同，收于《约章成案汇览》乙篇卷二十九上，章程。

⑦ 《约章成案汇览》乙篇卷二十九上，章程。

蚕桑公院亦急起仿效)[①]，蚕学馆创立的同一年，即派遣稽侃和汪有龄赴日留学[②]。除了师资以外，制种和新式养蚕法所必需的温度计、湿度计和显微镜等科学仪器以及消毒药水均经由日本辗转引进[③]；此外，大部分的欧洲蚕学理论亦从日文译本辗转翻译成中文，如：《喝茫蚕书》[④]、《最新养蚕学》[⑤]、《试验蚕病成绩报》[⑥]。

蚕学馆从创立即受到官方和维新派人士的支持，1898 年甫成立，预制春蚕种 1000 多张，民间预购者已达 500 多张[⑦]。1901 年开始派遣首批毕业生至余杭、嘉兴、湖州、宁波、绍兴等邻县建立分校，而引起传统制种场场主的恐慌，与当地士绅联名上书向新任巡抚任道镕（1823—1906）请愿要求停止蚕学馆的办理。不同于前任巡抚"以时局所趋，西学自不可废"[⑧] 的态度，任道镕听从当地士绅的意见，认为蚕学馆推广的新法养蚕对中国蚕桑无益，只是徒然浪费公帑，而有裁撤蚕学馆经费之议。在维新派人士的支持之下，林启提议进行新旧养蚕法的竞赛：传统制种场以所制蚕种根据传统养蚕法饲育；蚕学馆则以新法所制蚕种利用新法养蚕。如果新法成绩不如传统养蚕法，则听从当地士绅上书所请，停止对蚕学馆的经费支持。巴斯德袋制种法制种须"将留种之蚕，别室谨饲，使其壮健。成茧后，择其佳者，以数十枚为一串，高悬空中，疏通天气。出蛾后，又择形完翼舒者，对其雌雄，三时拆开，置雌雄于纱袋，放子后，将蛾捣匀，以显微镜考验数次，择其无病者留之。冬令藏子于冷房，至春而出之。用费之大，用工之繁，实十倍于常法"（蚕具价目表[⑨]），失去省府的经费支持，无啻于宣布蚕学馆的夭亡。所幸 1902 年春竞赛结果由蚕学馆获得决定性的胜利[⑩]，中国最早的蚕桑学校才得以继续引进新法，进行蚕桑人员的专业训练和培养。光绪三十四年（1908），蚕学馆更名为浙江中等蚕桑学堂，民国初年复改为浙江省立甲种蚕业学校，后又改为浙江省立高级蚕业中学。

几与蚕学馆创立的同时，罗振玉（1866—1940）和蒋黻等江浙人士邀集士绅在

---

① 《农学报》八十七《淮安蚕桑公院章程》。
② 汪有龄后由廖寿丰改派学习法律，见《农学报》四十一《浙江蚕学馆表》。
③ 《农学报》五《蚕镜东来》；《农学报》十三《蚕种查验法》。
④ （法）喝茫勒窝滂著，郑守箴译：《喝茫蚕书》，上海农学会：《农学丛书》。
⑤ （日）针冢长太郎著，野浦斋译：《最新养蚕学》，浙江官书局刊，1894 年。
⑥ 《试验蚕病成绩报》，杭州蚕学馆译，上海务农会印。
⑦ 《农学报》四十《蚕馆成迹》。
⑧ 俞樾：《春在堂杂文》六编卷六《浙江巡抚廖公墓志铭》。
⑨ 《农学报》八十一《选蚕种说》。
⑩ 朱新予、求良儒：《蚕学馆——中国第一所纺织学校》，《中国纺织史资料》1981 年第 3 期，第 37—43 页。

上海成立务农会（或称农学会）[①]，发行《农学报》[②] 以“翻译欧美日本各种农书农报，创立报章，俾中国士大夫咸知以化学考地质、改土壤、治肥料；以机器省工力，精制造之法之理”[③]。梁启超于创刊号中所发表的序言强烈地反映了创立农学会之革新派人士对西方科学技术的推崇，及其对中国传统农业技术的极度不满，非但指陈中国未能充分开发土地，对于“已治之地，亦或淤其沟洫，芜其隰岸，溉粪无术，择种不良，地中应有之利，仍十不得五”的现象亦多加批评。于是积极倡导西方农学技术的引进，认为“苟以西洋农学新法经营之，每年增款可得六十九万一千二百万两”。同时认为中国农桑技术的落后最基本的症结在于“役南亩者，不识一字，与牛犁相去一间，安望读书创新法哉？故学者不农，农者不学，而农学之统，遂数千年绝于天下”[④]。《农学报》效法当时的其他报章杂志，对清廷和各地方采取的农政措施、中国内部和世界各地的蚕桑生产情形和丝绸贸易状况亦有详细报道。

《农学报》的发行获得许多大臣和地方官员的提倡而流传甚广，对于蚕桑新法和仪器设备的引进，以及蚕桑改良的推广有相当正面的影响；特别是对蚕学馆在“广购国外蚕子纸，考验选种配种之法”的努力有宣传的效果。四川举人张森楷（1858—1942）自称光绪二十年（1894）旅居上海时，因见《申报》所列丝价，四川最劣，而有改良蜀丝的意图。后阅《农学报》颇有心得，与友人议立章程，拟办四川蚕桑公社于嘉定，原定延请日本蚕学士渡边义武为教习，兼用东西洋养蚕法，后因日本领事索求太奢而作罢。遂亲访楚皖苏浙各省，至上海农报馆访罗振玉，告以“沪无蚕校，而有数丝厂，颇获利；杭州蚕学馆头班生新毕业，大吏饬各属就延聘无应者，君往请教习斯其时矣”[⑤]。而延请蚕学馆第一名毕业生丁祖训及助教两名，购买蚕学馆蚕种百张，浙湖桑秧万余株，于光绪二十七年（1901）呈准学务大臣成立四川民立实业中学堂。后东渡日本考察蚕校购买仪器，几经曲折，改聘祝顾为正教习。自此三年间公社学生由十余人增至百余人，是为鼎盛时期，惜后因经费不足呈请救济未果，张森楷受诬于宣统元年辞职而告终[⑥]。

清季蚕桑改良起步较晚，且正当朝廷与地方致力推广蚕桑政策的鼎盛时期，蚕学馆创设前后，全国各地亦纷纷成立蚕桑学堂、蚕桑公会、农业试验场和蚕桑改良场等

---

① 有关农学会的发展和历史可参阅赵方田、杨军：《中国农学会史》，上海：交通大学出版社，2008年。

② 《农学报》于1897年发刊，初为半月刊，后改为旬刊，光绪三十一年十二月停刊，共出版315期。

③ 《农学报》一《务农会略章》。

④ 《农学报》一，梁启超序。

⑤ 张森楷纂修：《民国新修合川县志》卷十九《蚕业中》，第2—3页。

⑥ 四川蚕桑公社成立始末详见张森楷纂修《民国新修合川县志》卷十八、十九、二十、二十一《蚕业上、中、下》，卷十八载有当时蚕桑技术之详细叙述。

机构（光绪三十二年在北京设立的中央农事试验场、奉天的农业试验总场，三十四年黑龙江的农事试验场，宣统元年广东省地方农事试验场，宣统二年吉林的农业试验场、三年直隶农事试验场等），传统蚕桑技术的传播和新式养蚕法的推广兼容并进[①]。

光绪初年，由于对微粒子病的起因一无所知，且湖州地区素为中国蚕桑首府，各地方多招徕此地蚕师，引进湖蚕、湖桑以为推广蚕桑的手段。桑园密集与园内植株密度高度扩张，助长了蚕病的快速蔓延。1890 年代末，江浙两省养蚕地方“业已传染殆遍，几无不病之蚕”[②]。虽然蚕学馆积极引进蚕桑新法，但每年培养的数十名学生实在不敷各地所需；此外，对于该馆毕业学生的能力，似乎有待更深入的了解。孙宝瑄（1874—1924）就记载了与友人邵季英、昌士谈论养蚕之法的片段，后者对蚕学馆的训练成绩有如下评论：“吾杭设蚕学馆三年，仅成就一人，姓梁名有立，字立群，其人年三十余，于蚕学殆得其三昧，屡出新法，为人育蚕破获奇效。”[③] 昌士的言论可能过激，但在当时普遍缺乏自然科学知识基础训练的情况下，大多数蚕学馆的毕业生可能似江生金一般，仅能学习显微镜制种法的操作和栽桑养蚕技术，而于蚕学原理难有更进一步的理解，更遑论利用习得的知识进行更深入的研究发展。

然而，新式制种法需要费用高昂的仪器亦是有待克服的障碍。虽然光学知识和镜片早已引进中国，但直到清末估计还不具备自制显微镜的能力[④]，显示清末中国在基础知识上仍有待加强，间接亦阻碍国人在应用科学上的开发。

日本从 1860 年代末开始，即不断派员学习意、法最新的蚕桑、缫丝技术，进而发展出适合其国情与气候风俗的技术。日本生丝的质量因而一日千里，在外销市场上对华丝产生极大的威胁；意大利的蚕桑业在一段时间的养生休息后，亦脱离蚕瘟的阴影而质量日胜一日，成为法国丝织业的主要原料供应国之一。1909 年日丝出口额超越华丝对中国丝业不无刺激；同年三月苏州商务总会因当年元月法属越南政府“议定鼓励生丝出口，以与外国商界竞争”的政策[⑤]，深恐一旦采购华丝甚巨的法商在法属越南发展蚕桑成功，原已销路阻滞的华丝之前景将更不堪设想，迫切希望政府积极采取蚕桑改良的措施。

---

① 民国初年，除少数尚有成绩可观外，尚存的机构大多有名无实。见万国鼎《中国蚕业概况》，商务印书馆，1924 年，第 56—57 页。

② 《农学报》七十七《禀牍》。

③ 孙宝瑄：《忘山庐日记》，第 607 页。

④ 有关光学和显微镜制作引进中国的研究为数甚少，清朝的光学中心在苏州，主要用以制造眼镜。抗战期间，西南兵工厂有制作显微镜的能力，但更详细的情形，有待更进一步的探讨。感谢中国科学院自然科学研究所张柏春博士所提供的讯息（2009 年 9 月 23 日）。

⑤ 苏州档案馆，乙 2－1 1909/11 150。

民初的蚕桑改良

辛亥革命的成功带给商会和丝绸业者新的希望。为不辜负其殷切期待，民国政府于成立之初，即积极从事蚕桑改良的工作，主要方法和目标仍延续清末推广改良蚕种、消除蚕病、增加生丝质量及产量的大方向，而蚕业学校和蚕桑改良场即为该目标的主要执行机构。民初官方积极改良蚕桑的实践表现在专业学校的设立，有关实业教育学制的机构，有大学校、专门学校、甲种和乙种实业学校，以及各种程度的讲习所。根据北京教育部的调查，民国元年至六年立案的甲种蚕校及农校之设有蚕科者，计有 27 所[①]。除了民国初年发布的一些政令以外，目前笔者尚未掌握有关民初中央政府蚕桑改良政策实施的相关档案，以了解在此中国政局动荡不安的时期，中央政府如何贯彻其政策在各地的推行。

民国 3 年（1914）至 15 年（1926）期间，正值欧战及战后复原时期，中国为欧洲战场重要的丝绸原料市场。华丝虽然在外销上受挫于日本，但出口量及丝价均有所提升。直至民国 17 年，生丝出口仍占中国外销商品的第一位，其中浙江输出的生丝即占全国出口额 30% 以上[②]。然而由于中国内部的动荡不安以及主权的不完整，此时期的商会及民间组织在蚕桑改良的推行上，扮演了非常重要的角色，尤其是在意法两国商会倡议下创立的中国蚕桑改良合众会，为蚕桑改良政策的落实、推广和制度化建立了雏形。

中国合众蚕桑改良会的蚕桑改良

20 世纪初期，日本生丝出口量陡增，超越华丝在纽约市场的出口量，继而垄断丝业造成丝价高昂的现象引起欧美各国的关注，咸认为提倡中国丝业是抵制的一种补救方法。在意、法两国商会的倡议下，英、美亦加入其列，准备组织合众蚕桑改良会。江浙皖丝绸总公司因恐各国赴各县设立场所与当地民人勾结而影响丝茧业，于是邀集上海地区各厂商茧商会议，决定以丝茧总公司名义参加，获得法、意两国的极力赞成，由总公司具呈农商、财政、省长各部署商核，正式定名为“中国合众蚕桑改良会”，于民国 6 年（1917）成立。而后且商请当时已在无锡东北塘设立蚕业研究所

---

① 万国鼎：《中国蚕业概况》，商务印书馆，1924 年，第 50—52 页。

② 乐嗣炳编辑，胡山源校订：《中国蚕丝》，第 47 页

的日商加入①。

中国合众蚕桑改良会所需开办费用由洋商丝公会、英国商会、法国商会、美国商会、中国丝茧总公所以及日人井田氏共同捐资，各推选代表，由中华民国政府派员监督；所有经常费用则由中国负担。经北洋政府核准，每百斤干茧抽捐洋一角，同时由江浙皖总公所具呈北京政府，复由公使团商请外交部转咨财政部核准，由关税项下每月拨4000两作为补助②。该会成立的目的首在“用巴斯德择种育蚕植桑之新法，以改良中国停滞已久之蚕业”，确定其执行的方法“一方面当从事于丝茧产量之研究，一方面当创立模范育蚕场数处，为各地选制蚕种及传布选种之所”③。

改良会成立最初的几年，因为所制蚕种不敷所需，多向意、法购买，运至中国后再分发给蚕农饲育；并于养蚕区内设立蚕业指导，以改进农民养蚕技术。推行数年后，改良会所制改良蚕种之获茧量较诸一般蚕种为丰且质量优良，足以让茧行满意而欣然提高茧价，各地要求改良蚕种之数因之增加迅速。1921年该会散播的蚕种约计3万张，南京原非蚕桑繁盛的地区发出500张，估计1922年将增至4000张；而江浙皖三省需用之蚕种约3000万张，远超过改良会能出产之选种数量。

虽然经过数年的努力，该会改良场所制蚕种成本已大幅降低，但每百窝④（四张蚕纸）仍须五元，而购自意、法者每百窝二元，均以等同未加检验之普通种每百窝四角的价格售出，在改良蚕种的推广上因而需要庞大经费的支持。中国合众蚕桑改良会会长法商麦田（H. Modier）于是商请上海领事馆将欧战后，中法两国政府没收的德国同济医工学校旧址拨充为该会会址，同时推动各国商会恳请各国外交使团实力援助。因为改良蚕桑实业之经费由中国海关税务司发给，而中国当局对海关尚无自主权，如无外交团之赞同，中国政府不能号令海关增加此项支出。经法公使斡旋，民国12年（1923）将每月补助费增至8000两，改良会的活动经费因此而较为充裕⑤。

中国合众蚕桑改良会草创之初，原有育蚕场七处，除上海为总会所在地，尚有苏州、横林、南京、嘉兴、诸暨等分场。其中以苏州育蚕场规模最大，房屋器具足够育蚕20两之用；原有与房屋毗连桑园18亩，民国10年又新辟桑园20亩，至民国12年，桑叶几乎可以自给而不须向外购买桑叶。南京分场的发展则最为快速，由最初10至12两的饲蚁量增加到民国11年的20两，而其近百亩的桑园已开始产叶，另有

① 万国鼎：《中国蚕业概况》，第59—60页；乐嗣炳编辑，胡山源校订：《中国蚕丝》，第56—57页；《世界蚕丝业概观》，第71—72页。

② 万国鼎：《中国蚕业概况》，第60页；乐嗣炳编辑，胡山源校订：《中国蚕丝》，第56页。

③ 《中国合众蚕桑改良会民国11年报告》。

④ 一雌蛾所产之卵为一窝。

⑤ 《中国合众蚕桑改良会一九二一/一九二二年成绩暨经济报告》。

图三　中国合众蚕业改良会上海总会

（采自《中国合众蚕桑改良会民国 13 年报告》图版）

图四　中国合众蚕业改良会上海总会

（采自《中国合众蚕桑改良会民国 13 年报告》图版）

苗圃 30 亩可供给其他分场特选的桑秧以及农民所需的桑苗[①]。南京分场得以快速发展主要得助于东南大学的密切合作，该校园艺系主任兼蚕桑系教授葛敬中（1892—1980）[②] 向为改良会主持分场事务，直至 1921 年左右方由农商部派充该会监理员。南京分场职员及东南大学学生实习时，常与农民接近，该地农民对改良会蚕种颇为推崇[③]，南京为新兴蚕桑生产区，应当亦有助于该地区农民对选种和新技术的接受。

① 《中国合众蚕桑改良会民国十一年报告》。

② 字运成，民国 12 年进入中国合众蚕桑改良会，十八年担任该会代理总技师，后为该会监理员。

③ 《中国合众蚕桑改良会民国十一年报告》。

1921年增设青阳育蚕场，为安徽省的第一所，由该县县长在县署左近拨地20亩为桑园，暂租两湖会馆为蚕室。每年该省省立学校毕业生可投考该场，前六名由县长保送至育蚕场实习三年后，经考试合格给予证书即可充当各地指导员或散种员①。

合众蚕桑改良会在病蛾率的降低方面成绩颇佳，苏宁二场因与当地蚕户隔绝，且有自植之桑园而成效最著。其他分场则因与蚕户毗邻且无足够之桑园，桑叶几乎全部必须外购，除买叶价格高昂、增加成本外，“横林、嘉兴、诸暨蚕桑繁盛之区，桑叶殆皆含有病菌，极易传染，阅各分场病率比较表，即可明证之”②，于是决定将所有未具有桑园之分场的饲蚕量减少，仅作模范育蚕场。青阳育蚕场所制选种毒蛾率虽然不低，但因当地官绅的热心支持，所有费用均能俭省，是以每张蚕纸的制造费用尚轻③。为了补救在育蚕场减少且欧洲购入蚕种亦减其额的情况下，要达到增加蚕种生产、降低成本并减少病蛾率的目标，合众蚕桑改良会采用扩充制种的补救措施有二：（一）邀请蚕桑学校数处代为制种，但须遵守中国合众蚕桑改良会之法，并受其监督；（二）在各分场邻近处，于各蚕户中择其善者，授与原种，托其代为饲育，由改良会任监督之责④。这些折中方式的采用让中国合众蚕桑改良会在短期之间得以获得大量的改良蚕种，并藉此与一些蚕桑学校建立合作关系，例如：原对改良会不甚注意的浒墅关江苏省立女子蚕业学校开始与改良会联络，改良会亦聘用该校一部分的毕业生为各处督察育蚕的职员；而该校毕业生经营种场者，亦透过学校为改良会制种。其他地区的农蚕学校，如安徽第五农业学校，亦与改良会合作代为制种⑤。然而浒墅关蚕校所制选种数量甚微，而其他学校则少成效，“盖此数校不明严密合法之选种术极关重要，而欲以简陋之选种售之本会”⑥。透过私人制种场和蚕户代为制种的方式，可达到传授新式养蚕法，与监督蚕户或私人制种场养蚕条件与设备的目的，对于选种的推广和蚕桑环境的改进有相当积极的影响。

然而虽然改良种经过实验证实具有茧收量远胜于土种，且丝量丰富等优点，却无法充分发挥其长处以吸引蚕农饲育。合众蚕桑改良会于是逐步针对蚕种发布、蚕农桑叶昂贵和叶量不足、养蚕条件和技术的欠缺以及收茧等各个环节提出整体的改良计划；透过与茧商、其他蚕桑学校或蚕业机关合作、成立合作社等，达到改良蚕桑的目的。由于“改良种之蚕儿食叶畅旺而较久，工本自必较重，倘改良种茧价不能提高，则农民宁育劣种，获利较厚。苟遇天时不利，损失亦较轻也”⑦。在蚕农自缫丝自卖

① 《中国合众蚕桑改良会民国十一年报告》。

②③④⑤ 《中国合众蚕桑改良会民国十二年报告》。

⑥ 《中国合众蚕桑改良会民国十三年报告》。

⑦ 《中国合众蚕桑改良会报告民国十四年推广改良概况》。

的丝区[1]，蚕农自然选择出丝量较高、丝质较佳的蚕种饲育；而位于无锡等地的茧区，既受茧行条例限制，则非要求茧行增加不可。然蚕农有将改良茧掺杂劣茧或冒充改良茧等种种弊端，因此蚕农唯恐茧行不肯出高价；而茧行则恐被蒙混，以致改良茧无法售得高价，来年蚕农不愿再育改良种[2]。同时，为纠正以往散发蚕种太迟，而且通过丝茧公所转递茧商，经常发生各地茧商不注意放置蚕种的温度和条件，以致蚕种受损孵化不出，或是散发蚕农之时蚕种已然孵化等弊端，又或派遣散种员徒然耗费巨额旅费，并予推销蚕种者藉此渔利之机，改良会决定委托最有关系之茧商发给该地蚕户，并与之协议将来收茧之时每担加价的金额，以利推广改良种[3]。

民国13年（1924），改良会并于无锡北乡成立第一个指导所，委托江苏省立女子蚕业学校（浒墅关蚕校）毕业生八人办理，工作内容包括：甲）推行改良蚕种，乙）共同暖种，丙）稚蚕共育，丁）蚕病预防，戊）养蚕示范及传习，己）蚕业演讲，庚）养蚕视察，辛）成绩展览。由于当地蚕农依照旧法暖种，或置种于贴身衣服内、置放床上或被褥中、曝日中或放温水壶旁，蚕种多因暖种不良而不能孵化，或呈弱小萎缩之状[4]，指导所依法意共同暖种室之条件设有特别暖种室，可为当地蚕户孵化蚕种，并可代为消毒蚕种。为节省费用和宣传饲育良法，指导所并提供为各蚕户饲育幼蚕的服务（至二眠为止），然其房屋蚕具须接受指导所消毒和监察，并以饲育改良蚕种的蚕户为限；指导所购备器具药品可为蚕户代为消毒以预防蚕病，消毒之前蚕户须将应消毒之房屋器具加以洗涤，并先行自理简单之消毒，例如：以石灰水粉刷墙壁。并规定饲育时如发现病蚕，应及时剔除焚化或投入石灰水后掩埋，蚕沙于窖中腐化后，变成优良之肥料可用于一切植物，但不宜于桑，以杜绝病毒传染的可能性。为教导饲育方法，指导所招待当地妇女入所学习，主要自孵化至二眠起历时半月的期间；另尚自育蚁一两以供开放参观直至上蔟。指导所并随时召集蚕户演讲，介绍饲育新法，并开放答复解决蚕农提出有关蚕桑问题的询问；蚕户尚可申请指导员视察，唯须接受指导员劝告进行改进[5]，指导所各指导员及视察员则将所内业务和视察蚕户情形作成详细记录，提供深入观察分析各改良品种孵化所需适当温度和时间长短之依

① 清末机械缫丝工厂蓬勃发展，所需茧量大肆增加，设立茧行（收购鲜茧并即刻于行内所设茧灶将蚕茧烘干，以防蚕蛾羽化破茧而出），以高价收购良茧。为确保传统丝绸业的原料来源，特将蚕桑地区划分为出售生丝的丝区和生产出售鲜茧的茧区。民国初年，缫丝厂在各地纷纷设立茧行，抢购鲜茧，于是有依附洋商或官府势力逃避捐税的现象，又或对蚕农抑价逼卖。1914年江苏省规定茧区得设茧行五家，后多有更改。1934年4月正式公布统制茧行办法，规定茧行开业前必须向蚕桑改良区登记，并缴纳保证金。(《苏州市丝绸工业志》，第二册，1985年)。

② 《中国合众蚕桑改良会报告民国十四年推广改良概况》。

③ 《中国合众蚕桑改良会民国十三年报告》；《中国合众蚕桑改良会报告民国十四年推广改良概况》。

④ 《中国合众蚕桑改良会民国十四年报告》，第5页。

⑤ 《中国合众蚕桑改良会民国十三年报告》。

据，探讨可能影响养蚕成绩之因素，以作为拟定更有效率的蚕桑改良计划之参考[①]。

民国15年秋，中国合众蚕桑改良会以为要提高蚕桑丝的竞争力，以与在国际市场越来越具有威胁性的人造丝相抗衡，最有理想的方式即减低蚕丝价格；发展秋蚕的喂养以增加蚕茧的生产量为达到降低成本的有效途径，于是创办镇江制种场。民国16年，无锡永泰和上海瑞纶两丝场自动捐助阿摩尼亚冷库一座，并承担该场全部流动资金，而以所产蚕种为交换品。蚕种冷藏库当时在中国尚属首创，于是派遣技师葛敬中赴日参观订购冷库，2月返国后开始动工，于5月25日装置完成。当年5月初开始，将日本运到之原种催青，至6月下旬制成秋种11000余张，皆正白、新白之一代交杂种，冷藏约50日后于8月20左右浸酸，发往无锡饲育，"是时各蚕户适无事，而叶价极廉，故无不争先领取"[②]。镇江制种场与其他蚕区隔绝，且土壤肥沃，民国17年改良会继续扩张，增购荒地，加建蚕室、设备，增聘人手，提高饲蚁量，制种量高达2.1万张。除扩充镇江制种场使成为完美的秋种场外，创办无锡女子蚕业讲习所以培养制种和指导的技术人员，并于上海总会设立研究部以进行春秋蚕品种之选择、选择杂交之支配、胃肠病之制止和植桑方法之改良。研究部内部设有化验室、物理研究室、细菌研究室三所，设有精良的科学仪器和当时先进的设备，如费电极省而温度恒定，且又可随意控制温度的电气冷藏库一具、各种显微镜及紫外光之设备、极精细之天秤以备定量分析与验丝之用、气压消毒器等。镇江制种场的成绩吸引了许多私人资本创办蚕种场，民国18年起，中国合众蚕桑改良会接受私家制种场经审查合格者的注册，提供技术和设备的支持，为镇江及周边的裕民[③]、益民、永安等提供原种、小蚕共育、代检母蛾、蚕卵冷藏、浸酸等服务，支持民间制种场的发展[④]。

鉴于中国家蚕品种繁复，但饲育不良致使良种湮没或劣化，而日本选出之良种多源于中国，加之日本所选品种未必尽合中国之用，中国合众蚕桑改良会特移一部分人力物力，征集土种以为育种。民国18年即由苏州分场试制春种200张，并以丝厂要求，选制多丝量之品种，由苏场技术人员往太湖沿岸选购俗称"路角"之种茧，拟以纯系分离法选出优良之系统。镇江蚕种场为改良会唯一专制秋种之场，于是成立了普通蚕种部和原种部，并增加原原种的饲育量。引进日本及欧洲的蚕种，试验交杂种以获得饲育期短、抵抗力强、收茧量多而丝质优美的理想秋蚕交配种。

---

① 见《中国合众蚕桑改良会民国十四年报告》，附录《堰桥指导所主任穆蕴华女士报告书》。

② 《中国合众蚕桑改良会民国十六年报告》。

③ 陈灏泉于1929年创办于四摆渡，1951年创办的华东蚕研所即以此为基础，与原中国合众蚕桑改良会镇江制种场合并而成。有关镇江制种场对蚕桑改良的影响，王福海和黄为民在其合作短篇论文中有初步介绍，见《中国合众蚕桑改良会镇江蚕种制造场的创建及在历史上的作用》，《中国蚕业》2007年第3期，第85—87页 。

④ 《中国合众蚕桑改良会民国十八年报告》。

蚕桑统制政策的创立

民国17年（1928）中国终于得以进一步发展蚕桑业，却又受到1929年美国金融界崩溃而引起的世界经济恐慌之波及。经济的萧条使得各国纷纷采取保护主义措施，经济因此而更为不景气，华丝销路停滞。继之以日本在中国东北和上海地区军兴，民国20年中国丝业受到严重影响，绝大部分丝厂关闭、丝茧行停止营业[①]。对于从事蚕桑业者占人口半数以上的浙省而言，蚕丝业的衰败对农民生活的影响尤为深剧，积极推行蚕桑、振兴丝业，成为刻不容缓的当务之急。鉴于制种场林立且素质良莠不一，为保障农民权益与蚕桑业的发展，政府于民国18年设立蚕种取缔所。19年，江苏省政府为防范制种家舞弊，设蚕种取缔所于无锡；浙江亦于民国20年在改良场指挥下设立取缔所，并订有《浙江省取缔私人制种暂行办法》，焚毁不合格蚕种及冷库内冷藏过久的蚕种，此外江浙地区尚有自动组织的蚕业合作社[②]。

南京国民政府成立后拟将中国合众蚕桑改良会收归国办，值该会法国总技师辞职，国民政府于是增派代表加入该会理事会而将实施大权逐渐收回[③]，改良会的组织自此有了重大变革：由李煜瀛担任政府监理，葛敬中任代理总技师[④]。民国16年，葛敬中曾利用旅日采购冷藏库期间参观日本蚕业高等机关及试验场，对日本的蚕桑业改良政策作深入的了解，返国后著有《参观日本蚕业机关一部之报告》，同时草拟了《改进中国蚕业计划及其实施方法》，提出利用法令、技术和工商业三方面同时并进的改进措施，为蚕桑改良措施的制度化在全国的推展上建立了雏形。建议国民政府于行政院农矿部农政司内设立蚕政课，并于蚕业重要省份，如浙川粤苏鄂鲁等省政府所属建设厅或农矿厅内设立专科，仿照日本之例采取积极鼓励与消极取缔并行的模式，聘请蚕丝业负重望及重要团体代表订定蚕丝业法，透过法令以奖励的方法达到提倡改良蚕种、桑种以及合理的饲养法，并取缔不正当的生茧买卖。同时规划中央与地方之蚕业试验场并创设各级蚕桑学校，“其统治权固属之政府，而一切设施在不妨中央法令范围之内，亦宜予以便宜行事之权”[⑤]。与此同时，并研究开发桑种、优良春秋改良种，筹办模范制种场和原种制造场，鼓励合作社的组织，推广宣传改良养蚕法及改

---

① 乐嗣炳编辑，胡山源校订：《中国蚕丝》，上海：世界书局，1935年，第47—48页。

② 上揭书，第58—59页；朱美予：《世界蚕丝业概观》，上海：商务印书馆，1934年，第69页；王庄穆：《民国丝绸史，1912—1949年》，北京：中国纺织出版社，第68页。

③ 乐嗣炳编辑，胡山源校订：《中国蚕丝》，第57页。

④ 《中国合众蚕桑改良会民国十八年报告》。

⑤ 《改进中国蚕业计划及其实施方法》，第11页。

良蚕具，实行蚕室蚕具消毒和共同催青与稚蚕共育，以达到提高生丝质量降低丝价的目的。而针对丝销滞钝的现象，则敦请政府进行消除苛捐的改革，以刺激农工商业的发展。

民国22年（1933），国际生丝贸易有所好转，政府为增加贸易额曾采取发行公债救济蚕丝业的措施，注意科学技术的推广普及，并设立蚕桑模范区指导饲育；7月，成立管理改良蚕桑事业委员会。1934年2月成立全国经济委员会蚕丝改良会，会址设于杭州；省管理改良蚕桑事业委员会则改为“蚕丝业统制委员会”，并制定了《浙江省建设厅管理改良蚕桑实业委员会二十三年秋期统制本省境内蚕种销售暂行办法》，规定蚕种饲育不良之种场应予赔偿的方法，首次为防止种场粗制滥造和控制种价提供了法律条文的保障。此外尚制定了《蚕种取缔所对于违令提早烘蛾种场处分办法》以及《浙江省蚕种取缔所办理本省各蚕种制造场本年春制蚕种母蛾再检查及蚕种整理暂行办法》，以降低蚕种的含毒率①。民国25年（1936）2月7日制定《蚕种制造条例》35条②，针对制造蚕种之营业者的资格，种场设备、条件，所制蚕种品种与交杂方式等提出详细的明文规定③。制种场业者须向实业部申请核发蚕种制造场许可证方准营业（第一条），所制蚕种须加盖商品检验局或各该省市主管机关图记方准销售或让与（第十九条）。除规定制种场须有防除微粒子病、硬化病、软化病、脓病、蚕蛆病等蚕病之设备外（第七条），并规定原蚕种、普通种及实时浸酸种母蛾检查毒率之标准如下（第十四条）：

一、原蚕种母蛾于每一收蚁批内，有微粒子之毒素，在3%以上者，为不合格。

二、普通种母蛾微粒子之毒素，在未满3%者，全部合格。30%以上者，为不合格。但在3%以上未满30%者，应行全部再检查。

三、实时浸酸种母蛾用混袋制者，微粒子毒素在未满5%者为合格，在5%以上者，为不合格，如非混袋制者，依前项第一款之规定。

然事实上，因改良蚕种制造供不应求，在毒率的控管上多因实际需要而有所放宽，可见改良蚕种在减低毒率方面的困难。但较诸民国初年95%以上的含毒率，推行十多年的蚕种改良措施之成绩可算是相当可观的，特别是在一个战乱频繁、国家主权不完整且民生聊困的时代。尽管许多学者对于蚕桑统制政策多所批评，但不容否认的是，此一制度的推行，为中央专门行政部门对全国蚕种场的技术人员、蚕桑设备、蚕种质量等进行全面的控制与管理，显现蚕桑政策由地方的推行过渡到由中央制度化

① 王庄穆：《民国丝绸史，1912—1949年》，北京：中国纺织出版社，第70—71页。

② 《蚕种制造条例》全文见维基文库（http：//zh. wikisource. org/wiki/蚕种制造条例/民国25年）。

③ 台北“中央研究院”近代史研究所收藏民国时期农林档内有多宗相关资料。

的控制管理，这应也是由农业社会进入到工业社会的另一项重大转变。

小结

清末民初蚕桑改良由最初消极抑制蚕病的蔓延，到蚕桑品种改良；由仪器的引进与操作的学习，到与蚕桑相关的基本科学之传授，以至于蚕桑生产人员的培养与生产管理的制度化，反映出“现代蚕桑”有别于传统的几个特质：

1. 将传统累积的经验借助仪器予以量化，利用机械设备掌握育蚕条件：以往有赖蚕户丰富的经验、细密的观察或感同身受的方式来判断每个阶段的给桑量、调节家蚕生长所需的温湿度，以及制种的质量等，均可藉助仪器（温度计、湿度计）辅助，提供蚕户明确可循的依据。

2. 专业学校取代家庭或作坊成为培养人才的中心：仪器的使用提供量化的操作方式，连带让初学者有迹可循，从某一方面而言简化了学习的过程，但同时亦要求学习者有基本的生物学、化学和物理学等知识，学校因此取代家庭或作坊耳濡目染、日积月累的学习方式，提供一系列相关知识的传授与基本训练。

3. 数据化的结果同时也提供了质量管理的标准，使得执政者得以有管理的依据，透过法令针对质量予以控制管理。

1897 年杭州蚕学馆的创立，为中国蚕桑知识技术的传播和实际操作人员的培养开创新局，为中国蚕桑教育的滥觞；更与稍后成立的农业试验场和蚕桑改良场成为蚕桑实验和技术改良的中心。虽然中国历史上蚕桑向来与狭义的农业并列，被视为“衣食之本”，成为朝廷劝农政策的重要项目之一，通常与赋税制度的施行相结合，然中央劝农的诏令一般旨在劝谕、敦促人民努力从事农桑，而少技术或品种改良的考虑，元官颁书《农桑辑要》的编辑与刊行是少有的特殊例子。这方面的考虑与具体实践，通常有赖地方官员或士绅的倡导和努力。编印蚕书、购赠桑苗、聘请蚕桑发达地区的蚕师，引进当地的优良桑种、蚕种，或由地方官员的内眷担任技术指导的工作等等，都是推广蚕桑、改良技术所经常采用的方法。几部流传下来的重要农桑典籍，如北魏贾思勰的《齐民要术》、南宋楼璹的《耕织图》和元王祯的《农书》都因地方官在响应朝廷的劝农政策的号召下，一再刊刻而流传下来。民间栽桑养蚕所需人力的培养和知识的传授，最主要还是靠世业家传，业者从小在实际操作中耳濡目染得来的，一些蚕桑生产的观念和操作技术亦藉着民俗节庆、民间信仰而达到文化、技术传承的结果。

蚕学馆的成立首次将农桑和手工艺的操作视为专门的知识技术，在学校系统中传授，并结合欧洲发展出的科学知识，传述学员农业、生物学和一些基础科学的原理、原则，打破传统知识技术从实际操作中学习摸索的途径；与此同时，也将蚕桑知识与技术的研究发展和实际的生产操作分开。然而蚕学馆的设立及其对中国蚕桑的改良的推进，由于改良蚕种所需昂贵的新式设备仪器，以及大量的桑园蚕室和人力，亟须地方政府官员和当地士绅在财力上和人力上的支持和中央的肯定，方能持续地运作进而获得有效的推广。从蚕桑改良的施行到政策的确立与制度化，其中主要由地方政府和民间力量的发起，借着地方政府、士绅和民间生产业者的互动与影响，蚕桑改良渐渐由地方性的活动推广为全国性的事业，更因为蚕桑生产的利益涉及国家财政和社会民生，迫使中央政府不得不利用法令规章，借助法律予以约束或保护，同时对教育制度、销售和经济发展等等采取一连串整体的措施，以提供理想的发展环境。而中央与地方之间的省级官员之作用通常受到学者们的忽视，从蚕学馆成立的例子可以看出，巡抚在地方政策是否得以顺利推行方面扮有决定性的角色，非但有决定经费调动的权力，同时也是地方与中央信息交通的重要枢纽。

由于蚕桑生产涉及生丝外销，与欧美的经济利益息息相关，亦激起西方业者对中国蚕桑生产状况的关心。中国合众蚕桑改良会在民国初年蚕桑改良所起的作用向为学者们所忽视，但其成立与因应中国蚕桑业者的反应而采取的措施与方法，为民国政府的蚕桑改良政策奠定基础则不容轻估。如果蚕学馆开启了中国近代蚕业改良的先端，那么中国合众蚕桑改良会则为欧洲和日本传进新式技术的传播起了普及化的作用，但其影响范围仍仅限于江浙皖三省，直到国民政府成立后才进一步地推行于全国。

此外，透过微粒子病传入中国及其快速蔓延的历史事件，可见采取闭关政策严禁西方人进入中国所造成地方官员或民人为了自我保护而隐瞒事实的危险性。由于对西方蚕病的一无所知，加上清朝官员无视西方蚕桑业者的警告，微粒子病随着政府鼓励蚕桑政策之彻底推行，桑园面积的大幅扩张，以及传统由中国蚕桑首府的湖州地区引进优良品种的蚕种和桑苗，而散布带有病毒的蚕种桑苗，使得蚕病的蔓延更为快速，中国数千年的蚕桑业几乎毁于一旦。由于清廷的禁令，相关的记载亦不见于中国的档案史料中，只能依靠西方文献的记载还原历史。中西文献的结合，文物与文献的相互比对与印证，应是今后研究中国历史不可忽视的重要方法和依据。

毛传慧

台湾清华大学历史研究所副教授

技术传播与社会进步：
1930年代浙江蚕桑统制案例分析

包伟民

技术的进步常常引发人类社会跳跃式的发展，但技术发明与传播常不能同步。如果说前者更多地侧重于智力的投入而相对超脱，后者显然因其更多涉及社会基层，而呈现错综复杂的情形。每一个案都会因特定的社会、历史背景，展现其独有的面貌。当然，每一个案特质的背后，不免蕴含其反映一般性意义的内涵，向分析者提出挑战。读史的魅力，正在于此。

20年前，本人曾撰文讨论民国前期江南地区的蚕桑改良运动，认为在世界贸易关系、工业技术，以及整个近代中国社会转型等诸多因素影响下，江南地区的蚕桑业从传统农业经济的一个重要组成部分，被迫融入世界贸易体系，逐步衰落，陷入困境。从19世纪末起，一部分有识之士认识到蚕桑业改良的必要，努力引进近代技术，推动中国的蚕桑改良运动。在近半个世纪的时间里，取得了显著的成效。在此期间，江南农村地区的商业性聚落市镇起着近代都市文化扩散中心的作用①。

本文旧题重议，借1933至1937年间浙江蚕桑统制的案例，藉以观察当民国社会内外交困之际，传统农业经济与世界贸易体系相联系所带来的种种不适，在蚕桑改良运动推进过程中，其向农村地区推广新技术的各种具体措施，借此分析技术传播与政治变动、经济关系与文化传统之间错综复杂的关系，并由此观察在传统向近代转型的过程中技术传播的一些新特征。

本文主要利用浙江省嘉兴市档案馆309全宗所收录关于此一时期蚕桑史的资料。309全宗共589卷，其中涉及蚕桑史资料300余卷，主要是设于王店镇的江苏大有蚕种制造场第三蚕种场的历年文献，少量属于中国蚕丝公司第一蚕桑实验场（嘉兴第一蚕桑试验场）的留档文卷。涉及统制政策的主要是前者。文中视分析需要，还将征引其他相关资料。

---

① 参见包伟民主编《江南市镇及其近代命运》第八章，北京：知识出版社，1998年，第291—321页。

王店镇位于嘉兴南侧约20公里处，又称梅里，始设于五代（907—960），向以蚕桑业兴盛著称，为东南名镇。宣统二年（1910）通车的沪杭铁路经过此地，并在王店设站，又增强了王店的经济地位。1926年，江苏大有蚕种场在王店建立第三蚕种场，投资人为国民党官员陈焯，每年制造虎牌改良蚕种数千张，后产量逐年有所增加（参见文末附图一、附图二）。民国年间，大有第三场一直是浙江地区制造改良蚕种的重要机构，1949年后继续生产，后经公私合营改造，改名为王店蚕种场，至今尚存，这大概是它的历年档案得以保存的原因。

一

栽桑养蚕很早就是江南农村中相当普遍的副业。在唐（618—906）以前乃至北宋（960—1126），本区蚕桑生产水平不及北方。南宋（1127—1279）以后，江南蚕桑业开始逐渐超过北方。自宋末元初植棉业兴起后，人们开始用棉花织棉布，穿棉布制的衣服，丝织品渐被棉布所取代。大致到明代（1368—1640）中叶，很多地方的蚕桑业已经衰落甚至消失，但在江南地区的湖、嘉、杭多数县份及苏州府的南部地区，由于水土相宜，经验丰富，却未受影响，继续发展①。随着人口自然增长，人口压力增大，本区经济结构愈来愈向着经济效益虽不一定提高，但劳动更密集化，进而劳动产出的绝对量有相对提高的蚕桑专业经济发展，从而一跃成了“天下丝缕之供皆在东南，而湖丝之盛惟此一区”的专业蚕桑生产地区。蚕桑丝织业成了本区“乡民之命脉”，“田中所入与蚕桑各具半年之资”，蚕桑收入往往要占本区农民年总收入的一半甚至一半以上②。

近代以前，江南蚕丝除供本地丝织生产外，已经以赋税及商品的形式大量输出，主要供应国内市场，也有少量通过广州公行出口，流入国际市场。进入近代后，受外贸需求的刺激，又因经过太平天国战争，本区农业经济结构有一定的调整，蚕桑生产进一步勃兴，延伸到湖嘉杭地区其他的一些县份。如湖州府在长兴县东北濒湖低地、

---

① 徐光启《农政全书》卷三一引郭子章《蚕论》：“今天下蚕事疏阔矣。东南之机三吴、越、闽最多，取给于湖茧。”又乾隆《湖州府志》卷三七《蚕桑》引明后期人严书开语：“宋元之间，其种（按指棉花）始至，关、陕、闽、广曾得其利。洪永之际，遂遍天下，其利殆百倍于丝。自此而天下之务蚕者日渐以少，独湖仍其业不变。”

② 徐献忠《吴兴掌故集》卷一二《风土》。又如乾隆《湖州府志》卷三七《蚕桑》引万历时人谢肇淛语：“（种桑育蚕）湖人尤以为先务，其生计所资，视田几过之。”顾炎武《天下郡国利病书》原编第二册《浙江下》说嘉兴石门地方“田地相埒，故田收入仅足民间八个月之食，其余月类易米以供，公私仰给，惟蚕息是赖，故蚕务最重，凡借债契券，必期蚕毕相偿”。《补农书》下卷：桐乡“田地相匹”，“蚕桑之利，厚于稼穑，公私赖焉”。光绪《嘉兴府志》卷三二《农桑》：海盐“地狭人众，力耕不足糊口，比户养蚕为急务……”类似的记载还有许多。

安吉县西北、东南临西苕溪平原形成新的蚕桑区。嘉兴府在东北扩展至运河与平湖塘连接线附近，在平湖县西南境及县城东部形成新的蚕桑区。同时逐渐向周边地区扩展，向北伸展跨越太湖，太湖北侧的无锡、武进、江阴、宜兴、常熟等县的蚕桑业迅速兴起；向南伸展跨越杭州湾，经绍兴、萧山、诸暨等县，位于曹娥江上游的嵊县、新昌的蚕桑业亦兴旺起来。这样杭、嘉、湖、绍、苏、常的一些县连成一片，构成了江浙蚕区。

其中浙江省被称为"全国蚕丝最发达之区域"[①]，1932 年，全省共有养蚕农户 80 余万家，产茧 108 万担。"盖浙江天候土质，无地不宜蚕桑，亦几无县无蚕桑，惟有多寡繁简之别耳。其繁盛蚕区之分布，约可分三区。即钱塘江曹娥江两流域，及太湖附近是也"[②]。全省 75 个县中，盛产蚕茧的共有 45 县。故此蚕桑被称为本地区"仅次于粮食之一种大生产事业"[③]。

但自从进入近代，中国的蚕丝生产与国际市场紧密相连以后，浙江农民的这个传统家庭产业就开始遭遇国际上其他国家产品的激烈竞争，国际生丝市场的跌宕起伏，就时刻影响着浙江每一个蚕桑生产农户的生计。总的说，自从 19 世纪 60—70 年代太平天国战争平息后，由于国际市场对生丝需求量增加，浙江蚕桑业进入鼎盛期。但一些国家也开始着意发展蚕桑生产，开始对中国的生丝出口产生影响。其中尤以日本为突出。进入 20 世纪后，随着日本生丝出口在国际市场的比率日渐扩大，中国生丝出口的地位开始下降。不过由于西方国家机器丝织业的进步所带来的对生丝需求的不断扩大，以及国内市场的维持，国际竞争对浙江农户蚕桑生产的影响尚未为甚。1932 年，西方经济危机波及中国，中国生丝出口急剧下降，浙江蚕桑生产进入全面亏损时期。

1937 至 1945 年，浙江蚕桑生产区几乎全被日军占领，在日寇掠夺性政策的压榨下，蚕桑生产更遭灭顶之灾。1927 至 1936 年，中国年均出口生丝约 148361 公担，自 1937 年起，每况愈下，1939 年 90119 公担；1942 年 23014 公担，1944 年 2752 公担，仅及战前 1.9%[④]。抗战胜利后，百废待举，时人称"……不幸暴日侵凌，浙江盛产

① 全国经济委员会蚕丝改良委员会编印《蚕丝改良事业工作报告》（1934 年）附录一之《浙江省三年来改良蚕业之概述》，第 1 页。

② 国民政府实业部国际贸易局 1933 年编印"全国实业调查报告"之二《中国实业志·浙江省》第四编"农林畜牧"第八章"蚕桑"，第（丁）183 页。

③ 徐世治：《战前浙江之蚕丝业》，第 47 页。文载《浙江经济》（杭州）第 1 卷第 3 期（1946 年 9 月），第 29—47 页。关于清末民国年间江浙地区粮桑种比例，参见包伟民、黄海燕《"专业市镇"与江南市镇研究范式的再认识——以浙江乌青镇个案研究为基础》，文载（北京）《中国经济史研究》2004 年第 3 期，第 3—12 页。

④ 浙江省蚕业推广委员会编印：《蚕业通讯》第 32 期第 2 张（1946 年 10 月 16 日），未署名《惊心数字话蚕丝》。嘉兴档案馆，全宗号 309，目录号 2，卷号 89。

蚕丝之区，如杭、嘉、湖、宁、绍各县均相继沦陷，无论桑园、种场、茧行、丝厂、绸厂、蚕校及蚕业机关，无不备受摧残，损失惨重”。1946年，浙江蚕桑生产“仅及战前七分之一”①。同年全国生丝出口，“预计不足两万担，较诸民国19年以前，仅存百分之十二”②。

自从与国际市场相连之后，产量的增减有时已经无法直接说明一个产业的盛衰，更具有指示意义的，倒是在国际市场价格制约之下直接生产者的劳动效率，也就是农户蚕桑生产的盈亏指数。它通常被表述为单位面积产出的粮食与丝茧之间的价格比。江浙地区的蚕桑生产在传统后期，劳动生产率是颇高的，这也是农民改粮食生产为蚕桑生产的直接动力之所在。清初张履祥说：“……地得叶，甚者一亩可养蚕十数筐。……米贱丝贵时，则蚕一筐，即可当一亩之息矣。”③ 则以为粮食作物与蚕桑生产之间的产出比超过1∶10，估计很高。不过他也说是“甚者”，一般当不到此数。清末诸暨人吕桂芳撰《劝种桑说》，称“一亩良田，若种成密桑，其利乃五倍于谷麦”④。据地志记载，1911年，海宁州平均每亩桑地产茧18斤，当时每担茧平均价格42银元，1斤茧约相当于12斤多大米⑤。民国前期，粮茧之间比价有时可达到1∶15，有斤茧斗粮之说。20年代后期生丝出口开始衰落，茧价丝价均直线下降，农民的蚕桑生产出现亏本现象。1932年，据统计，合计蚕种、桑叶、劳力、薪炭簇草蚕室蚕具折耗及其他杂费等成本开支，相比与茧丝售价，蚕桑户生产全面亏本（参见表一）：

表一 1932年浙江蚕桑生产盈亏统计

类别	盈亏情况
饲改良种卖茧者	净亏7元
饲改良种卖土丝者	净亏7元6角
饲土种卖茧者	净亏13元6角
饲土种卖土丝者	净亏5元7角

资料：据《中国实业志·浙江省卷》第四编“农林畜牧”第八章“蚕桑”，第（丁）216—217页。

又据《申报》所载，1932年，海宁“洋种茧最高只开三十五元，土种茧不收，

---

① 《复兴浙江蚕丝事业诸问题》（治），文载《浙江经济》第1卷第5期（1946年11月13日），第29—47页。

② 同前《蚕业通讯》第9期（民国35年8月8日）第1张：《蚕丝业危机亟待挽救，郑辟疆氏向行政院提供意见》。

③ 张履祥辑补，陈恒力校释，王达参校、增订：《补农书校释》下卷《补农书后》，北京：农业出版社，1983年，第101页。

④ 转自朱新予主编《浙江丝绸史》，杭州：浙江人民出版社，1985年，第130页。

⑤ 李圭：《（民国）海宁州志稿》卷十一《物产表》，1922年排印本。

纯受限制茧价之影响，而蚕户茧本每担须扯五十三元，亏蚀太巨”[①]。各地数据可能略有差异，基本情形如此。抗战胜利后，蚕桑亏本的情形仍未见改善。据载1946年，“茧农干茧一担成本二十万元，改良蚕种之干茧收买价，最高每担不过十五万元”[②]。此年8月，经江浙两省建设厅暨中蚕公司提议，“为鼓励蚕农生产兴趣”，国民政府行政院决定当年秋茧每担折合当地三市担之米价[③]，亦即将茧米之间的比价落实到1∶3。这大概是当时有关各界争取“鲜茧价格必须根据养蚕成本改购”的一种努力，实际上常无法达到[④]。

农民养蚕实际全面亏本，却仍坚持生产，时人有相应的观察。前引徐世治《战前浙江之蚕丝业》一文，提出了如下的分析：“吾人检阅右表，全部蚕农每担鲜茧无不亏损，……而蚕户尚能饲诚养者，其故何在？一、蚕农类多智简陋，无人引援，又有薄田数亩，农舍数间及小桑园数亩，不易改业；二、桑叶劳力多系祖传或自备，又蚕具之修理费亦不巨，多用农间余隙或用妇孺劳力，不计成本在内；三、蚕期收入，适在农家经济青黄不接时期，若将劳力桑叶等成本不计在内，对农家经济补益不少；四、蚕区农民无不养蚕，蚕农苟无大故，无不勉力养蚕，以维持其社会地位。”[⑤]可知这里涉及的不仅有经济因素，更有社会因素。但不管从哪一角度分析，社会经济衰退，蚕农的生活质量明显下降，是不争的事实。

二

自从19世纪末起，我国各方有识之士已经认识到改良蚕桑业、以提高国际竞争力的必要性与紧迫性，并以1897年在杭州开设蚕学馆为标志，着手展开了一些实际的工作，主要集中在推行新式蚕桑教育、改进蚕桑生产技术等等。这些活动，也曾或多或少得到政府的支持。不过从20世纪20年代后期起，随着我国生丝在国际贸易中的地位日趋严峻，至1933年，国民政府关于蚕桑生产的统制政策最终出台，试图

---

① 《海宁茧价受限制影响》，载《申报》1932年5月21日。转引自嘉兴市档案馆、嘉兴市档案学会合编《申报嘉兴史料》第一辑，香港新世纪出版社，1993年，第127页。

② 《党国元老褚辅成氏痛论目前丝茧危机丝业拟具救济办法两项》，载《申报》1946年7月27日。转引自同前书《申报嘉兴史料》，第209页。又据前引《蚕业通讯》第9期（1946年8月8日）第二张：《蚕丝业危机亟待挽救，郑辟疆氏向行政院提供意见》，亦称每担干茧成本20万元，最高售价不过15万元。

③ 同前《蚕业通讯》第13期（1946年8月20日）：《秋茧一担折合米价三担》。

④ 同前《蚕业通讯》第6期（1946年7月30日）第1张：《苏省请挽救蚕业危机》。

⑤ 前引徐世治文，第40页。参见《中国实业志·浙江省》第四编“农林畜牧”第八章“蚕桑”，第（丁）217页。

"以政治力量，策动蚕户技术之改良"[①]，提高我国生丝在国际贸易中的竞争力。

所谓统制，在蚕桑改良方面，主要工作是下令全省各蚕种场制造出售及农民购种，以所指定的蚕种为限。蚕种场制成的春秋蚕种，由统制委员会收买，以统一的价格发配给各县蚕区，并组织蚕农共同催青，稚蚕共育，提供有关技术指导。

这一政策的推行有一个过程。

自1897年在杭州开设蚕学馆以来，浙江蚕桑改良工作集中在技术改进与普及推广两个方面，政府较少直接以行政力量介入其中。唯1919年，当时由于生丝出口激增，影响到国内土丝、土绸业生产，浙江省议会曾订立限制收茧的茧行条例，产茧区不得随意设立茧行，规定20里内无茧行之处方准设立一所，四面距离必等，引起蚕农与生丝出口业的反对。浙江土丝土绸业的规模相对于江苏为小，原料供应矛盾并不尖锐，这个规定不久即实际取消[②]。至30年代末，随着推行蚕桑改良工作日见成效，改良蚕种的需求增加，国民政府为防止制种业粗制滥造，于1931年5月9日颁布"蚕种制造取缔规则"[③]，当时浙江全省共有私立种场90处，省政府于是年在杭州艮山门蚕桑改良场附设蚕种取缔所，加强对蚕种制业的监管。次年，丝价暴跌，民生经济受巨大冲突，终于促使浙江省政府下决心成立专门机构，大力推进蚕桑统制政策。1933年7月1日，浙江省建设厅成立管理改良蚕桑事业委员会，12月1日，改为浙江省蚕丝统制委员会，下设收茧、缫丝两个委员会，作为全省蚕桑生产的领导机构，推进统制政策。

归纳而言，所谓统制政策，有如下几个方面：

其一，从上到下，层层设立蚕桑改良领导机构，上下相维，推行新政。省蚕丝统制委员会由建设厅厅长任主任，聘创改良蚕各县县长及相关人士30人任委员。各县市则以政府及警察力量介入其中，可参见图一。

据图一，可知这一蚕丝统制的行政系统，上面依托省政府建设厅，旁藉金融、技术机构，各县市政府为推行的中间力量，向下延伸到农村基层的蚕桑指导机构及蚕农的养蚕合作社、茧行、丝厂等，形成了一个相对完整的系统。

其二，就政府监管的层面而言，统制政策的着力之处，一在蚕种制造，二在蚕桑改良指导模范区、改良区的设立与各项指导措施的落实。

---

① 《中国实业志·浙江省》第四编"农林畜牧"第八章"蚕桑"，第（丁）227页。

② 相对而言，在整个20年代，江苏地区土丝土绸业与生丝出口业之间的矛盾要尖锐得多，参见苏州市档案局编，曹喜琛、叶万忠主编《苏州丝绸档案汇编》第二部分《生产经营·原料》之2"划分丝茧区域"、之3"限设茧行茧灶"，江苏古籍出版社，1995年，第329—450页。当时江苏商人多有到浙江杭嘉湖地区采购土丝者。

③ 《实业部蚕种制造取缔规则》，嘉兴档案馆，全宗号309，目录号2，卷号82。

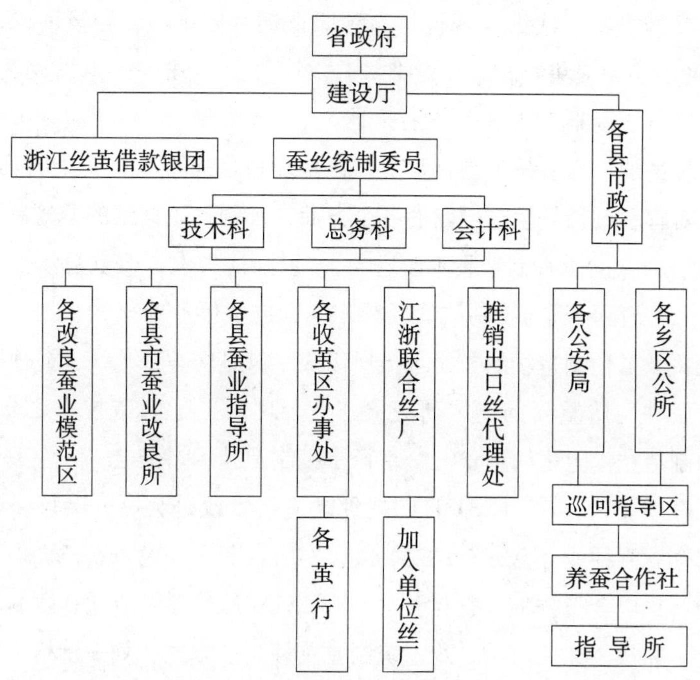

图一　蚕丝改良行政系统示意图

资料：参照1934年全国经济委员会蚕丝改良委员会编印《蚕丝改良事业工作报告》附录一之《浙江省三年来改良蚕业之概述》第3页绘制。

在蚕种制造方面，统制政策的监管集中在三个方面，一是指定优良蚕种，二是监管各蚕种场的技术、设备与日常生产，以保证其制造出合格的蚕种，三是对各蚕种场所生产的蚕种作售前检验，合格者颁发准予出售证明书，不合格者则责令其销毁。

自清末推行蚕桑改良以来，选择、培育优良蚕种一直为各方所关注。但在推行统制政策之前，改良蚕种所采用的交杂方式，均由各种场自行选择，品质参差不齐。随着统制政策的推行，由统制委员会的技术部门确定合适的蚕种，“统一蚕种，严格选种”①，以供各官私蚕种场制造出售，自为题中应有之义。“蚕种为整个蚕丝业之主要关键，蚕作之丰歉与丝茧品质之良窳，太半唯蚕种为之左右”，1932年成立萧山第一蚕桑模范区时，已经规定标准，为“统制之嚆矢”，到1934年秋期，浙江省政府开始实施“大规模之蚕种统制”，当时全省所需改良蚕种47万余张，除将本省各市所产19万张悉数收购外，其余向江苏选购，并制订了专门的统制销售办法②。直至抗战胜利后，国民政府延续旧制，坚持对蚕种选择的统制。如1946年，中国蚕丝公

① 黄永安：《江浙蚕丝织绸业调查报告》，1933年6月自刊本，第36页。

② 全国经济委员会蚕丝改良委员会编印：《蚕丝改良事业工作报告》（1934年）附录一之《浙江省三年来改良蚕业之概述》，第13—14页。

司第一实验蚕桑场提案，认为“现行新品种原蚕饲育困难，产卵量稀少，应作再度改进”，提议采用三元交集种，“并请将‘日一二’及‘中一一六’列为指定品种，以资解除种业经营之困难”①，为官方所采纳。

监管各蚕种场的技术、设备与日常生产，是统制政策的一个重要方面。当时的统制机构实际上对官私蚕种场生产经营的各个方面，都制订了详细的监管制度与技术细则。1933 年浙江省成立蚕种制造技术改进会，“以浙江省农业改良总场蚕种取缔所所长为主席委员”，实际可视为统制政策下具体负责技术事务的机构。据此会章程，它由本省蚕种机关及蚕种制造场的技术人员所组成，其任务是：“一、蚕种制造场之设计；二、关于蚕种制造重要问题之研究；三、合理的蚕种制造技术之介绍并指导；四、答复蚕种制造技术上之咨询；五、举行蚕种制造技术讲演会；……关于其他改进蚕种制造技术事项。”②此年 7 月 31 日，蚕种制造技术改进会召开会议，讨论九个议案：一、确定今后制种业经营方针；二、改善本省各制种场设备；三、促进本省各制种场技术；四、集中全省蚕种检查与整理；五、确定雌雄鉴别方式；六、原蚕种只许春期制造；七、僵病应如何防治；八、统制原蚕种制造方式及划一价格；九、本省制造原蚕蚕种机关应召集各种场讨论各品种之状性，等等。其所讨论内容几乎涉及了蚕种制造技术的所有方面，且颇为详尽。如关于改善本省制种场设备，规定“蚕室须有保温排湿换气防暑及预防虫害等装置，由蚕种取缔所依此标准切实促各场予以改善”。关于促进本省各制种场技术，规定“各种场须聘请学识经验丰富之技术人员”，等等，确定了各种技术规范③。次年 4 月 10 日，据此会常务委员会第三次会议的记录，此年 2 月间，由蚕种取缔所“通函各场迅将各项设备切实改善，并派员分赴各场重行严格考核”。考核的结果是“民利、天生、吉祥三场，以其设备过于简陋，业已勒令停办”，此外共有 22 个私营蚕种场，考核合格。且“此等考核合格种场，其饲育蚁量，均经依照各场设备状况，予以核定”。即由蚕种取缔所根据各蚕种场的设备情况，规定其产种数量，以防粗制滥造④。如据 1934 年 4 月 3 日大有第三蚕种制造场春期为向省蚕种取缔所汇报、按规定填写的《蚕制造登记表》，其中除种场地点、业主等信息外，还包括技术主任、技术员等姓名、履历，蚕室间数及每间面积，附属室间数及每间面积，桑园亩数与产量，预计本期蚕种制造概数等。此年春期大有第三蚕

① 《中国蚕丝公司第一实验蚕桑场提案》，嘉兴档案馆，全宗号 309，目录号 2，卷号 86。

② 《浙江省蚕种制造技术改进会章程草案》，嘉兴档案馆，全宗号 309，目录号 2，卷号 86。

③ 《浙江省蚕种制造业改进讨论会议决案录》，嘉兴档案馆，全宗号 309，目录号 2，卷号 86。

④ 《浙江省蚕制造技术改进会常务委员会第三次会议录》，嘉兴档案馆，全宗号 309，目录号 2，卷号 86。参见同卷所收由浙江省农业改良总场蚕种取缔所于 2 月 23 日发给大有第三场的公函（无标题，首起“查自本省实施蚕业统制政策以后……”），随公函附表格四份，要求“限于文到十日内，迅将应填各栏，翔实填报”。

种场共计划制造两个品种的改良蚕种，即新桂（蚁量29.84公分，预计种量8000张）与诸桂（蚁量16.85公分，预计种量4500张）①。嘉兴档案馆现存大有第三场自1928年至1949年的共计64册《蚕事日记》，详细记录了育种过程的各项技术数据②，这当然是当时种场为确保蚕种质量所采取的一个措施。

统制机构所监管的各蚕种场技术性事务还有不少。如据1931年5月9日颁布的《实业部蚕种制造取缔规则》，甲、乙蚕种场的建造、设备配置等，均须上报蚕业监管部门审核立案。现存嘉兴档案馆的大有蚕种制造场第三蚕种场档案中，即包括该场多方面的技术文献，如“大有第三蚕种制造场场址平面图”、上海“慎昌洋行谨为大有第三制种场陈述贰吨冷气机说明书”、“大有第三蚕种制造场设备调查表”、“冷藏库设备调查表”等等。统制监管还涉及蚕种场的桑园、技术人员配置等等。如据1934年《浙江省农业改良总场蚕种取缔所公函（种字第508号）》：“查从来各场之技术主任除一小部分系常年聘用外，大部分仅于养蚕种期间，短期聘用，其对于制种后之蚕种保护、冷藏挖补浴种发种运输以及桑园管理等工作，视无技术必要，盲率措施，可病孰甚。夫考蚕种制成后，其处理之适宜与否影响于次代饲育至为重大，且桑叶为制种基本要件，当此盛倡自有桑园声中，四季桑园管理，尤不可或间。”因此规定“自本年份起，各场之技术主任一律均须常年聘用”③。

统制监管的另一重要工作是对各蚕种场所生产的蚕种作售前检验：“其取缔办法规定，凡蚕种未经审查，擅自发卖，除没收全部蚕种外，并得按照情节轻重，处卖方以所销售种价二倍以下之罚金。”④ 蚕种检验的行政依据是前述1931年颁布的《实业部蚕种制造取缔规则》，具体执行机构为附设于省蚕桑改良场的蚕种取缔所。实业部的取缔规则对各项技术指标有具体规定，如“原蚕种每一批内有微粒子病毒在0.5%以上者为不合格；普通种每一批内有微粒子病毒在百分之一以上者为不合格”，各省取缔机构视地方情形，仍订有更为具体的细则。据黄永安所述：“浙江蚕业取缔所，在艮山门蚕桑场内。……所长沈九如先生，另设技士四人，技术员、事务员各一人，据技士李君之所述，组织与办法则亦与苏省无大异。”只是据称每位技士每天检验蚕种的数量可达100张，比江苏蚕种取缔所规定每人每天检验50—80张为多⑤。1933年7月31日《浙江省蚕种制造业改进讨论会议决案录》所讨论的9个决议案之第四

---

① 《大有第三蚕种制造场春期蚕制造登记表》，嘉兴档案馆，全宗号309，目录号2，卷号84。

② 《嘉兴大有第三蚕种场蚕事日记》，嘉兴档案馆，全宗号309，目录号2，卷号16至62。

③ 《浙江省农业改良总场蚕种取缔所公函（种字第508号）》，嘉兴档案馆，全宗号309，目录号2，卷号82。按“盲率”，疑系当时习语，意指各蚕种场对“制种后之蚕种保护、冷藏挖补浴种发种运输以及桑园管理等工作，视无技术必要”，因此盲目率意处置。

④ 黄永安：《江浙蚕丝织绸业调查报告》，第36页。

⑤ 黄永安：《江浙蚕丝织绸业调查报告》，第42页。

项“拟集中全省蚕种检查与整理案”，规定“1. 所有本省各制种场之原蚕种及普通蚕种母蛾蛾匣全部由本所派员提取到所，不行百分率抽取；2. 本所提到各种场之普通蚕种母蛾蛾盒先抽取百分之五，行毒率检查。如病毒率在百分之三以上者，须行全部再检查；在百分之三以下者免检。但原蚕种之母蛾须全部检查，其毒率超过百分之三为不合格……”然又据1936年11月11日《浙江省蚕桑改良场训令》第1714号，此年省蚕桑改良场检查秋蚕种母蛾毒率时，“以蚕种产量骤增，为节省时间，使各种场得以从容再检起见，曾拟自本年起，将所抽得百分之五母蛾中抽拨五分之三，若其毒率不满百分之三时，则其余未检五分之二无庸检查，确定是批属‘免检’之列”。这个办法后由浙江省蚕丝统制委员会11月7日统字第3530号指令“准如所拟办理”，得到执行①。则1933年后检验蚕种的标准曾有调整，到1936年秋又回复到原初办法。

嘉兴档案馆所藏大有第三场卷宗，存有当年各类表格与公文，包括检查毒率声明书、蚕种毒率检查成绩报告表、母蛾毒率检查请求书、审查合格证明书、收蚁声明书、种蚕检查请求书与合格证明书、蚕种冷藏报告表等，都是关于蚕种检验的原始文献。

与此相应，若有外地蚕种前来浙江地区销售，也规定须得经过审核检验，“经审查合格后，方准输入”②。

统制政策的第二个重要方面，是蚕桑改良指导模范区与改良区的设立与各项指导措施的落实。

自从清末设立蚕学馆以来，向农村地区传授新式养蚕知识、推动蚕桑改良，一直是蚕桑改良运动所最为关心的议题。当初林启设立蚕学馆，就是以除蚕种的微粒子病，制造佳种，精求饲育，传授学生，推广民间为主要目的，希望“学生学成后，即分带仪器，派往各县并嘉湖各府，劝立养蚕分会，以为推广”③。后来实际情况，因经费不足及地方持观望态度等原因，毕业生大多被外省蚕桑学校聘为教习。新技术推广工作虽一时“收效未宏”④，但随着蚕桑学校等各方人士的努力，还是逐步开展了起来⑤。

国民浙江省政府成立后，即积极着手推进蚕桑改良事业，1927年冬将原来的原蚕种制造场改为蚕业试验场，第二年春又称蚕业改良场，在杭州笕桥建总场房屋，于

---

① 《浙江省蚕桑改良场训令》第1714号，嘉兴档案馆，全宗号309，目录号2，卷号86。

② 《浙江省农业改良总场蚕种取缔所公函（种字第52号）》，嘉兴档案馆，全宗号309，目录号2，卷号86。

③ 《设立养蚕学堂章程》第一条。

④ 《本校办理推广部经过报告》第16页，载1928年《浙江省立蚕桑科职业学校卅周年纪念特刊》。

⑤ 参见《浙江省立蚕桑科职业学校卅周年纪念特刊》第21页《民国十五年度推广部各场地点职员表》。

杭嘉湖各地蚕业兴盛的地区设育蚕指导所。蚕业改良场作为浙江地方蚕桑改良的主要指导部门，致力于推广工作。由于前一时期工作的基础，蚕桑改良工作逐渐取得了农民的信任，改良蚕种的需要量迅速扩大，私人蚕种场纷纷兴起，至1931年达75家，分布杭嘉湖宁绍各地。但总的说来，这时农村地区的蚕桑改良工作主要还是体现在推广改良蚕种，以取代土种，直接的技术指导还很少。一些私人蚕种场出于推广改良种的需要，也从事部分农村指导工作，但推广面有限。

1932年因蚕桑业受世界经济危机冲击，国民浙江省政府决心推行统制政策，要点之一，即设立蚕桑模范区，后又增加设置改良区。改良区的各项政策比模范区相对宽松一些，总之都是以行政力量强行推广新技术，态势与此前有了很大的不同。

1932年秋，浙江省建设厅在萧山创设改良蚕桑第一模范区，作为试点。1933年，更设临安为第二改良蚕桑模范区；吴兴、杭县、嘉兴、海盐、海宁、长兴等六县为蚕业改良区，扩大改良推广工作。后改良区一再扩大，共计29个县市。12月，成立建设厅蚕丝统制委员会，对蚕丝业实行统制。实际统制已从这一年秋季开始。1934年，更设杭县为第三改良蚕桑模范区。1932年，浙江省建设厅厅长曾养甫在萧山第一改良蚕桑模范区所作报告，明确指出："模范区制，则审蚕业失败症结所在，外察世界所需之丝品，运用严密之组织，科学之原理，强制之方式，统一蚕种改良饲育，凡可以提高丝质，增加产量者，计划实施，惟力是视。"①

模范区的组织架构，纯以行政力量为主导，省建设厅之下，设模范区办事处，其主任由各相应县的县长充当。主任之下设指导所总主任，以具体管理各指导分所事务，并由各相应地区的警察局介入管理事务，以借助其行政强力。指导所总主任之下设各乡镇指导所，视地域幅员之广袤、蚕户之多寡，配备指导员三人至五人。下文据萧山改良蚕桑第一模范区的情形，列出模范区组织架构图。

当时浙江省政府公布关于蚕桑改良模范区暂行办法，共计七条，其中规定模范区农户所需之蚕种，"由建设厅查明选购优良蚕种，按户分售，种价由厅核定，所有消毒暖种共育及按户指导事宜由厅负责，不另收费"；"区以内不准买卖或留养其他蚕种，由县公安局长建设长区长负责收缔"；"凡该区内所产之茧，由建设厅按照市价，规定标准，招商承售"，等等。总之从选种、饲养、售茧等蚕桑生产的全过程，都纳入统制监管的范畴。1934年，省建设厅蚕丝统制委员会将全省划为10个收茧区，其中6个为蚕统会设庄收茧，4个由各丝厂收茧，但事先须经蚕统会批准。

在此过程之中，新技术能否在农村具体落实，可谓关键，统制政策于此是颇下了一番决心的。例如劝谕农户以新法消毒，"则以各乡镇闾长带同警丁为指导员之向

---

① 黄永安：《江浙蚕丝织绸业调查报告》，第34页。

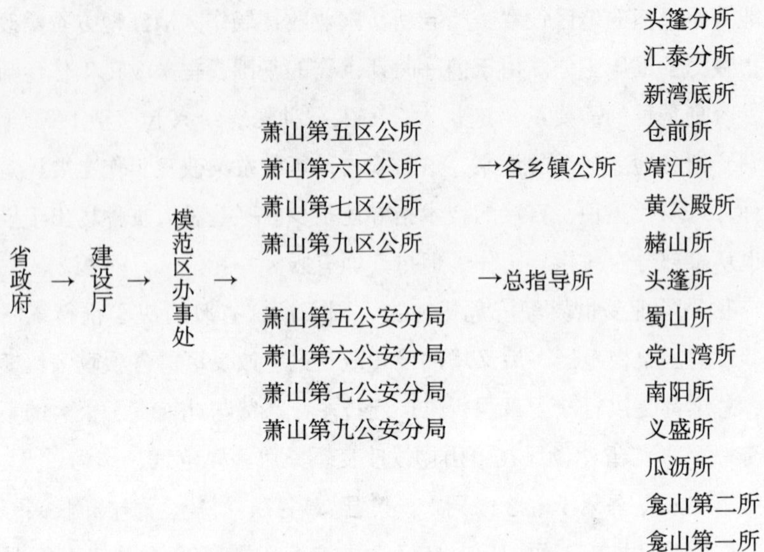

图二　萧山改良蚕桑第一模范区组织架构图

资料：据黄永安《江浙蚕丝织绸业调查报告》第35页。

导，挨户劝谕，令其取药自动洗涤，将毕然后相率他去，其顽梗不乐意接受者，则强制执行，代行动手，每员每日消毒蚕户，多可五十户，少亦十余户”。所以黄永安称当时浙江的统制政策为“统一蚕种，严格选种，强迫消毒及改良饲育方法，劝谕无效，则继之以政治力量之制裁，而运用整个政策者，则省府建设厅、专家、县政府、民众团体、技术家，与工作人员之大联合也，亦可谓以狮子搏兔之力以从事于一击矣”①。

在一些由私人种场所从事的指导区，也多制订有类似颇具“统制”意味的条文。如大有蚕种场所设立的指导所，即规定“饲育蚕种以本场虎牌为限，概须共暖，藉归统一，绝对不许兼育土种及其他牌号之蚕种，惟第一年开办时得酌予变通”；“加入后应听从指导员之指导改良饲育方法，并遵守一切规则，不得固执己见或阳奉阴违”②。这里当然还有排斥其他品牌蚕种的目的在。

另一方面，各级指导机构也注意到了诱导、教育蚕农的必要性，如在萧山，模范区办事处即制订了各种具体的“奖励农民育蚕办法”，如凡本区蚕户，而又“绝对接受蚕室蚕具消毒者”，可参加抽奖，奖项设“头奖一个，奖励现洋三十元、万年喷雾器一只、寒暑表一只、手提喷雾器一只；二奖一个，各奖励现洋十元，余同上；三奖三个，各奖现洋五元，余同上，附奖六个，各奖现洋二元、寒暑表一只、手提喷雾器

① 黄永安：《江浙蚕丝织绸业调查报告》，第36页。

② 《大有蚕种制造场推广部养蚕指导所规约》，嘉兴档案馆，全宗号309，目录号2，卷号82。按此件原系为“震泽四乡”指导所所订，现存于王店大有第三场档案卷中，可以推断王店的大有第三场即据此规约从事指导工作。

一只；末奖一百六十五个，各奖寒暑表一只、手提喷雾器一只（其中号码最先四个并各加奖手提喷雾器一只）”。其他还有各类奖项多种[①]。同时，模范区还组织蚕农举办了一些旨在宣传推广新技术的训练班，1934 年 2 月 25 日至 3 月 5 日，萧山模范区举办养蚕合作社社员训练班，聘请技术人员讲授养蚕合作、养蚕法、栽桑法、蚕体病理、消毒法等知识。同时，还专门招收练习生，训练“各地粗识文字而体格健全之女子为练习生，以期养成农村中自行指导之人才”。1934 年共招收了 23 人[②]。

就浙江全省的情形看，1934 年 6 月 15 日浙江省建设厅管理改良蚕桑事业委员会第四次会议各模范区、改良区的报告，有较详细记载，下文据以列为表二（表附文末）。

分析表二可知：(1）蚕桑改良的推广，各县差异很明显，其中作为模范区的萧山县，成绩最为显著，其他各地，即如作为模范区的临安与杭县，与之也有较大的差距。有几个县，如鄞县，只分发改良蚕种 500 张，实际只具有象征意义而已。可见蚕桑改良事业确可谓任重道远。(2）蚕桑改良工作的实际效果已十分明显地显现了出来，不仅各县改良种的蚕茧收益量与茧价均高于土种，且蚕农对蚕桑新技术的信心也已逐渐建立了起来。如长兴县，因改良种收益高于前年，因此蚕户对之均“益加信仰”，且因当年土种“均遭失败，以视改良种之适合环境，共同催青，品种强健，均告丰收者，相去不啻天壤，今后事业实有莫大希望”[③]。

1934 年后，浙江省政府还出台了一些相关的措施，统制政策基本思路如前，直至 1937 年抗日战争爆发，蚕桑改良工作被迫中止。

三

自 1933 年开始实施的浙江省蚕桑统制政策，究竟收到怎样的实效，可以从改良蚕种的推广来观察。1931 年，由于改良种市场需求增长，全省私立蚕种场已达 75 余所。1932 年世界经济危机波及中国后，丝价暴跌，丝厂茧行相继倒闭，各类蚕种场只剩下 20 余家。这正是促使各级国民政府竭力挽救蚕桑生产，决心推行统制政策的动因。从 1933 年起，至 1937 年，浙江地区的蚕桑生产大致恢复到了 1931 年以前的水平。当年全省已有改良蚕种场 83 家，所需改良蚕种达 300 万张，其中本省蚕种场

---

① 参见 1934 年全国经济委员会蚕丝改良委员会编印《蚕丝改良事业工作报告》，第四部分《附属机关工作报告·萧山模范区》，第 12—14 页。

② 同前书，第 67、69 页。

③《浙江省建设厅管理改良蚕桑事业委员会第四次会议》记录，嘉兴档案馆，全宗号 309，目录号 2，卷号 86。

制造者200余万张[①]，不足者从江苏调入。全省改良种使用率大致达到了50%[②]。在个别推广工作进行得较好的县份，改良种比例超过土种。如1935—1937年间，崇德县改良种已达60%以上[③]。

同样重要的是：随着统制政策的贯彻，推动蚕桑改良的行政机制已在全省范围内建立起来，技术、教育、金融等一系列配套措施也得到较大程度的落实，一些与直接生产过程密切相关的技术数据明显改善。例如影响蚕桑生产最严重的蚕病比率，原先土种"镜检结果，微粒子病常占百分之百"，改良种的推广应用，遂使蚕病比率显著下降（表三）：

表三 1931至1935年浙江普通蚕种平均毒率渐减指数

年份	春期毒率%	指数%	秋期毒率%	指数%
1931	15.56	100.00	11.43	100.00
1932	15.48	99.04	6.08	53.19
1933	12.54	80.59	3.50	31.41
1934	7.39	47.49	1.80	15.75
1935	6.19	39.13	2.45	21.44

资料：徐世治：《战前浙江之蚕丝业》，第36页。

论者曾称："（浙江蚕丝事业）民国16年（1927）至26年（1937）十年间，经张人杰、曾养甫诸氏锐志提倡改进，于蚕种、饲养、丝质、成本各方面均有勃兴之现象，不幸暴日侵凌……"[④] 徐世治也认为："自二十二年（1933）起，曾养甫氏所领导改良之蚕丝事业，至二十六年（1937）七七战时止，虽为时不过五年，而成效大著，惜乎暴日侵凌……"[⑤] 这样的判断，因都是出于战后评论者之口，或许会有强调战前成绩之嫌。但总体看来，还是符合史实的。统制时期的浙江蚕桑改良工作，已经使得浙江地区的蚕桑业初步恢复元气，并为这个"仅次于粮食之一种大生产事业"建立起了进一步发展的基础。

另一方面，我们也应该看到，统制政策之下的浙江蚕桑改良事业仍然存在许多制约因素，值得讨论。前引1934年《浙江省建设厅管理改良蚕桑事业委员会第四次会议》记录[⑥]，各县代表在报告统制工作的成绩时，同时又都强调了各自的困难，可供

---

① 据1947年《浙江经济年鉴》，1935年浙江全省改良种产量为233余万张（第367页）。1937年300万张的数据，参见徐世治《战前浙江之蚕丝业》，第30页。

② 谭熙鸿等：《十年来之蚕丝事业》，第7页，文载谭熙鸿《十年来之中国经济》上册，第C1—63页，上海：中华书局，1948年。

③ 国民崇德县政府1948年编印：《崇德县经济建设概要》（油印本），第16页。

④ 治：《复兴浙江蚕丝事业诸问题》，载《浙江经济》第1卷第5期（1946年11月13日），第2—3页。

⑤ 徐世治：《战前浙江之蚕丝业》，第47页

⑥ 下文未注明出处的引文，均出自此记录。

讨论。归纳起来，其中提到的茧价低、蚕农养蚕困难等项，由于“茧价操诸世界生丝市场”，反映了进入近代以后世界经济体系冲击我国传统农业经济的现实，生产者只有降低成本、提高品质，舍此无他途可以应对。其他各项，则直接反映了当时蚕桑改良工作所面临的困难：

其一，所谓“人民刁玩”（临安）、“人民非常顽固，一般暖种，死守气节，不顾环境”（长兴），等等，其所指，就是论者多所提及的传统观念对新技术的不理解与抵触。这里有两种不同的情形，需要分剖。

一种是民众固守传统，对新技术不信任，觉得新技术麻烦，认为经验可靠。如诸暨“蚕户素习缫丝，虽劝导无效”。前引萧山模范区的例证，指导农户消毒蚕室蚕具，甚至不得不带着警察上门，“其顽梗不乐意接受者，则强制执行，代行动手”。

不过，随着新技术的推行，在改良种收益优于土种的事实面前，多数蚕农日渐改变旧习，开始“信仰洋种”[①]，有人甚至认为“土种本年春蚕收获仅4%，改良种收获竟达140%，瑜瑕互见，土种恐将不打自倒，无俟乎政府之取缔”[②]。

另一种情形则要复杂得多，在江浙地区，蚕种土法培育已有千百年历史，土种的生产、销售已形成一个行业，从业人员不少，新技术的引入，侵夺传统技术市场，必然引起传统技术从业人员的反对，可以想见。这是近代世界历史上所常见的现象，浙江蚕桑土种业对改良种业的抵制，与之类似。如富阳县：“最感困难者，则该区内各乡长多营土种土丝事业，为自身利害关系，间有蛊惑民众作无谓之捣乱。”规模稍大的土种业者多拥有资本与社会关系网，在地方多有相当的社会地位，其抵制活动的社会影响常不容忽视。1933年，浙江省政府制订《改进余杭蚕种暂行办法及蚕种检查细则》，强制取缔土种，曾引起余杭、临安两县种农的骚动。据黄永安的调查：“模范区之设立，其间亦发生不少之波折，在开办之初，谣言风起，开始工作以后，复节节为难，竟有赴监察院控告浙省建厅者，又有质问指导员与请愿县长之农民，今岁则竟以‘扶土灭洋’为口号，临安农民，聚众暴动，焚毁场所，形形式式不一而足。大抵浙省土种根深蒂固，势力庞大，模范区既以使土种消灭为政策之一端，土种家地盘失去，遂利用农民浅薄之心理，聚众滋扰。”[③]技术新旧更替冲突，虽不可避免，执政者有时也不得不考虑到多方面的因素，作一些让步。

其二，新技术的引进必然有成本支出，常须有相应的经济条件为之基础，这在经

① 《平湖四乡火蚕颇佳》，载《申报》1934年5月16日，转引自《申报嘉兴史料》第一辑，第263页。

② 徐世治：《战前浙江之蚕丝业》，第37页。

③ 黄永安：《江浙蚕丝织绸业调查报告》，第36—37页。关于浙江省土种生产的一般情形，参见《中国实业志·浙江省》第四编“农林畜牧”第八章“蚕桑”，第（丁）192—203页。

济普遍贫困的30年代浙江农村，显然引起了更大的困难。这里也可分直接生产者与新技术推行者两方面来作说明。

由于“改良种价格，比土种高出四五倍之多”[①]，蚕农采用改良种，需支付比土种更高的生产成本，所以蚕农嫌改良种“种价高”就成了各地的普遍问题，如吴兴“蚕户多愿育改良种，但嫌价格过高”；武康“丝茧价格低落，乡人误以不如土种之廉价为合算”。新埭、长安镇农民“购种无资，孵育土种者占十之三四”[②]；海盐“今届屿城、沈荡一带之农民，虽均孵育蚕蚁，而农村经济不足，蚁量较减，饲育余杭土种者多”[③]。1935年春期，嘉兴发生灾荒，“五区灾民，因无力购种，停止饲育”。县政府不得不“为救济灾民起见”，特地将原本用改良种换回来、应予以销毁的土种，重新散发灾民饲育[④]。

各地政府为推广改良种，常不得不“放种”，即先由县政府为蚕农垫支种价，等蚕茧收获后再向蚕农收取种价。但由于“丝茧价格低落”，即便蚕茧收获后，农民也常无力支付种价，以至“值此农村衰落，收取种价倍觉困难”，各县的汇报，几乎都提到了这个问题。长兴“种价难收。迄今尚由县垫解，向蚕户收取时，辄以茧丝价格低落难于偿付相推托，而人民之穷困则亦系实情”；诸暨“收取种款与他区一样困难”；嵊县“今春解厅种款完全由县垫付”；富阳“至于收取种价，情形亦同各区之困难”，等等。

此外，改育改良种，在蚕室蚕具置备、消毒、共同催青、稚蚕共育等多种环节上，都比原先的土法育蚕开支为大，也增加了蚕农的生产成本。文献中记载有1934年萧山县稚蚕共育的开支（表四，表见文末），以及1932至1934年间，浙江蚕农消耗消毒药品统计数据（表五），可资参考。

表五　1932至1934年浙江蚕农消耗消毒药品统计

消耗药量	1933年春	1934年春	1932年秋	1933年秋	1934年秋
克拉脱（两）	89813	171785	59880	165375	133855
硫黄（两）	6549	27668	85120	34074	15855
其他（两）	96	7992			1308
平均每户消耗药量	3.7	3.9	7.4	3.7	3.9

资料：《蚕丝改良事业工作报告》（1934年）附录一之《浙江省三年来改良蚕业之概述》，

① 黄永安：《江浙蚕丝织绸业调查报告》，第37页。

② 《天寒多雨影响春蚕，浙属土种损害较重》，载《申报》1934年5月1日，转引自《申报嘉兴史料》第一辑，第256页。

③ 《苏浙春蚕汛片片》，载《申报》1934年5月13日，转引自《申报嘉兴史料》第一辑，第262页。

④ 《换回土种分发饲育》，载《申报》1935年4月17日，转引自《申报嘉兴史料》第一辑，第357页。

第5—6页。

大有蚕种场所订指导所规约，也条列有一些由蚕农负担的开支项目，如“蚕室蚕具应实行消毒时，由蚕户自行购买药品并供给人工”；“稚蚕概须加入共育，至三令或四令分发。所有共育期中炭火纸张等消耗费，按照张数多寡平均分摊”；“凡共育期内所有工作人员之茶水灯火以及指导员伙食，由各户轮流供给，不另开火”①，等等，这些开支，都是改良种所新增，而为传统的土法育蚕所无。

与此同时，政府推广蚕桑新技术也有一定开支，需要有相应的资本支持。清末以来浙江蚕桑改良事业的推进时有起伏，原因之一，就是政府的资金支持是否充足所致。如1931年，浙江省政府改组，财政困难，于是将蚕桑改良场经费由原来的33万元，减少为5万元，并撤销了该场的推广部，造成了改良工作的许多困难②。若仅就在农村地区的推广工作而言，文献提及的开支如有指导员的薪金，“巡回指导员月薪自三十四元至四十元，指导员自二十四元至三十四元，助理指导员以三个月为一期，给予膳费一十八元。另每期津贴十元，或十八元至二十六元。指导员薪给亦以三个月为一期，每年两期，核其入息年只一百八十元而已，其用费船费尚须自给”③。如萧山一县，1934年共有巡回指导员8人，指导员63人，助理指导员23人，合计起来，一年的薪金就需要近万元。私立种场从事指导、推广工作，也常须承担相应开支。如大有蚕种场规定：“指导员之薪金、川旅以及办公杂费，统由本场支给之。”“蚕期内得由指导员特约数家为示范蚕户，以资观摩，所有特支费用当由本场津贴之。”④ 其他各项开支，当亦不在少数。

为了解决新技术推广的经费，本着“以地方财办地方事”的原则，国民政府遂向蚕农及茧商开征新捐。浙江省蚕桑模范区的规定是“蚕种每张缴费一角，内以四分为乡镇长推销费，五分为指导费，一分为区公所、公安局等协助督察费，此外并规定在改良区内收茧之厂商每担干茧，承认补助改良蚕桑费三元至六元”。1933年，浙江全省共发放改良蚕种25万张，按每张蚕种征取1角计，共得改良费25000元；又按每张蚕种收茧25斤计，产干茧20800担，共可征取改良费62500至125000元，取其中数得93750元，为从蚕种上征取之数的3.75倍⑤。也就是说，改良费主要是从茧商丝厂头上征取。但是无论是向蚕农，还是向茧商、丝厂征取，这无疑都使民众真

① 《大有蚕种制造场推广部养蚕指导所规约》附《稚蚕共育实施办法》，嘉兴档案馆，全宗号309，目录号2，卷号82。

② 《中国实业志·浙江省》第四编“农林畜牧”第八章“蚕桑”，第（丁）224页。

③ 黄永安：《江浙蚕丝织绸业调查报告》，第38页。

④ 《大有蚕种制造场推广部养蚕指导所规约》。

⑤ 黄永安：《江浙蚕丝织绸业调查报告》，第38页。

切地感受到了新技术的成本要求，并本能地予以抵制。当时此类记载不少[①]，对改良费且有类似苛捐杂税之指责。如1934年嘉兴县茧行就抗不遵缴，政府“虽经派员坐收，并着警扣茧，并无效果”。平心而论，如果改良费能切实地用于蚕桑新技术的推广，倒的确不能算作“苛杂”，蚕业生产与经营者的抵拒，自有经济不振的原因，多出于无奈，不过新技术推广，因此不得不受到阻碍。

最后还有两个方面的困难，一是技术支持不足，另一是政局动荡的影响。

所谓技术支持，指蚕桑新技术的研发，专门技术人员的培养，以及新技术向直接生产者的传播等内容。自清末成立蚕学馆以来，这些方面虽有了显著进步，但相比于蚕桑业发展的实际需求，还远远不足，总体看，当时中国的蚕桑生产水产相比于其他国家，还有明显差距。正如1923年中国驻纽约总领事馆商务报告所指出的：美国“去年所购之生丝，其中百分之八十来自日本国，我中国只占百分之六，推其原因，非由中国方面改良，将来辑里（丝）在美国销售，恐成一极大问题”[②]。其中尤以技术推广人员之不足，与生产者受教育程度太低，为妨碍新技术传播最重要因素。1934年，萧山蚕桑改良模范区“为更求普遍彻底消毒起见，所有人员不敷分配”，不得不向镇江各蚕种制造场借调技术人员，才完成任务[③]。直至1946年，全省经政府审核合格的蚕桑技术人员总共才71人[④]，这针对全省近百万户的蚕桑生产者，不能不说是杯水车薪。战前统制时期的情形，估计与此相去不远。

清末以来，中国政局连年动荡，社会进步因此受到巨大影响，蚕桑新技术的推广也不能例外。如据文献记载，1926年，当时浙江省立桑科职业学校成立推广部，于浙东设种场2处，浙西15处，聘请推广指导员49人，从事实地推广，成效显著，“不幸受政局影响，事亦中辍”[⑤]。这里显指国民革命军北伐与北洋政权的倒台。如果说似此新旧政治力量的更替带来的暂时社会动荡，长远看可能有利于社会进步，更多由军阀、政客权力斗争、外敌入侵所带来的战乱，则完全是对社会的浩劫，其中尤以日寇长达八年的侵略战争作孽为甚。

---

① 参见《各茧请免收改良费》，载《申报》1934年6月12日，转引自《申报嘉兴史料》第一辑，第275页。

② 《江苏实业厅为转录驻纽约总领事馆商务报告致苏总商会函》（1924年6月20日）附《驻纽约总领事馆造十三年春季商务报告》，转引自苏州市档案局编，曹喜琛、叶万忠主编：《苏州丝绸档案汇编》，第958—59页，江苏古籍出版社，1995年。

③ 《蚕丝改良事业工作报告》，第四部分《附属机关工作报告·萧山模范区》，第35页。

④ 《蚕业通讯》第46期（1946年11月27日），未署名《各种技术人员已合格者四十八人》；第56期（1946年12月27日），未署名《各种场技术人员合格者又二十三人》。

⑤ 《中国实业志·浙江省》第四编“农林畜牧”第八章“蚕桑”，第（丁）120页。

结语

1933 至 1937 年间国民浙江省政府所推行的蚕桑统制政策，是我们讨论进入近代以后新技术在中国传播的很好例证。

与传统时期相比较，近代新技术传播的特点，其一在于从原先主要以经验积累为新技术来源，以家族式传播为主要途径的形式，转向了主要以外部传入为新技术来源，以实验验证为主要手段，和以学校教育与普及教育为主要传播途径的形式；其二还在于外部大环境的巨大变更，从原先基本封闭的生产经营环境，转向不得不面对国际市场竞争的新环境。新的生产经营环境所带来的不可避免的压力，迫使执政者动用政治力量，采取强有力的措施来推动新技术的传播，这是中国数千年技术发展史上前所未有的。这大概就是学界所谓“后发外生型”现代化常见的情形。

但是，在 20 世纪上半叶的中国，新技术的传播并非政府一动用行政力量就能所向披靡的，内部的与外部的各种复杂因素纠缠着它，使得它举步维艰。不过应该看到的是：若仅就民国年间浙江蚕桑统制政策推行的史实看，到 1937 年，各项工作已渐见头绪，建立起了进一步发展的基础。若非外敌入侵及随后的政局大变，可以相信，它应该会带来更为显著的成果。也正是在这一层意义上，其生不逢时，实令人叹息。

民国年间，各地政府出于推广新技术的目的，利用政权力量强行推动，除本文所论浙江省蚕桑统制政策之外，其他例证尚多[①]。若能展开更多的个案研究，并在此基础之上归纳分析，必能使我们对这一段历史有新的认识。深入探究，有待识者慧眼，本文自为引玉之砖尔。

包伟民

人民大学历史学院教授

① 如参见丰箫《田祖有神：治虫与政治强制式的现代化——以浙江省为例》，文载曹树基主编《田祖有神：明清以来的自然灾害及其社会应对机制》，上海交通大学出版社，2007 年，第 266—286 页。

表二　1934 年浙江各县蚕桑改良成绩统计

地区	巡回指导员	指导员	助理指导员	消毒蚕户数	分发普通蚕种	养蚕合作社数	稚蚕共育张数	指导蚕户数	平均每张改良种收茧(斤)		鲜茧价格(担/元)	
									受指导者	未受指导者	改良种	土种
萧山	8	63	23	19238	105000	95	10436	22000	35	30	21	
临安	20				9875				33		21	
杭县					20000 多				45			
吴兴		40 余			51000				35		23	19
嘉兴	5	10	7	1533	41948	15	2939	2192	35		22	15
海宁	3	9	5		13937	8			40	25	17.5	15.5
诸暨	3	29		4299	10930			4720	40	27	21	17
长兴					10000	9		2996	49		23	15
嵊县					10000				25 - 28			
富阳	1	6	1		9000							
武康		4			5000	6			30			
桐乡					1000				35		22	18
上虞					1000							
杭州市					14900				30		22	16
昌化					1200							
鄞县		2			500			180	40			

资料:据《浙江省建设厅管理改良蚕桑事业委员会第四次会议》记录,嘉兴档案馆,全宗号 309,目录号 2,卷号 86。

表四　各合作社稚蚕共育生产费调查表

消耗费用(元)							人工数						桑叶	
炭	油烛	坪纸	砻?	杂支	合计	平均每钱蚁消耗费	指导员	练习生	社员	雇工	合计	平均每钱蚁人工数	共计	平均每钱蚁需要桑量
521.54	118.07	75.85	86.13	42.58	806.35		1171	281	9338	332	11122		127534	
						0.04						0.06		7.61

《蚕丝改良事业工作报告》,第四部分《附属机关工作报告·萧山模范区》,第 44—51 页。

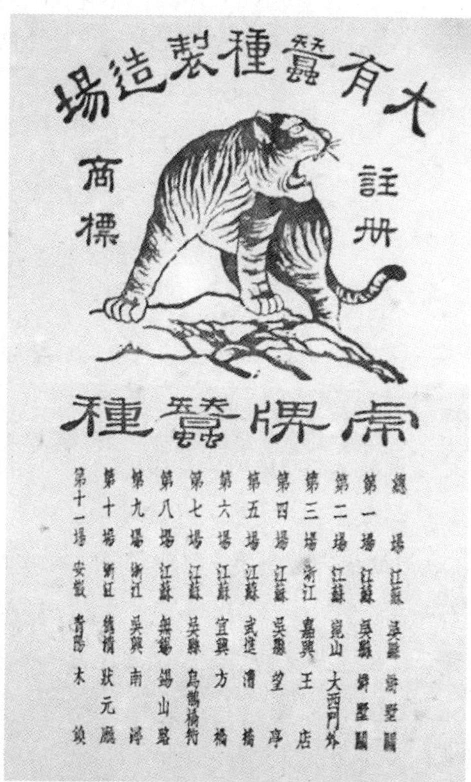

附图一 大有蚕种场虎牌商标

附图二 1928 年王店镇大有第三蚕种场同仁合影

朱剑鸣小传

毛传慧 朱剑鸣

笔者按：2006年开始本研究项目时，在苏州市平江路的民俗活动上偶遇朱剑鸣先生，当时他正展出其收藏的传统丝绸工具、织机和他自制的织机模型，因与其进行较深入的交流。之后，透过朱先生的引介，终于有幸拜访《吴江丝绸志》的作者周德华先生，并多次参观了他耗费大半生岁月精心搜集的吴江地区有关蚕桑丝织生产贸易的文献和文物。朱先生和周先生对蚕桑文化的贡献，并不止于他们所收藏的文献、文物，或朱先生所制作的织机模型，他们对蚕桑文化的热爱，反映了吴地人士对乡土风俗传统的重视与关怀，是这种对传统风俗的牵挂，使得行业文化的记忆得以借助民俗采风和民俗技艺的形式继续流传下去，成为地方文化的精髓。而这些民间知识与记忆的传承与保存，较诸学院派的学术文章更显得生动鲜明；从他们为蚕桑文化所作的努力以及言谈举止间，已经为行业的知识传承、传统的延续和记忆的保存作了最有力而生动的诠释。于是在本计划的初步成果发表中，将朱先生的访谈和周先生的民俗采风实录纳入，与包伟民教授和笔者的学术论文相呼应，呈现出与学术考证相异其趣的，具有强大生命力而得以积极阐释、传承行业文化传统和记忆的民间力量。

朱剑鸣于1980年进入丝织行业，了解并掌握了现代织机的操作和工艺流程，1988年调入苏州丝绸博物馆，从事古代织机工艺的研究。1989年丝博馆与中国历史博物馆合作，朱剑鸣完成了商代铜铲上丝绸残痕的复制。1996年随中国科技展团赴比利时表演古老的织锦技术。20多年来孜孜以求，潜心钻研，不辞辛劳地通过寻访艺人、征集实物、收集资料，按比例缩小，成功地复原了既具各个时代特征，又有地方特色的各类织机达50多种。这一系列的开发和挖掘，充分地展示了古代的科技文明，延续了整个织机的演变进程，具备了陈列展览、教学教具等多种功能。

织机的现场演示和模型的展示，曾被一些中小学作为作文内容和大专院校学生的参考资料，并受到了各大媒体的报导，影像数据在国内一些高校播放，反响很大。

朱剑鸣还曾经担任一些集团公司的技术和策划顾问，利用传统织机开发具有手工表情的面料，从文字和图片策划，为企业对外的文化品牌宣传，起到了良好的作用。在复原古织机技术的同时，还深入对丝绸蚕桑文化的研究，发表了《浅述再现古织机操作的重要性》、《试论古织机模型在现代的功能》等文章。其模型作品为中国农业博物馆、上海东华大学等有关专业单位收藏。古织机模型还在2007年6月份第二个世界非物质文化遗产月登上北京的“中华世纪坛”。

其模型代表作品：漳缎织机、云锦织机、蜀锦织机、竹笼机

图一　朱剑鸣与其收藏的资料（毛传慧摄于朱剑鸣工作室）

毛：朱老师您好，请问当初您怎么开始制做这些跟丝织有关系的模型的？

朱：1988年的时候，我在丝绸博物馆看到馆里那一台高大的织机，当时就感到很有兴趣，因为它毕竟是中国的传统工艺，很令人震撼。后来我就想要把它制成模型，更微观地把它展示成一个中国的文化，就开始摸索着去做。

毛：原来您在1988年的时候就已经在苏州丝绸博物馆了！您担任的是什么工作？

朱：我就是负责织造的。

毛：跟所有的织机都有关系吗？

朱：都有关系，刚好当时博物馆就是要培养这方面的人才，于是就把我当做接班人。

毛：您当初是怎么学会织绸的？

朱：用心去学啊！

毛：跟师傅学的吗？

朱：跟师傅学。

毛：进丝绸博物馆之前，您担任什么工作？

朱：我是搞现代织造的。

毛：本来就跟织品有关系？

朱：有关系，我是从现代纺织过渡到古代织造，所以我对这些都是很熟悉的。现在都是用电力机的，我一参加工作就做这个，所以这个领域原理我基本都懂。后来到了博物馆，就进入到古代的传统技术领域。

毛：您的传统技术是跟谢明根谢师傅学的吗？还是跟其他的师傅？

朱：谢明根师傅，他教了我一些，后来正好在1989年的时候，我们接了中国历史博物馆一个五大复制任务①，这时候我们就请了一个叫“胡定子”的人。

毛：叫什么名字？

朱：叫胡定银。

毛：胡德银？

朱：嗯！

毛：古月胡？

朱：古月胡。

毛：道德的德？

朱：嗯，银是金银的银。跟他去，正好复制的时候需要他，他过来帮我们织造室，这方面我们也在学，就这个技术方面我们学得比较全面一点。

毛：刚开始学的时候，就直接学织吗？还是得从调丝开始？

朱：就是投梭啊，主要练手指，这个穿梭、投梭都是很熟悉的。投梭只要练手指，两头投一投，首先基本功就这样，然后你才能上机织布。

毛：我的意思是说，像“调丝”这一类的工作要不要先做呢？

朱：调丝是一个工序，前道工序，有一个准备车间。准备车间就是把丝座都调好，送到下面去织造的。这个属于前道工序，当时我们有一个年纪大的人，专门负责调这个，这个很简单。

毛：那您大概学了多长时间？

朱：开始在博物馆的时候，复制任务基本上学了三年。

毛：三年就可以出师了吗？

---

① 1988年苏州丝绸博物馆与中国历史博物馆联合组成古丝绸文物复制研究组，对安阳出土的商绢、湖北楚墓出土的战国“塔形纹锦”和“舞人动物纹锦”、新疆民丰出土的“东汉延年宜寿大宜子孙锦”、湖南长沙马王堆出土的西汉“绀地绛红纹锦”进行分析、研究和复制。

朱：嗯！刚好我们单位有复制任务，平时也不可能一直去把它翻来覆去去造嘛！复制任务是一个学习机会。

毛：用的是传统留下来的机子吗？

朱：全部传统的。

毛：那些花样呢？也是你们复原的吗？

朱：花样的复制，要通过很严格的要求，就是说，精密度啊，经纬度啊，以及染色等等，一定要达到出土文物的要求，然后再设计出来，设计图案、挑花，挑好花变成花本，然后再倒到机上，就这样过程。

毛：那像有关丝绸的来源，也是你们博物馆里面自己做的吗？譬如说生丝？

朱：生丝我们也自己做的。

毛：自己养蚕？

朱：养蚕。

毛：自己缫？

朱：自己缫丝，这个过程一定要按照古代制造过程走过来。

毛：这样才可以达到生丝质量的要求？

朱：对！对！

毛：那么，传统织机在织造时对生丝的要求跟现代工艺的有什么不一样？

朱：基本上它就是经过染色，到外面去加工，按照这个丝织要求去加工。

毛：我记得那时候钱小萍钱老师她还自己染色，用植物染吗？

朱：用植物染的。

毛：那时候是你们自己开发植物染？

朱：后来也就是在 1991 年，我刚才跟你说的是 1989 年的五大复制任务，到 1991 年的时候我们就建造新馆。新馆落成了，我们自己搞了个染房，这个是后来的事情。

毛：后来好像没存在多久就没继续了嘛?!

朱：染房嘛，我们自己可以染色，当然有的线有时候还要到外面去加工，否则量很大，靠自己手工做不行。

毛：像你们织的话，复制的时候一天可以织多高呢？

朱：复制的速度就得看这个品种的纬面，细一点我们就慢一点，正常的情况下，一件织个 20 公分左右吧。

毛：有那么高啊？

朱：20 公分左右，有这么多！

毛：20 公分是平织的还是提花？提花应该没那么高吧！

朱：提花机。

毛：提花可以有20公分?!

朱：不是像云锦，云锦很慢；云锦里面要投梭，要攀尾。一般像那个提花的，它不需要攀尾的，它就是投过去，那么这个平纹交的过了，再提花，再梭投过去就可以了，这个速度就相对快一点。还有就是看你的工作时间，如果时间抓紧一点，可能还可以做得多一点。

毛：那么20公分是用什么时间算的？一天工作8小时吗？还是12小时？

朱：一般要7个多小时，不可能做8个小时。

毛：后来您就只负责做，就是说不做复制，专门做模型了是不是？

朱：1988年就开始做模型，我很感兴趣。开始我只是按照云锦这个式样复制，但到了最后，思想就开始改变了，想把中国所有的这些织锦机都复制出来。

毛：是什么时候开始的？

朱：复制是从1997年开始，1997年决定复制全国的织机。

毛：那您到哪去找材料呢？

朱：材料嘛，一个是自己出去走访，江西、河南、江浙沪一带都要去，还有就是根据图片、文字数据，按照这些方面去复原过来。

毛：那像您1997年去出访的时候，应该还有很多老的织机吧？

朱：最早就是从博物馆现有的织机开始复制，这是最现成的，这个就是最全面的，比例最准确的，后来听到某个地方有，就去看，现场拍照，把尺寸定下来，回来做。

毛：在博物馆里面的机子，它的来源是什么？都是以前的作坊留下来的吗？

朱：博物馆里面有一部分是到民间去收来的，都是老机子。

毛：是什么时候开始收的？

朱：收的时候，是筹建的时候，就是在1988年之前。

毛：那确切日期就不记得了？

朱：是。

毛：我记得那时候好像有一些老的机房都拆了嘛？

朱：机房嘛，后来逐步拆掉，因为它毕竟效益很慢，那师傅年纪大了，后面学徒也没跟上去。在博物馆收集的时候，我们钱小萍馆长本来是出于抢救目的，想把它挖掘整理出来，民间许多老艺人可能受到一些感动，主动把机器捐出来，要不然也没这么顺利。

毛：是，当然。那现在这些机子呢？

朱：现在还在这里，还保存在博物馆里。

毛：朱老师，您制作一台织机模型大概需要多长时间？

图二　朱剑鸣工作坊一瞥（毛传慧摄）

朱：一般的织机制作起来很快，但复杂的像妆缎，起码要做两个月。但有些基本动作是重复的，像这些综线、线轴等。

毛：当然，有一些细的零件都是重复的！

朱：你不可能每次都从整个过程重新开始。

毛：对，一定不可能。

毛：请问您怎么透过那些图像或者是文献去复原这些织机？

朱：有时候自己一个人深入农村地区拍照，回来再制图，画好图根据比例要求去做的。还有就是根据文字、文献。但是文献里的图像，有时候它比例不一定准确；制图的人不全是做织机的人！但是我们制图的话，就绝对是要能够做出来的，《天工开物》里面也是这样的，里面会漏掉很多东西，有的部件甚至都看不清到底怎么做的。

毛：是啊，而且也没给尺寸？

朱：没有给尺寸，也就是随意地画一个图，表达意思出来，它不会按照我们做织机的要求，一定把每个部件弄清楚。在这种情况下就必须要有这方面的技术知识，把这个五大开口运动①全部搞清楚，然后把它做出来。

毛：你到外地去采集的时候，哪个地方让你印象最深刻啊？

---

① 织造过程中的五个主要运动：1. 开口，2. 引纬，3. 打纬，4. 送经，5. 卷取。

图三　朱剑鸣作品：云锦模型（毛传慧摄）

朱：江西。（毛：江西啊，江西壮族很多。）江西我们去的时候，还看得到夏布机，当地的农民还在生产。

毛：现在都没有了吗？

朱：现在还有，生产是还有的。

毛：还是用传统的方式吗？

朱：用传统方式。

毛：在江西什么地方？

朱：万载县。他做好了过后呢，就出口，像日本人就很喜欢。做好了以后，上面可以印图案，印花、染色。当时我们收这台机的时候，配合联合国教科文组织，有一个丝绸之路的故事，后来把这台机运到北京去，导演放在他的大观园拍了一个纪录片，照片我还有。

毛：在吗？

朱：我做过一个图案，就是当时做上去的，照片找不到，但是图我还在。

毛：好啊，等一下去看看那个图好了，因为可以比照你原来的图，看一下你怎么复原的。

朱：照片现在找不到，但是当时我做一本册子的时候，把照片做了一个图片，这个里面还有。

毛：像你做的这些模型之后，你所复制的这些图都还留着吗？还是做过就丢了？

朱：现在都还放在家里啊，我制好图片，尺寸图都放在那里啊！

毛：所以都有一份一份的档案？

朱：都备份起来了。

毛：您除了江西以外，还到过哪些地方？

朱：其他嘛，像上海，上海有一个布吧（毛：布八?）织布机的布，布吧里面呢，大家喝喝咖啡呀，放一台织机上去体验体验，放一台腰机啊，这一台机后来我拍了照，制好尺寸回来。现在就光这台织机，在全国流传很多了。

图四　河南农村织布机照片（朱剑鸣摄）

毛：那是一个什么织机？也是腰机吗？

朱：它就是一般织布机，不是腰机，就是平织机，就是让你织布的，后来很多的展览馆，就是采用我这台织机，全国性地推广出去了。

访谈时间：2009 年 5 月 20 日

地点：苏州

整理：毛传慧、吴孟真

朱剑鸣

江苏省苏州市苏州江南织造所工艺美术师

吴江蚕桑风俗

周德华（整理）

吴江北濒太湖，气候温暖湿润，适桑宜蚕。1959 年梅堰袁家埭出土了刻有蚕纹的黑陶罐，经考证吴江先民早在 4000 多年前已经开始栽桑养蚕。明清之际丝绸业大有发展，震泽丝市、盛泽绸市相继兴起，辑里丝及盛纺成为名品而著称于世。

从吴江蚕桑丝绸业衍生出来的行业习俗源远流长，丰富多彩，在我国民俗学上独树一帜，乃是吴江一份珍贵的非物质文化遗产。

“母子”情

古代至近代吴江惯养头蚕、二蚕两季，相当于现今的春蚕和夏蚕。春蚕对乡民的经济生活尤为重要，有“春茧半年粮”之说，又有“蚕箔落地，有钱栽秧”的谚语。在吴江西南境蚕桑产区，春蚕季节称为“上忙”，而稻作季节称为“下忙”，蚕稻两作，等量齐观。五言诗《慈云塔影》云：“蚕事胜耕田”，点出蚕业在农村经济生活中的地位。足见乡民全年的油盐酱醋、衣着鞋袜等日常开支，以及稻作农本多赖卖丝所得，震泽一带农民形象地说：“上半年人养蚕，下半年蚕养人。”实在是对人蚕关系富含哲理的高度概括。

蚕户对家蚕怀有深厚的感情，乡民亲切地呼之为“蚕宝宝”，一则家蚕通身是宝，丝、绸、绢、绵绸（土绸）、丝绵、丝线、蚕蛹等皆来之于蚕，给民众带来取之不尽的财富；二是吴语地区生男习称宝宝，生女习称囡囡（丫头），蚕不仅被视为家庭成员，而且被当做儿子对待。养蚕妇女不论婚否概称看蚕娘娘，或简称蚕娘。蚕儿蚕娘结为母子，至为亲昵。蚕乡妇女之爱护蚕宝宝实不亚于哺育儿女。乾隆《吴江县志》（卷二十五）记载：“……自初收以迄浴种，其爱护防维，心至周而法最密……”

《震泽县志》还说：“丝之丰歉即小民有岁无岁之分。”丝丰在于蚕壮，系之于当年养蚕之成败。养蚕之始直至采茧，丰歉始终是个悬念。蚕家在三月初三先观天气进行预测，崇祯《吴江县志》（卷十二风俗）记述此日“若天阴无雨不见日色，则蚕好”。清明日则对桑芽发育进行物候观察以预测桑叶产量，得出“清明一粒谷，看蚕娘哭；清明雀口，看蚕娘娘拍手”的蚕谚，此中蕴含叶盛、蚕壮、茧丰的因果关系。又如“一斤熟蚕半斤茧”是上蔟前对茧产量的预测。

戴蚕花　拜蚕神

江南三月，莺飞草长，养蚕季节即将开始，村坊里一派繁忙欢快景象，河旁溪边，蚕妇群集，捋臂跣足，忙于洗涤晾晒蚕具，而男子则在蚕室里掸尘刷墙，迎候蚕宝宝的诞生。

养蚕伊始，蚕乡妇女上至老妪，下及女童都用红色彩纸折成花朵插在发髻、鬓角或辫梢上，称为“戴蚕花”，喜气纷呈。杂货摊及庙会上还有用绢或绒做成的精致的蚕花出售。

花是美好的象征，蚕花是蚕区乡民心中的吉祥物，即使非养蚕季节，在婚嫁迎娶的喜庆场合中都少不了它。迎亲时男家送去刚刨出土的连根带叶的两株翠竹，顶梢系上蚕花，女方收下一株，另一株随嫁妆返回男家。姻亲双方都把青竹高高竖在屋前的稻场上，称为“竖蚕花竹”，据说竖得越高，越发家，现在吴江农村地区送嫁妆的舟车中尽管都是高档家用电器，蚕花竹仍然必不可少。新娘入洞房坐床，称为“坐蚕花床”，是因为婚床的蚊帐上缀上了几朵蚕花。闹新房时还有摘蚕花的传统节目，颇为热闹。蚕花用竹竿钩起，高悬空中，可望而不可即，新娘须由新郎抱起，费尽周折，才能摘才来。

寄希望于蚕茧丰收是乡民的普遍愿望，于是对蚕神的膜拜祈求也就成为自然而然的事了。盛泽镇的先蚕祠、震泽镇的蚕王殿皆供奉蚕神，规模恢宏。而一般乡镇的寺庙大都在偏殿或旁座上塑有蚕神像，甚至村头巷尾的小土地堂也兼而有之。有些富有蚕户在家屋墙壁上砌神龛，自供蚕神像。此外，各处烟杂店、香烛店或南货店均备有印上木刻蚕神像的“神马”（吴江当地称“马张”），神马可贴在蚕室墙上或折成方柱状立于祭桌供奉。

蚕神，乡民称之为“蚕王菩萨”、“蚕花菩萨”或“蚕花娘娘”，其具体名称及形象在吴江各地并不一致。如盛泽先蚕祠塑有轩辕、神农、西陵氏（嫘祖）三尊泥金神像；震泽蚕王殿为五花蚕神，盘膝端坐，三眼六臂，一只眼位于额中央，前面两手合捧一盘茧子。而震泽丝业公会门楼上的神龛里则是嫘祖像。靠近浙江边界的铜罗及桃源一带，蚕神骑于马上，手捧一盘茧子，称为马鸣王菩萨或马头娘。

蚕事之前，蚕农备香烛前往蚕神祠庙，顶礼默祷，通神许愿，祈求保佑。而富有蚕户则延请僧道拜蚕花忏，吴江丝绸陈列馆收藏有清光绪二十一年（1895）的《蚕花宝忏》，忏文写道："当于清明佳节，或于收蚕之日，须请高明道士、法师或于宫观灵坛，或于家庭净室修建道场，醮诵忏文，祈得龙蚕胜意，每筐二十四斤，合家欢泰，得受天禄之财……"以往在孵蚁、蚕眠、出火、上山每一阶段都要在家祭祀一番，近代渐趋简化，一般只在清明前后蚁蚕孵出之日将供品和蚁蚕上桌供奉，称为"祭蚕神"。养蚕中途如罹蚕病，临时还须再祭拜数次，以求消弭灾祸。

蚕关门　蚕开门

养蚕之始，先要孵蚁，蚕娘身穿棉袄，将蚕种焐在胸口，靠体温使之孵出，称为暖种。遇上春寒还要盖上厚棉被。孵种期间，蚕娘少言寡语，消除杂念，家人也不来打扰她，气氛严肃庄重，犹如十月临盆。道光《震泽镇志》中，还有已婚妇女在养蚕期间孤眠独宿净身以示虔敬的记载。

蚁蚕孵出后，在蚕室内挂帏，置火盆饲养。在此期间，一切交谊活动停止，家家闭户，不相往来，村坊里行人寥落，悄然肃穆。乾隆《震泽县志》称三四月为蚕月，"禁喧闹，忌亲朋来往"。同治《盛湖志》则说："是月，里闬往来庆吊皆罢，谓之'蚕关门'。"足见养蚕是头等大事，甚至官府都不来难为蚕户，又何况民间寻常的庆吊来往。崇祯《吴江县志》记述："春暮治蚕，粘蚕月字于门。"这是为了防止不速之客闯入，"蚕月"字条成为闲人莫入的禁令。民国年间简化为只贴红纸而很少写字。蚕关门一方面使蚕户专心致志于育蚕，另一方面减少人际往来，客观上防止了蚕病的传染蔓延，是养蚕经验的反映。

从孵蚁到结茧，养蚕过程的每一阶段都倾注了蚕农的心力和悬念，随着蚕体的长大，蚕农对丰收的期望越来越高涨，演化出一系列庆贺仪式。

蚕过三眠，俗称"出火"（天气转暖，蚕室内撤去火盆），收成已有几分把握，于是家家做茧圆。茧圆用糯米粉捏成，状如蚕茧，寓意收成到手。

上蔟初期，邻里亲戚间开始恢复串门走访，评看结茧情况，互相祝贺并略事馈赠，称为"望山头"。

采茧以后，养蚕全过程结束，蚕家门户洞开，称为"蚕开门"。此时，新丝即将缫制上市，"活来钿进账"指日可待。蚕月大忙，有了巴望，蚕家置办酒宴庆祝，康熙《吴江县志》载："采茧为落山矣，乃具醴牲飨神，速亲宾以宴之，名'落山酒'。"

口彩与忌讳

讨口彩即蚕农用吉利的语言来表达自己的愿望，这在蚕桑产区是普遍的自我安慰心态。如在堂屋、蚕室到处悬挂长条红纸，纸上用毛笔书写“蚕花念四分”（有地方为“蚕花念八分”）。据乾隆《震泽县志》记载，“每出火蚕（蚕过三眠撤去火盆，故谓之）一斤，收茧十斤为十分，过则得利，不及则失利”。“念四分”或“念八分”之“念”皆为“廿”之谐音，皆寄希望于多收茧，多得益。

蚕桑产区的寺庙在蚕月大忙季节沿袭敲“蚕花鼓”，每晚由老僧执槌击节，鼓声时缓时急，时轻时重，从鼓点的节奏听来，隐似“蚕花念四（八）分”。

邻里乡亲在望山头时互赠的礼物中，鲞鱼及水糕（方形米粉糕，中央置糖或肉馅）为必备之物，从“鲞”的谐音引申出来，意为“有想头”，来年定当再丰收。“水糕”谐音“丝高”，意为生丝高产。也有人送糖包子，意为“甜在心里”、“包好”。

大眠至上蔟时分，游民乞丐用稻草扎成马鸣王菩萨，外面用红布包缝好，挨家挨户乞讨，边敲小锣，边唱莲花落：“马鸣王菩萨上门来，一家两家三家来，家家人家大发财，小茧采来像鸭蛋，大茧采来像鹅蛋……”以好口彩取悦蚕户，换取施舍。

吉祥用语，无所不在，如睡觉要叫“眠一眠”，寓意“蚕眠一眠，大一大”。甚至连出恭方便之类也戏称“睁一睁”，吴语中的“睁”与“长”同音，寓意蚕体长一长。有趣的是，憧憬于蚕茧丰收以至连人们的行为语言也蚕格化了。

与讨口彩相对的是忌讳，饲蚕之始须先对童稚切切告诫，防其冲口，否则“祸从口出”，会遭到重重责打。平素，蚕区成人往往詈骂懵懂或弱智孩子为“呒心白大蚕，吃叶不结茧”，唯在养蚕期间禁出此言，以防应验。

口语禁忌是把毫不相关的事物牵扯在一起，多半是谐音关系，联想成可能发生的祸患，纯属牵强附会。如忌说死字，见到死蚕只能悄悄拣出，不能言传；忌说“生姜”，避“僵（蚕）”之讳，忌称“豌豆”，避“完结”之嫌；餐毕只能说吃好了，不能说吃完了；忌说“葱”，以免“犯冲”；忌直呼酱油，改称“赤辣子”，以免染上酱油病（蚕受细菌感染腐败，体液呈赤褐色）危害；豆腐之“腐”亦忌，雅称“白玉”；忌叫“鸭”，以防压死蚕宝宝，改称“连连”（赶鸭时的吆喝声）；蚕室里绝对禁止淫词秽语，禁传私生子一类轶闻，因“私”与“丝”谐音。

行为上也有诸多忌讳，忌拍打蚕箔，防财气拍光；忌对蚕儿计数，以防“越数越少”；大眠后在蚕室内严禁赤膊，以防蚕宝宝看样学样“不穿衣”（不结茧）；养蚕期间禁外出看戏，禁谈戏文情节，以防家蚕翘首“看戏”而不食叶。这类行为禁忌的实质是想像蚕行为的人格化。

在20世纪二三十年代倡导科学养蚕以来，有些带有迷信色彩的忌讳已经淡化。有些忌讳，如忌生人闯入，忌开油锅，忌辛辣食物，则有助于防病和利于蚕体的正常发育，是带有一定合理成分的经验禁忌。

怯蚕祟

古代蚕农靠天吃饭，科学知识有限，如蚕事顺利则归功于神灵保佑；若蚕事失利，则归于鬼怪作祟所致，故而想尽办法驱赶危害蚕宝宝的邪魔恶煞，使之逢凶化吉，遇难呈祥。如在门前地面上用石灰画出弓和箭驱鬼，或在门框上方高悬照妖镜，或张贴门神保护蚕室。

吴兴、吴江两县交界地区在清明日有吃螺蛳的习俗，相传蚕病称为"青娘"，躲藏在螺壳内，于是吃掉螺蛳肉，把空壳抛上屋面，使"青娘"无处藏匿，似就无从作祟了。与平时相异的是，这一天吃螺蛳肉不是用嘴吸出，而是用针挑出，故称为"挑青"。

南麻地区端午节例食面条，其俗此日不能用门牙将面条切断，而须一口吸入嘴内闭唇咀嚼，据说这种"围歼"式吃法可以吃掉"拖丝娘"（蚕病之一，学名脓病）。

震泽蚕区一带在家蚕食叶盛期，本地桑叶不敷，常从桑叶行里添购来自洞庭东山和浙江乌镇运来的桑叶。在外来桑叶进屋前，蚕农先用桃枝拍打几下，赶掉"野鬼"，寓于桃木可以驱邪的传说。有些蚕户将桃树嫩枝弯成小圆圈放在蚕匾内压邪。

鼠为蚕之天敌，常偷食壮蚕，患害非浅。猫为鼠之天敌，剪纸猫放入蚕具内，以期驱鼠。

怯蚕祟多半是自我壮胆的迷信举动，是落后的农业经济产物，其根源是乡民认识水平的幼稚，20 世纪 20 年代费达生等进步知识分子在吴江广大蚕区倡导科学养蚕后，已大多破除，至50 年代初期基本消失。

看花蚕 缫新丝

太湖流域蚕家女儿自幼就由其母悉心教会养蚕做丝技艺，10 岁左右，栽桑、饲蚕、缫丝娴熟自如。清嘉庆年间，同里诗人金黄钟在其《养蚕词》中有"女缫丝，母炊汤，女儿二七如母长"之句。

农村对亲（即相亲）时，媒婆除对未来新媳妇的家境、容貌、人品详加铺陈外，还要不厌其烦吹捧她的养蚕做丝技艺高超。

蚕家闺女出阁时，娘家必须打制新丝车（木制）作为嫁妆。婚宴上，喜娘例行为新娘夹一撮肉丝，并说上一句好口彩，"吃点肉丝，年年做（缫）出好丝"！

媳妇到婆家的第一个"蚕汛"（第一次参加养蚕生产）称为"看花蚕"，《盛湖竹枝词》中有"荆布苗条新嫁娘，花蚕看罢又分秧。落田羞被旁人笑，不敢回头偷觍郎”之句。而遇到第一个缫丝季节，则须在村坊间的操作观摩中表演，邻里妇女将丝车一字排开，新媳妇挡第一座丝车，让左邻右舍评说做丝技巧。新媳妇小心翼翼面对看花蚕和缫新丝两次考验，努力做出成绩以博取长辈和乡亲的赞扬，精湛技巧因此而得以世代相传。

养蚕业在吴江农村经济中举足轻重，妇女是主要劳动力，因而蚕桑产区妇女在家庭和社会上的地位相对比纯耕作区要高，有些蚕户往往是妇女当家。栽桑、养蚕、缫丝技术出众的妇女尤其受到家族和村坊邻里的称道。

吴江生丝“光白而细”，为织缎优质原料，清代江南三织造俱到吴江派差货（贡品），指定要用辑里湖丝织造（湖州南浔与吴江震泽一带出产的丝称“辑里湖丝”）。吴江丝产之蜚声中外，除得益于土沃、叶肥、水澄等自然条件外，应归功于蚕娘的心灵手巧和辛勤劳作。正如乾隆《震泽县志》所述：“江南诸郡县颇多治蚕，而辛勤卒苦莫有如吾邑之甚也。”

剪茧花

蚕事结束后，村姑蚕妇稍闲，或单独或三五成群着手做茧花，成为女红针黹手艺。清代盛泽人张薇人说：“女红以丸茧剪花，置针线帖，备刺绣之用，谓之茧花。”茧花作为一种手工艺品，主要用作妇女鞋面上的装饰品，“置于鞋头，绣以彩绒”，又称为“鞋头花”。张薇人在他所作的《金缕曲》中点出了“制就弓弓香履瘦、金粉零星蝶翅”。此外，茧花亦用于闺房装饰。

做茧花的茧子要求洁白、圆整、茧层厚实。其实，有心的蚕妇在采茧时即着意挑出，去蛹备用。

从蚕花到茧花，由忙到闲，贯穿全年，把蚕家生活点缀得五色缤纷，多姿多彩。

照田蚕

岁末，吴江蚕桑产区震泽、铜罗及黎里一带有照田蚕的习俗，以祈来年稻米蚕茧丰收。照田蚕通常在收割后的稻田里举行，村民在竹或木杆顶结扎草束，再包覆丝绵兜，吸足油脚后点燃，年轻人敲锣打鼓，点起爆竹唱起祈祷蚕稻丰收的赞歌，执竿起舞，巡行于空旷田间。年迈长辈则在田埂边围观。有时民间艺人也来参加助兴，或扯火流星，或舞火钢叉，地面灯火阑珊与天上星光闪烁，交相辉映。欢声笑语响彻田野，直至夜半兴尽方散。

照田蚕之俗，传承久远，南宋著名诗人范成大长诗《照田蚕行》曰：“近似云开森列星，远如风起漂流萤。”又说：“侬家今夜火最明，的知新岁田蚕好。”

蚕 谚

吴江蚕谚是蚕家栽桑养蚕长期经验的总结，它将桑树栽培和家蚕饲养管理方面的许多感性知识上升为理性知识，语句精炼，浅显易记，朗朗上口，成为蚕桑文化的一部分。

崇祯《吴江县志》稿本（卷十二风俗）说：“若（清明）天阴无雨，不见日色，则蚕好。”

吴语地区称四月天为麦秀寒，《清嘉录》言：“乡人以麦宜寒，蚕宜温，惟同在四月之际，两者必有一偏，尝有歌云‘做天难做四月天，蚕要温和麦要寒。种菜哥儿要落雨，采桑娘子要晴干’。”沈云在其所作《盛湖竹枝词》中亦云：“天公此月真难做，既要温和又要寒。”太湖沿岸蚕乡亦谚云：“种田哥哥要雨水，养蚕娘娘要晴天。”有关麦秀寒的蚕谚将乡民对蚕月气候的鱼与熊掌两难期望描绘得淋漓尽致：“清明一粒谷，看蚕娘娘哭；清明雀口①，看蚕娘娘拍手。”清明时节桑芽发育的缓速取决于气温的低高，乡民用谷粒和（麻）雀口比拟此时的桑芽大小，以此物候现象对桑叶产量作出正确的预测。如1996年，春寒料峭，推迟了桑株抽芽，从而延缓（约10天）了“蚕汛”的开始。

“立夏落个潭，懊老（恼）勿养蚕”是食叶盛期雨沛桑丰时，蚕农因坐失良机而生的反悔情绪。“立夏热，只活叶；立夏寒，只活蚕”是异常气候不利于蚕桑生产的概括。

“要养好蚕先栽桑，要养肥猪先备糠”和“养蚕不培桑，等于养猪呒不（没有）糠”，画龙点睛地点出桑为蚕本之旨。

“蚕等叶，叶价贵；叶等蚕，叶价贱”，是商品桑叶供求规律的写照。

“谷雨雨勿休，桑叶好养牛；谷雨树头响，桑叶一斤鲞”，谷雨时节正处家蚕食叶盛期，此时雨水的多寡直接影响到桑叶产量的高低，亦直接反映出叶价的贵贱。

“桑地上羊肥，桑树胀破皮”，吴江太湖沿岸乡镇广畜湖羊，蚕牧并举，羊屎肥桑，由来已久，实是良性生态循环。

“年前冬耕，叶增三成”、“若要桑树好，冬罱河泥夏除草”、“勤三年成桑，懒三年变桩”等均为勉励蚕户勤耕细作多施肥的警句。

周德华

江苏省吴江丝绸公司研究室工程师

① 桑叶新芽吐出如雀口状。

浙江龙泉制瓷技艺

Zhejiang Longquan Ceramics

民国时期离我们并不遥远，我们还可以拜访到经历过这段历史的老人和找到相当数量的第一手文献资料，甚至手稿资料。真正具有传统瓷业行业文化文献属性的历史资料应当主要是各个瓷业组织的章程和会议记录。不过，有关这些半官方半民间性质的组织的资料存档不多。大量的民国文献则主要是实业救国改良派提交的报告，或与官办瓷厂有关的档案资料。方李莉、吕鸿和赵冰在收集、整理和研究景德镇和龙泉地区的这些相关资料时，她们均观察到这两个历史上最重要的南方制瓷中心在民国时期都经历了一个改良史，也就是以杜重远和蔡龄为代表的、抱有实业救国理想的留日派分别在景德镇和龙泉开办拥有工业化设备的现代瓷厂的历史。改良派在两地所采取的措施大同小异：首先，他们通过建立职业学校来改变陶工的知识结构（从经验性知识结构到科学性知识结构）和打破传统技术传承模式（如家庭世袭型或行会师徒型模式）。此外，为提高生产效率和市场竞争力，他们针对制瓷生产中最关键的环节，即烧窑，着手技术改良工作。不过，由于景德镇和龙泉的制瓷历史背景不同、传统行业制度的深广度不等，改良运动在两地的后果和影响迥然不同。如何从那些对中国传统制瓷业持否定态度的知识精英撰写的报告中提炼出中国传统行业制度的真实写照、如何通过剖析这个自上而下的改良运动来观察传统地方瓷业社会在这个特殊时期所遭遇的危机和变化、如何撰写一篇民国官方瓷业改良正史后潜藏的民间瓷业行业文化史，这是上述作者们在多年来田野工作中最关注的问题。

就龙泉地区而言，近现代瓷业史起步于清末。由于诸多政治和经济因素，龙泉国立改良瓷厂的历史（1917—1925年）如昙花一现。但这个运动却带动了民间商人和艺人竞相开办碗厂，效仿景德镇产品。据民国时期的刑事档案中有关瓷业的诉讼案例的研究所反映，1930年代以后龙泉碗厂剧增，制瓷业生产和销售各环节之间的、瓷业和辅助行业之间的、业主和佣工之间的关系日益紧张。这些摩擦促使了龙泉民间瓷业行业制度在1940年代的发展和完善。在蓝花白瓷碗的生产主流下，龙泉县城、宝溪乡溪头村和庆元乡孙坑村几家艺人进行青瓷技术复原尝试，小批量高仿古青瓷生产。从技艺传承研究的角度来看，这是一个非常特殊的模式，它是从古物经过人再到新物的技术信息迂回传递过程。由于其产品拥有极其高昂的经济价值，青瓷生产是秘密的，其技术是不外传的。那么如何研究这个极其特殊的青瓷技术复苏和传承呢？钟琦走访了民国时期密仿青瓷的数家艺人的后代，他通过反复梳理和校正多方搜集到的口述信息，整理出20世纪李家、张家、龚家等的家庭传承谱系。采访到的老人大都约六七十岁，民国时期是他们的童年、少年和青年时代。也就是说，他们都不是当时举足轻重的当事人，而只能是旁证人。庆幸的是，虽然青瓷技术的传袭至今还是密而不外授的，但是从1930年代以来，以龙泉宝溪乡乡长陈佐汉为代表的地方乡绅开始极力提倡以青瓷技术为中心的地方特色文化。龙泉档案馆珍藏着这些地方有识之士的办厂、办会提案，有关他们创建的打着技术旗帜的学术团体的文献。由于这些珍贵资料的存在，我们可以把龙泉当作地方手工业社会的一个缩影来研究，逐一分析其中错综复杂的关系，如民间艺人与地方政府的互动关系、地方乡绅的主导作用、地方技艺和地方文化的交叉性等等。

田野研究：龙泉窑停烧后龙泉青瓷的技艺传承

钟琦

龙泉窑是中国陶瓷史上烧制年代最长、窑址分布最广、生产规模和外销范围最大的历史名窑。龙泉窑始烧于西晋，北宋时发展迅速，南宋中晚期起步入鼎盛时期，产品质量登峰造极，其梅子青、粉青釉色将青瓷推向极致，产品远销亚、非、欧三大洲的许多国家和地区。明晚期开始衰落。至清末，显赫数朝、延绵1000多年的龙泉窑终于停烧。

龙泉窑停烧之时，正是封建王朝灭亡之际，中国社会开始步入现代时期，亦即民国时期。龙泉窑虽然停烧，这个庞大的窑系退出了历史舞台，但龙泉瓷业生产并未因此中断，尚存窑厂全部改烧青花白瓷以适应生存需要，青瓷生产销声匿迹。

民国初期，在搜罗古代龙泉青瓷之风的驱动下，龙泉制瓷行业中为数不多的几家碗厂开始研制仿造古代龙泉青瓷，其中最具成就的是宝溪乡李家、张家、龚家碗厂以及乡长陈佐汉等，他们利用烧制青花土碗的龙窑和设施，在龙泉窑最后停烧的窑场——孙坑窑某工匠的启发下，潜心研究，不懈努力，终于先后烧制出可与宋元时期龙泉窑产品媲美的仿古龙泉青瓷，使几近断脉、如幽烟一缕的龙泉青瓷烧制技艺终于不绝，并得以传承。新中国成立后，在政府的关心和支持下，龙泉青瓷恢复规模生产，并通过国营瓷厂的形式，将老艺人的秘技和专家的科学研究结合起来，使龙泉青瓷烧制技艺发扬光大。改革开放后，龙泉青瓷个私作坊、厂家如雨后春笋，至目前已发展到150多家，龙泉青瓷得以重振辉煌。

从幽烟一缕至星星之火，最终到星火燎原，这就是民国以来龙泉青瓷烧制技艺传承的历史。对于这段历史，至今尚未有较为完整详尽的记叙；或有亦仅是寥寥几笔，一言带过；或者一鳞半爪，互不联系；更有甚者，受政治因素影响出于某种考虑，集功劳于一人，张冠李戴，也在所难免。随着历史蒙尘，记忆渐淡，以及当事者、知情人不断谢世，这段历史，特别是至关重要的民国时期从幽烟到星火的经历似乎已经淡出人们的视线。所幸尚有知情人、当事者以及他们的后辈健在。本文通过广泛寻访，如实详尽地记录他们的记忆，参考相关文字材料，理清脉络，互相印证，去伪存真，力求还历史以真实，从而揭示龙泉窑停烧后的技艺传承。

一、李家的记述

主要受访者：李怀善，男，84 岁，龙泉宝溪乡溪头村人，毕生以制瓷为业。

祖父李先明年轻时买来旧瓷厂一个，内有龙窑一座及一应制瓷设施、器具，自此开始李家的瓷业生产，当时的产品均为青花白瓷土碗。李先明有三子，依次为李君义、李君生、李君锡。光绪末年，三兄弟合伙在自家瓷厂边又新建龙窑一座，此时，该厂已有两座龙窑，占地 2 亩余，窑厂用地系向村人租赁，每年租金为 400 斤稻谷，从此三兄弟共同经营该厂，厂号取名“李生和”。

图一　作者走访李怀德之孙李志明（右）时合影

产品依旧是青花白瓷，生意做得很红火，赚了不少钱，民国 7 年（1918）盖了一幢马腿雕花、窗棂拼花的房子。当年，有新来帮工蒋建寅，言及曾在小梅孙坑窑厂帮工，略知青瓷制作工艺及釉料大概。此时正值中外古董商搜罗古龙泉青瓷之时，李家因此在自家的碗厂里研究和烧制青瓷，通过长期试烧，逐步改善，终于烧制成功。青瓷的器型多依照古青瓷的样式，烧成后大多请乡长陈佐汉带到外面去出售。青瓷制作的关键在于釉料，釉料稍有不同，所烧青瓷大不相同，因此釉料配方是有奥妙的，也是十分保密的。但当时青瓷利润很高，各家各厂都在秘密研制。由于宝溪各家、各厂的老板和帮工都是同村人，且多有亲戚关系，各厂间的工匠也多有流动，因此青瓷釉料配方的主要原料就很难保守秘密。如张高礼当时租过“李生和”碗厂，青瓷技术就有可能在此时被传过去了，所以张家不久就也会烧青瓷了；而龚庆芳曾为张家碗厂做过碗，青瓷手艺应是从张家获取的。但听来和获取的釉料配方仅是一个大概，各家还需在此基础上试验和研究，即在此配方基础上加加减减，做一些试烧，不断改进，因此各家青瓷配方大同小异，但略有区别，釉色也有一定差异。

烧制青瓷，李家是最早的，张高礼、龚庆芳都比较迟。后来乡长陈佐汉也烧青瓷，他自己不会做，就请了两个师傅，一个是李怀善的妻舅张照坤，另一个是李君四之子，即李怀善的堂兄弟李怀川，据说没工资，只管饭，重要的是陈家雇工可以避免抽壮丁。各家所做青瓷大多送到上海去卖，少有人登门购买。抗战爆发，由于战乱，无法送上海，所以就基本停歇了。

新中国成立后，走集体化道路，李怀善家的两支窑并入了生产合作社，李怀德一支窑为公私合营。当时的乡长陈如初，福建人，雇农出身，娶李君四女儿为妻，后因犯了点错误，被下放到八都供销社，后在木岱公私合营当主任。1956 年，陈如初找到李怀善和李怀川，说请他们烧几件青瓷，给领导看，他俩就接受下来了。由于歇了近 20 年没烧过青瓷，没有胎料，也没有釉料，所以他俩还是费了很多心思重新研究。他们从家里拿来工具、用具，很保密地进行制作，花了 40 多天时间，烧制出 4 件青瓷。一件是水鸭，样子像鸳鸯，是对开合模压坯的；一件是青蛙，是一个方墩上蹲着一只青蛙，头翘翘的，也是合模压坯的；另一件是桃洗，就像半边桃子，有两张桃叶，也是压坯的；还有一件是手拉坯的香炉。三件压坯的模子是李怀川过去帮陈佐汉做青瓷时留下的，是山上的黄泥经淘洗后成形素烧而成的。4 件青瓷烧好后就交给了陈如初，陈如初立即到县里报喜，得到县里的赞赏，说做得很好，龙泉青瓷要恢复生产已经具备了很好的条件。当时就叫李怀川到北京去参加全国第一次陶瓷会议。李怀川是文盲，怕出门找不回来，并且时值初冬，也没有像样的冬衣，所以不敢前往。后经李怀善劝导，说一路上都有人带领，叫他不必担心，同时，公私合营干部吴辉将自己的一件“列宁装”借给李怀川，这样，李怀川总算犹犹豫豫地去了北京，参加了全国第一次陶瓷会议。回来时，李怀川带回了会议奖品三件：一件有“景德镇制”底款的老鹰和两只景德镇产枣形花瓶。自此，也就是 1956 年，在宝溪溪头成立了青瓷仿古小组，组长赖自强，成员李怀川、张照坤、张高岳、龚庆平、张高文。当时公私合营和合作社合并了，共有 5 支窑，李怀善任车间主任，故未参加仿古小组。李怀德尚在上垟公私合营厂，故也未参加仿古小组。1957 年，仿古小组迁至上垟，李怀德进入仿古小组，李怀善因其母生病，不宜离开溪头，故仍未参加仿古小组，直至 1958 年，李怀善直接调入仿古小组。1959 年国庆瓷产品等釉水均是由李怀善和李怀川负责调制的。在国营厂恢复龙泉青瓷生产的过程中，配釉工作前段时间是李怀川负责的，后段时间由李怀德负责。第二次全国陶瓷会议即南京全国陶瓷评比会，仍由李怀川代表龙泉参加，亦有奖品带回。

李怀善之子李成汉，曾是国营龙泉瓷厂、龙泉青瓷研究所职工，现自办瓷厂“汉龙青瓷艺苑”。

二、张家的记述

主要受访者：张照辉，男，75 岁，张高礼之子，中国陶瓷艺术大师张绍斌之父，宝溪溪头人，毕生从事青瓷制作。

据《龙泉县志》载：“清末民初，日本、德国、美国先后有人来龙泉搜罗古青瓷，继之国内大批古董商纷至沓来。由此，一方面引发了龙泉盗掘古窑址和盗掘古墓之风，另一方面一批民间制瓷艺人开始研制仿造古青瓷。”① 其时，宝溪就有人研烧仿古龙泉青瓷，最早研烧出来的应该是李家“李生和”，后来张家、龚家也有人会烧制了。“李生和”初步研烧成功后，由于李、张、龚三家都有联姻关系，生产和生活上关系密切，所以张、龚二家都受到李家启发，并开始下工夫研制。研制的方法是将试片置于投柴孔边的碗套上，烧制过程中用铁钩钩出观察。所烧器物一般一次烧七、八件，最多也就十来件，放在最好的窑位上，也不是每窑都烧，且成品率不高，因此数量不多。产品一般带到上海出售，一次一般 40 至 50 件，装满两皮箱。也有龙泉城里人到宝溪来买的，买去后做旧，送到上海古玩市场卖。当时大窑挖古器成风，田也没人种了，人人上山挖，挖到好东西还会到当地庙里烧香，出土的东西公开买卖。古器价格很高，仿古瓷做得好的也可以卖很高的价钱，利润很高，但那时宝溪 12 支碗窑，也只有李、张、龚、陈四家会烧青瓷，其实家家想烧，但技术十分保密，别家学不去。其他如木岱、木岱口、上垟等都有人研究，但烧不出产品。

张家研制青瓷早先搭烧于别人的龙窑里，花钱买窑位，价格比窑位所产青花碗略高。民国后期张照晖祖父带领两个儿子张高礼、张高岳筑窑办厂，号“张义昌”，窑长近 10 米，7 间，主烧青花碗，搭烧仿古青瓷。张家烧制青瓷一直延续到 1948 年新中国成立前夕，是宝溪最迟停烧的。从抗日战争爆发开始，上海就不能去了，但仿古青瓷一直在烧，卖不出去，就先收藏起来。城里常有人前来宝溪索取，就把次品、废品送给他们。到新中国成立前夕停烧时，张家已收藏了 300 多件较好的仿古青瓷，全部埋在自家屋后的菜园里。“文化大革命”初期，红卫兵来把这些青瓷全挖走了，80% 被人侵吞了，20% 左右你拿一件、我拿一件散落出去了。龙泉博物馆那件民国仿古青瓷寿龟就是这些青瓷里的一件，釉色有点发黄，不算最好，好的被陈佐汉拿去送

---

① 《龙泉县志》，上海：汉语大词典出版社，1994 年，第 297 页。

图二　作者走访张照辉（左）

蒋介石了。

在宝溪仿古高手中，张高岳的手艺是比较好的，他从找矿开始，知道哪里的瓷土比较好，哪里的紫金土含铁量比较高。他说看紫金土只看颜色是没用的，要看颗粒，颗粒当中黑的就好。他的手艺主要体现在釉水上，那个送蒋介石的寿龟是陈佐汉叫他烧的，陈自己烧不到这样的水平。新中国成立后，张高岳最早进入溪头的仿古试制小组，后随该小组迁至上垟，在恢复龙泉青瓷生产的过程中，他发挥了十分重要的作用。

在研烧仿古青瓷的过程中，各家都希望自己的技艺成为独门绝技。但宝溪各家均为亲属，相互间还比较沟通。对外来人则有所不同。据说龙泉县某人，去宝溪某碗厂试烧青瓷，数件作品搭碗窑中烧制，烧成出窑时由窑工从投柴孔中塞出（仿古器物均较小），被别人窃走，因遭暗算，试烧无果而放弃。这仅是私下传闻，真伪难辨，但也颇能说明技艺传承中的排他性。

张照辉之子张绍斌，48 岁，继承父业，原在宝溪溪头家中开办“弘远工作室”，潜心烧制龙泉青瓷艺术品，作品颇有南宋龙泉窑薄胎厚釉风格，社会评价很高，现被誉为“中国陶瓷艺术大师”、“浙江省工艺美术大师”。目前“弘远工作室”已搬至龙泉青瓷园区。张绍斌之女张英英技校毕业后，跟父学艺，渐有成就。

张家此一脉龙泉青瓷技艺传承是典型的传统的家庭传承模式。从民国时期开始到建国后，到目前改革开放后，经历了战乱、合作社、公私合营、国营瓷厂等复杂的社会变迁，但从张高礼到张照辉，到张绍斌，到张英英，始终是家庭作坊，技艺上一脉相承，未接受过合作社、国营瓷厂的感染。四代人均致力于青瓷研制，均单一相传，未带过别的徒弟，未雇用过一个帮工，这在龙泉青瓷行业中是独一无二的。

图三　张绍斌——张家传人（钟琦摄）

三、龚家的记述

主要受访者：陈奕祯，男，87 岁，宝溪车盂村村民，同村，知情者。龚陈根，男，76 岁，宝溪车盂村村民，龚家远房亲戚，同村，知情者。龚益华，男，47 岁，龚庆芳之孙，从事青瓷行业，自办“益华瓷坊”。

查龙泉民国档案，民国 33 年（1944）10 月 14 日建字第 153 号：“案据本乡住民龚庆芳等于 10 月 11 日呈称：窃查龙泉南乡昔有琉田市，为宋代青瓷出产所在地，其品质细、胎薄、釉色纯粹如玉无瑕疵，在斯时供给内府用具、文庙祭器及殉葬品，盛极一时。尤其行销国外，均以美玉相称，偶得壹器，价重万金，赏鉴家视为稀世珍宝。但其文化艺术失传久矣。然元明之季，虽有仿制，已远逊莫及。迨后乏贤继美，遂成绝艺。民等潜心孤诣从事研究，积数十年经验心得，始获效果，而出品之精粹已追步当年，媲美章生，然非敢自诩。曾蒙西湖博物展览会发给甲等奖状，足资证实。惟感本地土窑火性暴烈过强，不能如大窑之火度均匀文缓，故烧炼收成终归稀少，损失巨大，亟待补救。百器之中而获美满完璧者，不过区区数件耳。民有鉴于斯，既有研究之结晶，物质、人工两者俱备，在可能范围内，拟建设大型窑厂，发展中国国际文化艺术青瓷交际品，俾资酬酢藉联盟邦友好。然区区薄技，岂值一笑，惟援照实业计划及补救手工业章则，备述前情，恳请鉴核准，予重建德武窑，烧炼青瓷，复兴中

图四 龚益华——龚庆芳之孙（钟琦摄）

国国粹，其获益纯利归由国有，他日出品精良，堪作交际，博得照邦友好，有利国际，岂非报效万一也。”

从该档案资料获悉，民国33年（1944）龚庆芳烧制的仿古青瓷已“追步当年，媲美章生”，并在西湖博物展览会上荣获甲等奖。而龚家的青瓷烧制技艺的情况又是如何呢？

据陈奕祯、龚陈根两位老人回忆，龚庆芳，属鼠（应为1878年生），为农村中医郎中，有文化，会做状。民国20年（1931）左右开始与其弟龚庆靖、龚庆平在车盂村家中办碗厂，雇八都人马达拉坯做碗，做好碗坯后，挑到宝更村边（距东盂村约2里路）自家碗窑烧制。一家男女大小，加上两三个帮工共二十来人日夜做碗，生意红红火火。当时做仿古青瓷，也是在自家的龙窑里烧制的。龚庆芳很聪明，研制青瓷釉料很专心，别人一点，就有启发，平时找原料、配釉很保密，不给别人看，更不告诉别人。龚庆芳和陈佐汉是表兄弟，陈佐汉是龚庆芳姑姑的儿子，所以关系很密切，两人常常在一起讨论仿古青瓷的事。陈佐汉也经常会来车盂龚家，每次骑马来，到村口就下马步行，不敢骑马径直到龚家，因为龚庆芳的父亲是陈的娘舅，根据当地风俗，外甥见娘舅必须谦恭，不可张扬。由于关系密切，龚庆芳所产仿古青瓷一般都是由陈佐汉带出去代卖的。陈出去时均手提皮箱，搭乘木排而去。

关于釉料配方在宝溪各家间的传播情况，认为应该是李家研烧青瓷最早。据说早年有一个外来人，挑着一个担子，想到宝溪张家碗厂做帮工，张家未接纳，后被“李生和”碗厂收用，此人曾在某碗窑帮工时做过青瓷，李家的青瓷釉料配方及烧制技艺大约就是由此人传来的。由于各家间窑主都有亲戚关系，帮工也时常流动，青瓷技艺不久就传到了张家，而龚庆芳是个有文化并且很有悟性的人，他是从李家还是张家那里得到启发，不得而知。张高文喜欢唱戏，那时候经常东跑西跑，也时常来车盂，龚庆芳常常会问一些有关青瓷技术上的事，问问中就有交流和启发。张高文是李家的外甥，他的技术应是从李家探来的。

民国34年（1945），陈佐汉将仿古龙泉青瓷“牡丹瓶”、“凤耳瓶”等70余件邮寄国民政府实业部请功，获蒋介石赠“艺精陶仿”题词①。据陈奕祯、龚陈根等回忆，这70件中有50件是龚家拿去的。

新中国成立后，龚庆芳入狱，1950年亡故。龚庆靖、龚庆平均在碗厂做碗，龚庆平曾是五人仿古小组成员，后因出身成分高，被清除出仿古小组，而去做碗泥，因加班过多，体力不支而自杀。龚庆靖一直在瓷厂，1978年退休返车盂老家，现已亡故。

现龚家继承制瓷的尚有龚庆芳之孙龚益华。龚益华，男，47岁，原于车盂村外，即宝更村口自家瓷窑办厂烧青花碗。后在龙泉青瓷园区开办“益华瓷坊”，以研制仿古龙泉青瓷为主。一次，龚益华请教张高岳（张系龚父亲的姑丈）如何调釉，张高岳说：调釉就像女人烧菜，油、盐、酱、醋以及姜、酒配料，家家都有，但有的烧得好吃，有的烧得不好吃，就是这个道理。

四、陈佐汉其人其事

主要受访者：陈巧云，女，83岁，陈佐汉之长女。陈巧霞，女，77岁，陈佐汉之次女。金登兴，男，79岁，曾在陈佐汉家中帮工，建国后经历龙泉青瓷的体制变迁，为国营龙泉瓷厂职工，著有《龙泉瓷厂厂志》。

陈佐汉，字六奇，清光绪丁未年（1907）生，龙泉八都区宝溪乡溪头村人。浙江省立第十一师范毕业。早年当兵北上，任辽吉黑热民众后援会指导组事务员，后任上尉军需，驻守北京颐和园。退役后回乡，曾任宝溪乡乡长。1939年任浙江省第九区抗敌自卫总队第二大队队长。1934年，以他为首聚集制瓷行业中具有较高技艺者李怀川、李怀德、张高岳、张高文、张照坤、许永续等人组成“仿古青瓷研制小组”，在其“古欢室”中进行研制。与此同时，陈佐汉还到周边地区搜集古青瓷资料、实物、图片等，到大窑等地挖掘青瓷瓷片标本，反复试制，终于烧制出几可乱真的青瓷作品，运往上海古玩市场出售。

---

① 《龙泉县志》。

图五　陈巧云女士（钟琦摄）

据陈巧云回忆，其父陈佐汉研制仿古龙泉青瓷以发掘和继承龙泉青瓷烧制技艺为主，并非只为牟利，当时烧制出的青瓷都堆在楼上，数量不少，直到解放那年也没拿出去卖。其实家里也并不富裕，有点钱都用于研究青瓷了。他先后还办过纸厂、电料（瓷夹板）厂等，都没有赚到什么钱。他研究龙泉青瓷很用心，常常废寝忘食，在"古欢室"里和李怀川、李怀德、张照坤等试验，有时候还亲自用擂钵研磨釉料。"古欢室"是在家中主房旁边另搭的，原为关养鸡、鸭、鹅之用，后来就改建为"古欢室"。"古欢室"的牌子挂在门口上方，据说这三个字还是时任国民党浙江省主席黄绍竑写的。"古欢室"平时很少有人进去，里面只有做事的人，李怀德的父亲李君义有时会来，与陈佐汉交流烧制仿古瓷的心得。

据档案资料，民国33年（1944）10月14日，陈佐汉根据龚庆芳呈案，以乡长的名义呈文《为据转振兴文化艺术重建德式窑仰祈鉴核　以拨款建设未遵由呈》上报县长徐渊若，徐渊若随即转报浙江省政府建设厅。建设厅予同年11月4日批文："原呈所称各节如属实，可由该县利用地方造产拨款建窑生产。"此事由于拨款无果，即告作罢。

据金四幸文《解放前的龙泉瓷业改进研究会》①：民国32年（1943）9月，陈佐汉等人针对当时多数瓷窑业主陈守旧法、不思进取之弊端，决意联合各业主，潜心研究改良，为首发起成立龙泉县八都区瓷业改进研究会组织之倡议，获得广泛响应，报名入会业主共38人，遂即召开成立大会，公推陈佐汉、毛仁等7人为常务委员，毛

① 《龙泉文史资料》第五辑，龙泉政协文史资料研究委员会，1986年10月。

仁为主任，办公地点设在上垟鸿业行之内。之后，制订了《瓷业改进计划概要》，其内容雄心勃勃，曾分别呈送浙江省建设厅及龙泉县政府，申请建立瓷业改进厂一所，从事研究技术改良，除增加新式瓷器以适应社会需要外，并考察古瓷色釉，精心仿造改制，作为瓷器窑业之模范。厂址拟设木岱口村，以利原料采集与产品之运销。所需资金，要求省厅将原设龙泉宫头“浙江省瓷业工场”（1931年冬歇业关闭）之固定资产转拨，并专拨流动资金20万元，后接省建设厅复文云：“瓷业改进研究会系地方学术团体，从事地方特产之研究工作，是项组织以直隶县府为宜，所需经费应由县设法筹集。”然本县财力微薄，根本无力承担。原先所订《瓷业改进计划概要》，遂成纸上谈兵。原“瓷业改进研究会”组织，迨至1946年9月，历时3年，因毫无工作成绩之表现，经会员大会议决，最后改名为“龙泉瓷业同业公会”而代之。

据金登兴《陈佐汉与仿古青瓷》①：“陈佐汉收集了众多的有关青瓷的文字资料，他善于分析、总结，具有较高的鉴别能力，对哥窑弟窑青瓷的特点了如指掌。他著有《龙泉青瓷汇观录》和《古欢室青瓷研究浅说》两书，但未出版。1944年，时任龙泉县长的徐渊若编写了龙泉青瓷专著《哥窑与弟窑》，陈佐汉提供了大量资料，在该书中有多处提到陈佐汉。”查阅徐渊若《哥窑与弟窑》，与陈佐汉相关的记叙确有多处：“陈佐汉来言：溪口与大窑两地之产品，截然不同。溪口方向虽骨黑而薄，但釉水不佳，且式样亦与大窑产侔。”又“陈佐汉氏等所制仿铁骨，有时颇可混珠，若用药去其新光，更于底部或边缘略碎米许，则好古者亦易于上钩”等等。

民国34年（1945）10月，陈佐汉将牡丹瓶、凤耳瓶等70件仿古青瓷赠送省政府转呈南京政府实业部，原想呈国府鉴定分送盟友，藉志庆典，并盼得到政府对恢复龙泉青瓷生产的大力支持，却意外收到蒋介石“艺精陶仿”题词的表扬。关于“艺精陶仿”，1994年版《龙泉县志》为“获蒋介石题赠‘艺精陶仿’匾”，通常文章引用多出于此。而据陈佐汉次女陈巧霞回忆应是毛边纸，长约一尺，上有红色竖线，应为当时信笺之类，墨书正楷，竖排，自右至左三排，分别为“陈佐汉先生”、“艺精陶仿”、“蒋中正题”。而金登兴的回忆则有所不同，他说：当时是寄来的一封信，寄到时他在陈家做碗，拆封后大家围观，他在场，是宣纸，长条形，如书法对子的一联，排列结构、书体、字数均与陈巧霞所述完全一致，而纸本品质及大小尺寸不能吻合，更重要的是当中四字应为“艺精陶旌”，因当时金登兴与在场的人无人识得“旌”字，陈佐汉不识，宝溪擅写书法的人也不识，因此对这个字的印象特别深刻。关于匾，陈巧霞说，当时为原纸做了个镜框，挂在墙上。金登兴说用木板做了个像店铺招牌一样的竖挂的长条牌子，将原字临在牌子上，挂在门口。

① 《龙泉文史资料》第十二辑，龙泉政协文史资料研究委员会，1992年4月。

1950年9月斯大林70寿辰，陈佐汉将“云鹤盘”等3件仿古龙泉青瓷，用别名陈相刘在上海邮寄北京外交部转交前苏联，以表祝贺，得到前苏联政府的答谢。

五、赖自强如是说

赖自强，男，85岁，龙泉木岱村人，世代做瓷，新中国成立初参加工作，先后任八都瓷器业工会主席、公私合营公方代表、青瓷仿古小组组长、国营龙泉瓷厂生产科科长等职。

赖家原籍福建德化，清嘉庆十五年（1810）赖家赖永辉兄弟俩迁入龙泉岱垟乡木岱村。入住木岱村后，即向曾家租地筑窑烧制青花碗，生意兴隆。龙泉青花碗窑由此兴起，并向木岱口、八都、宝溪等方向蔓延。嘉庆二十二年（1817），兄弟分家，赖永辉到上垟新设碗厂，厂号“赖永顺”，世代沿袭，生意一直不错。民国22年（1933）因政府造丽浦公路，厂窑被无偿拆除而破产，自此赖家人均以帮工师傅身份从事瓷业生产。赖自强为赖永辉第七代孙，14岁开始做碗，那时赖自强也常去各厂，见溪头陈佐汉、木岱口徐子聪以及温州的几个客商搞仿古青瓷，成品率很低，难得有件把烧得好的。1949年，龙泉解放，赖自强到县长处要求参加革命工作，录用后到八都瓷器业工会工作。当时各厂老板对政策不理解、不配合，赖去接管后被选为该工会主席，其工资待遇是每月180斤的米价。1950年，赖调入新成立的龙泉县总工会，分管八都区瓷业。为开展生产自救，发展瓷业。1954年，赖联系各供销社代销瓷业产品，并根据当时社会主义改造的要求办了4个合作社。凡流动资金在2000元以下者可联合起来办合作社，凡流动资金在2000元以上者没有资格参加合作社，而只能搞公私合营。公私合营当时放在木岱，有14户私家碗厂，赖是公方代表。为寻找瓷业出路，1956年开始青瓷烧制试验，参加试验小组试烧青瓷的有龚庆平、李怀川、李怀荣、张照坤、张高文、张高岳、李怀德。初时在溪头，放在张高岳的“张义昌”碗厂试制，1957年3月试验组搬至上垟。当时烧制了二十来个品种，选了5件，派李怀川去参加1957年8月在南京举行的全国陶瓷评比会。参评时，轻工业部的人说这是青瓷古董，不能参评。当说明一年多来试制的情况，作品均为新研烧的，才同意参评。评比中获得广泛好评，并有2件得奖。评比后轻工业部向周恩来总理作了详细汇报，在后来举行的全国轻工业厅长会议上，周总理指示要尽快恢复龙泉青瓷。这样后来才有省轻工业厅厅长翟翕武带队来龙泉以及拨款60万元在上垟办国营瓷厂的事。上垟瓷厂办起后，试验小组扩大到二十来人，并与翟厅长带来的科研人员一起试烧。青瓷烧出来了，但成本高，价格贵，没有什么销路，期间就有过一段以白瓷养青瓷的过程。1958年，国家有计划了，当年计划18万件（套），结果完成30万件（套）；第2年计划30万件（套），完成50万件（套）；第三年计划50万件（套），完成100万件（套）；第四年计划100万件（套），完成130万件（套），当时凡烧出的都销完。

浙江省龙泉曾芹记作坊第七代传人曾世平（钟琦摄）

瓷厂当时胎、釉主要是由李怀川负责的，当时派了4个人进去，组成一个胎釉试制小组，叶时金是派进去的4人中最得力、最可靠的。派进去的目的是掌握胎釉配方。李怀德是负责搞造型设计的，也有一个小组。李国桢高级工程师是省里派来研究胎釉的。还有上海硅酸盐研究所的周仁、李家治等。他们将新烧的瓷片和宋元时期的瓷片作化学成分分析对比，然后改善胎、釉配方，每个配方都有详细记录，并进行编号，然后交给胎釉试制组配料的人进行配料。配方是绝对保密的，除配料的人可以看外，其余人都不可以看的。但每个配方在烧制较为理想后，均要由生产科组织各车间主任一起鉴定，并签字。签字后交厂长签字，盖上公章，由生产科长赖自强统一保管。某个配方要用于生产时，再交给配料师傅，1周后归还，不得外传。当时车间主任有五、六个，有些较好的配方或许会默记在心，但由于纪律严格，且在国营瓷厂期间，他们也无处使用配方，因此，一直以来，瓷厂的胎釉配方被认为是绝密的。改革开放后，尤其是90年代后期开始，国营瓷厂相继破产倒闭，个私瓷厂迅速发展，当时记下的配方便有了用武之地，加上李、张、龚等各家均有制瓷传人，各家的配方有了传承。进入21世纪，龙泉青瓷行业有了专业提供胎土和釉料的厂家，几乎所有烧制青瓷的厂家均直接购买胎釉，有的厂家在购来的胎、釉中添加些许原料，以改善胎质和釉色，多数厂家不作添加也能烧制出理想的釉色。因此，现在不懂胎釉原料的人也可以办厂烧瓷，胎釉配方已不再神秘。

当问及50年代恢复龙泉青瓷生产，胎、釉配方研制的主要贡献者是外地专家还是本地师傅时，赖自强认为应该是龙泉的李、张、龚等各家本地师傅，实际上是各家的传统配方起了主导作用。当时曾经搞过一次釉料的比试，各家自己制作，自己配釉，允许坚守自家的秘密，经试烧认为李家的釉料比较正规。恢复青瓷生产，是在他们配方的基础上进行研究的，专家的重大贡献是在青瓷规模生产的稳定性及配方的科学定量上。

上垟瓷厂初办时，用的是大窑的瓷土，但由于大窑较远，且都要人工肩挑，成本太高，后来即试着用上垟当地的瓷土，也渐能凑合。但仍需要找蕴藏量大的、质量好的瓷土。厂里专门找瓷土矿的工人就有20多个。赖自强亲自带人上山找，每月要去二、三次，南到大窑，东至安仁，远的到福建松溪等地。共找到较好的矿点50余处。

图六　赖自强先生（钟琦摄）

赖自强略有文化，有记事习惯，从业以来，曾记录制瓷技艺及瓷厂工作笔记2箱，惜在上垟时住房失火被烧。其后代尚无专业制瓷者，其子赖建平于外地从事龙泉青瓷经销。

国营瓷厂的技艺传承打破了家庭式父传子承的关系，其师徒关系也比民国时期简单。新工人进厂，一般由各车间主任研究决定，指派跟谁学技，有的是一个师傅带一个学徒，如李怀德带徐朝兴，多数是一个师傅带几个徒弟，如车间主任张金通就带数名新工人。这种师徒关系较为淡化，因他们之间另有一层同事的关系，但逢年过节照样有师徒礼节上的走动。另一种传承方式是举办培训，这是一种传授操作技术的速成方法，一批新工人进厂，通过培训基本能独立操作。

六、各家传承谱系及仿烧概况

1. 李家

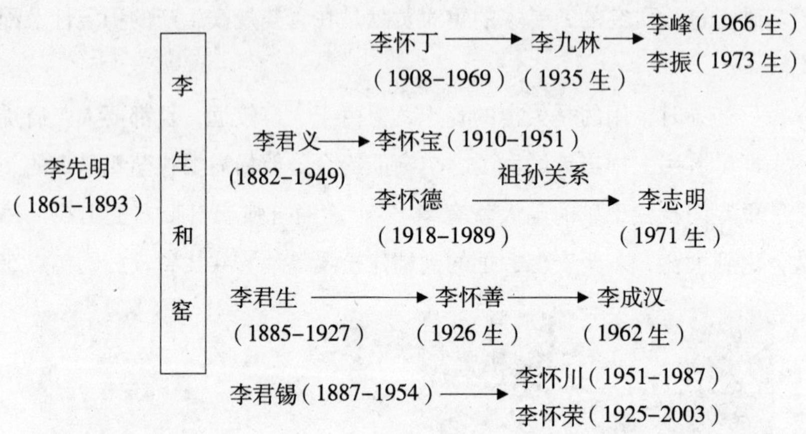

2. 张家

张星金（1876–1966）

张义昌窑厂

张高礼（1896–1951）→张照辉（1934生）→张绍斌（1957生）→张英英（女）（1985生）、张笃良（1990生）

张高岳（1916–1996）——祖孙关系→张　晞（1972生）

注：张高文、张照坤均为张家远房

3. 龚家

晚清时期，李先明、张星金、龚统群在宝溪分别创办“李生和”、“张义昌”、“龚三兴”窑厂，均烧制青花白瓷碗。民国初年，“李生和”率先研制仿古龙泉青瓷，尔后，张、龚各家即投入研烧，其主要人员为李家“怀”字辈、张家“高”字辈和龚家“庆”字辈。所仿器物多为宋元龙泉窑古器，以鬲炉、奁式炉等炉类，龙虎瓶、凤耳瓶等瓶类，双鱼洗、蔗段洗等洗类为主，器形随见随仿，不一而足。釉色以梅子青为多，少有粉青，亦有豆青。各家器形、釉色大同小异，有的模具还会互相借用。

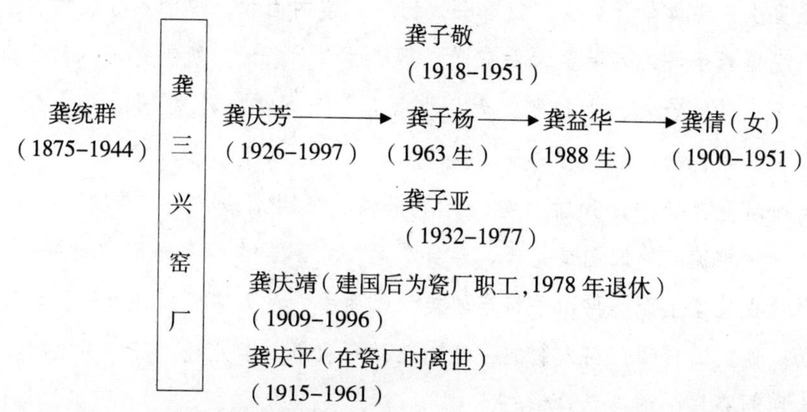

这一代人后来多进入新中国成立后的国营瓷厂，均为技术骨干，分散于各个工艺流程，已不具备独立制作器物的条件，因此少有个人作品。他们的后代也成为瓷厂工人，参加瓷厂大生产。改革开放后，李九林、李锋、李振、李志明、李成汉、张照辉、张绍斌、张晞、龚益华等重操仿古旧业，所仿遍及宋、元、明龙泉窑各朝典型器物。至今，坚持仿古者尚有李家李锋、李志明，张家张晞，龚家龚益华等。

七、相关资料

1. 关于龙泉窑最后窑场的技艺传承

龙泉窑停烧的窑场在龙泉小梅镇孙坑村。所谓停烧，是指停止规模生产，产品也已失去正常销售渠道。但一个庞大的历史名窑退出了历史舞台，并不表明龙泉青瓷生产彻底断火。清末民初，孙坑村范家仍有人短期接过祖上衣钵。现全文录取范家已故传人范传统《孙坑青瓷窑小记》①。

清乾隆年间，同宗范元相公，自福建边城县迁居龙泉孙坑，即兴办窑业，制作青瓷。迄道光与咸丰年代，元相公侄孙范有公，继承祖业，技术求精，所制之器，青釉晶莹可观。再传至有发公长孙范祖裘，勤加钻研，提选原料，所用瓷土，于孙坑本村山泥取来，用水碓研细，放水塘沉淀，制以为坯，加工成器；制釉之料，取自庆元县三济乡中济村尾“姑嫂庙”旁边山上。

关于范元相与有发公，当年主窑制作青瓷，我未出生，得诸传闻，不能缕述。迨我同宗范祖裘叔公制作青瓷，我已有二十余岁，虽出外读书，但假期回家，目睹耳闻，颇知一二。

他们所建窑址，即现在孙坑小学左侧地方（于解放前已拆除），窑分三间，

① 《龙泉文史资料》第十二辑，龙泉政协文史资料研究委员会，1992年4月。

联系直上，形如龟背。窑门仅容一人出入，窑内面积，仅两条方桌左右，可装烧大小瓷器百余件，若装置大件瓷器，不超过六十余件。所制瓷器，以民间通俗碗盏居多；其他若大、小花瓶，大、小荐盘，三足鼎，小香炉，大、小花罇，酒壶，笔洗等，约有十余种之多。

孙坑瓷器技师，我所知者，有范祖裘、祖绍兄弟，及江崇义、元善父子四人，未带学徒。他们制造瓷器，各自车间，并不合作；制时用“圆轮车盘”，将白泥放在轮盘上面，再用手将车转旋，以两手并举，夹泥成坯，不用模型，白手成功。他们四技师，何人制成一窑瓷坯，即从事入窑开烧。碗窑虽大家有份，但每人所制瓷器，均自产自销。

孙坑瓷师范祖绍、江崇义、江元善三人，以制作民间常用土碗为主，其他各种瓷器勉力为之，不大合式。

技师范祖裘制器能力，出类拔萃，在孙坑可称首屈一指，远近知名。孙坑本土瓷器，很少制作，大部分仿制哥窑与龙泉窑青瓷。诸如大花瓶、大荐盘、大花罇、大绿钵、龙虎瓶、笔筒、水注、双鱼洗、三足鼎、八卦香炉，以及人物、走兽、花鸟等，形色逼肖，大可观赏。

我于二十岁（1922）时，到杭州读书，祖裘叔公属我代带青瓷，为他销售，见者称奇。大者如花瓶、三足鼎、狮子一对，可售银币四五十元；小者如双鱼洗、笔洗、笔筒等，亦可卖得十余元。民国30年（1941），祖裘叔公不幸逝世，后继无人，孙坑青瓷，从兹中断。

我于三十三岁（1935）时，家父亡故，困居孙坑，每欲重整旧业，恢复青瓷，乃与孙坑江崇义之子江元善商议，托人到泰顺聘请技师来孙坑制器，然后由江元善按旧法制釉涂烧，奈他毫无经验，已失家传，烧成瓷器，青色变黄，质量过差，不能通销，只好停歇，徒呼负负。此孙坑青瓷之先后历史，管窥蠡测，不揣冒昧，秉笔述之。

2. 廖献忠的仿古情结

1994年版《龙泉县志》载：“清末民初……一批民间制瓷艺人开始研制仿造古青瓷。时有县城廖献忠，宝溪乡陈佐汉、张高礼、李君义等。”[①]廖献忠何许人也？现全文录取已故龙泉图书馆馆长季中的《近代仿古青瓷名手廖献忠》[②]。

廖献忠，龙泉城镇西街人。生卒年未详。晚清秀才，试列第一，因足跛，入仕途无望，乃改研龙泉青瓷，取大窑村古窑址残片，苦心琢磨，反复配方试制，

① 《龙泉县志》，1994年，第297页。

② 《龙泉文史资料》第十二辑，龙泉政协文史资料研究委员会，1992年4月。

终获成功，为民国初制作仿宋青瓷之鼻祖。城镇富商赵道生设碗窑于桃源山之坡，烧制蓝花碗，曾聘献忠仿烧弟窑型器皿，放置龙窑第三间（普通十七间窑则在三至五间）烧成之。献忠性格耿厚，不随俗流，对亲朋有识者，将其制作慷慨赠予，不索取货值；遇白眼者，虽有重金欲购，亦不允诺。民国22年，已届年迈，自忖来日无多，乃将仿古试验秘方秉笔录下，并自述一生精力与家财尽付予古瓷研究之中。后之仿古青瓷名手龚庆芳、李君义、李怀德、张高礼等皆为后起之秀，且有青出于蓝胜于蓝之概。

3. 吴辉的文摘

吴辉，男，出生年代与赖自强相仿。已故。建国前从事香菇行生意，1955年起，被派往木岱任5个碗厂联营负责人，后参加瓷业公私合营管理工作，参与国营瓷厂筹建并任供销科科长。在其《仿古青瓷话今昔》[①] 中，有这样的记叙：

一九二四年，蒋建寅、廖献忠、张高礼、李君义等试配青釉瓷料配方，经李君义邀张高文、供庆丰[②]等艺人精心琢磨、试验，终于将龙泉“古瓷”的生产技术复承下来，所制青瓷，其釉色晶莹逼真。当时该项产品属廖献忠专利，运往上海出售或供出口。由于仿制的古龙泉青瓷可以乱真，在三十年代，曾有上海葛文慰、苏州刘化德、温州王绍来和张焕新等古董商人，经常坐镇宝溪乡溪头村收购。

4. 徐渊若《哥窑与弟窑》[③] 中的叙述

自德传教士奔德宣传出土货后，外人竞来采购，供不应求，邑人廖献忠首谋仿古，几可乱真，是为近代仿古之嚆矢。西乡宝溪乡之溪头，有陈佐汉、李君义等，亦建两窑。原制日常用品，继仿大窑古法制器，如炉瓶盆缸盒等，式样不一，种类繁多：炉有鬲炉、直桶炉（俗名吊脚炉）、鼎炉（俗名笔管炉）、扁炉、彝炉、穿心炉、鼓钉炉；瓶有龙虎瓶、五德瓶、三管瓶、牡丹瓶、天球瓶、凤耳瓶；盒有光素印泥盒、云鹤印泥盒、山水印泥盒等。均仿二章破器制之。釉色有粉青、天青或葱翠，或点彩，但梅子青、白湖、片纹、鱼子纹，则不易仿制。尤以胎骨太厚，间有跳釉不匀，更泥土中夹杂黑点，而底脚端烧现紫色，较诸真品，难望其项背，但择其精者用弗酸浸洗，去其新光，亦可混珠，其巧者即鉴赏家亦荡然难辨。海上此货，战前颇为充斥。

此外仿古能手，尚有溪头之张高礼、高乐兄弟；车盂龚庆芳子子敬、弟庆

① 《龙泉文史资料》第五辑，龙泉政协文史资料研究委员会，1986年10月。

② 供庆丰当为龚庆芳。

③ 徐渊若：《哥窑与弟窑》，民国34年，龙泉市政协文史办公室2001年4月重印。

靖、庆平；八都吴兰亭、吴祥麟、蒋建寅、黄观光；木岱口徐子聪，以及外邑人如永嘉张汉卿、金德利等。或则雁行合土，或则联袂先青，亦极二难之美。过去名工，大都一时兴会所至，业余偶一为之，惜各守秘密，不通研究。亦有欺售外人，冀博高价者。制成之器，出窑时烧损极多，甚至有全窑毁坏，什中得成六七，已属大幸。艺术品之不能必其成，大都类此。此种仿古品，昔日大概用以馈赠绅宦亲友，或倾销沪上，坊间不易购得。及抗战军兴，外销吊滞，近于市肆间，亦已罗陈求售矣。

徐渊若，江苏江阴人。日本留学归国后，于民国32年（1943）至35年（1946）任龙泉县长。该书成文于民国33年（1944）11月，其《自序》中说："咸以为哥窑于我国文化史上放一异彩，而邑乘所载，寥寥数则，殊未足餍考古者之渴望，似应另辑专章，以存文献"，"翻阅载籍，并与斯道权威相往来……既亲历窑址，复遍观藏家珍品，归乃有撰述成章，为修志做一准备之意"。从中可以看出，他对当时仿古龙泉青瓷的大概情况还是有一定了解的。

八、分析与结论

1. 发端于民国初年因搜罗古瓷之风影响而试图烧制乱真的仿古龙泉青瓷技艺是龙泉窑传统技艺的传承。其技艺追求跳过明清时期而直接追随宋元之风。产品亦若宋元，分哥窑、弟窑两类。哥窑者黑胎开片，谓之铁胎，开片亦有鱼子、百圾碎等。弟窑者白胎青釉，釉色力求与宋元之梅子青、粉青、豆青一致。为使釉面滋润如玉，与古瓷接近，使用酸类化工液体浸泡略除浮光，并于不显眼处损之米许，以假乱真。所仿的瓷器多以宋元时期的产品为依据。为寻找实物依据，陈佐汉遍访龙泉各地及福建浦城一带，特别是大窑、溪口等知名窑址，搜罗墓葬和窑址的出土物，并绘制成册，计图例137幅，器型100余种，以供仿制。李、张、龚等各家均以此为本，但由于当时碗窑匣钵较小，所仿器型小者居多，通常为几寸大小，最大者为牡丹瓶，高度1尺有余。其中炉类有鬲炉、鼎炉、八卦立耳三足炉、立耳鬲式炉、象耳三足炉、奁式炉、樽式炉、立耳四足方炉、鼓形炉、鬲式绳耳炉、龙耳炉、狮子熏炉、鸭形熏炉、瓜棱三足炉、笔管炉、海棠口三足炉等；瓶有五管瓶、龙虎瓶、海棠瓶、白菜瓶、凤耳瓶、牡丹瓶、天球瓶、贯耳瓶、双耳环瓶、玉壶春、蒜头瓶、螭瓶、七弦瓶、葫芦瓶、鱼篓瓶、菊花瓶、竹节瓶、鳌鱼耳瓶、麒麟纹双耳环瓶、琮式瓶、梅瓶、日月两仪八卦瓶等；盘有露胎云鹤盘、双螭盘、丹凤朝阳盘、缠枝南瓜盘、光素盘、鱼纹盘、桃花盘、高足双鱼碟等；文房类有鼓钉龙洗、双鱼洗、桃形洗、蔗段洗、海棠形洗、盘形洗、舟形水滴、蛙形水滴、鸭形水滴、鸳鸯形水滴、钟形水滴、卵形水滴、鼋形水滴、花觚、笔筒、印盒等；杯类有盖杯、菊花盏、如意把杯、六角杯、爵杯、莲瓣盏、高脚杯、内底贴花杯等；罐类有露胎贴花盖罐、荷叶盖罐、鼓形盖罐、象钮盖罐、八角盖罐、莲瓣盖罐等；其他还有酒壶、八角樽、出戟觚、花盆、渣斗、乐钟、粮仓、鸟食盏、南瓜壶、观音造像、兔樽等。

2. 宝溪乡地处龙泉西部边陲，与福建省毗邻，建国前后均隶属于八都区。历史上宝溪、八都、上垟、木岱等地均未烧制过青瓷。晚清起，上述地区始烧造青花白瓷。据资料查证及田野调查，该地区青花白瓷碗的生产应始于清嘉庆十五年（1810）从福建德化搬至龙泉木岱的赖永辉兄弟（见前文“赖自强如是说”）。民国初年，宝溪有人率先研制仿古青瓷，虽然他们先后均去过大窑采集古青瓷标本及瓷土原料等，但这在无任何测试手段的当时，对研究胎、釉成分是无济于事的。而此时，地处龙泉南部的小梅镇孙坑村范家仍在零星烧制青瓷。笔者曾四度对孙坑窑址进行详细调查，发现窑址表层堆积多为青花瓷片，青花下层始见大量青瓷瓷片，这说明范家孙坑窑最后也是主烧青花的。根据范传统《孙坑青瓷窑小记》，民国 11 年（1922）孙坑原烧青瓷的四家中，仅有范祖裘还有烧制，亦为仿制，并由他带去杭州出售。这种零星烧制，已不作为产业来做了，其实质是一种绝技的演练，但这也恰恰说明当时青瓷烧制技艺仍未完全断脉。

而宝溪与孙坑隔山隔水，相距甚远，在交通十分闭塞的当时，是难通信息的。宝溪各家承认李家研制和烧成青瓷最早，而李怀善叙述也说明李家的仿烧发端于帮工师傅蒋建寅，而此人正来自孙坑。李怀善说：“民国 7 年（1918），我家造房子，旁人说有人会做青瓷，后带来是孙坑蒋建寅，这样就传下了技术。”蒋建寅是否就是龚家邻居陈奕祯等人言及的那个挑着担子先到张家而未被接纳，后被李家收用的外乡人，不得而知。但有一点可以基本肯定，是蒋建寅将仅剩一缕幽烟的青瓷烧制技艺星火从孙坑带到了宝溪李家，从而点燃了宝溪仿制青瓷之火，并逐渐蔓延。据资料表明，蒋建寅后来还曾在城里与廖献忠研烧青瓷以及在八都单独仿烧。走访和资料查找均未发现蒋建寅后来的踪迹，亦无其后代信息。

3. 据范传统《孙坑青瓷窑小记》，1922 年，孙坑尚有范祖裘烧制青瓷，并由范传统赴杭就学时带往销售。1935 年，范传统回家想重操旧业烧制青瓷，虽有原烧过青瓷的师傅江元善相助，但“烧成瓷器，青色变黄，质量过差，不能通销，只好停歇，徒呼负负”，“1941 年，祖裘叔公不幸逝世，后继无人，孙坑青瓷从兹中断”。自此，孙坑窑火彻底熄灭。从中也可看出青瓷烧制技艺并不简单，其传承和研究更是一个复杂的过程。

4. 从孙坑的技艺到仿烧宋元龙泉青瓷，并几可乱真，这不仅是对孙坑技艺的传承，而且是发掘和继承了龙泉窑鼎盛时期的精髓。孙坑窑为龙泉窑最后的窑场，其产品胎骨粗重，釉层浅薄而透明，釉色青中泛黄，与宋元时期的龙泉窑产品有天壤之别。可以说蒋建寅带到宝溪的只是青瓷烧制的大概，即胎釉主要成分和烧成气氛等，仅仅是一种启蒙。而要仿烧出如宋元时期梅子青、粉青色等滋润如玉的器物，必然有一个十分繁复的过程。事实证明，宝溪各家实践了这一过程。他们四处寻找矿源，到大窑挖瓷片，特别是收集那些未烧的、生烧的残件、碎片等，从胎釉颜色上分析矿土，不断试验，终有所得。因此，宝溪各家实质上是对龙泉窑制瓷技艺精髓的继承。

5. 尽管在民国初期李家就已承继了孙坑的技艺，尔后，张、龚等各家亦能烧制青瓷，但其质量很难超越孙坑水平。在其后的很长一段时间里，直到建国前夕，各家仍在孜孜不倦地研究釉料配方，改善青瓷的釉色，廖忠献、陈佐汉等有文化、有见地的一些人，在这过程中起到了不可忽视的作用。特别是陈佐汉，利用自己的身份，汇集各家、各路高手，提供良好的研究环境和氛围，打破门第观念，群策群力，精益求精，期望达到宋元时极致的水平，恢复中华瑰宝，他不但策划和指挥试烧，并搜罗古器，绘图作册，记录胎釉配方等，提供实物和图录供研究人员参考，期间写成《龙泉青瓷汇观录》、《古欢室青瓷研究浅说》二书，惜至今未能公开面世。另一方面，陈佐汉还组织瓷业团体，创建改良工厂，申请经费期盼建造德式窑炉，恢复龙泉青瓷规模生产，惜终因政府不予重视而未果。但无论如何，其所作所为在龙泉青瓷烧制技艺传承和发展上发挥了积极的作用，并为新中国成立后的龙泉青瓷恢复规模生产提供了技艺上的准备。

6. 建国后，龙泉瓷业经历了集体化和地方国营的历程，其中有一个恢复龙泉青瓷规模生产的过程，这个过程深受周恩来总理的殷切关怀，得到了国家及各级政府的大力支持，显示了政府巨大的号召力和作用力。但在青瓷烧制技艺上，特别是胎料、釉料配方上，宝溪李、张、龚各家起到了决定性的作用。用赖自强的话说，在釉料配方研制上，李、张、龚各家本地师傅是最重要的贡献者，他们提供的配方起到了主导作用。

7. 国营瓷厂时期的技艺传承打破了家庭式代代相传的模式，师徒的分配制和集中培训制为当时的主要模式。这种模式适合社会化大生产，并能实现速成和高效的目的，但对行业技艺的完整传承起到了制约的作用，特别是对一些绝密的技艺，如釉料配方等传承影响很大。改革开放后，随着胎釉专业厂家的出现，多数青瓷厂家对胎釉原料的继承和发展渐渐不再关注，这将会严重影响这方面的传承。另一方面，传统的传承方式仍在艰难地继承，其典型的个例即是张家，从张高礼、张高岳到张照辉，到张绍斌，到张英英、张笃良，历经数代，均在家庭中相传，自民国至建国后集体化、地方国营，乃至改革开放，一直是家庭式作坊，奇迹般地没有受到干扰，并且还从不雇用工人，自己单门独户潜心制作。这种一脉相传的传承方式在国营瓷厂时期被完全打破，张家无非是一个特殊的个例。而如今几乎所有厂家的技艺均来自当时国营瓷厂的培养，因此，多数厂家同时也继承了国营厂家的生产模式，分片管理，分工明确，厂家老板最注重的并不是技艺的传承，而是企业管理和营销策略。

8. "龙泉青瓷烧制技艺"已经被列入国家级非物质文化遗产保护名录，"龙窑烧制青瓷技艺"被列入省级非物质文化遗产保护名录，龙泉青瓷的技艺传承得到了各级政府的高度重视和关注。目前，龙泉青瓷生产进入了一个新的发展时期。但随着机器、电气设备和工具越来越多的参与，随着逐利时代思想的渗透，龙泉青瓷手工艺传承将接受新的挑战，特别是龙窑烧制技艺，或将首当其冲被时代湮没。

9. 龙泉窑是浙江青瓷的集大成者，并于南宋后成为中国大江南北青瓷烧制技艺的总成。然而，这个庞大的窑系在入清后日渐衰落，至清末已销声匿迹。建国后在政府的倡导和扶助下，龙泉青瓷重整旗鼓，恢复生产。特别是改革开放后，龙泉青瓷更加大放异彩，迎来新的辉煌。显然，这其中得力于龙泉窑的历史文化和传统制瓷技艺。而这传统制瓷技艺正是宝溪李、张、龚诸家接过孙坑的香火，并追宗续祖，得以传承的；更重要的是他们中的杰出代表李怀川、李怀德、张高岳、龚庆平等身怀绝技，直接参与了建国后恢复龙泉青瓷规模生产的整个过程，将这一技艺输入瓷厂，得以普及。这是一段很少有人关注的历史，然而，正是这段历史将龙泉窑和当代龙泉青瓷紧紧相连，将龙泉窑传统制瓷技艺延续至今。

毛泽东主席说："历史的经验值得注意。"从民国时期龙泉青瓷烧制技艺艰难的传承历程中，我们是否能够明白，我们现在应该做些什么？

钟琦

浙江省丽水市龙泉青瓷博物馆研究馆员

从地方档案窥视民国时期龙泉瓷业社会

吕鸿　（法）赵冰

前言

从室内装饰到户外花盆，从桌上碗勺到厨房盆罐，从喜寿馈赠到冥间用品，从闺秀梳妆台到文房书桌，从节庆宴席到寺庙祭拜，瓷器在中国人的日常生活中无处不有。在历史时期，中小规模的瓷窑作坊更是遍及中国乡村城镇。和其他的传统手工艺相比，瓷业技术社会体系更加复杂一些。首先，瓷器生产本身包含一些具有不同程度独立性的生产环节，如坯胎制作和烧窑成器。不同的器物又包含着不同程度的专业技术成分（不管是个体陶工的技术水平还是生产环节内部的分工精细度）。此外，瓷器生产的正常运转还必须依靠诸多辅助行业，如瓷土矿、釉料、匣钵（烧窑时用来防止瓷器与窑火直接接触的窑具）和柴薪的供给，瓷器的包装和运输等等。瓷业生产体系的基本元素是作坊。但是在学术界，作坊的内涵有狭广之分。狭义作坊代表一个单一的制坯环节生产单位。广义作坊指的是一个包含更多的，甚至所有生产环节的生产单位。在本文中，作坊多为广义定义。近年来，一些中国陶瓷考古学者和陶瓷经济史学者提出透过作坊的社会属性来分析瓷业社会①。其中最为重要的分类标准是官、军与民，即官办产业、军办产业还是民办产业②。这个观点在中国瓷业的研究史上是一大进步。因为，在过去的很长时间以来，中国陶瓷研究者习惯用产品的使用者的社会地位这个标准来断定一个作坊或一个窑场的性质。

我们认为要真正理解瓷业这个手工艺技术社会体系，不仅要弄清楚作坊这个社会基本元素的性质，更需要宏观地分析瓷业生产和销售各环节之间的相互制约和依赖的社会关系。因为，决定一个地方瓷业社会属性的主要因素有时恰恰是社会群体，即社会内部不同社会集团的性质和关系，而不是产业财产等硬性因素。最为典型的例子就是明清时期景德镇的变化。由于皖南徽州商人的介入、外地陶工队伍的扩大，景德镇

---

① 王光尧：《中国古代官窑制度》，北京：紫禁城出版社，2004年。

② 李建毛：《中国古陶瓷经济研究》，长沙：湖南人民出版社，2001年。

逐渐形成其独特的生产技术体系、经济运作方式、行业文化、社会习俗[1]。国内外学者在景德镇地区做了大量的工作[2]。其他瓷窑中心的社会经济学、人类艺术学领域的研究基本还是一大空白。这个学术参差有可能导致这样的错误认识，即把景德镇这个单一手工业城市的特点当做近现代中国地方瓷业社会的通性。事实上，就是在同一个时期，由于各自独特的自然条件（如原材料的供给等）和人文条件（如劳工的来源、销售渠道等），不同的地方瓷业社会可能形成迥然不同的技术体系和社会关系景观。

研究历史时期中国瓷业社会有相当大的难度。因为还非常年轻的、仅有三十来年历史的中国古窑址考古工作迄今主要关注单一作坊和窑炉的结构，或者极小范围的遗迹群。它目前还没有能力提供大量有价值的、能帮助体现一个活生生的瓷器产、销社会史的考古材料。在属于仕途文人传统的中国历史文献中，有关民间瓷业的资料寥寥无几。从明末入清以来，由于考证学的影响，一些江南知识精英开始意识到地方工艺技术的价值。在江西和景德镇地区的方志中出现了一些制瓷技术和景德镇社会的描述[3]。而在其他地方的方志中有关瓷业的信息极其零星简略。受日本明治维新的影响，梁启超、康有为等开启了中国思想史改良先河。清末民国初，一些留学日本的知识精英提出实业救国，并身体力行地在各地传统瓷业中心办厂办校。任何一个历史文化转折点都是观察研究这个社会的极其难得的好时期。因为，改良与传统的对立和冲击可能会挤抛出一些潜伏问题。而具有现代批判思维体系的改良派知识精英又恰恰是把批判传统技术体系及其依附的传统社会体系作为改良的起点。他们的调查报告、改良计划和措施就是能帮助我们今天窥视民国时期传统民间瓷业社会的极其珍贵的折射镜。再说，民国时期距离我们并不遥远，甚至可以说它触手可及，因为我们还可以拜访到经历过这段历史的老人和找到一些手稿等其他民间流传的资料。所以民国时期是研究中国民间乡村瓷业社会史的最好的切入点。

浙江省丽水地区龙泉县位于浙江省西南部，与福建省和江西省交接的山区。它下顺瓯江经温州直出外海，西南过松溪、建阳入闽江，北从住溪沿乌溪直抵钱塘。龙泉地区扼浙南、闽北、赣南边界区咽喉，是浙西南重要集散中心。历史上素有“处州十县好龙泉”之美称。龙泉地区曾经在宋、元、明时期青瓷生产极其辉煌。这些历史窑址主要分布在龙泉县南乡和县东部、东南部瓯江流域。而清末复苏的龙泉近代瓷业生产应当主要归功于从福建省德化地区迁移来的几家瓷窑作坊主。即使在清代乾隆年间，孙坑村生产过青瓷，但是龙泉近现代瓷业的主流是从外地传过来的白瓷生产技

---

① 梁淼泰：《 明清景德镇城市经济研究》，南昌：江西人民出版社，1991 年。

② 方李莉：《景德镇民窑》，北京：人民出版社，2002 年。

③ 清朝以前最重要的是王宗沐所著《江西大志》，1595 年，残存 7 卷，日本内阁图书馆藏。卷四“陶政”。

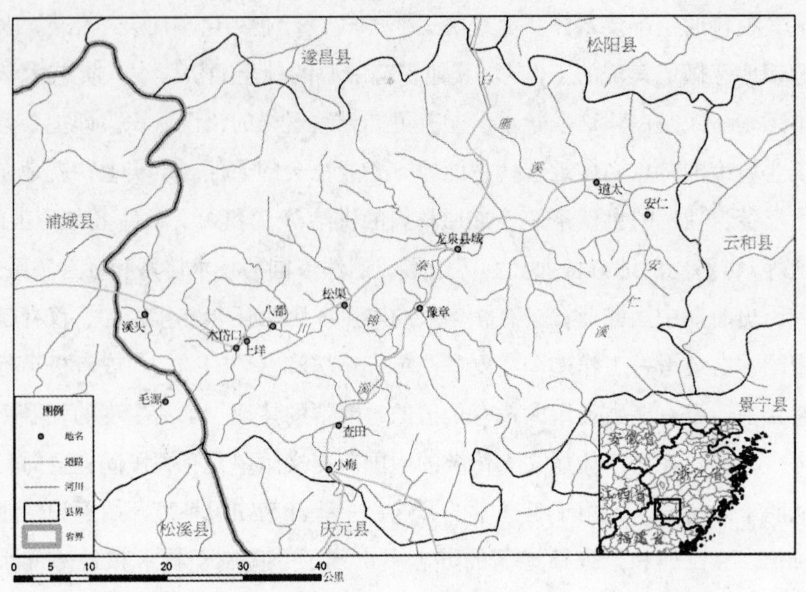

图一　民国时期龙泉县图（台北“中央研究院”提供）

术体系。而且龙泉近现代瓷窑作坊多集中在八都区乡下。民国时期是龙泉地区近现代白瓷生产体系改良的关键时期。它更是青瓷技术恢复、以青瓷技术为中心的龙泉地方特色瓷业文化酝酿和发芽的重要时期。本文将讨论迄今尚未使用过的、崭新的研究资料——龙泉市档案馆收藏的民国时期行政档案和民刑档案——所呈现的龙泉民间传统瓷业社会的专业技术社会体系和专业技术文化。

一、龙泉地方档案资料的分类和整理工作

龙泉市档案馆馆藏的民国时期档案的整理和研究并不出现在2005年向蒋经国基金会提交的研究初步计划上。但在2006年夏第一次田野调查的时候，我们发现了龙泉市档案馆收藏的这批极其丰富的资料。据当时该馆工作人员介绍，一些地方上的学者曾查阅和片段引用过龙泉市档案馆馆藏的民国时期行政档案，但当时还没有任何人提阅过馆藏的刑事档案。我们于是立即决定将这批迄今鲜被使用的资料的整理和研究工作当做龙泉课题组的重点之一。

1. 龙泉档案馆馆藏民国档案概述

从严格意义上讲，民国时期龙泉地方档案工作属自然随意性档案工作。工作人员对当时在工作中形成的文件材料只进行了一些简单的整理、归类，县级机关并没有专

门的档案机构和人员开展档案管理工作。文件资料管理隶属于文书工作，档案的整理保管由各单位文书部门负责。

龙泉县是浙西南的山区。民国早期的县政府机构单一，行政管理形成的文件资料不多。1937 年抗日战争全面爆发。同年 12 月 24 日，浙江省省会杭州也遭到日军侵占沦陷。省会机关、单位陆续外迁，其中 60 余家机关、单位、工厂相继迁驻龙泉。省政府及省级机关的入驻，给龙泉县带来了经济、文化的繁华和工作活力，更是带来了先进的文化知识和管理理念。地方政治发展迅速，机构增加，档案内容因政治的繁杂扩大而繁杂，数量增加。1947 年 1 月，国民政府国史馆正式成立，拟订了《征集国史资料计划大纲》和《国史馆档案管理办法》。浙江省民政厅发出训令："查各县县政府档案，自民国以来迄未整理，所有卷宗类皆随意放置，一凭管理人员记忆所及，调阅每感不便"，为此特制定《浙江省各县政府整理档案办法》，要求各县政府档案，应依照本办法七条规定，加以整理。龙泉县针对"本府档案因历年管理不善及数度搬迁，袋装绳捆堆积为山，其放置柜内没有分类，导致紊乱，以致查索困难"的问题，依照国家、省级的规定制订了《龙泉县政府整理档案计划》，具体规定了九条措施。其中第二条要求"拟自民国25 年起着手整理（其25 年以前卷宗视性质重要仍予以整理），若有余力再对陈年旧卷进行清理"。第三条规定："为避免新旧卷宗割裂起见，整理期内继续归档案件仍照旧法入卷，如某一科室完全整理就绪后再继以新方法归档。"①原本零散的文件因此得到初步整理。

1949 年 5 月龙泉县人民政府接管了民国时期政府各部门产生的档案和大量零散文件材料，实体由龙泉县公安局、法院保管。1971 到 1972 年两年间，龙泉县政府根据浙江省政府、省档案局的文件精神，组织待分配的大学毕业生帮助整理繁杂凌乱的民国档案文件。其中的分类、编号标准都由省档案局统一制订，整理好后再由省档案局检查验收。当时浙江省档案局还将龙泉县民国档案中部分较有价值的文书档案接收到省档案馆保存。20 世纪 80 年代初，龙泉县档案馆从县公安局和法院接收了这部分整理好的民国档案。由于民国档案产生于战乱时期，存放的地点几经变动，文件材料原有的规律性和系统性早已被无数次地打乱，不能很好地"保持文件之间的历史联系"，内容上、时间上都有前后穿插、颠倒之杂乱。当年大学生整理的民国行政档案并不规范，主要表现为：一是同一个职能单位形成的文件材料没有集中，而是分散在数个全宗单位内；二是案卷的分类不够规范，一个案卷内由多个不相关联的文件组成，很多案卷都是杂卷；三是档案标题不规范，反映不出案卷内容的成分；四是整理的卷宗没有按照时间年代顺序排列；五是案卷目录编写不清楚，反映不出案卷内容成

---

① 龙泉市档案馆藏：13－1－77。

分。这些问题都给现在的利用带来了极大的不便。

2. 行政档案中的有关地方瓷业材料

龙泉市档案馆保存的民国行政档案，大多数是抗日战争爆发之后所产生的文书材料，抗战前的档案在民国18年因内乱基本被毁。龙泉馆藏民国行政档案现有5694卷，档案排列长度121.64米，主要为国民党县党部、三青团、青年党、民主社会党、秘书科、民政科、社会处等党政部门形成的管理性和职能工作中产生的文件材料。但专门记录龙泉瓷业生产方面内容的案卷相对比较少，主要分散在政府行政管理、民政、建设等全宗的有关案卷中的零散记录。它们大致可分为两类。

一类是县政府及各职能部门在行政管理中形成的文书材料，以工作报告为主。1918至1931年，浙江省实业厅在龙泉开办省立改良瓷场。部分资料留在龙泉县。由于工厂亏本，第三任场长董湘坡一度被当时的龙泉县县长林桓下令拘留，直到账目清楚了以后才被释放。所以龙泉县政府保存了董湘坡在1928年撰写的改进计划书。在省立改良瓷场进入官督民办时期，省政府继续派遣人员指导工作。朱乃华于1933年12月21日向龙泉县政府提交《改良龙泉磁业之意见》①。董湘坡，浙江省象山人，曾留学日本。朱乃华的身份目前不详。这些省级知识精英型官员应当都接受过现代教育，抱有实业救国的理想。他们对地方传统社会的理论性批判应当是有一针见血的深度。此外，我们还可以通过他们提出的设想来分析这些具体措施所针对的具体社会现状。所以，这些洋务派政府官员的报告是我们今天观察龙泉民间瓷业社会极好的资料。

抗战期间，各级政府为增加地方财力而提倡发展地方工业。龙泉县政府关注到制瓷业和造纸业这些传统工业。县级官员决定以发展瓷业生产来改善百姓生活，为提高日用瓷的品质和价钱而提出改良地方瓷业。所以在1939到1947年龙泉县政府的工作报告中零星出现有关瓷业改良、瓷业组织的信息。比如，在《龙泉县二十八年度推进合作计划大纲》中，提到"以本县特产如竹木炭、香菇、瓷业等为开发产销业务，其范围广、影响大，人民生活赖以改善，社会经济得以增进。奠定民族经济基石，实为现阶段抗战期中最主要之设施"②。又如，民国29年，县长唐巽泽向浙江省建设厅提议："为呈请将钧所拨本县交易公店提倡股应得二十七、二十八年股息红利如数核拨与本县作瓷业改进试验费。"③ 龙泉是浙江省的抗战大后方，又有省级机关的人脉关系和省级下拨的专款，龙泉抗战合作社因此做得较好。与抗战时期瓷业合作社相关

---

① 朱乃华：《改良龙泉磁业之意见》，龙泉市档案馆藏：13-3-382。

② 龙泉市档案馆藏：13-09。

③ 龙泉市档案馆藏：13-3-382-106。

的资料也因此相对比有关抗战前省立改良瓷场的更加丰富。1945 年，龙泉县政府为响应中央、省政府的发展乡镇造产事业充裕地方自治经费的指示，在全县开展乡镇造产事业。岱垟乡和宝溪乡均向县政府呈交造产磁业计划①。1947 年 12 月，省参议会第一届第三次大会提出拟在龙泉开办浙江瓷业工厂。第九次会议通过了以重生产而利民生案第（4289）号。在龙泉各级地方政府发展瓷业的同时，龙泉地方县、区、乡、镇地方官员通过不同渠道呼吁研发传统龙泉青瓷技艺，恢复传统青瓷生产。这些地方有识之士的报告和计划在民国档案第 10 号全宗“秘书科、民政科”的文书材料中与官方的审批意见一起保存至今。它们能够帮助我们仔细分析在改良白瓷生产体系过程中，在将民间秘密青瓷技术推广为地方特色技术文化这个过程中，各级地方官员的态度和所作的具体工作。

第二类是龙泉县商会组织材料以及有关瓷业组织的代表名册、统计报表，瓷业行业各组织有关建议、设想、组织公会的章程、计划等文书材料。这些资料都不是由各瓷业组织自行保存下来的。1930 年代以来，国民党龙泉县党部比较严格地控制县商会、下属同业会和其他民间团体。根据当时行政管理审批程序的要求，各级社团的建立应该得到地方政府的审核。各社团有义务随时向政府部门汇报工作。部分上述档案就是县政府官员及各部门在指导、监督瓷业组织的过程中积累的原始材料。不过，由于瓷业行业组织主要活动在八都镇，它与县城里的其他公会组织、县政府和县商会工作往来不多，所以这类文件资料相对少一些。当瓷业组织之间出现矛盾，其中一方或双方有可能向县政府提交起诉报告。这类档案提供的信息比较有价值，因为它们通常能更实际地反映某个组织的具体行动。目前我们查找到的最为完整的资料是有关“八都区瓷业改进研究会”②。这份档案共 256 页，包括“八都区瓷业改进研究会”章程，各届筹备会会议记录，成员名单，省级、县级、区级、乡级政府的相关公文，研究会提交的各种报告、计划、会议记录等文件。它包括从 1943 年 8 月 24 日“八都区瓷业改进委员会”③ 首届筹备会成立以来，八都区政府陆续向龙泉县政府呈递的文件。这类档案资料展示的是瓷业社会内部的群体动态或者不同社会集团之间的关系。

3. 民刑档案中与瓷业有关的信息

在龙泉民国档案的 24208 卷中，民刑档案占有大部分内容，有 17411 卷，案卷排列长度 92.28 米。时间从 1909 至 1949 年，是地方法院民事、刑事形成的案件档案。

---

① 龙泉市档案馆藏：10－1－465－41。

② 龙泉市档案馆藏：13－3－167。

③ “八都区瓷业改进委员会”即“八都区瓷业改进研究会”前身。有关这个非同一般的更名过程，参见下文“八都区瓷业改进研究会”一节。

民刑档案的分类整理比较有规律，基本上一案一卷，但是在整理上还是有些问题：有些案卷以当事人的姓名命题，有些以案由去命题；还有些案件中交叉几件事，或者一个案情在几个案卷中体现等现象。这部分案卷数量大、种类多、内容杂，上到国家政策法规，下到百姓生活琐事争端，民众凡是有纠纷私底下解决不了的就向地方政府上诉，具体涉及：窃盗、盗匪、“共匪”嫌疑、通匪、暴力威胁、抢夺伤害、杀人放火、吸鸦片、贩卖和开设鸦片馆、施打吗啡、贩卖吗啡、盗墓、诬告、贪污、贿赂、敲诈勒索、私刑，抢割稻谷、伪造文书、强奸、娶妾杀妻、逼嫁、贩卖人口、私卖食盐、违犯总动员法令，渎职、婚姻家庭、妨害自由、妨害兵役、妨害风化名誉、妨害公务秩序、妨害选举、妨害卫生、山林纠纷、坟地纠纷、契约典当纠纷、田业水利纠纷、农产品纠纷、租息纠纷、债务纠纷、地基和房产纠纷、祭田会田纠纷、碗窑纠纷、遗产财产纠纷、继承纠纷、开垦荒地纠纷、道路纠纷、工资和高利贷、拖欠赋谷、婆媳关系、乳母争子等等，从中可以反映出民国龙泉地方社会的真实现状和龙泉百姓的维权意识。政府司法部门较好地保存了民刑案件的调查、审理等过程材料。

1970年代，龙泉市档案工作人员对这部分档案作了整体整理编目。该目录的内容主要来自每件档案首页提供的信息：案由、涉案人姓名、籍贯、职业、涉案时间等。从2006年夏到2008年夏，我们分别通过地名（作坊或窑炉所在的村、镇、乡）、人名（各种民国瓷业组织、民国商会、慈善机构等行政档案提供给的或者通过访谈所获得的）、纠纷性质（瓷业、林木、钱庄、挑运、债务、盗墓等）对民刑档案的题目目录进行了数次检索，并提阅了500个卷宗。北京师范大学和法国高等社会科学学院于2008年10月27—29日在北京师范大学联合举办“行业文化和专业技术的传承：地方社会中的工匠和商贾”国际学术研讨会。我们在会议上介绍了首批整理出来的州事档案。2009年，在龙泉市档案馆工作人员的配合下，我们开始全面提阅民刑档案。迄今我们整理出40余个涉及地方瓷业的卷宗（参看附表一：民国龙泉民刑档案涉及瓷业纠纷卷宗统计表）。

民国时期民刑档案是在国家法律程序框架要求下建立的，入档的资料也比较翔实。所以，其原始性和真实性较强。每件档案的首页均记载了涉案人（包括告诉人、被告人、证人、和解人、中间人、代理等）的姓名、地址、籍贯、年龄和职业。

此外，判案所需的各种书面证据也都粘贴在档案里。其中最常见的是属于缴纳各种税费的官方红契，但也有用于土地、水碓、作坊、窑炉等不动产私下交易的白契。民刑档案的主要文件是各种具状书，如告诉具状书和和解具状书。牵涉到瓷业的民刑具状书，即使是由他人代笔，其内容和用词出自与瓷业相关的当事人。有的审讯直接涉及到瓷业生产或陶工日常工作或生活。所以，不论对于瓷业社会还是瓷业专业技术词汇，这批民刑档案都具有很高的研究价值。比如，在题为《妨害自由》（M003 -

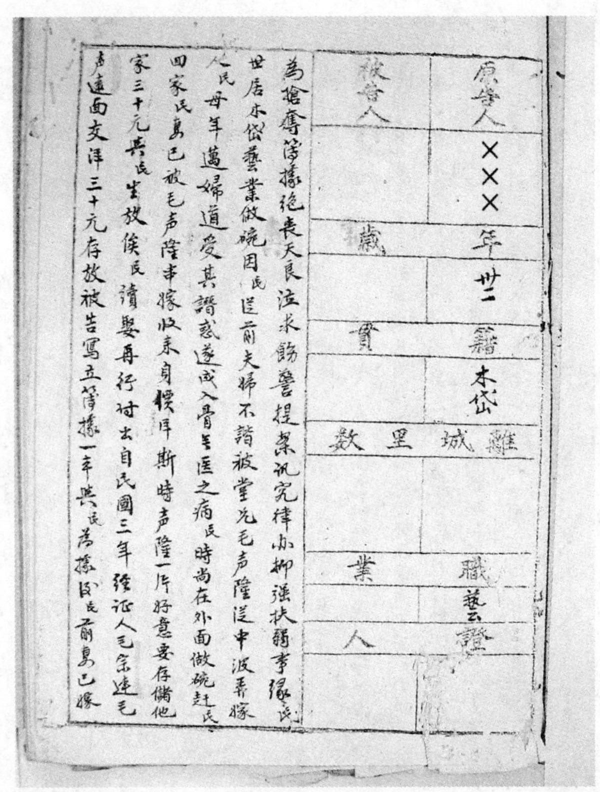

图二 刑事档案 M003 - 01 - 11309 中有关涉案人个人信息之页（龙泉县档案馆藏）

01 - 13551）这份档案里，粘贴有一份 1944 年合成实业公司与 HQA 签署的《租窑合同》①。该合同附有清单，翔实记录了租赁的设备、工具的名称及数量（参见附文 2）。由于多种自然和人文因素，各地制瓷中心的设备和工具都多少有一些小差别。各地陶工还根据当地的习俗自行命名工具。这些方言专业词汇一般只能通过访谈才能搜集到。《租窑合同》的清单是一份对于研究生产规模和生产工具非常有用的、极其难得的文字资料。总体来讲，民刑档案提供的信息主要涉及瓷业社会内部的个体与个体之间的关系。正由于是个案，有关涉案人的信息特别丰富。比如，由于相当一部分案子都是与商人的摩擦，所以我们可以从中观察龙泉瓷商的来源、活动势力范围等。这些信息能帮助我们更细致地了解瓷业社会某些群体的内部成员，从而对整个社会有一个更微观、更具体、更人性化的认识。

当然，刑事档案文件均是毛笔手写的，方言词汇经常出现在审讯记录中。这些都增加了我们今天理解刑事档案的难度。在整理工作中，我们还发现有关同一个案件的档案多有分散现象。比如，有关 QSW 与 YZY 的题为“ 碗窑纠葛 ”的案子，目前我

① 龙泉市档案馆藏：M001 - 01 - 15331。

们仅收集到三份该案开庭审判以后的有关和解和缴纳诉讼费的档案。其原具状档案和开庭审判档案尚未查出，所以其具体纠纷案由至今不详。弥补档案资料的欠缺的理想途径是通过访谈追踪研究刑事档案涉及的人和事。事实上，刑事档案资料与口述资料的这种互动研究目前还比较难开展，因为打官司不是一个讨喜的话题。

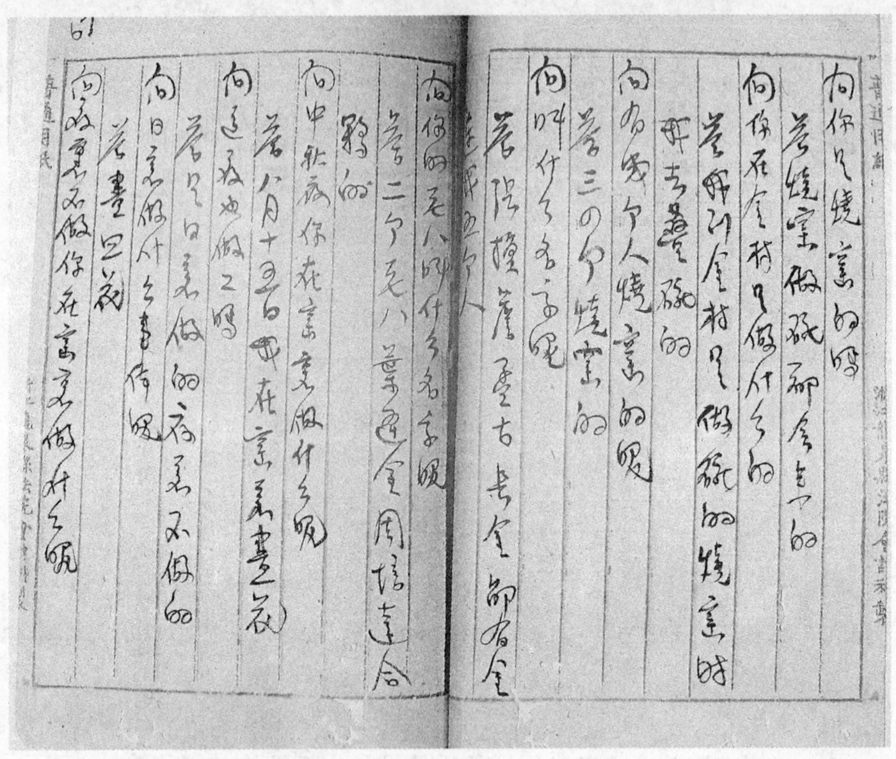

图三　刑事档案“毁坏坟墓”（M003－01－7944）中的审讯记录（龙泉县档案馆藏）

二、民国刑事档案所体现的龙泉民间瓷业社会

由于课题组没有民国时期法律专家，我们目前的整理工作主要放在搜集与瓷业有关的信息上。迄今整理出的46件卷宗事实上只涉及42起纠纷。其中25件卷宗的案由直接牵涉到瓷业生产和销售的某环节。其余的则是案件记录（如审讯记录）涉及瓷业的某些方面（最常见的是工匠因盗墓、盗窃等涉案）。在第一类纠纷档案中，涉及生产环节的纠纷只有两个，而且比较特殊。一个是1947年2月宝溪乡车盂村GZL控告佣工CYC因工资纠纷殴打其父GQF（M003－01－13008）。该案发生在龙泉瓷业窑主与佣工之间工资矛盾极度尖锐的时期。另一个案子是龙泉籍作坊主YZC与浙江永嘉县HQA、江西人HSY两个商人的定碗纠纷（M003－01－114、M003－01－2965、M003－01－4946、M003－01－14124、M003－01－15793）。YZC 1915年首次起诉，40

担碗被扣押。龙泉县法院和永嘉县法院曾两次开庭审判。但由于被告、原告均连续投诉不服以及 HSY 逃回江西不出庭，案子无法结案。1929 年，铺保 LSY 出面担保要求将扣押的碗还给 YZC。现存的档案均为龙泉县法院和永嘉县法院传讯文件、收取诉讼费等，具体法案缘由不见叙述。我们在下文讨论几个特别能帮助我们了解龙泉民间瓷业社会现状的案子。

1. 有关瓷业厂房、设备的产权和使用权

唯一两起女性起诉的案子都涉及厂房、设备的产权问题。第一件案子是 XW 氏和 MRB 的“碗窑纠纷”（M003 -01 -011063）。其案由如下。西乡 XYC 字号窑厂业主 XW 氏已故丈夫的祖先在清光绪十三年用 100 元大洋向遗孀 LC 氏兑租碗窑等设备。30 年期限已过，LC 氏没有出钱回赎。1921 年 2 月 19 日，MRB 夜间将 XYC 字号窑厂工具什物强行搬走。XW 氏于当年 3 月向龙泉县法庭提交具状告诉 MRB。同月 21 日，同乡商人中间人 XK、YWK、XZB、LYS 向龙泉县法院提交“为和解书”。同年 4 月 3 日县法庭及当事人签订“和解证书”而闭案。在这份档案中，还有一份 XW 氏呈递的光绪十三年其祖先与 LC 氏签订的立兑字（参见附文 1）。这份契约是 LC 氏堂叔 LZH 代笔的。证人共三人，其中只有一个是 LC 氏亲属，即其宗叔 LTY。其他两位证人和中间人估计不是 LC 氏亲属。契约除了对租赁内容、租金和租期作了详细说明，还特意陈述租赁的特殊家庭背景。我们将契约简单归纳如下：LC 氏已故丈夫继承的碗厂包括作坊、窑炉、水碓及模套、碗桥等工具。除自家所需的住房，还有佣工生活、居住的房间。再嫁之前，遗孀 LC 氏将所有家产托中间人以 100 大洋兑租给另一家碗厂业主 XT。LC 氏强调碗厂是其夫祖先遗留下的家产，其兑租期限仅 20 年。所租碗厂的地租继续由出租人 LC 氏承担。期满，LC 氏原数退还租金，从 XT 家赎回碗厂。这种兑租实际上更接近所谓的典当。出租人前后进出的租金和赎金互相抵消，出租本身带来的经济效益并不高。对出租人来讲，这笔交易的实际利益一在能及时取得一笔现金，二在能保证家产设备在自家不用而兑租期间的维修，以防其倒坏。也就是说，这份立兑字很明显地反映了祖传产业不可丢失的观念。

1946 年 12 月西乡宝溪乡坑口村 LZ 氏起诉 YBS 造假典契抢占她家厂房和水碓（M003 -01 -13795）。LZ 氏夫君 LDY 生前在坑口村 110 里地建造了一个作坊、一个水碓开办碗厂。1939 年 LDY 病故。去世以前，LDY 立遗嘱将碗厂水碓留给 LZ 氏。1946 年，YBS 出示 LDY 已故长子 LCF 的活卖典契要求与 LZ 氏平分家产。本村 LCL 因从中调停不成，代 LZ 氏向龙泉县法院提交告诉书并出庭。法院认为 YBS 所示典契的签署日期在 LDY 去世以前，判决该活卖典契无效、YBS 无权分享 L 家产业，我们在档案里看不出来 YBS 是否受到别的惩罚。

卷宗号 M003 - 01 - 13551 的案由是“妨害自由”，原告是八都瓷商 HKX，被告是八都警察局 PSM，警察局局长 DQ。案由如下：1944 年春 HKX 之父 HQA 将坐落在八都镇黄岭头的瓷窑厂连同设备工具出租给合成实业公司。合同期为一年。1946 年春，合成实业公司负责人 HW 在外地，LZH 乘机占领厂房。HKX 立即向八都警察局上诉。警察局 PSM，因 LZH 是其局长 DQ 的绍兴同乡，不干预此事。HKX 随后向龙泉县法院投诉。法院受案后，以妨害自由为案由开庭审判了 PSM 和 DQ。

LC 氏、LZ 氏都是作坊主。MRB、YBS、HKX 和 LZH 都是瓷商。这三件案子有一个共同点，就是它们都反映了瓷商想方设法侵占厂房。有的是钻租赁合同到期这个空子，或者伪造契约来抢占。LC 氏、LZ 氏在申诉书中均提到被告因作坊主为女性而肆意被霸占。HKX 之父 HQA 祖籍永嘉县，早在民国初年就在龙泉、温州，龙泉、江西之间作瓷器生意。HQA 曾在 1915 年卷入定碗纠葛，受到 YZC 的控诉。HQA 后来在八都安家，自己开设瓷厂并向其他外地商人出租瓷厂。合成实业公司与 HKX 签署的是一个非常短期的合同。这很可能是为某个特殊的订货生产而租赁的。

有关作坊的规模大小，这三份档案都提供了非常翔实的信息和数据。LC 氏的婆家 L 家是在清末从福建德化地区最早迁入八都乡木岱口的、拥有技术的老窑主之一。1887 年立兑子所体现的家产设备应当是 L 家家业比较兴旺、家境比较富裕时期的状况。当年，LC 氏已故丈夫所继承的碗厂包括作坊数间、窑炉半条、水碓及模套、碗桥（用来晾晒坯胎的长条木板）等全套生产设备和工具；除自家所需的住房外，还有佣工生活和居住所需的房间。此外，L 家还与另一家业主（或另多家业主）共同拥有一条龙窑。像 L 家一样拥有全套生产设备的业主在清末只是一部分。LZ 氏的夫君在 1938 年以前建造了一个碗厂和一个水碓。我们估计碗厂包括作坊和窑炉。

“妨害自由”（M003 - 01 - 15331）卷宗里粘贴了 1944 年合成实业公司与 HQA 业主共同签署的“租窑合同”。这一份租赁合同书写很规范简洁（参看附文 2）。合同内容包括出租物所在地、出租的特殊事项、相关人、租金、租期。合同随附租赁的设备和器具清单为凭，具体涉及窑及窑所附带的工作房及烧窑设备，水碓、碓屋、泥塘等淘练泥所需的设备和工具，碗厂作坊及做碗所需的所有设备和工具。在出租时和合同终止时双方均要依据清单件件清点核实。年租金主要涉及设备，即窑、作坊和水碓。而各种工具，如有损害，在合同结束时按清单如数补上。该清单提供了以下一些信息：（1）HQA 出租的作坊共拥有 15 种外模（寿斗模、连汤模、法工模、大斗模、亚三大模、线花上模、线花下斗模、汗汤模、线花饭模、线花炉二模、线花炉上模、线花六寸模、线花五寸模、高三大模、高四大模），共计 28 节模子（每节 16 件），或 448 件模子。可见该作坊生产的产品样式丰富。陶模大批量出现说明民国晚期龙泉瓷业生产产品完全规格化。从 1947 年龙泉县瓷业同业公会联合颁布的工价单来看，多家厂家都在做高三大、高四大或做碗。(2）民国时期，龙泉大量作坊使用轮制和模制结合技术，即用外模压在轮车中心轴顶端胎泥上拉坯成形。合同清单上另注明有6辆碗车，即脚动辘轳轮车。也就是说，作坊最多可以有6个坯工同时工作。(3）碗桥是一块用来排放、晾晒碗坯的长条木板。通常每条宽10厘米，长有2米和4米两种。HQA出租的作坊有450条碗桥。(4）该清单上列有大小碗套17350个。碗套，在龙泉又被称为套子，即匣钵，是烧窑时用来隔绝器物与火焰的直接接触的工具。龙泉清末以来使用的是分室龙窑。根据窑的长度、高度、倾斜度等多种因素，根据所烧器物的器形、大小，每个窑每次的总装烧量都是不一样的。

龙泉市档案馆另存有一份民国8年的《出窑簿》(无号)，其内容如下：

ASS民国8年立出窑簿

七月十二日出窑

新喜老司

一号 一千 吴焕成

二号 一千 吴焕成

三号 一千 杨陈根

四号 一千 杨陈根 石生

五号 一千 得和

六号 一千 吴德和

七号 一千 杨陈根

八号 一千 刘陈富

从这本残破不全的出窑簿可以看出，ASS是窑主，负责1919年7月2日出窑的烧火师傅叫XX。4家制瓷户搭烧一窑。龙窑分室，至少有8间。我们认为每一间编码分室后均有的“一千”这个数据不是实数，而是虚数。通常，窑室下部空间因为温度不够高，最下层不能装烧瓷器。而越是靠近窑头的分室，这部分废弃空间越大。也就是说，每间分室的有效装烧量是不同的。我们估计窑主ASS是以间计算搭烧费的。至于制瓷户在所包的分室里具体装烧什么器物、多少器物，与他无关。当然，靠近窑头和靠近窑尾的分室的烧成率比位于龙窑中部的分室的烧成率更低。也就是说，分室还有好坏之别，所以各室的搭烧费按理也应当不同。在残缺的ASS出窑簿上看不出来这一点。八都乡木岱口曾芹记古窑坊还在使用清代光绪年间始建的龙窑。据曾家第六代业主曾文沂回忆，其祖先是在1934年从徐姓家用200多大洋买下的。该龙窑长33米，共22间分室，窑室内高1.9米，内宽1.8米。该窑一次可装烧2万余件瓷碗。我们可以推测HQA出租的龙窑应当比曾家的短小，因为供这个龙窑用的碗套仅有17350个。我们估计合成实业公司的规模应当比曾家的小，也就是说还是属于小型家庭作坊类。

“妨害自由”（M003-01-15331）档案里还有一份合成实业公司支付给HQA租金的记录簿：

窑租簿

收合成厂卅三年窑租土碗伍担，卅三年拾弍月念玖日。

收合成诚记卅三年窑租土碗弍担，卅四年元月伍日。

收合成诚记卅三年窑租土碗弍担，卅四年弍月拾壹日。

收合成诚记卅三年水碓租谷陆拾斤，卅四年叁月拾捌日。

收合成诚记卅三年窑租土碗壹担，卅三年度收清，卅四年七月拾柒日。

收合成诚记卅四年窑租土碗肆担，卅四年十一月念柒日。

收合成诚记卅四年窑租土碗伍担，卅五年元月玖日。

收合成诚记卅五年水碓谷陆拾斤，叁十五年元月十一日。

收合成诚记明年窑租土碗壹担。

HQA与合成实业公司在1944年3月1日签订的合同为期一年，作坊和窑的年租金为10担瓷碗，水碓的年租金为60斤谷子。根据这份租金付款记录簿，租期至少继续到1946年1月，即两年时间。这两年中，合成实业公司共9次付租金。第一年的租金分5次到第二年7月付清；第二年的租金分4次在第三年年初付清。

2. 瓷业生产中主、副行业之间的紧张关系

原材料（尤其是瓷土）的提供、匣钵的制作、柴薪的供给以及瓷器的运输是龙泉瓷业的四大主要辅助行业。瓷业与辅助行业之间摩擦而起的案子共计12件。这些案子涉及瓷土的采挖、水碓的管理和租赁，匣钵窑、柴薪、碗店等等。

M003-01-05731档案题为“诬陷”，是1947年9月龙泉县刑事法庭反审原告诉人MSY等（岱洋乡人）的档案。从已掌握的资料来看，案由如下：MSH等于1946年9月在木岱狮仔山发现白土。实验结果表明白土可作为制瓷原料。于是MSH等挖土肩挑到MYJ（MSY所有）等碗厂兑取工本①。当年10月，MSY与YDD等缔契约霸占狮仔山为己有。1947年7月，MSY起诉控告MSH等梅家4人窃取他人财产。龙泉县刑事法庭在传MSH出示狮仔山所有权契据后，于当年9月开庭，判MSY等诬陷罪。这份档案反映了两个现象。第一是山林地主可采挖瓷土来补充日常收入。瓷土全

① 1930年“毁坏坟墓”（M001-01-2944）档案中的被告人MSY是一个画花的散工。1947年题为“诬陷”档案（M001-01-5731）的原告人MSY是毛元记字号碗厂老板。这两个人是否是同一个人还有待更进一步的研究。

权归属所在山林主人，他人无权采卖。山林的所属权以书面契约为准。第二是规模比较大的碗厂的霸占倾向。MYJ 是 1945 年以后规模比较大的碗厂之一。MSY 和 YDD 均为民国 34 年（1945）10 月 21 日于木岱口村成立的“龙泉县瓷业职业工会”成员，MYJ 碗厂亦为入会碗厂。MYJ 碗厂还是地方上的慈善捐赠主力。陈万里记载的梺窨村王恒丰碗厂在 1938 年全年仅付 10 元大洋即可在一个叫麻洋的地方任意挑用瓷土。MSH 等肩挑瓷土到 MSY 碗厂仅能“ 取得工资微利，以苏危困 ”。也就是说，瓷土在龙泉地区相当丰富，挖采比较方便，成本也并不高。MSY 和 YDD 却不惜代价占据梅家所拥有的狮仔山，不仅仅意味着不再向 MSH 支付采集和挑运瓷土的微薄费用，而更重要的是能独家霸占新发现的狮仔山瓷土矿。

3. 有关陶工的日常生活

我们所收集到的刑事档案里有数份开庭传讯记录。这些案子本身并不涉及瓷业，都是盗窃事件。但被告或证人均为陶工。这些问答式的审讯非常翔实而生动地记载了被传讯的陶工的生活和工作状况。现举一例。

1930 年 MSL（住址不详）指控在南乡金村 ZPD 碗厂作散工的 MSY 在当年 10 月 6 日夜盗窃其祖坟。题为“ 毁坏坟墓 ”（M003 - 01 - 7944）的卷宗为当年 11 月 17 日龙泉法院开庭传讯被告证人的记录（审讯记录摘要，参看附文 3）。经过详细审讯 ZPD 老板和 ZYG 老司，法庭宣告 MSL 诬陷 MSY 盗窃祖坟，判处被告无罪。这本 41 页的问答记录非常详细地记载了当时 ZPD 碗厂的状况及在厂陶工的工作生活情况。现综合描述如下。ZPD 年 40 岁，南乡金村人，瓷商。他廾有瓦厂、碗厂各一家。碗厂有作坊一间，窑一条，住房数间。聘有一个专门管账的，四个作碗老司（包括 MSY 和 ZYG 在内），一个烧窑老司。其中三个作碗的和烧窑的老司吃住在碗厂内，四人共用一间房。农历中秋节（即公立 10 月 6 日夜）不停工，夜间尚继续工作。农历八月该厂开火烧窑四次。ZYG，年 23 岁，西乡木岱口村人，只画花，不作其他活。ZYG 在到金村 ZPD 碗厂做工之前，曾在西乡木侪口村一家碗厂打工（木岱口村当时有 7、8 家碗厂）。MSY（年龄不详）和 ZYG 均属散工。散工即临时工、流动工匠，他们既无财产（有的可能有自己的住房，如 ZYG 每天回家住宿的同事）亦无资金，只好靠出卖专业技术轮流在不同的作坊工作和生活。他们的身份是“艺”，被公认具有专业技术，在日常生活中被尊称为“老司”。

4. 有关“同行不宜兴讼”

在案由直接涉及瓷业的 24 起纠纷中，有 5 起最终均以“和解”方式平息争端。“和解”可以出现在三个不同环节。一是冲突已出现之际，如 LZ 氏与 YBS 一案。该案上诉到龙泉县法庭是因为LCL调停无效。第二种是在告诉人向法院投诉后，中间人立即干预调解以便免除开庭审讯。其典型案例是1922年XW氏和MRB的“碗窑纠纷”案。当年3月初XYC字号业主遗孀XW氏向龙泉县法庭呈递具状书，起诉MRB。同月21日，中间人XK、YWK、XZB、LYS（均原籍西乡大坦贵溪源商人）向龙泉县法院集体签名提交“为和解书”。同年4月3日龙泉县法庭及当事人签订“和解证书”。第二种情况是告诉人和（或）被告人不服判决，中间人出面排解。如HSY、HQA和YZC的“定碗纠纷”一案。和解人中有当事人的亲戚、朋友。但是，最为常见的是当事人的铺保或相关商人。

迄今所见的“为和解书”均通过不同文字强调一个观点，即“同行不宜兴讼”。以下是XW氏和MRB的“碗窑纠纷”案的和解书：

为和解事一案。今因为和解事缘西乡木岱口庄XW氏因碗窑场纠葛诉MRB一案。业经通知答辩，民等见其两造。关于同业不宜兴讼，是以出而排解。劝谕MRB备还原价洋壹百元，向XW氏赎回LC氏所兑出碗窑返还MRB，以息争端。双方平允，情愿和解。完案是实。为此取具双方息结。呈请县知事既承审官鉴核，将案注销。诚为德便。谨状。情愿和解。完案是实。

中华民国11年4月　日

具和解人：

YWK

XZB

XK

LYS

钟琦在谈到民国时期瓷业内部的人际关系时，强调人情的重要作用[①]。金登兴先生年轻时在宝溪乡溪头村陈佐汉家当过学徒。他回忆当时的雇佣关系时，认为老板和佣工互相的主要约束来自个人对自身名誉的维护。我们在通过地名检索龙泉市档案馆馆藏的民刑档案时，观察到龙泉县城区及附近村镇的纠纷出现频率明显比偏远村落高。这个地区差别是否可能反映了龙泉人内部矛盾出理方式的微小区别：在相对闭塞的山区，内部矛盾的调剂多不通过法律来处理。在相对多一点现代意识的县城，人们更有起诉意识。不过，相当一部分争端最后还是通过私下调节，以“和解”方式告终。

综合以上分析，我们可以观察到龙泉瓷业矛盾主要集中在周边辅助性活动中。不管是厂房的侵占，还是瓷土矿的垄断，这些都反映了一个明显的社会现象，即商人势

① 钟琦：《20世纪上半叶龙泉瓷业生产形态》，《东方博物》第28期（2008年），第97—104页。

力的不断强大。最为典型的就是其中因采挖瓷土而发生的纠葛。6 起案件中发案时间最早是在 1923 年（M003 - 01 - 13795）。其余 4 件均出现在 1947 年（M003 - 01 - 03922、M003 - 01 - 03959、M003 - 01 - 05731、M003 - 01 - 01970），另一件在 1949 年（M003 - 01 - 15001）。瓷土纠纷案集中发生在作坊集中的八都区岱垟乡、西乡等地。另一个重要的信息是除了传统陶工世家，还有商人（多为外地人）在龙泉租窑开厂。此外，当纠纷出现时，商人经常作为中间调停人私下处理矛盾。这也反映了商人在人际关系上的影响力。

三、民国时期省级官办改良瓷业

明末清初江西景德镇窑业的兴起，龙泉青瓷逐渐被景德镇生产的数量大、品种多、质量好的青花瓷和彩瓷所代替。据载清道光（1821—1850）年间，福建省德化县姓曾和姓赖的瓷工迁居龙泉八都木岱村。他们发现该地瓷土矿藏丰富，于是就在此建造德化窑系统的阶梯龙窑，开始烧制白瓷土碗。整个民国时期的龙泉瓷业历史是以改良振兴这种外来白瓷碗瓷业为主线。几乎与此同时，根据徐渊若《哥窑与弟窑》记载："大约在光绪二十年前后，德国教士奔德在龙泉购地垦种，发现古瓷，流传国外，始引起各方注意；光绪三十年，日本人天野静之、松田元哲等前往龙泉大窑收购古瓷；至宣统二年，福建南台大和药房主人（日本人）行原始平至大窑，与村民合作挖掘，嗣后年必数次，首尾十余年，至则必住月余，随带有参考书籍，遇有未成熟之瓷胚，即加以复窑，破碎者加据修整。"由此，一方面引发了龙泉各地挖掘古窑址和盗掘古墓之风；另一方面客观上促使当地民间制瓷艺人开始研制仿造古青瓷。龙泉近当代瓷业的这个双重性在民国时期得到充分发展。其具体表现即是档案资料反映的官办瓷业与民间瓷业的交叉和并行历史。本节将重点分析抗战爆发前后两个典型省级官办瓷业事业。

1. 省立瓷业改良工场

1917 年春，蔡龄向浙江省参议会提案，建议省实业厅拨款在龙泉开设瓷业改良工场。蔡龄认为在龙泉建厂有两个优越条件，即丰富的优质瓷土资源等自然条件和古名瓷产地这个人文历史条件。建场的具体方案如下：由省实业厅投资引进现代设备和技术，以改良、传习为经营思路，培养本地技工。省参议员通过提案。浙江省实业厅立即委任蔡龄为龙泉瓷业改良工场第一任场长，开始筹备建厂工作。蔡龄于当年七、八月赴江西景德镇、湖南醴陵等地调查，学习办场经验。同时请来江西省立陶业学校主任教师邹如圭来龙泉指导协助。1918 年底龙泉瓷业改良工场开工。该场设立在龙泉县城内宫头，占地面积12亩左右。场内建有德国倒焰八角窑一座、四门试验窑一座。蔡龄从景德镇引进整套生产设备，招聘技师、技工40余人。龙泉瓷业改良工场主要生产印花、釉下青花、釉上粉彩的高档日用餐具和艺术瓷。1925年2月，蔡龄因病早逝。省政府改派曾留学日本磁科的陈维遵为场长。继续开办瓷业改良工场。工场勉强营业一年后又停工。1926年，省实业厅遣派董湘坡筹备重建瓷业工场。董湘坡通过考察分析浙江省立瓷业改良工场前期失败的原因，制定《瓷业改良工场改进计划书》。在该报告中，董氏逐一分析艺徒传习、员工工资、开工日期、旧存瓷器处理、现今瓷器产量、营业概算、流动资金等具体经营问题，提出改进意见和制定九年规划[①]。新厂于1928年9月15日复业。但营运不景气。1930年，龙泉县县长林桓拘留董湘坡，清查瓷场账务。同年，邹俊章替代董湘坡接掌瓷业改良工场。浙江省瓷业工场步履艰难，终于在1931年冬转为官督民办，出租给通和公司杨祥泰。但是由于流动资金周转不过来，瓷厂彻底停息[②]。

省立瓷业改良工场13年办厂历史中屡次替换场长。首任蔡龄，龙泉籍人，民国初年浙江省参议员。他在政治上力图取信于民，实业上力求有益于乡土，在龙泉当地享有一定的声望。据徐渊若记载，省立瓷业改良工场早期制品打入国际市场，荷兰商人争相订购，并分别在1921年和1922年在美国费城和芝加哥评比会上获一等奖[③]。由此可见，蔡龄主持的工场似乎过分注重产品的质量，忽略了产品的使用性。有的地方学者认为由于蔡龄只考虑打造产品占领国际市场，不为低廉的国内市场服务，所以出现大量上等产品积压，资金周转不开，无法经营的状况[④]。实际上，蔡龄以及随后三个都曾留学日本的场长们都只关注生产环节。虽然1928年第三届场长董湘坡提出过在温州开设发行所负责工场产品的销售，但是，这个措施并没有得以真正的实施。

1944年，新成立的“八都瓷业改进研究会”在向县政府呈递的《龙泉县八都区瓷业改进计划概要》文书中如下评论：“政府曾经提拨巨款举办改良瓷窑从事改进，后因人事问题处置失当，竟归失败。”[⑤] 陈佐汉在1945年向省政府的提案《改进瓷业建设瓷厂而增生产》中又提及此事：“龙泉瓷业至清业顿形衰落，民国复元，承先贤蔡龄先生重建窑于宫头……厂设由官而商终归失败。”[⑥] 我们认为这两段文字批评的是起用了对当时本地社会不熟悉的后三届外地场长，同时肯定了蔡龄开办瓷业传习工

---

① 董湘坡：《省立瓷业改良工场改进计划书》，龙泉市档案馆藏：10－2－90。

②④ 周介眉、季中：《浙江省改良瓷业兴衰史》，《龙泉文史资料》第一辑，1996年8月再版，第86—90页。

③ 浙江省龙泉县志编委员会编：《龙泉县志》，上海：汉语大词典出版社，1994年，第16页。

⑤ 龙泉市档案馆馆藏：3－3－382－235。

⑥ 龙泉市档案馆馆藏：10－1－465－41。

场为龙泉地方瓷业的改良开启先河。蔡龄办厂宗旨是依靠从外地引进的设备、技术和管理方法来带动龙泉地方瓷业。朱乃华在1933年12月21日向龙泉县政府提交的《改良龙泉磁业之意见》报告中指出，瓷业传习工场“使一般窑户得以观摩兴感、知前取法。久而久之，其能逐渐自动改良也必矣”①。由此可见，瓷业传习工场所起到的应当是一种“展览品”、“样品”的作用。出于同一个目的，1919年蔡龄在瓷业传习工场附设省立改良陶瓷传习所，聘请江西景德镇陶瓷技师传授白瓷制作技术。首届招收本县青年40人为学徒，上午读书，下午做工。分设五个工场：琢器、圆器、大雕、小雕和注浆。传习所在改良运动中有至关重要的作用，因为它可以打破传统的家庭型作坊内部狭隘的师徒型或世袭型的技术传承关系，同时还能改变陶工的知识结构（从经验性知识结构到科学性知识结构）。不过，董湘坡在1928年撰写的《改进计划书》中指出：“传习所所收艺徒限定资格皆高小毕业，学生入场后即学陶画一科，置瓷业制造于不顾，且有英文等课目，实无异一图画学校，办班十年，毕业仅一班，可致用者不过八、九人，迄今能制坯施釉者绝无仅有。”② 由此可见，民国初年的龙泉陶瓷传习所可能存在诸多问题，比如注重入学学生的学历、不面向众多不识字的陶工、课程设计不切实用、毕业生无技能从事瓷业等。也就是说，实际上省立瓷业改良工场和附属的传习所并没有能够真正面对龙泉山区乡镇的广大窑主和陶工。因此，它们在带动龙泉技术改良方面的直接影响是不太大的。

2. 八都经济建设实验区和瓷业合作社

1938年，为活跃农村经济，浙江省建设厅开展“经济实验区”活动，要求地方政府牵头，动员组织农村农民搞合作事业。丽水太平区、青田海口区、松阳古市区、遂昌王村口区、龙泉八都区共五区被指定为“经济实验区”。1939年，龙泉县成立合作社联合社。其中有八都镇溪头瓷业合作社、黄岭头瓷业合作社、岱垟乡吴山瓷业合作社。根据当时需要以生产日用瓷为主，也生产少量仿古青瓷，技术与销售直接与省工业改进所联系。当时唐巽泽为龙泉县长。他在上任县长之前曾在浙江省建设厅任合作科科长，对合作工作有一定的经验。在龙泉他直接领导合作事业，举办合作干部培训部，兼任主任。合作社是抗战时期的特殊组织，也是体现国民政府的施政措施。“合作社在互相平等之原则基础上，以共同经营方法，谋社员经济之利益与生活之改善，而其社员人数及资本额均可变动的团体”，合作社的资金一部分向合作金库申请贷款（抗战时的合作金库发展到新中国成立后，即成为农村信用社），一部分由社员入

---

① 龙泉市档案馆馆藏：13-3-382。

② 董湘坡：《省立瓷业改良工场改进计划书》，龙泉市档案馆馆藏：10-2-90。

股集成，每股约一、二元，县政府派员下乡作动员“劝股”，对有钱户搞强制入股。

卢沟桥事变以后，龙泉成为浙江省的抗战大后方，浙江省省府各机关搬迁到丽水山区一带。杭州许多企业、金融、行政（政府和大学等）部门纷纷内迁到龙泉。1940年代初，龙泉县城繁华热闹，商店数量多达700余间。八都镇位于龙泉县城西30公里，位于瓯江支流八都溪旁，素为浙闽通途要冲。1941年丽水至浦田公路开通时设站于镇，八都更为浙、闽、赣三省边区物资交易中心。抗战时期，两浙盐务管理局迁址龙泉，就地设置盐储处和秤放处。龙泉地区成为内地供盐基地[①]。自民国初年起，由于浙省盐税低于福建，闽、赣两省比邻县镇盐商多运米来八都换盐。抗战时期八都食盐的交易量更得以扩大，八都的外运物（主要是当地土特产如瓷碗、白笋等）数量也随之增加[②]。八都镇及其附近乡下瓷窑作坊比较集中。而且，八都区乡下（包括宝溪乡）生产的瓷器基本都到八都镇上垟码头等地集中。浙江与江西的交通因战乱而中断。浙江省的日用瓷主要得由龙泉来供给。1940年8月，浙江省建设厅委派徐少白任八都经济建设实验区技佐，专司地方瓷业技术指导工作。徐少白毕业于江西省立窑业学校，曾任浙江省立改良瓷业工场技士。八都区成了省建设厅直接指导帮助的“经济实验区”[③]。

根据现掌握的档案资料，八都经济实验区主要计划并实施以下方面的工作：

（1）进行瓷土原料精加工。八都区瓷土矿源丰富，土质优良，但瓷厂淘制瓷土手续简陋，出品尚非纯白。经指导试验，以合理选择、分类、粉碎，分别除水、烧熟等各种提炼方法，达到瓷土纯粹、坯质洁白细柔。

（2）改进瓷器式样。原八都区各瓷厂的瓷工制法比较守旧，瓷器式样笨拙，瓷工能徒手制成瓷形者更是寥寥无几。为此，瓷业合作社特制各种素烧模型，分发各瓷厂进行初步式样改进，同时聘请平阳籍技工数人，专制现代实用之瓷器，以此为全区启发、仿制。

（3）研制瓷器彩料。一直以来，龙泉青花瓷的青料都是靠德国进口的“洋墨”，而当时研制的青料可代替德国产的“洋墨”外，还有经科学配制的釉下彩料，彩色原料可以自给。

（4）改造瓷窑耐火匣钵。八都区原瓷窑匣钵细小，非但容瓷数量与用柴火费用不合算，而耐火器的原料亦未能求得合理额配和制作。故各窑厂每逢烧成时，常有匣钵倾倒发生，损失很大。经改进后，每烧成一窑，可减少损失50余元，全区计算，

---

① 郭信天：《民国时期龙泉工商业》，《龙泉文史资料》第十一辑，第1—13页，具体有关盐商，参看第8页。

② 杨文、冯岳：《八都镇工商业今昔谈》，《龙泉文史资料》第十一辑，第96—99页。

③ 龙泉市档案馆馆藏：0-2-35。

即年可增收2万余元。同时，指导各厂采用各种烘烧方法，如烘窑、烧质、化釉、火度等相应进行试验，为此提高产品成功率。

（5）在各乡村瓷业合作社建筑德式倒焰窑，成立改进瓷业示范场，并举办瓷业训练班，推广改良瓷业技术的传播。

从以上的分析可见，八都经济建设实验区在生产技术改良和技术推广方面的思路和具体做法与原省立瓷业工场基本是一脉相承的。不过，由于时代背景的变化（龙泉瓷业必须满足浙江市场的需求），八都经济建设实验区摆脱了“样品”形象，成为一个积极的、有效的改良实体。它巧妙地依靠新建的瓷业合作社开始渗入乡村家庭瓷业社会。其具体切入策略不再局限在技术改良范畴内，而是扩展到销售环节。八都经济实验区一方面在温州设分销处，另一方面建立八都镇设立瓷业合作社运销部，上垟建立瓷业联合合作社仓库。这些机构专门代理各社运销产品。由此可见官办八都经济实验区的非常分明的社会立场，即帮助各乡村瓷业合作社摆脱中间商人的控制①。出于同一个目的，八都经济实验区积极工作扩大乡村瓷业合作社的队伍，木岱口、溪口、大坦等新的瓷业生产合作社随之相继在1940年代初成立。八都经济实验区还提出希望使每一窑工及技工都能参加合作社成为社员，并能得到本社的利益。

宏观分析龙泉地区民国时期的省级官办改良瓷业，我们可以观察到以下不同层面的有趣现象。首先，改良自始至终都是一个从上到下的运动。其主导者都是省级官员，而且多是外地官员。由于历史条件的变迁，由于改良者对龙泉地方瓷业社会逐渐深入的了解，抗战前后的改良措施是有变化的。具体地说，1918年至1931年间的省立瓷业改良工场所进行的是一个比较纯粹的技术改良。它是切实针对龙泉陶工知识浅陋、生产设备陈旧这两个弱点来策划和改进的。而如何有效益地办厂这个具体问题并不是蔡龄执意关注的。这就不免造成建厂以后，当省政府不再有能力提供资金时，瓷厂无法正常运行。董湘坡是第一位早在1928年就意识到改良瓷业不只是要进行技术改良，还要真正地经营企业。为此，还要全面面对瓷业技术社会体系和其内部的所有社会集团，如商人集团。不过，这个超前思想并没有被以邹俊章代表的开办示范技术学校以传习为改良之本的科班派所接受。

直到进入抗战时期，迫于供给浙江省市场，八都经济实验区才从1940年开始改革龙泉传统瓷业社会体系中的一个枢纽环节，即销售环节。为了更有效地削弱商人体团的势力，改良运动开始联络瓷窑主。改良运动终于开始从龙泉县城走进了乡镇家庭作坊。八都经济实验区走向村镇瓷业社会带动地方瓷业发展的作用是不可低估的。据各种档案资料显示，龙泉地区1938年有47座作坊，1943年60、70余座。到1946

---

① 龙泉市档案馆馆藏：0-2-35。

年，全县有1325户窑户，分布在八都区宝溪乡的溪头、宝鉴、车盂村；岱垟乡的木岱、木岱口、上垟、源地、溪口、石垄源；八都乡的八都、大坦、周源、南窖以及查田区的半边月、孙坑，泗源乡的岭根等地。各瓷业合作社窑厂都在生产制造各种日用瓷，因适合民用之需要，销路颇广，全年产量达700万件，占全省50%以上，每年产值约30余万元。

四、推崇地方技术文化、重建特色技术记忆

抗战时期是龙泉地区的发展繁华时期。由于浙江省市场的需求、省政府的扶持，龙泉瓷业在抗战期间得以发展。就在20世纪40年代中期龙泉瓷业稳步发展的过程中，就在抗战结束前后的两三年内，龙泉瓷业界连续发生了一系列重要事件。它们分别是：

1943年6月，陈佐汉在八都区倡导创建瓷业改进委员会。

1944年6月，八都区瓷业改进研究会成立。

1944年10月，八都区瓷业改进厂建立。

1944年10月，八都区瓷业改进研究会向浙江省建设厅（原徐渊若所在省级部门）呈交拨款建德式窑请求书。

1944年12月，徐渊若《哥窑与弟窑》出版。

1945年，陈佐汉向县政府呈报《为请改进瓷业建设窑厂而增生产案》。

1945年，岱垟乡向县政府呈送《造产事业磁器工厂计划书》。

1945年6月，八都区瓷业职业工会成立。

1946年，陈佐汉完成青瓷专著。

这些事件分别与瓷业组织、筹资建厂和青瓷技术文化有关。同时卷入上述多起事件的，而且似乎起到了领先作用的人物是八都区最边远的宝溪乡乡长、该乡溪头村瓷业合作社社长陈佐汉。此外，《哥窑与弟窑》的作者徐渊若曾在1943年2月至1945年4月之间担任龙泉县县长。其任职时期又大致与上述主要事件发生的时间段恰恰吻合。我们在下文将仔细梳理上述各项事件之间的微妙关系，试图摸清瓷业组织和建厂的性质、目的，并尝试探讨陈氏、徐氏与这些事件的关系。

1. 龙泉瓷业组织的酝酿和发展

清代龙泉商业有三帮、二伙、一担之分，民国初、中期依旧。三帮为江西帮、兰溪帮、温州帮。兰溪商人多善国药、印染；温州商人擅营鱼鲞、山货；江西商人多专业布匹、皮革。二伙为永康、福建伙，永康、福建商人擅铸造、酿腌。一担即广丰担

（肩挑小贩），从事山间串户贩运。1929年，国民政府颁布《商会法》与《工商同业公会法》，各地先后开始同业公会的设立。1932年7月，龙泉县商会成立。据当时的实业部调查，龙泉县年度主要贸易商品中没有瓷器。另据1937年住商（固定经营者）登记，龙泉全县有27个同业公会，287家商家，资本额44.4万元；当中没有瓷业同业公会。当时全县商业分四大行业：牙行转运业、棉布业、国药业、食盐业。牙行业包括山货特产行和转运行，还派生出竹木运销业。牙行业主多为龙泉当地财东富户，有的在龙泉有很大的铺面。有的则不设商店，直接到乡下采购，又称行商（游动商）。大户在外地如温州、青田、杭州、南通等地均有设行①。

据1932年（即龙泉商会成立之时）浙江省实业部的调查，龙泉当年主要贸易商品中没有瓷业。由此可见，龙泉瓷业生产规模在1930年代初还是相当弱小的。那些生产规模小、产量有限的瓷业家庭型作坊大部分分散在瓷土矿和林木丰富的山区地段。这种作坊分布不集中的生产布局造成了县内各地作坊之间松散的关系。八都区各乡镇（如岱垟乡、宝溪乡）的重要制瓷村落的产品必须靠人力肩挑到上垟埠头，然后由运输商行利用航船集散，才能转运外地。在这种分散生产和长周期运输的体系里，瓷器的价格和市场信息的反馈也都操纵在控制运输和销售的商人集团手上。另据本文第二章刑事档案的分析显示，瓷业生产和销售环节的矛盾纠纷通常是由商人出面协调解决。也即是说，商人的影响力还延伸到瓷业社会内部人际关系中。商人集团因此成为这个松散的技术社会体系的枢纽。据1938年龙泉商会资料显示，瓷业是被划分到牙行转运业②。也就是说，龙泉瓷业主要是掌握在控制运输和销售环节的经营山货特产的地方商人手中。当然，牙行转运业也不能完全控制龙泉瓷碗的销售。龙泉当地开瓷碗店的商人多是直接到作坊订货。我们已经从HQA案子中看到江西商人早在民国初年就开始到龙泉与作坊直接挂钩。这个现象在1939年以后更加普遍，比如温州、兰溪商人（包括一些盐商）已经渗入龙泉八都乡下一些作坊的销售环节③。如前文所述，这正是为了控制商人（包括外地商人）的势力，八都经济建设实验区在八都镇设立瓷业合作社运销部。总的来讲，由于抗战爆发以后，龙泉瓷器市场的需求量增大，瓷器改良政策随之扩展到运输、销售环节，触及到作坊主、陶工个人。同时，瓷业生产规模的扩大必然造成瓷业内部矛盾的激化和社会化（即瓷业纠纷的立案和审判）。矛盾的激化必然促使享有共同利益的人结团结社以便更有效地维护自身利益。

① 徐娇臣，朗顺梓：《解放前的龙泉行商业》，《龙泉文史资料》第十辑，第45—47页。

② 郭信天：《民国时期龙泉工商业》，《龙泉文史资料》第十一辑，第1—13页，具体有关盐商，参看第8页。

③ 吴辉：《忆四十年代龙泉土碗产销情况》，《龙泉文史资料》第十一辑，第52—54页。

宝溪乡“仿古青瓷研究小组”

龙泉家庭作坊的规模不太大，作坊所雇用的工匠则多是同村人或来自邻近村庄。通常，老板与雇工之间多少都有一些直接或间接的亲戚或熟人关系。所以，在村镇级生产环节内的人际关系是以亲情为主调。在这个广义的家庭生产体系里，互相的约束主要来自各自对自身信誉和名声的维护。矛盾的调节首先是由家庭、村落的有威信的长老来处理。龙泉近现代第一个民间瓷业组织也就是在村镇级这样一个亲情关系的微型同行环境中出现的微型社会团体。

宝溪乡是龙泉县最西部的边远山区，乡政府所在地溪头村位于丽浦公路线上，由于村子周围山丘地带瓷土矿质高量大，溪头小溪自东北向西南环绕半个村庄。在这种瓷土、柴薪、水利等优越的自然条件下，大部分村民在民国初年开始建窑生产瓷碗。在 1938 年，“宝溪乡溪头村有碗窑 13 所，工人数百人，在民国十余年碗业全盛时期，每年产额为六千余担，年收入叁万余元”[①]。1934 年，陈佐汉（宝溪溪头村人）邀李君义、张高岳、张高文、张照坤、龚庆芳、许家溪等组织成立“仿古青瓷研究小组”。7 名成员都是宝溪乡溪头村和车盂村的有一定技术和资产的瓷窑主。其中陈家、张家、龚家、李家互相之间都是亲家关系[②]。我们至今尚未找到“仿古青瓷研究小组”的成立章程或其他相关档案，无法了解该组织的性质或知道它是否得到地方政府的承认。

据 1938 年陈佐汉向龙泉县政府提交的报告[③]，在 1933 年溪头村及附近村庄遭到“闽匪侵浙，地方财物损失，工厂停顿，致使农村破产”。熟悉的、又有亲情关系的同行在困难年月结团互助是出自人之常情常理，不足为奇。但是“仿古青瓷研究小组”的出现有一定的历史价值。因为，从这个组织的命名来看，它有两个很有意义的内涵，即仿古青瓷和研究。“仿古青瓷研究小组”成员当时的确是各自在生产白底蓝花碗的家庭作坊里秘密研制青瓷。今天我们很难了解当时小组内部成员之间的技术经验交流和共同研究。在陈家、张家、李家和龚家后代看来，该组织的作用之一是互相介绍外地古董商客户。我们认为，“仿古青瓷研究小组”很可能是一个有益于仿古青瓷特殊销售渠道的、有一定商业价值的极小型的专业团体。该组织的出现也很有可能与向国民政府行政院赠送产品一事有关。因为在同年，有 18 件仿古龙泉青瓷出现在国民政府行政院送至伦敦参加国际展览会的展品中[④]。虽然早在清末孙坑村范祖

---

① 龙泉市档案馆馆藏：10－01－548—2。

② 有关青瓷技术恢复历史，参看钟琦专题论文，本书第 107 页。

③ 龙泉市档案馆馆藏：10－01－548 －2 。

④ 《民国龙泉县新志稿》，1948 年，第二册，第 35 页。

绍、祖裘兄弟[①]，民国初期廖献忠[②]等已经开始取大窑村古窑址残片潜心研究，反复试验获青瓷烧制技艺。不过，1934 年“仿古青瓷研究小组”首次集体打出青瓷的旗帜、技术的旗帜，它为民国时期龙泉民间瓷业组织的发展史定了主调。

1938 年，陈佐汉被委任为宝溪乡副乡长[③]。陈氏上任立马就向龙泉县政府提交“为宝溪乡第五保溪头村碗业窑厂停闭有久缺乏资金，仰祈鉴核准予设法挽救拨款借贷建树生产由”公文，要求县政府拨款扶持边区手工艺事业。陈氏的请求没有得到县政府的重视。1939 年，溪头瓷业合作社成立，陈氏曾担任其社长[④]。我们认为，在瓷业合作社的各种活动中陈佐汉可能开始意识到必须有一个比乡镇更庞大的体制出面向政府申请资金办厂。由于八都经济试验区和瓷业合作社的数年活动和努力，八都及其附近的瓷业主不论在技术革新、销售渠道、社团组织观念等各方面都比较进步，所以陈氏在 1943 年开始在八都区游说，倡议创建“龙泉县八都区瓷业改进委员会”。在官僚洋务和民间乡绅的双重推动下，八都镇很快成为民国时期龙泉瓷业社会生活最重要的舞台。

“八都区瓷业改进研究会”

八都镇首先是商业集散地，与龙泉近代民间瓷业组织的发源地溪头村相比，这里的社会关系更加复杂、社会矛盾更为尖锐。我们在下文将通过对有关“八都区瓷业改进研究会”酝酿和发展的部分档案的分析来更深入地探讨龙泉瓷业社会。也就是说，我们将仔细观察“八都区瓷业改进研究会”如何在一个由技术文化乡绅、地方政府官员、实力商人三大群体所构成的这个不定型的三角形地方技术社会体系中顺势随机不断寻求发展策略和空间。

1943 年陈佐汉提出成立“龙泉县八都区瓷业改进委员会”。陈氏针对多数瓷窑主陈守旧法，有不思进取之弊端，提出各瓷业主应当联合起来进行改良。该倡议立即获得广泛响应，首批报名入会业主共 38 人。同年 8 月 24 日，“八都区瓷业改进委员会”首届筹备会在八都召开。八都区区长彭光伟向县长徐渊若汇报：“对于八都区各乡镇原有窑业应即设法振兴等因，该区长迅速召集该区瓷业同行举行改进瓷业会议并宜组织会议机构经常负责设计改进。”[⑤] 8 月 28 日，“八都区瓷业改进委员会”成立大会在八都区署召开，公推陈佐汉、毛仁等七人为常务委员，毛仁为主任，办公地点设在八都上坪鸿业行内。会议结束后，八都区区长彭光伟将大会记录、《八都区瓷业改进委员会组织简章》[⑥]等呈送县政府批准。简章就该组织的命名、成员、会费、具体运

---

① 范传统：《孙坑青瓷小记》，《范氏家谱》。

② 季中：《近代仿古青瓷名手廖献忠》，《龙泉文史资料》第十二辑，第 103 页。

③④ 龙泉市档案馆馆藏：0－2－35。

⑤⑥ 龙泉市档案馆藏：13－3－167。

图四　龙泉县宝溪乡乡长陈佐汉溪头村故居天井（Guichard 摄）

图五　陈佐汉故居（1 号建筑群）位于溪头村东南角（Guichard 摄）

作方式做了规定（参见附文 4）。从会员入会标准来看，该会明确面向所有“经营瓷业”者，即开办瓷窑作坊的，不管是瓷业世家还是商人开窑。县长徐渊若立即回复，其批示主要内容如下：一、会名应改为“八都区瓷业改进研究会”；二、应在常备委员会中推定一人为主任委员，总理全会事务；三、简章第四条应添副主任一人[1]。县

① 龙泉市档案馆藏：0-2-78。

政府的这条批文体现了县政府对正在筹备成立中的“八都区瓷业改进委员会”非常敏感，而且立即要求该会更正名称，要求该组织以研究会的形象出现。这就给新出现的组织提前做了一个社会定位：学术团体。

1943年10至12月龙泉县政府又在其工作报告中指出：“本府派员召集各瓷商讨论改进方针，指导筹备组织。”① 正确理解这条指示的意义有一定的难度。一种解释是县政府召集的就是正在筹备“八都区瓷业改进委员会”的如陈佐汉、毛任等人。但是县长徐渊若与陈佐汉个人关系特别②，徐氏将陈氏看作瓷商的可能性很小。此外，1943年1—9月份的《龙泉县政府工作报告》陈述“八都瓷业改进委员会”筹备工作如下：“本县瓷器行销临近各县。在瓷业盛时本县八都、岱垟、宝溪一带瓷窑多至六七十家，唯技术落后，不知改良，数年来已形衰落。其振兴计，经于本年6月间派员前往调查各窑现状，进而组织之。现已由各窑共同组成瓷业改进委员会，正筹谋改进中。”③在该份县政府文件上，筹备组织瓷业改进委员会的是瓷窑主。1943年8月24日，八都区区长彭光伟向县长徐渊若呈报《“八都区瓷业改进委员会”筹备会会议记录》的公文中述：“前奉主席面谕：对于八都区各乡镇原有窑业应即设法振兴等因，该区长迅速召集该区瓷业同行举行改进瓷业会议并宜组织会议机构经常负责设计改进。”④从这条档案来看，“八都瓷业改进委员会”应当主要关于窑业的改良，主要涉及瓷窑主。龙泉县商会及其下属的同业会在一定程度上是受到国民党党部的严格控制的。1936年春，龙泉县商会成立商民自卫队，保护本地商业免受过境军阀的洗劫，势力和影响逐渐扩大⑤。再回到1943年10—12月龙泉县政府报告中的指示，我们认为它可能反映了“八都区瓷业改进委员会”筹备会在八都或者龙泉县瓷商界引起了骚动。很可能出于商会的压力，县政府首先限制该组织为学术研究组织，不与现存的商会势力范围发生冲突。随后，县政府又可能要求“八都区瓷业改进研究会”与瓷商对话。这个干涉可能引起一些瓷窑主的不满。所以，1944年6月该会正式成立时，成员仅有24名。而1943年陈佐汉首次倡导办会时，首批报名入会业主有38人。“八都区瓷业改进研究会”的会址设在八都，负责人毛仁，会员都是八都、岱垟、宝溪三乡镇生产经营瓷业的同仁，会员平均年龄43岁，最大62岁，最小17岁。1944年6月30日龙泉县政府发给《人民团体立案证书》。“八都区瓷业改进研究会”成为龙泉地区近现代史上第一个被地方政府承认的瓷业职业团体。

“八都区瓷业改进研究会”在创建时把“改进”和“研究”作为宗旨。其目的

---

①③④ 龙泉市档案馆藏：0-2-78。

② 参看下文《打造青瓷技术文化》一节。

⑤ 徐矫臣、翁远祥：《解放前的龙泉县商会》，《龙泉文史资料》第二辑，第124—129页。

可能就是借此躲避现存的瓷商势力的敌视。但是其最终目的似乎还是希望为这个民间团体升级，把它变成本行业的专业组织。所以，1946 年 9 月 3 日，“八都区瓷业改进研究会”向县政府呈报申请将“八都区瓷业改进研究会”改名为“瓷业同业工会”，理由是：组织成立三年来毫无工作成绩表现，为适应瓷业之迫切需要及召开会员大会商议决定改名为“瓷业同业工会”。县长梁孝琪回复：“查该会系属学术团体，同业公会为商人团体，其性质与组织均为不同，据请改名，与法不合，应毋庸议。仰即知照。”从更名要求被县政府拒绝一事来看，“八都区瓷业改进研究会”在 1946 年还没有在县商会中得到瓷业行会的社会地位。

“八都区瓷业职业工会”

1945 年 6 月 24 日，“八都瓷业改进研究会”向县政府呈报：“窃查本区瓷业工人合计三百余人，漫无组织，俱凭瓷商自行雇佣，生活不安，待遇悬殊，工作敷衍，致出品不良，产量不大，故改良瓷器必须先从工人方面着手，组织瓷业工会使工人生活固定，工资提高，必得安心工作，庶使出品精良，增加产量，为特准呈请准予组织瓷业工会并发组织规程及章则。”① 同年 10 月 18 日，岱垟乡毛正波等 30 余人发起组织八都区瓷业职业工会，岱垟乡的徐显增被选为理事长，其会员有 132 人，全部都是瓷业工人，其性质属瓷业工匠、工人的组织。10 月 24 日，龙泉县八都区瓷业职业工会成立，办公地点设于八都区岱洋乡木岱村。

1945 年成立的龙泉县八都区瓷业职业工会，根据《工会法》和相关规定，制定了较为规范的《八都区瓷业职业工会章程》，其宗旨是“本会以联络感情，增进知识技能，发达生产，维持并改善劳动条件及生活，暨协助政府法令为目的”。《章程》共分 7 章 31 条，第六章“任务”有较为详尽的内容：1. 团体协约的缔结、修改或废止；2. 会员职业介绍；3. 生产、消费、运销、信用等各种合作社的组织；4. 职业教育及其他劳工教育之举办；5. 会员间纠纷事件的调处；6. 劳资间纠纷事件的调处；7. 工资之评议；8. 调查工人家庭生计经济状况及其就业，并编制劳动统计；9. 其他关于改良工作状况增进会员权益之举办。八都区瓷业职业工会属瓷业工匠、工人的组织，其组织在机构、任务、制度等方面都较为完备成熟，在龙泉瓷业史上第一次搭建起劳资双方以会员身份平等对话的平台，客观上提高了劳工的地位。

1946 年扩大改名的“龙泉县瓷业职业工会”，主要任务是对会员制造技术进行指导，改善会员生活，维护会员共同利益等，与前期组织的内容、形式雷同，只是规模扩大到全县范围。龙泉县瓷业职业工会在凝聚瓷业同人、提高瓷业从业人员素质方面发挥了一定的作用；在保护劳工待遇和权益，缓解劳资矛盾等方面做了一些工作。

---

① 龙泉市档案馆藏：13-3-167。

1946年8月6日，为了稳定瓷工生活，工会要求工资以米折算，一般一个工日计九斤米左右，按各工序定价，并拟写文件报请县政府核准。当时县政府以“于法不合，碍难口准”① 不予核准。

1947年，龙泉县瓷业职业工会理事长徐显向县政府呈送“为报呈以抗议非法加价影响生产激涨货物请令饬纠正”的公文，其陈述内容为：

> 查该会自卅四年组织以来，以瓷业职业工会之组织可为联络情感增进技术之机构……不意该会自组织以来不作研究技术事业，专为争夺金钱为工具。查该会于卅五年通知原文录下：“敬启者前据瓷商座谈会来函略闻，近因碗价下跌，请将工价皆减五成等情，前来当于八月二十一日召开会员大会。决议如下：一、减价全体不通过；二、碗价售至三万左右再减；三、为资方要减，一律停工。为此相应函达即希查照。”理事长毛仁等情据此非但无情感协商余地，显有压迫要挟情形。强忍窑厂为资方，假如实行一律停工，恐非窑厂与工人同时具蒙其害，实为妨碍本县整个窑业发展之开端，而违背该会组织之本意也。好在各厂工友与窑厂主办人终日相处，尚有协商可能。否则不幸而达到停工，则该会非但为制造工业祸首，且为本县地方建设之罪魁。把持制瓷工业之进展，其用心何在百思不解。近日物价高涨，工人生活艰苦，窑业同人早经见及爱，于本年九月二十三日下午二时借岱垟乡公所开会讨论增加工资问题。足证窑厂主、工人与各厂工友同情一体、痛痒相关之一端，盖厂主与工友终日相处并无隔阂所致。会毕之后正拟与各工友协商增加工资标准之计，忽接该会通知函请开会。因此事业经先期讨论故未出席。乃于十月十八日忽接该会有毛仁规定增加工资工价表一张。所定价格突破一切记录，不但妨害瓷业产销原则，实应扰乱社会金融……基上所述，增加工价未经双方协商，工资过高而影响社会经济，片面决议剥夺同人权益等情俱有事实且在，应请分别纠正，且事关本县生产建设……

上文内容主要反映以毛仁为代表的“龙泉瓷业同业工会”因碗价下跌影响收益而要求窑厂停工歇业，歇业意味着工人将失去生活来源，为此引起瓷商、窑厂主与工人之间的矛盾；公文的另一方面又反映毛仁的规定增加工价过高而影响和妨碍瓷业产销原则等问题。因馆藏缺少其他相关档案史料而无法理清其前因后果②。不过，我们从这份申述报告中可以看到，“八都瓷业改进研究会”在龙泉瓷业界的地位日益下降。一方面由于其本身的研究和办厂计划不见成效③，另一方面也由于它长期与瓷商

---

① 龙泉市档案馆藏：13-3-167。

② 金登兴：《龙泉青瓷厂厂志》（杭州：浙江人民出版社，2007年，第13页）的有关论述与本文所用的档案史料在时间、事件上均有出入，有待于考证。

③ 详情见下文。

的矛盾关系。1947年6月间，龙泉县瓷业职业工会召开瓷商联席会，商讨组织“龙泉瓷业同业公会”。当场公推丁樟松、陈佐汉、严振望、毛名传、毛声元、陈世芬、曾陈海7人为筹备员，并公推丁樟松为筹备主任，同时成立筹备会。7月24日召开第二次筹备会，议决于8月10日召开会员大会，选举理监事，于岱垟乡成立“龙泉县瓷业同业公会”。“同业公会”为窑主、厂家及经销商的老板组织，其宗旨是加强同业联系，维护同业利益，规范市场行为，共谋同业发展。很遗憾馆藏民国档案中未能查到瓷业同业公会的组织章程及相关资料。

2. 八都区瓷业改进厂和造产瓷业计划

那么，陈佐汉筹谋创办“八都区瓷业改进委员会”的真正目的是什么？这就是筹备资金在八都开设瓷厂大规模地生产仿古青瓷，把青瓷生产技术转变成振兴龙泉地方特色瓷业的新动力。

最早提出发展龙泉传统特色青瓷生产方案的是董湘坡。早在1928年，正在筹备重新启动省立改良瓷场的第二任场长就提议在省立瓷业改良工场内研究、生产仿古青瓷，他认为：“龙泉青花瓷为各地冠，宜力图发展，多制实用品，以应国内之需要；彩花瓷须加改良，不难媲美景德镇；宋代哥窑遗器，中外视为至宝，确有不堪磨灭之优点，宜研究仿造，以发扬国产。”① 这个设想首次将民间秘密仿烧青瓷技术纳入官方办厂的议程以内。这在龙泉20世纪青瓷技术的恢复史上是很重要的。由于董湘坡在龙泉从筹备办厂到离职前后不过一年左右，生产仿古青瓷的方针没有得以实施。

“八都区瓷业改进研究会”在1944年6月成立之际就向县政府呈送《改进瓷业计划及简则》。文中提出恳求县政府拨款从事实验改进瓷业，即青瓷业②。原呈报的公文上有某科长的手写批语：“仰先组织瓷业改进合作所，适向中国工业合作协会申请登记贷款可也，希即知照。”③ 同年10月11日，研究会组织成立龙泉八都区瓷业改进厂，制定《八都区瓷业改进厂组织简章》（参见附文5）。其目的是“为改良瓷器充裕社会经济生活以期增加抗战力量起见，特组织龙泉八都区瓷业改进厂”；具体措施是从事研究增加新式瓷器，设考古部考察古瓷色釉及花样仿造改制之，对于一切售出物品按照成本计算等等。八都区瓷业改进厂办厂的最关键、最新颖的方针和思路是在厂内设考古部考察古瓷色釉及花样，研究仿造、改制方案，从而给市场提供新式瓷器。由于青瓷的成本比一般白瓷高，瓷厂决定按照成本计算产品出售价格，以便排挤

---

① 董湘坡：《省立瓷业改良工场改进计划书》，龙泉市档案馆藏：10-2-90。

② 龙泉市档案馆藏：3-3-382-235。

③ 龙泉市档案馆藏：3-3-382-242。

中间商人的盈利，使青瓷在价格上有竞争力。为实现大规模生产青瓷这个计划，“八都区瓷业改进研究会”曾先后数次呈请县政府转呈省政府要求拨款，建立“德式窑”、“国窑”等烧炼青瓷。其中最有价值的就是1944年宝溪乡车盂村龚庆芳（原“仿古青瓷研究小组”，当时“八都区瓷业改进研究会”成员）起草的、以“瓷业改进研究会”名义向浙江省建设厅呈交的“特请拨款重建德式窑烧炼青瓷”。

该请求书是通过宝溪乡乡长陈佐汉、龙泉县县长徐渊若迭次批示呈送到浙江省建设厅（原实业厅）（全文见附文6）[①]。申请书首先说明龙泉南乡在宋代以青瓷出名。古青瓷为宫廷用品，并远销国外。但是，由于其技术失传已久。申请人经过数十年潜心研究，现已开始把握青瓷生产技术。但是，由于宝溪地区的地理条件不适（窑火过烈），烧窑成功率极低。申请人认为，研究和经验积累已足，如果省建设厅能拨款30万建造德式窑炉，则可以大批量生产青瓷。陈佐汉乡长和徐渊若县长在批语中都首先肯定青瓷为龙泉地方特产，然后赞扬宝溪乡“艺民”为恢复失传的青瓷技术作出的成就。徐氏还表示县政府愿意与民间艺人合作，参与八都瓷业改进厂。厅长任廷扬的批示认为瓷业改进研究会是从事地方特产研究工作的地方学术团体，对其扶持是地方县政府的任务。这份档案相当清楚地反映了1944年底龙泉乡镇级乡绅和瓷业主、龙泉县级和浙江省级政府官员的对青瓷手工艺技术和文化的认识，以及对恢复青瓷生产所持的不同态度。在战乱时期，浙江省政府可能的确财政窘困，无力扶持地方经济。我们认为省级官员可能持有以下这样一种观点：即“八都区瓷业改进研究会”是研究团体，而不是发展实业的。

陈佐汉在向省建设厅要求建厂经费失败以后，并不放弃对县政府的期望。1945年他向县政府呈报《为请改进瓷业建设窑厂而增生产案》，提议：“为迎合社会需求及改造瓷业生产和示导民窑改造起见，拟建设窑厂并附设青瓷研究所，以期振兴龙泉瓷业，……办法：拟请县府以乡镇造产项下公款或援建设龙泉渠动用地主稻谷之例提出一部分兴瓷业，素有经验而热心改进者以官商合办方式办理之。”[②] 陈佐汉在此提出新的具体方案，即挪用部分县政府管辖的两种特殊经费（造产公款和建设基金）来办厂。因为陈佐汉在创建“八都瓷业改进委员会”的时候就已经体会到地方县政府与商界的密不可分的利害关系，陈氏迫不得已在此提出“以官商合办方式办理”的思路。

岱垟乡《造产事业磁器工厂计划书》

1945年，龙泉县岱垟乡政府为响应中央、省政府的发展乡镇造产事业充裕地方

---

① 龙泉市档案馆藏：13－3－167。

② 龙泉市档案馆藏：13－3－382。

自治经费的指示，特意选择磁业作为本乡造产之事业。向县政府呈送的《造产事业磁器工厂计划书》写道：

> 我岱垟乡磁业创始清季中叶，流传至今磁窑达二十余所，人民赖此为活达三分之一以上，而磁制粗陋已早受人所排斥。第自七七事变之后，浙赣路线断绝通商，之用湘赣磁器碍难运入我省，所以目前龙泉磁器甚为畅销。然居安思危，万一抗战结束之后交通便利，湘赣磁器销来，我磁釉色制瓷朴陋，失去磁场据点恐不免由大众化而成淘汰品也。本乡奉令举办造产事业，行岱垟乡磁业生命延续与乡民生活危机之感慨是故。于造产事业开展，首先择磁业着手。一面谋磁业改良，精造江西品质磁业振兴手工业，公开仿宋以图永久，一面谋筹充实乡镇经济，以奠定举办地方公益事业之基础。……①

遗憾的是，由于缺少其他相关档案史料，我们今天无法了解岱垟乡的造产事业瓷器工厂计划的具体实施情况。在我们今天研究的角度来看，这个计划最为宝贵的是作者非常精辟而简要地分析了抗战前后龙泉瓷业的状况：岱垟乡瓷器本身瓷质差不受欢迎。在当时战乱这个特殊时期，龙泉瓷器销路好是因为醴陵和景德镇瓷器无法运销到浙江。但是，一旦战事结束龙泉瓷器很可能会因为风格“大众化”而被湘赣瓷挤出市场；为此，瓷业改良有两条路，一条是进行手工业改良步追景德镇；另一条是将秘密仿古青瓷生产公开化，以此保障龙泉不会在中国瓷业舞台上消失。在涉及具体办厂生产仿古青瓷时，该计划还有以下一条补充：“聘请仿宋专门技术工人贰人，并呈请政府给予专利，俾公开仿宋制作（仿宋代哥窑青瓷）。”②这条具有超前意识的设想要求地方政府颁发青瓷制作专利权。它体现了计划撰写人对青瓷技术的保护意识。

岱垟乡《造产事业磁器工厂计划书》还体现了以下重要现象：在抗战结束前夕龙泉地方乡绅极其可贵的居安思危的明智和清醒，以及他们对发展和保护传统地方技艺在地方经济和文化中的重要性的深刻认识。论述到此，我们能够理解陈佐汉为什么从1943年夏天以来奔走四方，寻觅经费建造现代窑炉，筹备大规模青瓷生产。正是由于卷入瓷业的龙泉地方乡绅非同凡响的知识结构和文化素质，龙泉民国时期的瓷业组织才能打出技术的旗帜、研究的旗帜。也正是由于龙泉地方文人在民国时期的努力，青瓷技术的恢复与青瓷文化的孕育才得以相辅相成地发展。

3. 打造青瓷技术文化

从民国初年龙泉县城的廖献忠到1930年代宝溪乡的“仿古青瓷研究小组”成员，研制仿古青瓷的人都是出自具有一定经济实力和文化水平的地方乡绅阶层。这当

---

①② 龙泉市档案馆藏：10－1－465－41。

然是因为仿古青瓷工作与一般的制瓷工作不同。从业者必须自行采集、辨识、分析古瓷片，寻找合适的原材料（瓷土和釉水需要的紫金土）、配方等制作工艺。这是一种特殊的从物到人的技术传承体系。而一旦掌握了技术，这些乡绅们的社会地位和他们的知识结构将随之决定该项技术的社会、文化定位。或者说，这些知识、技术型乡绅比一般的瓷业工匠更有能力把他们新掌握的青瓷技术转变成一种新的社会、经济、文化实力。换一句话来说，青瓷技术成为一种工具、一种动力。所以，瓷业组织以研究为名，办厂以扩大青瓷产量为名。这些地方绅士不仅围绕着青瓷器地方技术文化向政府部门建言献策，还著书立说，形成了研究龙泉青的第一个高峰期。当时流行的青瓷专业技术专著如下：

廖献忠（未提名）

钱叔青《龙泉瓷窑之研讨》

裘造时《龙泉哥窑》

徐渊若《哥窑与弟窑》

吴文苑《龙泉古瓷考略》

陈佐汉《龙泉青瓷汇观录》、《古欢室青瓷研究浅说》、《古龙泉窑宝物图录》

金石寿《瓷摘》

在这些作者中，自家有作坊，并投入青瓷研制的有廖献忠、陈佐汉。民国初期以廖献忠为代表。龙泉县城晚清秀才廖献忠，因脚瘸而入仕无望，乃弃学改研究青瓷。取大窑村古窑址残片潜心研究，反复试验获得青瓷烧制技艺，出品之瓷几可乱真，为民国初龙泉仿制古青瓷之鼻祖。1933 年，年迈的廖献忠自忖来日不多，恐其青瓷仿制技艺失传，乃将历次试验之配釉秘方记录成册。徐渊若在《哥窑与弟窑》一书中抄录有“廖氏”初期制釉方、改良方、极贵万金难换方、新方、未试方等配釉秘方。

在把秘密青瓷技术打造成青瓷技术文化这个工程中，工作做得最多的应当是陈佐汉。陈佐汉，号六奇，清光绪丁未年（1907）生，龙泉八都区宝溪乡溪头村人，浙江省立第十一师范毕业[①]。早年当兵北上，任辽吉黑热民众后援会指导组事务员，后任陆军第五十五军司令部上尉军需驻守北京颐和园；退役后回乡从政从商从工，曾任宝溪乡学校校长，两任宝溪乡乡长，溪头瓷业合作社社长，龙泉县县参议员，浙江省第九区抗敌自卫总队第二大队长等职。为搜集青瓷资料，陈佐汉曾足迹遍及访龙泉各乡村及温州、福建浦城等地。他手绘古青瓷图录 130 余件，并注明其年代、出产处，有些略加点评。后人为之取名为《古龙泉窑宝物图录》。同时，陈佐汉还将古青瓷研究之成果编写为《古欢室青瓷研究浅说》，该手稿已失传。

---

① 龙泉市档案馆：档案号为 10－1－162. 2－144。

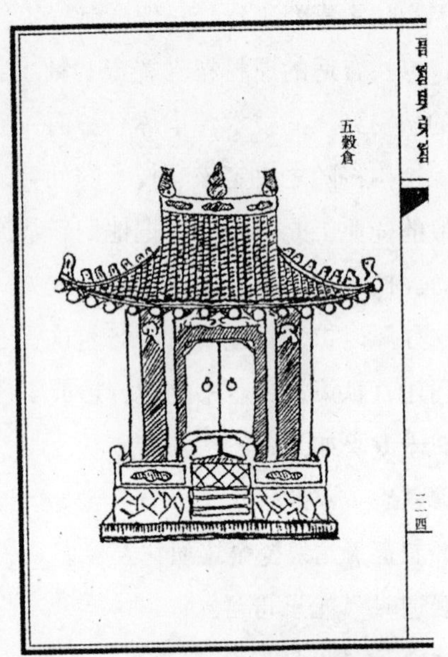

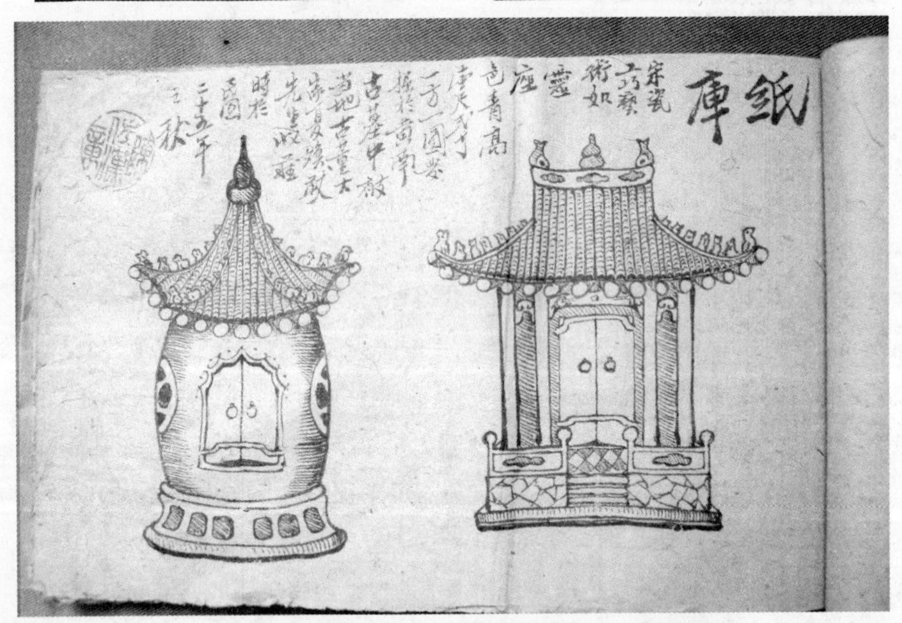

图六　上：徐渊若《哥窑与弟窑》第 214、215 页插图
下：陈佐汉《古龙泉窑宝物图录》插图之一
（陈佐汉后代陈战生先生个人收藏，许军摄）

不从事青瓷生产但为青瓷撰书的有龙泉县县长徐渊若、龙泉县邮局局长潘臣清。徐渊若，江苏江阴人，毕业于日本早稻田大学。民国 22 年至 25 年，任行政院农村复兴委员会农村经济考察专员，兼任上海光华大学教授；25 年 9 月至 12 月任浙江建设厅技正；31 年 12 月起任浙江大学教授；民国 32 年 2 月至 35 年 4 月任龙泉县县长。

也就是说，徐渊若应当在1940年随浙江省建设厅迁到龙泉，1940年浙江大学迁到龙泉，1942年12月担任浙大教授，1943年2月担任龙泉县县长。他在上任县长1年10个月以后，即1944年12月，署名出版《哥窑与弟窑》专著。正文110页，约43000字，前有自序，后附青瓷图录127页，图227幅。内容及资料都相当丰富。在该书的前言里，徐渊若陈述撰书原由："暇与邑绅聚谈修志，咸以哥窑于我国文化史上放一异彩，而邑乘所载，寥寥数则，殊未足厌文献"，于是"翻阅载籍，并与斯道之权威相往来，历久所见者多，癖亦随之益深……三十二年秋督征南乡，道出琉田，既亲历窑址，复遍观藏家珍品，归乃撰述成章为修志作一准备之意"。徐渊若在此特别强调本人与"邑绅"、青瓷"权威"的交流与往来。在文字部分，徐氏7处具体提到陈佐汉，如陈氏给他看器物等。我们将2001年香港百通出版社《哥窑与弟窑》版本与陈佐汉后代保留的陈氏手稿《古龙泉窑宝物图录》作了对比分析，发现徐氏的图录部分与陈氏手稿有多处近似。我们甚至可以说《哥窑与弟窑》的大量图录资料应当是陈佐汉提供的。由于陈氏手稿《古欢室青瓷研究浅说》早已失传，我们今天无法与《哥窑与弟窑》作比较研究。潘臣清，1940年代曾任龙泉邮电局局长。他曾为青瓷器作了一些诗稿。我们将徐氏专著、潘氏诗稿、陈氏手稿一起对比研究，发现各自分别有可能谈到同样的器物。这一点信息告诉我们，1940年代在龙泉已经形成了一个青瓷文化圈。这个特殊文化圈里有青瓷专家、地方文人、政府官员等。在中国地方传统文化史上，为政府官员代笔是司空见惯的现象。我们今天没有证据来证实陈佐汉或其他人当时代为县长徐渊若撰写书稿。对龙泉地方乡绅来讲，最为重要的是，青瓷文化圈能够吸引有声望和实力的政府官员，如曾经在浙江省实业厅（当时的建设厅）任过职的、现任龙泉县长的徐渊若。徐渊若成为乡镇乡绅直接通往县级政府，间接通往省级、中央级政府的桥梁。比如，1945年陈佐汉委托徐渊若将宝溪乡艺民制作的70余件优质的仿古青瓷呈递给南京中央实业部。次年，蒋介石题赠陈佐汉"艺精陶仿"四字。

结语

从本课题研究的角度来讲，龙泉市档案馆收藏的行政档案和刑事档案有极好的互补性。涉及瓷业纠纷个案的刑事档案所反映的是民国时期民间瓷业社会内部的独立的个体之间的利害冲突关系。而行政档案所反映的则是同一个氛围里的一些群体关系和集体文化，主要体现的更是一些具有凝聚力的社会因素和动向。此外，行政档案还能展示民间与政府的互动关系。通过交叉并综合研究这两种档案，我们应当能够点面俱全地、比较深刻地理解龙泉乡镇瓷业社会。民国初年，龙泉县乡镇家庭作坊以生产日用白瓷碗为生。虽然这种瓷器外观粗糙，但也要求具备一定的专业技能。在刑事档案上，从事瓷业的涉案者的社会身份均被定为工或艺。这就明确说明他们已经从农业中脱离出来，成为专业手工工匠或艺人。家庭型作坊的制瓷设备比较简陋，投资建作坊的成本不高。但是制瓷业对瓷土和柴薪燃料的需要量很大。如果就近建造作坊，那么生产成本就低一些。也就是说，需要很少的投资就可以进行生产。所以，在一般情况下，如果没有其他特殊的外在因素，南方家庭瓷业作坊多分散在农村山区地带[①]。分散的、产量不大的家庭作坊一般不自行经营成本低廉的产品的销售。在龙泉山区，瓷器的运输和销售在抗战爆发以前多是借助已有的、经营山货的牙行业商业网络。瓷器的挑选、瓷器的定价、市场信息的反馈、内部纠纷的调停多是掌握在商人手中。商人因此在以家庭型作坊为基本生产元素的南方传统乡村瓷业社会里起到了枢纽作用。也就是说，在这个专业技术社会体系里，起主导作用的不是生产主体，而是运销主体。

民国时期的洋务派针对龙泉这个已脱离了农业生产，但又依赖农村的乡镇瓷业展开了近30年的改良工作。期间，改良派对这个地方手工业社会的认识逐渐加深，也随着历史环境的变迁，改良措施日臻完善。今天，我们可以通过分析改良措施来认识传统民间瓷业社会的主要特点：开办传习所是要改变陶工简陋的、经验性的知识结构，引进现代设备（尤其是窑炉）是要提高生产效益、增加竞争力，政府拨款是为了弥补家庭型窑户资金薄弱，建立运销部是为了削弱商人的势力。在民国时期，这个从农村手工业社会走向现代手工业社会的改良进程在龙泉只是有了开端，并没有完成。与此同时，龙泉地方乡绅则自行找到了另一条路，那就是恢复青瓷技术传统。清末民初，龙泉乡绅艺人开始秘密研制青瓷。一旦技术掌握在手，这一批地方乡绅便以制作技术为工具，力图创造一个新兴的青瓷技术社会体系。为此，他们采取了一系列充满智慧的措施。比如，以学术团体的名义聚集同行，通过结社、著书把青瓷技术上升成青瓷技术文化，以搞地方特色产品来赢得地方政府的扶持，等等。所以，民国时期的龙泉瓷业文化不是普通工匠、艺人的行业文化。它是由地方乡绅、官员积极倡导、苦心经营起来的一个文化涵养比较高的职业文化。这种专业技术文化的内涵不是严格的行规行矩，而是一种对本土技术传统的维护和传袭。这种技术传承更不是简单、机械的抄袭和保留，它还容纳发展、变异。因为，没有任何人能验证民国时期的所谓的仿古哥窑、弟窑制作工艺与历史时期的异同。或许，这就是一个再创造的技术文化传统。

① 自宋代以降，北方窑炉普遍用煤作燃料。北方窑厂因此多分布在煤矿附近。

附表一：民国龙泉民刑档案涉及瓷业纠纷卷宗统计表

序号	档号	时间	原被告（住址）	事由
1	M003-01-07374	1913年7月	原告：JZQ 被告：WHG 案发地点：本城	盗掘古墓，盗取、贩卖古瓶、古钵、古炉
2	无卷宗号	1915年	原告：无 被告：ASS	出窑薄
3	M003-01-05874	1918年9月	原告：JKM 被告：ZSM（城西桃源巷）	为廖献忠买卖瓷器关系担保
4	M003-01-00114	1919年4月	原告：YZC 被告：LSY	因纠纷标封碗器40担，以之抵偿诉讼费用
5	M003-01-00918	1919年	和解人：LSC	要求将开启在黄启和叶正昌纠纷中封的40担碗
6	M003-01-05970	1919年8月8日	原告：LXZ 被告：LWJ	因仿制宋瓷被奸臣诬告申屈
7	M003-01-14407	1920年2月	原告：LGX 被告：ASS 案发地点：水南缸钵窑	开设缸钵瓦窑，以物（缸钵罇、金罐、火笼罇）抵款案
8	M003-01-10448	1920年3月	原告：LGX 被告：ASS	买卖瓷器（缸钵）欠款案
9	M003-01-11223	1920年12月	被告：ZFX（现瓷业工场）	在城西碗厂家中吸食鸦片
10	M003-01-11063	1922年3月	原告：XW氏（西乡木岱口） 被告：MRB（西乡叶垟）	被告乘夜私抢窑厂，将碗桥、车架、碗车等财产侵占
11	M003-01-11309	1923年1月6日	原告：MSY 被告：MSL 案发地点：西乡木岱村	挖坟山泥做碗
12	M001-01-01561	1928年	原告：MQG、WZX、WXX 被告：YZG	梅氏等反告杨氏诬陷为其碗厂碗窑乱伐木
13	M001-01-08591	1928年11月	原告：ZSJ 被告：ZSW 发案地点：坊下瓦窑	曾氏以张氏盗其祖墓带人砸毁张氏瓦窑
14	M003-01-15786	1928年12月26日	原告：XZL（西街） 被告：DSL（系工厂）	瓷业工厂工人戴树老等，闯店毁物纠纷案

（续表）

序号	档号	时间	原被告（住址）	事由
15	M003-01-15793	1929年6月6日	原告：QSW 被告：YZY	再审碗窑买卖纠纷
16	M003-01-04946	1929年6月24日	原告：QSW 被告：YZY	关于碗窑买卖纠纷
17	M003-01-00188	1929年9月	原告：ZSH 被告：CSC	盗窃古瓷、古玩
18	M003-01-02965	1929年12月	原告：YGY 被告：QSW	碗窑纠葛诉讼费
19	M003-01-03993	1930年9月7日	原告：LHQT（小梅乡第七保碗厂） 被告：GLQ（同保大窑）	被告教唆盗窃故卖赃物
20	M003-01-07944	1930年11月17日	原告：MGG 被告：MSL	碗窑工人挖掘坟墓中盛贮尸骨之金瓶
21	M003-01-01983	1930年11月21日	原告：GQF（车盂碗窑） 被告：ZDJ（浦边莲塘坂村）	车盂碗窑厂裘庆方对被告毁封盗窃案提起申诉
22	M003-01-07372	1931年2月	原告：LCS 被告：LCS	挖掘坟墓，盗取古玩
23	M003-01-02435	1932年4月	原告：QSW 被告：YZY（龙泉西部下剧坑）	碗厂买卖契约纠纷，要求负担诉讼费
24	M003-01-15515	1932年4月11日	原告：LXZ（城西） 被告：LWJ（城北）	仿古青瓷艺人廖献忠经济费用纠纷
25	M003-01-06267	1933年	原告：QSZ、WJY 被告：CDX 案发地点：西乡	肆意砍伐柴木
26	M003-01-14124	1933年8月8日	原告：YZC 被告：HQA	定碗买卖纠纷案
27	M003-01-02907	1943年2月	原告：ZJB（西平街） 被告：WFZ（中正街）	碗盆税案用具扣押，要求归还税款
28	M003-01-04353	1943年	原告：WBG 被告：HCD 发案地点：南乡 黄南乡	王氏指控胡氏不管理租给他的水碓，造成设备坏损，王要求收回水碓

（续表）

序号	档号	时间	原被告（住址）	事由
29	M003-01-06839	1944 年 6 月	原告：HGD（西平街二保） 被告：XC 氏（西平街碗店）	被告为建碗店，拆墙占地，凌空倒放檐水妨害他人产权
30	M001-01-15331	1946 年 3 月	原告：HKX 被告：PCM、DQD 案发地点：八都乡	因同乡关系包庇被告人
31	M003-01-09281	1946 年 4 月	原告：MZF 等 被告：MGP 等 案发地点：八都木岱村	梅氏等砍伐他人松木作碗窑燃料
32	M003-01-01095 M001-01-13795	1946 年 12 月	原告：LZ 氏 被告：YBS 案发地点：宝溪乡坑口村	被告伪造买卖契约，霸占碗厂，被判契约无效
33	M003-01-15265	1947 年	原告：JZQ 被告：PCQ 案发地点：本城	潘贪污邮电局公款
34	M003-01-03922	1947 年 7 月 17 日	原告：MGG 被告：MSL 案发地点：八都岱垟镇	毁损坟墓，盗窃白土五六万斗做碗用
35	M003-01-03959	1947 年 7 月 29 日	原告：YDS 等 被告：MYH 案发地点：八都岱垟镇	挖祖坟，偷窃瓷料白土
36	M003-01-05731	1947 年 8 月 1 日	原告：MMH 被告：MSY 等人 案发地点：西乡木岱坑村	盗挖祖坟边白土，贩卖瓷料白土
37	M003-01-13008	1947 年 11 月 5 日	原告：GZL 被告：CYC 案发地点：宝溪乡车盂村	被告之叔在龚庆华家瓷厂做工，因工资纠纷殴打龚庆华
38	M003-01-01970	1947 年	原告：MMH 被告：MSM 案发地点：八都岱垟镇	擅自采挖瓷料白土买卖
39	M001-01-04906	1948 年 4 日	原告：JHX 被告：YGS 案发地点：八都十三保	耕牛被盗 传审记录
40	M003-01-15001	1949．4．15	原告：WXP（八都村） 被告：HR（枫树村）	被告越界挖掘瓷料白土盗墓纠纷案

附录

附文1：龙泉市档案馆：M001-01-11063

LC氏JF仝子LZG

承祖遗下分与夫已关。内有碗窑半枝、碗厂一植半间，并及水碓等，又房屋半堂、中厅对柏柿桔为界门。外有司住小屋壹间。天井门路灰铺地角等业俱。坐落西乡王都业垟安着。又有水碓坭塘坐落上垟北方土名官路外安着。其厂内套模、碗桥概一切需用什物等。业今因夫故、子幼不能料理，将然倒坏，以致自托中人愿将此等各项物业立字兑与徐峄桐先生廷居住作用为货生理。三面言订作兑若洋一百元整。其洋即日收讫，并未短少。自兑之后，任凭XT居住请司为货生理。二十年为期。期内氏与子追不敢籍称自用，私自兑租别人。若过期外氏子倘办原价取赎自行生理。XT不得执著。其业实系祖先遗下分与夫。自名下清，业与内外伯叔兄弟等毫无干涉，亦无典当为碍等情。若有异色不清，氏自（支?）当，不干XT一事。所兑所受出在两愿，并无吞逼。恐口无凭，立兑字存照。

一拟此窑现已倒坏，不能烧货。限至明年二月为止，氏与子自当请司筑造，交与XT烧货生理。其余车碓等物，日后倘有破坏。XT自修不干氏子事。此订。

一拟吴姓地租递年氏子追自应完纳，不干徐事。此订。

光绪拾叁年十月二十九日　立兑字

LC氏JF　圈

仝子　LZG　圈

凭中　LSZ　押

在见 宗叔 LTY　押

WGX　押

YSZ　押

代笔堂叔 LZH　押

附文2：龙泉市档案馆藏：M001-01-15331

合成实业公司 HAJ 业主 租窑合同

凭证人：PGW

负责人：HW

业主人：HQA

兹有坐落龙泉八都黄岭头盌窑壹条、厂屋贰植、火间壹植、堆套间贰间、以及装盌应用器具（什数另单记载）。并坐落香炉山下捣坭水碓壹座、干塘四口、水塘贰口、碓屋壹间。由黄萼记业主以全部出租与合成实业公司，兴工修理、常年制造瓷盌。订定全年缴纳业主窑租本窑出品碗拾担。按次陆续缴付水碓租谷陆拾觔，不得短少。双方设订条款开列于后，籍资互相遵守此照。

一、水碓水源由出租人负责照常通过。如有沮滞，出租人自当出为承值。

二、本约依式照书贰纸张单贰份，出租人、承租人各持单约其壹。

三、本约签订后双方遵照实践，不得于约定期间内有所翻异。

四、此约自民国33年3月1日起生效。

五、今将窑厂碓屋器具等项名称数量简列于左。

厂屋门：瓦窑屋壹植（内碗窑壹支计念贰间）、瓦屋窑间（上中下叁坪共叁间）、瓦屋厂间贰植（碗架齐全）、瓦楼屋火间壹植（计贰间）

器具门：泥杓壹只（泥碓用）、铁板壹把（泥碓用）、铁锹壹把（泥碓用）、碗车陆辆（车架车凳齐全）、车凳五支、做碗泥罐七口、线车壹辆、铁泥锹贰把、泥板叁条、碗桥肆佰伍拾条、寿斗模七节（每节拾陆个共计壹百壹拾贰个）、连汤模壹节（计拾陆个）、法工模柒节（每节拾陆个共计壹佰贰拾个）、大斗模壹节（计拾陆个）、亚三大模壹节（计拾陆个）、线花上模壹节（计拾陆个）、线花下斗模壹节（计拾陆个）、汗汤模贰节（计叁拾贰个）、线花饭模壹节（计拾陆个）、线花炉二模贰节（计叁拾贰个）、线花炉上模壹节（计拾陆个）、线花六寸模壹节（计拾陆个）、线花五寸模壹节（计拾陆个）、高三大合四大模壹节（计拾陆个）、面桶碗模（大小贰个）、釉桶伍个、小水桶壹只、水桶壹担、过釉架叁条、碗套大小（共计壹万柒仟叁佰拾伍个）、铁照钩肆支、套刀陆把、装窑桶盆贰个、套板肆百叁拾贰片、方桌壹条、板凳肆条、过釉铁锅壹只（叁尺贰寸）。

水碓门：水碓瓦屋贰植、车轮壹副（车心车撑月板雷公箍碓棱等俱全）、水床壹个（闸门齐全）、瓦屋旱泥塘四口、洗净泥干叁塘、水柜壹座、水碓陆个（铁帽大小垫俱全）、洗泥水塘贰口。

右单列窑厂碓屋器具等项均经双方面全点明。俟租赁壹年期满，承租人照单点还出租人。倘有损坏当由承租人负责赔偿，不敢藉词推诿。特此定明。

附文3：M003-01-2944“毁坏坟墓”审讯记录摘要

……

问：是哪个老板呢？

答：ZPD老板。

问：就只这一个老板吗？

答：有两个东家的，还有一个是YFJ。

问：你们伙计叫什么名字？

答：四个老司，名字叫ZH，还有一个不知姓什么，名字叫MG，一个CJ，连我四个工人。

问：还有散做人吗?

答：没有散做的工人。

问：MSY 不同你们同道做工吗?

答：他也是工人。

问：连他岂不是有五个工人吗?

答：他是烧窑的。

问：烧窑有几个?

答：就是他一个。

……

问：八月间烧了几窑呢?

答：八月间烧四窑。

……

问：开碗窑吗?

答：有碗窑在木岱，约七八个碗窑。

问：你是不是开碗窑的呢?

答：我帮做散工的。

问：你帮何人做呢?

答；东做几天，西做几天。

附文 4：龙泉市档案馆：13 －3 －167

龙泉县八都区瓷业改进委员会组织简则

1. 为准进及改良本区瓷业并使具体组织期得切实振兴期见特组织八都区瓷业改进委员会（以下简称本会）并订定本简则。

2. 本会以本区各地瓷业同人共同组织之。

3. 凡本区经营瓷业者均应加入本会为会员。

4. 本会设常务委员五人至七人，经常负责主持本会一切事宜，前项常务委员于召开会员大会时推选之，任期为一年。

5. 本会定每半年召开会员大会一次，每月召开常务委员会议一次，以策进事业进展，会务进展，并研究改进及设计等计划事宜。

6. 前项会员大会及常务会遇必要时得临时召开之。

7. 凡本会会员如遇对瓷业方面有任何提议或请求解决困难时，均得以会员名义报由本会办理或转报核示。

8. 本会应需经费依据年度为标准向本会各会员指派，但每会员每年所派数额不得超过二十元。

9. 本会办公地点附设于八都区署内。

10. 本简则必要时并得随时修正之。

11. 本简则经会员大会通过，呈请县府核备，必施行修正时亦同。

附文5：龙泉市档案馆：13－3－167

龙泉县八都区瓷业改进厂组织简章

一、为改良瓷器、充裕社会经济生活，以期增加抗建力量起见，特组织龙泉八都区瓷业改进厂。

二、本厂设厂长一人，由瓷业改进会研究会主任委员兼任，干事5至7人，由常务会委员兼任（均义务职），呈报县府转呈省府核聘。

三、本厂设经理、业务员、会计各一人，由干事会选任之。技术员一人，由干事会推荐瓷业专家呈请县府转呈省府聘任之，工人若干人。

四、本厂设总务、研究、推广各股，分别负责厂务。

五、本厂增设考古部，考察古瓷色釉及花样仿造改制之。

六、本厂经费编具营业概况，呈请转呈省府核准。

七、本厂每月召开厂务会议一次，每三个月召开干事会一次，必要时得召开临时会议。

八、本厂经费收支除按月造具月报书送交厂务会议审核后呈报县府转呈省府备案。

九、本厂各章则另定之。

十、本简章由瓷业改进研究会厂务会议通知后，呈请县府转呈省府核准实行。但有未尽事宜处得随时提交会议呈报修正之。

附文6：龙泉市档案馆：13－3－167①

《为据转振兴文化艺术、重建德式窑，仰祈鉴核予以拨款设示遵由呈》

事由：据呈递重建德窑预算计划仰请核示等情据转知照由。

宝溪乡长陈佐汉呈一件抄原呈：

案据本乡住民龚庆芳等，于十月十一日呈称："窃查龙泉南乡，昔有琉田市，为宋代青瓷出产所在地，其品质细，胎薄，釉色纯粹如玉，无瑕疵。在斯时，供给内府用具，为文庙祭器及殉葬品，盛极一时。尤其行销国外，均以美玉相称。偶得一器价重万金，赏鉴家视为稀世珍宝。但其文化艺术失传久矣。然元明之

① 13号全宗内的档案涉及社会、建设、教育等内容，包含人民团体、各商会组织、工会组织、各协会组织成立发展等相关材料。"请重建德式窑"一事由乡公所（乡长陈佐汉）报县政府，再由县政府转报省建设厅。13－3－167号档案共分三个部分。第一部分是陈佐汉转递给县政府的龚庆芳等撰写的申请。第二部分是县长徐渊若的批文。第三部分是省建设厅厅长任廷扬给龙泉县政府的批文。

季，虽有仿制，已远逊莫及，迨后乏贤继美，遂成绝艺。民等潜心孤诣，从事研究，积数十年经验心得，始获效果，而出品之精粹已追步当年，媲美章生。然非敢自诩，曾蒙西湖博物展览会发给甲等奖状，足资证实。惟感本地土窑火性暴烈逼强，不能如大窑之火度均匀文缓，故烧炼收成终归稀少，损失巨大，亟待补救。百器之中而获美满完璧者，不过区区数件耳。民有鉴于斯，既有研究之结晶物质，人工两者俱备，在可能范围内拟建设大型窑厂，发展中国国际文化艺术。青瓷交际品，俾资酬酢，藉联盟邦友好，然区区薄技岂值一笑。惟援照实业计划及补救手工业章则备述前情，恳请鉴核，准予拨款重建德式窑，烧炼青瓷，复兴中国国粹。其获益纯利归由国有，他日出品精良堪作交际，博得盟邦友好，有利国际，岂非报效万一也"等情。前来查龙泉青瓷久著海外，出品精良，极其珍重，际兹抗战建国尤应振兴实业，挽回利权。且是项艺术素博外人珍视，所称各节不无事由，据此报饬，候令遵照外，理合据转仰祈鉴核，准予拨款建窑烧炼，复兴文化艺术，并请指令是遵。谨呈浙江省政府建设厅。

宝溪乡乡长陈佐汉　民国三十三年十月十四日

呈件均悉：查本县出产青瓷，质良色美，声誉素著，失传已久。该乡艺民等能悉心研究至获良果，殊属可嘉。所呈请予龚庆芳重建德式窑前据，宝溪乡转请拨款。本县当已批准，补县计划预算呈核在案，以本件存候遵照由。

龙泉县府县长徐渊若

事由：据该县宝溪乡乡长陈佐汉呈为特请重建德式窑，烧炼青瓷，以振兴我国原有文化艺术等情，令仰祈查核办理且保由。

令龙泉县政府

案据该县宝溪乡乡长陈佐汉转据乡民龚庆芳等呈为请拨款重建德式窑烧炼青瓷，以振兴我国原有文化艺术等情。查该县出产青瓷，质良色美，声誉素著。自应设法予以维持。原呈所称各节如属实在，可由该县利用地方造产拨款建窑生产。除批复外，合引抄发原呈。令仰查核办理县报上拨款建窑一节，仰即斟酌当地情形、该乡地方造产，利用合作方式妥为筹建可也。原件发还。此令计发还原计划及预算书各一份。

事由：据呈送瓷业改进计划及简章等，特示等情核饬遵照由。

令龙泉县县长

省府交下该会、县长呈一件为据。本县瓷业改进研究会呈递改进计划及简章等件特请核示由。呈件均悉查。所拟各件于该县八都署设瓷业改进厂、从事瓷业之研究及改进工作学术团体，从事地方特产之研究工作。是项组织以直隶县府为宜。所需经费应由县设法筹集。各项人员并当由县依法委派。仰即送原件发还。此令计发回计划概要及简章各二份。

厅长　任廷扬

民国三十三年十二月四日

吕鸿

浙江省丽水市丽水学院人文学院教授

赵冰

法国国家科研中心，巴黎东亚文化研究所副研究员

冲突与融合
——早期现代化在景德镇陶瓷业中的阵痛

方李莉

一、概述

现代化是一个传统社会的变革过程，也就是欠发达社会获得较发达社会共有特征的过程。这个过程在中国最早是从清末开始的，可以说从清末到民国是中国现代化的早期过程。这是一个社会整体转型的过程，各个方面是相互联结在一起的。正如社会学家丹尼尔-勒纳认为的，现代化是“一个具有某种独特性质的过程，因此按照现代化规则生活的人们认为它是一个连贯的整体”；“都市化、工业化、世俗化、民主化、教育，以及传播媒介的参与等等，并不是零乱地偶然的发生的”；“这些因素如此紧密地联系在一起，使人难以相信它们是完全独立的因素，它们经常有规则的一起出现，从历史上看，也许是因为它们必须并肩同行”①。这一过程，从经济上来看，它是一个由经济不发达到经济发达，由社会低消费向高消费发展的过程；从政治的角度来看，是传统政体向现代政体的转变过程；从文化的角度来看，是促使社会、文化和个人各自获得科学知识，并使它用于生产和生活的过程等等。正是因为有这么多的因素纠集在一起。所以早期现代化，对于中国这样一个历史悠久的传统国家是非常缓慢甚至是痛苦的，因为这种转变不仅意味着生产方式和社会体制的改变，而且还意味着整个中国传统文化的根基都要遭到动摇。

在这篇文章中，笔者希望通过对清末民国时期（19 世纪末到 20 世纪 40 年代末），景德镇的陶瓷业由小手工业作坊向公司化的企业，由传统向现代转化的艰难过程，也就是早期现代化过程的个案研究，来让读者们了解中国传统手工业的生产方式和文化观念与现代工业的产生方式及文化观念上的种种不同和距离，而正是这种不同和距离，造成了中国早期现代化所遇到的种种问题和阻力。尤其是在景德镇这样一个山区内地的陶瓷手工业城市里，和周围农村紧密联系在一起的行帮、宗族以及传统的习俗牢牢控制着众多的小手工业者们生产和生活方式，更加造成了这种转型的困难。

景德镇民窑业由小手工业作坊向公司化的企业、由手工艺的生产方式向机械工业

---

① 塞缪尔—亨廷顿：《变革社会中的政治次序》，北京：华夏出版社 1988 年，第 32—33 页。

的生产方式转化，这一过程是从清末至民国年间就逐步开始的，这一阶段围绕着景德镇民窑业生产而存在的各种类型的会馆、行帮、公所、行规等社会现象，表明清末至民国时期的景德镇陶瓷业和工商业还没有从中世纪的躯壳中蜕化出来，因而带有鲜明的封建色彩。而与此同时的西方各国正处于自由资本主义发展的巅峰时期，致使“事情已经发展到这样的地步：今天英国发明的新机器，一年以后就会夺去中国成百万工人的饭碗”①。而当时与西方近代资本主义在大规模化工厂生产相对的，是中国相沿已久的小规模的手工作坊生产；与西方以强大的热能、电能作为动力的机器生产相对的，是中国以人力或自然力为动力的手工操作；与铁路网相对的是中国的骡马；与汽船相对的是中国陈旧的帆船……②在这样的历史背景和社会背景中的景德镇民窑业在西方机制陶瓷的冲击下，迅速地从明末清初的高峰滑了下来也就是理所当然的了。

笔者认为，景德镇手工的陶瓷业敌不过西方，并不仅仅在于是手工敌不过机器，而更重要的是，体现在其文化观念和经济制度上的完全不同。其具体体现就是在其一系列的行业文化中，这些传统的、古老的、约定俗成的行业制度经历了1000多年的不断完善，是景德镇陶工们在长期的生产实践和生活体验中总结和建构起来的，虽然当时的陶瓷生产从明清时期开始就具有了资本主义萌芽的倾向，但其围绕着这种生产而形成的各种行业的生产方式和经营方式还基本是属于旧式的，是农业宗法社会中原有的经济形式的延续，这一切都与西方的现代化和工业化文明是格格不入的。它阻碍了景德镇手工陶瓷业向现代化也就是工业化的发展。

例如：W·穆尔把工业化得以产生的条件归纳为四个方面，其中最重要的一个方面就是：在价值观念上，由亲属优先（任人唯亲）的思想方法过渡到业绩优先（任人唯贤）的思想方法③。但在景德镇所有的陶瓷行业的各类作坊和各类店铺中，雇主与雇员之间的关系都是以血缘和地缘为基础的亲友关系。而这种亲友关系就导致了在景德镇民窑业中所有的社会关系不是像现代社会那样的，是合理主义、普遍主义、功能有限和感情中立的，而是传统的、个别的、功能无限和具有感情色彩的④。正因为其是具有感情色彩的，所以才在行规中出现了大家互相关照的宾主制，这种宾主制就是在景德镇陶瓷业中，除烧（窑户）、做（坯户）二大主行业之外，尚有彩绘、瓷行（瓷刀）、坯刀（修坯的工具）及所谓的五行头（选瓷、包装、运输）等为陶瓷生产服务的各类行业，这些行业构成瓷业产销的主要组成部分。它们历来有一种“宾主”

---

① 《马克思恩格斯全集》第4卷，第361页。

② 郝侠君等主编：《中西500年比较》，北京：中国工人出版社，1996年，第357页。

③ （日）富永健一：《“现代化理论”今日之课题》，载于（美）塞缪尔·亨廷顿《现代化理论与历史经历的再探讨》，上海：上海译文出版社，1993年，第112页。

④ （日）富永健一：《“现代化理论”今日之课题》，载于（美）塞缪尔·亨廷顿著《现代化理论与历史经历的再探讨》，上海译文出版社1993年，第113页。

制度，如进行了一次交易，以后即为“宾主”关系，长远相传，不得更替。甚至有父传子、子传孙的世袭惯例，如果有一方（主要是宾方，即客方）违反了这一惯例，便要受到挟制，往往受到同行们以至行会的干涉；严重的几至涉讼，经年不得解决。这实际上是一种控制同业竞争，以便保持本行业共存共荣的垄断地位的一种手段与制度，而这种制度导致了生产力得不到大幅度的发展，也正是这一点使得它和现代思想中的那种“适者生存”、“优胜劣汰”的残酷的互相竞争的观念是相违抗的。

另外，为了避免在行业中出现“僧多粥少”的现象，在景德镇传统行业中对招徒弟采取“禁”的方式，也就是说平时没到规定的时间是不能随便招徒弟的，到了时间便叫“开禁”，一般根据不同的行业开禁的时间也有所不同，如装小器业和烧窑业是21年开一次禁，即21年才招一次徒弟，而雕刻是5年开一次禁，做坯是3年开一次禁。如果是人手实在不够，想在没开禁时招徒弟就叫“开黑禁”，所谓的开“开黑禁”就是不仅要征得“街师傅”（行帮中专门执行行规的人）的同意，还要征得所有同行业的工人的同意。这种行规不仅在景德镇的民窑业中存在，在其他地方的手工行业中也有类似的行规，如乾隆三十一年（1755）湖南长沙京刀业行规规定的“带学徒弟者，三年为满，出一进一，公议出备上行线，五串文为公，如违不遵，罚戏一台敬神”[①]。光绪二十五年（1899），广东佛山石湾《陶艺花盘行规》规定：“每店六年教一徒，此人未满六年，该店不准另入新人。”[②] 足见行会对徒弟招收之严格控制。这种严格的控制使手工业作坊难以扩大人数形成规模化的生产，而规模化生产正是现代化工业文明的一大特征，达不到这一点就不能从传统工业向现代工业转变。

还有，标准化和专业化是现代工业文明的另一大特征，费德里克·温斯罗泰勒认为，只有每个工人在劳动中的每一个动作实现了标准化，劳动才是科学的。泰勒在本世纪初就认为，每项工作只有一个最好的（标准的）方法，一种最好的（标准的）工具，和在一个明确的（标准的）时间里去完成[③]，而作为手工生产的景德镇陶瓷业，其各行业的技艺都是各自垄断和互不交流的，而不同的师傅有不同的手法，其手法是不可能达到统一化和标准化的。另外从专业化来讲，尽管景德镇陶瓷业很早就进行了专业化的流水作业线的生产方式，将陶瓷生产的各类技术进行了非常细致的分工，但分工需要协作，在现代化的工厂里各个不同的生产程序是集中在一个庞大的厂房里，由管理人员和工程师们统一安排和指挥。而在景德镇传统陶瓷业中，这些不同的生产程序是分散在各个不同的小作坊之中的。每一种独立存在的作坊在现代化的工厂中都应该是每个不同功能的车间，如坯房是成形车间，窑房是烧炼车间，红店是彩绘车间，茭草是包装车间，汇色是选瓷车间，瓷行是销售科等等。当年曾准备在景德

① 彭泽益编：《中国近代手工业史资料》第1卷，北京：中华书局，1962年，第190页。

② 《明清佛山碑刻文献经济资料》，广州：广东人民出版社，1987年，第254页。

③ （美）阿尔温·托夫勒：《第三次浪潮》，北京：生活·读书·新知三联书店，1984年，第101页。

镇建立现代化瓷业公司的实业家杜重远就曾说："景德镇的瓷业，完全属分工制……分工本不算一件坏事，但是贵乎于合作，而景德镇工人基于中国人自私的观念，徒知有己，而不知有人，加以知识简单，囿于成例行规，一切行动，皆惟师父之命是听，罢工殴之事时有所闻。"[①] 正因为景德镇传统陶瓷手工业的这种分工又不合作相互矛盾的制度造成了向现代化转型的困难。也是由于传统行规制度的僵化限制了各行业间的紧密合作。

现代化生产讲究的是与市场的密切配合，但景德镇传统的陶瓷生产往往按行规办事并不重视和理睬市场，在传统的民窑业中，坯房的工人每天产坯的数量不是按市场的需要来定，而是一切按旧章。例如，在圆器坯房中三人为一组，每组每人出坯 42 板（每板 17 个碗或盘），此系历代相传的数字，如果坯户按其营业情形变更了板数，便会被认为是违反了行规，工人们便会群起而反对。另外，生产行业和服务业由于信息的不流通，常常造成互相之间配合无度。就以原料为例，景德镇的坯户皆小本经营，不能直接到产地购买原料，皆由白土行和牙户介绍，往往误买牌号，而制作原料的碓工与碓户远在产地，并不到景德镇来，与坯房几乎没有联系，只是通过中间商（即白土行）转售，因此，其并不了解坯户的生产情况，只顾获利，不知研究原料的精细与好坏。而且原料多为当地村民把持，限制产额，抬高市价，制品因而质量差而价格高。同时，作为中间商的白土行也为了抬高价格，而常常将瓷土囤积居奇，因而严重碍及瓷器成本。这种不配合市场和不重视信息沟通的传统生产方式，使景德镇的陶瓷业发展难以与西方的工业化生产相匹比。杜重远曾在其调查报告中写道：

> 瓷业特有的名词，有瓷土，即制瓷原料；有釉果，即敷瓷之釉；有匣钵，即以一种耐火的原料制成，把瓷坯装到钵里，放进窑里烧，此外还有窑等等，都是无组织，不合理。瓷业本为分工合作，景德镇瓷业分工很细，如由瓷土制成模型瓷坯，干后敷釉，装入窑内，入窑烧后成瓷，再须绘画或加上颜色，也有烧前画成青蓝花的，有烧成后画上各种颜色的。景德镇瓷业分工大概如此。但分工而彼此不相连接，如匣户，做（坯）户，烧（窑）户，均彼此各自为己，不能相互联系。如釉果所出地，往往把釉果当做宝贝，垄断居奇，到瓷制成后所费成本很大。瓷烧了以后，画上花样，再须火烤，但与烧户毫不相连，因此瓷之成本益大。在制户、烧户和工人之间，可说是资方和劳方，亦不合作，互相欺骗。在厂方即有资本者，对工人亦无好的待遇。此即国瓷无组织，以致成本很大。此外，运输贩售，也无组织，包装的工人与贩卖商人，也不合作，贩卖商与厂商，也无联系。运输方面，亦无调查，以致供应不相适合。因此，种种原因，以致景德镇的瓷业衰落不堪言状。社会所需要瓷器不会制，而出品皆是陈旧式样，不知改良，以致不受社

① 《杜重远与景德镇》，载《景德镇文史资料》第五辑，第 134 页。

会欢迎。因此，国瓷渐被洋瓷打倒，尤以东洋瓷畅销各省，而且渐渐销到江西，销到国瓷出产地景德镇，这岂非江西人的大耻辱。[1]

因此，当时的新闻记者多次惊呼景德镇“一落千丈”。其实，何止是景德镇，在西方工业化的冲击下，在洋货充斥国内市场的影响下，中国整个的民族工业都面临着和景德镇同样的困境。例如，和瓷器一起被誉为中国传统最出名的出口产品纺织业，1930年，上海有97家丝厂，停工的达65家，到1934年，尚能开工的只剩下13家了[2]，可见当时中国的传统民族工业是何等的衰落，几乎到了崩溃的边缘。

二、民国年间的种种改革与陶工们的文化反弹

为了挽回和控制这种局面，当时的国民党政府不得不对这些传统的手工业进行改革，以便实施现代化的管理，将整个国家纳入到世界工业化的体系中去。而要达到此目的第一个条件，“就是通过与本国文明完全异质的，作为外来文明的西方文明的输入，使其脱离本国传统主义的精神为广大群众所接受和支持。这一动机来自对本国传统社会的极其强烈的危机意识”[3]。“然而这一输入过程就是对本国传统社会的破坏过程”[4]。也就是说，为了在景德镇的陶瓷业中实施现代化的管理，就必须首先破坏其传统生产方式和文化习俗，然而这是一个极其痛苦的过程。正如马克思所说的：“就纯粹的人的感情来说，亲眼看到这无数勤劳的宗法制的和平的社会组织崩溃、瓦解，被投入苦海，亲眼看到它们的成员既丧失自己古老形式的文明又丧失祖传的谋生手段，是会感到悲伤的……”[5]

而且对于祖祖辈辈生于斯、长于斯、工于斯的景德镇陶工们，在长期的生活经验积累和流传下来的行业文化，是他们生活的指南，是与他们同生共死的传统习俗，他们依赖它而行动，依赖它而进行生产，它早已成为他们生命的一部分，他们从来没想到有一天要彻底地改变它，抛弃它。因此，对于现代化的引进必然会遭到他们在文化上的反弹和消极的抵抗。当时国民党的省主席熊式辉从沈阳请来曾在日本东京工业学校专攻过窑业的，受过现代化教育的著名实业家杜重远来江西改革瓷业。而杜重远对景德镇的第一印象就是：陶工们劳力而不知劳心，分工而不知合作；视惯例如成法，嫉革新如寇仇；营业尽管萧条，而组织一仍其旧，样子尽管陈腐，而制法毫不更新；若晓以世界情形，国家利害，更如对牛弹琴，痴人说梦[6]。而且，“听见工人们其月

---

①② 《杜重远与景德镇》，载《景德镇文史资料》第五辑，第141页。

③④ （日）富永健一：《“现代化理论”今日之课题》，载于（美）塞缪尔·亨廷顿著《现代化理论与历史经历的再探讨》，上海：上海译文出版社1993年，第120页。

⑤ 《马克思恩格斯选集》中文版，第2卷，第67页。

⑥ 《杜重达与景德镇》，载《景德镇文史资料》第五辑，第18页。

吃韭菜，都视为大经大典的成文法，其纠纷顽固的情形，可想而知了”[①]。

针对这种情况，二三十年代的一些文化精英认为，景德镇瓷业几乎无行不兴，无帮不有。而这些重重叠叠行业中的陈规陋习像一层层堤坝，把景德镇围成了一潭潭死水。因此，景德镇这种带有浓厚封建色彩的行帮、行规不革除，那么景德镇的瓷业就难以得到发展。当时以江西省主席熊式辉和江西陶业试验所所长邹德辉为代表的一些官员，认为“景德镇交通不便，瓷工恶习又深”，并且“老守旧法，不知改良”。因此，“欲图瓷业发展，又非另择良地不可”。在他们看来景德镇已经衰老，病入膏肓，无药可救。甚至打算放弃景德镇到九江新办一个大规模的机制瓷业工厂。并请来杜重远，想借重他国民党军界、政界和商界的关系与号召力，以便“在浔（九江）开一大规模之陶业工厂”[②]。

杜重远来到江西后，他虽然同意在九江新办瓷厂，但却不同意轻易抛弃景德镇不管。他认为：“景德镇乃中国第一产瓷名区，亦全世界瓷业之发源地，其景况之隆替，非特繁乎民生之荣枯，抑且关于文化之兴衰，国人对此当甚关心。”[③] 因此，他来到景德镇后，除在九江建了一座现代化的光大瓷厂外，还在景德镇建立了陶业管理局，对景德镇的旧式手工业加以管理和指导，呈请省政府同意创办了一个陶业人员养成所，名额 80 人，规定一年毕业，前后在赣沪两处招考学生，于 1939 年春季开始授课。同时还开办了一个旧式模范厂。所谓旧式，即制作坯件，一仍旧日手工办法分工制造。其模范之处，是改善了工厂的组织与管理。这里没有限制板头等等行规，工人的劳动报酬不是按“夫”算，而是按月计，即每月按出品之等级，分别核计，发给工资，以资他厂模仿。

除杜重远在景德镇开办陶业管理局和陶业人员养成所，以图对景德镇传统的民窑业实行改革之外，在 1910 年（宣统二年）景德镇还建立了江西瓷业公司。公司原定官商合办，为张謇、瑞征等人发起，资本 40 万元，从冀、鄂、苏、皖、赣五省筹集到 20 万元，仅达原计划的一半。因资金不足，没有力量购置近代的新式机械设备，只得因陋就简，利用旧式手工制瓷业的生产工具进行操作，生产规模难以扩大，资本增值也蹒跚不前[④]。当时的经办人康特璋，很有才干，了解不少资本主义的经营管理方法。他主持瓷业公司时，曾着手设置本厂、分厂两处，本厂设在景德镇，分厂设在鄱阳城内高门。他设置分厂的用意，在便于对瓷器的实验改良。他认为“景德镇之制瓷者，已则守成法不可改，而复怵于一经改良，将立被淘汰，而无所叫饭，势且出于合群抵制之一途，故迁地而避之”[⑤]。可见当时景德镇传统的民窑业对实行现代的

① 《杜重达与景德镇》，载《景德镇文史资料》第五辑，第 134 页。
② 《杜重达与景德镇》，载《景德镇文史资料》第五辑，第 9 页。
③ 《杜重达与景德镇》，载《景德镇文史资料》第五辑，第 10 页。
④ 周銮书：《景德镇史话》，上海：上海人民出版社，1989 年，第 154 页。
⑤ 周銮书：《景德镇史话》，上海：上海人民出版社，1989 年，第 155 页。

生产方式，所持的抵抗态度是非常的顽强。这种千百年来的积习和因循守旧的局面是一时难以改变的。故康特璋只有像杜重远在九江建一光大瓷厂一样，在鄱阳建一分厂。其目的都是“迁地以避之”，其用心也可谓良苦。

三、现代陶瓷教育的兴起

现代化经济的发展，不仅需要有以经济法规为保障的现代经济社会秩序这一外部条件，而且需要有大量掌握现代经济知识和科学技术的实业人才这一内部条件。因此，要发展经济，就必须开辟多种实业教育途径，培养大量实业人才。近代中国的实业教育起始于洋务运动时期，但是到20世纪以后才有较快的发展，并逐渐形成了政府、社团、私人共同兴办实业教育的格局。当时的知识分子们认为，中国从事于工业生产者，对“工业之学素不考究，故精细灵巧之物甚少，日常用者类皆粗疏陋俗之品”①。商、农、工各业的落后和失败，无一不是因为从业者没有掌握新式的农、工、商知识和科学技术。基于这样的认识，清末民初便成为了新式教育开始发展的时期，于是，各种教育思潮相继出现，其中实利教育思潮就是重要的一种。这种教育思潮，主张教育为社会实践活动服务，尤其注重为社会实业服务。它是随着清末民初振兴实业活动的兴起而产生的。

在这样的社会背景下，当时的景德镇也兴起了培养陶瓷实业人才的热潮，其中最突出的表现，就是兴办现代陶瓷学校和举办短期训练班。当时，除杜重远开办的陶业管理局下面设了陶业人员养成所之外，在江西瓷业公司经办的鄱阳分厂中，也附设了一所陶业学堂，当时的目的在于培训能从事机械制瓷和煤窑烧瓷的技术工人，以便利用机械制造，逐步取代手工操作，建造煤窑取代柴窑，从而节约成本，提高劳动生产效率。1912年，陶业学堂被江西省接办，从此与瓷业公司分离。校长由曾在日本东京高等工业学校的窑业系学习窑业归来的学者张浩担任。他注重数、理、化等基础课程和陶瓷技艺专门的教学，多方聘请学识丰富、技艺精良及资历较深的教员、技师、工程师前来任教。如加聘1913年在东工大毕业的同学邹如圭分担教授专门课程，并聘请名画家潘陶宇教授画瓷与写意画。1918年舒信伟毕业于东工大窑业系，立即邀聘来校担任玻璃、水泥等专门课程，兼管教务。1922年本校毕业生章继南东渡日本于东工大窑业系毕业归来，亦留校任教②。

本校的学生不仅来自鄱阳县临近各县市，如景德镇、余干、万年、乐平、贵溪等，亦有来自全省四方，如南昌、九江、萍乡、赣州等县市者。而且逐渐有省外学生由两湖、两广、河北、山东以至西北之青海、新疆等边远省份而来。皆因当时该校为

---

① 醒：《论中国今日之内情外势》，《申报》1909年11月6日、13日。

② 《景德镇文史资料》第四辑，第91页。

我国唯一新科技的陶业学校，有如日本东工大的窑业系在日本，所以青年学生不论远近皆闻道而来①。

抗战时期学校撤到景德镇，和浮梁县立陶瓷科职业学校合并。1946年，抗战胜利后，学校升为“江西省之窑业专科学校”，分陶瓷工程系与陶瓷艺术系，招收高中毕业生②。

尽管在民国期间一些知识精英抱着实业救国的热情，对景德镇陶瓷业采取了一系列的改良措施，并培养了一些技术人才，但总归成效不大。如：1912年，由日本留学归来的张浩，首先提出了以煤代柴烧瓷器的建议。1913年邹如圭从日本学成回国，便与张浩一起进行研究，经过多次失败，终于在饶州（今鄱阳）陶业学堂第一次建成了一座八个火门的倒焰式煤窑。试烧的瓷器完全符合要求。然而，这项科学成果对于景德镇那些传统的窑户老板们来说，并没有吸引力，他们不敢担这个风险。所以这项革新一直未被采纳，一直到1955年前，景德镇烧制瓷器仍然还停滞在用松柴的古老方法上。这只是其中的一个例子。总之，景德镇民窑业中的陶工们和艺人们对那些洋先生们从国外引进的先进技术和管理方法，一直抱怀疑和观望的态度，甚至还有某种潜在的对抗情绪，加上连年战乱及政府管理不得力。所以在国民党统治的二十几年里，景德镇传统的陶瓷业并没有也不可能有多大的改变。

总之，中国早期现代化的特点之一就是被动性。一般说来，凡是落后国家的现代化都是在先现代化的西方文明的影响或威胁下而开始的，都带有被动性质。对于近代中国来说，这种被动性质就显得格外显著。有学者认为其主要表现在两个方面：一方面是由于中国传统文明根深蒂固，与西方现代文明格格不入。在鸦片战争之前，即使有一些外来的文明，不是被同化而纳入中国传统文明体系，就是受敌视而被驱除出境。根深蒂固的封建主义农业文明在中国形成了强大的皇权和顽固的农本思想，古代的辉煌成就和与外界的隔绝使统治者以中央大国自居，并在国民中形成了盲目尊己鄙外的民族观念和故步自封的陋习。另一方面是由于西方文明伴随着腥风血雨进入中国，使中国的官员和人民对它产生了一种对抗心理。从中国的近代史中可以看到，帝国主义列强对中国的武装侵略主要集中在19世纪的后60年中——两次鸦片战争、甲午战争、八国联军侵华战争。进入20世纪之后的50年中除日本侵华战争外，基本上没有发生过其他的列强侵华战争。由于在20世纪之前，中国多次受到外国的武装侵略，中国官民对国外的对抗心理特别严重，发生于这一时期的中国早期现代化，主要是为了维护统治阶级的统治地位、保卫民族和国家不得不采用一些先进的西方文明，使早期现代化运动成为一种“抵御性现代化”③。

---

① 《景德镇文史资料》第四辑，第90页。

② 《景德镇文史资料》第一辑，第35页。

③ 虞和平：《商会与中国早期现代化》，上海：上海人民出版社，1993年，第13—14页。

而景德镇清末到民国时期的早期现代化运动除有以上的一些特点外，还有与其他城市和区域不同的特点。一方面，虽然那些从国外留学归来的或在国内受过一些西方现代教育的人，觉得中国的手工艺落后，要以现代科学的方式来取代陶工们的传统的知识体系，但景德镇陶瓷业中从陶瓷经营者到陶瓷艺人，未必认同这些外来的新的知识体系。因为对于他们来说，尽管当时的知识分子们认为景德镇的陶瓷业已经落后，但他们仍然以自己的手艺和生产技术为骄傲，要他们立刻丢弃自己祖祖辈辈流传下来的手艺与传统知识及行业制度，它们是难以接受的，甚至是拒绝接受的。

另外，景德镇就其城市手工业而言，可与苏州、杭州等城市相比，但其地处山区，较为闭塞，而且和周边乡镇市街构成了一个有机的整体，使其有着更浓烈的乡土社会的特点。明清时期，景德镇容纳了大量从附近各县农村中游离的人口。明后期，景德镇瓷业佣工有数万人。嘉靖年间，饶州府七县加上都昌县男丁共 248808 人[①]，则景德镇瓷业解决了 1/24—1/10 男丁的生计。雍乾时期，景德镇人口即以 20 万计，其中又以都昌和鄱阳人居多，按近代都昌人占全镇瓷业者 40% 计，都昌籍者当占 8—10 万。乾隆间，都昌 26356 户，则平均每户至少有两人从事瓷业。这对田少人多、生计不易的都昌而言，确实是一条重要的出路。但正因为在景德镇业陶的工匠们都是来自附近农村，而由这些农村乡族的血缘和地缘的关系组成的行帮群体，又不断地扶持本乡人在景德镇从业开业，这样的做法一方面为瓷业的发展提供了资金和大量的雇佣劳动力，这固然有利于瓷业经济的增长，但另一方面，瓷业者的籍贯都在景德镇附近各县，他们又由乡族关系扶持而来，封建农村是行帮的发展基地，乡土观念通过行帮的作用十分浓烈，并且，许多人在一定的条件下又回到原乡本土去。除长期在景德镇业瓷者之外，在农闲季节，还有不少鄱阳、都昌农民来镇做短工。正因为镇上的陶工们来自附近各县，他们又分属各地行帮，乡土宗族观念浓厚，所以即使定居景德镇也大多与原籍农村中家人有经济联系。另外，景德镇瓷业经济特点有利于附近农村的地主经济。地主大姓经营瓷土，地主亦因高利贷由窑柴取利。在《浮梁县志》[②] 中记载有："浮北多以窑柴为生业，贫者先行贷，俟柴售偿还。"[③] 封建时期，地主经济能较大限度地吸引社会财富转向土地，而瓷业生产又带有很大的冒险性，便促使一些窑户业主致富后把利润转向土地。在清末民初，一些著名窑户及业陶富户，不仅把资金用于买田置宅，还把资财用以提高自己的社会地位和强化封建宗族。如：刘英，"业陶景镇，稍获赢余，每平粜好施"，"待亲族数施不倦"，"子世锟，例贡生"。余秀泰，"业陶起家，延师教子"，"尝捐修郡考棚及白鹿书院，共费二万余昏事"。刘正康，"少孤贫"，"既长，业陶景镇"，"友爱诸昆，生平见义必为"，"凡在镇及居家，

---

① 嘉靖《江西省大志》卷一，《赋书》。

② 景德镇古代属浮梁县管辖。

③ 道光《浮梁县志》卷十四，《人物》。

道路、桥梁皆费金修理"[1]。

西欧城市兴起后，市民们是从卑微的地位向资产阶级上升，景德镇窑户其地位的上升，则是追求封建功名，转向地主和官绅。这样，尽管景德镇瓷业有所发展，但地主得以取利；富户又把资金转向土地和消耗于非瓷业生产的用途上，因而瓷业仍是以小业主经营为主。这就使瓷业经济的发展不但未能瓦解地主经济和农村中的宗法制度，反而起了稳定的作用。因此，作为一个内地山区的传统手工业城镇，景德镇有其自己的几个特点：1. 景德镇是历史上最悠久的单一手工业城市，其制瓷技术驰名中外。2. 景德镇制瓷业分工精细，资本微薄。分工精细表明了制瓷技术的先进；资金微薄又决定了这座城市是个以小手工业者为主的单一手工业城市，局限了瓷业的进一步发展。3. 景德镇陶瓷业被众多的行帮严密地控制着，这样既扶持本乡族人从事瓷业，但瓷业的小本经营与地缘相结合又限制了城市的商业化发展。从以上的几个特点我们可以看出，景德镇这座城市是单一的手工业城市，不是商业城市，小手工业者为主体是其核心问题，由此而带来资本积累和商品流通受到很大的限制，亦未能分润瓷业中的商品利润；小手工业者的观念和古老的传统强化了以血缘、地缘为纽带的行帮；使景德镇的陶瓷业数百年类难以突破手工小生产的传统。这正是尽管在民国时期，当时的政府、开明的民族资本家和一些从国外学成归来的知识分子，在景德镇开办企业和学校，但始终未能改变景德镇以小手工业方式生产瓷器的面貌的根本原因，也是早期现代化在景德镇的展开屡屡受阻的原因之一。这种面貌一直到1949年以后，随着政治体制和生产方式的改变才得到了彻底的改变。

四、告别传统

直到1949年前夕，景德镇的陶瓷业还是保持着小手工作坊的生产形式，1949年以后在共产党的领导下，景德镇2000余户手工作坊逐步地走向了互助合作的道路，1951年成立了合作总社筹备委员会，并组成了3个规模较大的瓷业生产合作社。到1952年底，成立了3个加工合作社和5个生产合作社。私营小厂也逐步组成联营工厂。到1955年底，全市陶瓷组成38个手工业合作社和19个私营的瓷厂。1956年2月，全市各行业完全实现了私营工商业的公私合营和手工业的合作化。其中陶瓷业实行公私合营的工厂10个，合作社营的工厂20个[2]。

1958年至1961年三年"大跃进"期间，国家对景德镇陶瓷工业的基本建设投资额计划共达145686元，与此同时，全市90%以上的陶瓷工业企业进行了扩建增添设

---

① 《都昌县志》卷九。

② （美）阿尔温·托夫勒：《第三次浪潮》，北京：生活·读书·新知三联书店，1984年，第117页。

备，普遍进行了技术改造[①]。技术改造有两大内容：1. 在全市展开了大规模的新建煤窑。至1958年12月底止，景德镇有煤窑176座，其中正规倒焰式煤窑32座，简易煤窑138座，柴窑仅存50座。初步实现了“以煤代柴”的技术转变；2. 在以煤代窑、改造窑炉的同时，景德镇陶瓷工业还在原料、成形、彩绘等方面进行从手工化到机械化的技术改造。在原料生产方面，瓷土开采除改用排水沟、滤水等7种操作外，还采用了风钻开采来代替工人锤凿开采，矿石粉碎采用了雷蒙粉碎机、颚形破碎机、双轮粉碎机等机械设备，代替过去极易受季节限制的水碓和人力碓舂。1958年7月试制成功真空练泥机，改变了千年来原料生产工人“三道脚板，二道铲”的落后生产操作状况。过去全靠手工生产的原料陶泥精制过程逐步改为水造分离器、球磨机、真空练泥机和木质练泥机等机器操作。成形方面，圆器成形广泛推广使用电动辘轳车，至1959年底，景德镇陶瓷工业已拥有单刀和双刀压坯车333台，生产效率大为提高，每部单刀压坯车比两个利坯的手工脱胎提高1.3倍，双刀压坯车每部比两个利坯的手工脱胎提高1.8倍。琢器成形普遍改用排列压力注浆和多层压力注浆，修坯、利坯、施釉、压坯等也大部分改为机械操作和半机械操作。坯胎干燥由自然干燥改为人工的烘房干燥。彩绘方面，以印代画，自动印花和贴花、晒花、洗花等新技术的操作代替了手工描绘[②]。也就是说经过了许多年的努力，景德镇陶瓷业的生产终于走出了传统。

从此，采取手工作坊形式生产的景德镇民窑业便彻底地退出了历史舞台，取而代之的是一个个拥有千余人的大型国营企业。这不仅是一种传统的生产技术和生产体制及生产方式的消失和改变，也是一种传统文化及习俗的消失和改变。

虽然这一段文化和历史已经消失了，但当我们重新研究它的时候，却感觉到其对中国当今的社会改革是非常有启发和有研究意义的。其实从某种意义来说，中国今天的现代化运动和清末至民国时期的早期现代化运动是有连续性的，甚至在某些方面还出现了类似回潮的一些现象，比如，在20世纪的90年代，随着中国市场经济的深入发展，景德镇的国营瓷厂纷纷解体，景德镇的陶瓷业又恢复了民国时期的私营化，但这些私有化的陶瓷生产方式，并没有发展出像民国时期的知识分子们所希望的，是在工业化基础上的规模性的大型陶瓷生产厂家，而是又恢复了手工制作的作坊式生产方式。在景德镇城区和郊区出现了数千家新兴的小手工业作坊，而这些小手工业作坊的重新出现和景德镇的历史有着什么样的关系，又和景德镇新的未来发展有什么样的关联，这与当今的社会发展又有什么样的关系等，笔者在专著《传统与变迁——景德镇新旧民窑业田野考察》中均有论述。比较有意思的是从2003年开始，中国政府越来越重视非物质文化遗产的保护，于是那些在民国期间以及新中国建立以后受到批判

---

① 汪宗达、尹承园主编：《现代景德镇陶瓷经济史》，北京：中国书籍出版社，1994年，第195页。
② 汪宗达、尹承园主编：《现代景德镇陶瓷经济史》，北京：中国书籍出版社，1994年，第196页。

的景德镇传统的陶瓷手工技术及围绕着陶瓷生产所产生的各种陶瓷行业文化，又开始受到重视和保护。也就是说，不同的历史时期，人们的认识也会有不同。我们回顾历史，也是希望有助于我们今天的认识，有助于我们更深刻地理解景德镇陶瓷发展的今天与未来。另外，在提倡文化多样性发展的今天，不少学者对所有的国家、所有的地区是否都要走上西方式的规模化的工业大生产的道路，并以此来否定所有非西方国家的传统文化及生产模式等等方面提出了质疑。笔者认为有关景德镇陶瓷业发展的过去与现状，可以为这些质疑提出种种值得探讨的可能性。

方李莉

中国艺术研究院中国文化研究所研究员

河南回民皮毛手工业

Muslim Handicraft in Henan

河南桑坡村毛皮鞣制历史重建的几个元素[①]

(法) Elisabeth Allès (伊丽莎白)

河南孟州市桑坡村以其毛皮鞣制业的传统技艺和毛皮产品的出口著称[②]。费孝通曾经对当地的与农业直接挂钩的手工业发展模式颇为赞誉[③]。胡锦涛曾经两次来到这里，第一次是1994年[④]作为中央政治局常委、中央书记处书记、中央党校校长，第二次是2008年作为国家主席。在1978年改革之初，当地回族穆斯林农民成功地给这个在20世纪初开始就在当地大有发展的毛皮鞣制行业注入了新的生命。本文主要想了解桑坡人是如何进入这个特别的行业，使之成为当地特色；这个行业的传统技能又是在何种力量下得以传播的。今天桑坡毛皮鞣制行业的从业者是些什么样的人？他们的技能是否回族人特有？国家行政力量在这个产业形成的过程中起了什么样的作用？笔者愿对这些问题做一个基本的阐述。

孟州市桑坡村位处河南北部，有5300多人口，现在主要产业是毛皮鞣制业，主要制作绵羊和羊羔剪绒。2006年期间，当地工厂吸引了8000到1万名外地工人（包括全工和季节工），绝大多数是女性。在20世纪80年代初，生产主要在家庭作坊内进行，不过今天则主要是以企业的形式。目前桑坡有130多家毛皮鞣制厂，其中17个可以称为大型企业，拥有超过200多名工人[⑤]。不过大多数企业的工人数目都在50到70人之间。90年代，这些工人大多数来自山东、河北、陕西，或者西北其他省

---

① 本文使用的资料来自于笔者2007年至2009年间不同时期内在桑坡进行的田野调查。笔者曾经在河南就回族这个民族概念的建构作了一个长期的人类学调查，本文是该调查的后续研究。笔者对毛皮鞣制行业的整个过程，包括原料的购买（伊宁）、鞣制（河南）以及最后销售（广州）都做了细致的跟踪调查，信息源包括口头访问和各种研究文献。笔者在这里特别感谢当地各位接受采访的毛皮行业企业和个人，尤其是两户丁家。

② 若干科学文献对桑坡村的经济发展状况作了分析，比如伦蕊：《“公司+农户”型产业链合作机制的演进与优化研究》，《合作经济》2008年第3期，第90—94页（CNKI. net）；牛春娥、王红博、高牙琴：《河南桑坡村羊剪绒产业调查》，2007年，第110—111页。然而，从2008年开始，世界经济危机对桑坡经济也产生了一定影响。当地企业希望到2012年能够恢复。

③ 白荣宣：《桑坡史话》，甘肃—平凉（无出版社），2000年，第32页。书中纪念1994年李先念来桑坡的情况。

④ 周丙申、周要光：《乡村都市风流歌》，北京：作家出版社，2006年。

⑤ 其中有一家拥有600到700名工人，不过这家厂已经不在村里，而是搬迁到县城（孟县），以扩大生产。

份。他们多数是汉人，也有不少回族人。其中不少人都在桑坡连续打工多年。2000年以来，情况有些微变化：河南本省，尤其是周边县乡越来越多的汉人也到桑坡打工。究其原因，首先这里的工资比较合理（每月1000到3000元人民币），更重要的是，到这里打工毕竟是留在当地乡土文化之中，比起到南方做民工的艰苦环境要好得多。不过，即使到桑坡打工对这些河南本地汉人也是需要越过一些障碍的。工人们来自周围县乡这个情况对企业主来说比较有利，因为现在大多数企业都需要扩大生产面积，就要缩小工人住房的占地。一般来说工厂只给几个重要人员提供住房，有时候也包括他们的家人。从其他省来的回民有时候也能在村里租用住房，不过这对汉人来说就比较复杂，因为他们需要遵守回民的一些行为规范。

今天，毛皮的鞣制剪绒，包括铲皮、整形、洗皮、拉伸、晾晒和剪烫等过程，都是传统手工技艺和从西班牙进口的现代机器生产的结合。这些机器是专门针对类似绵羊毛皮的特点制作的，不过涉及对技术要求比较高的部分，就仍然是手工家庭作坊为主，比如羊羔皮的处理就基本是手工。不过，不论是手工还是机械化制作，基本的制作程序都是一样的。

过去，毛皮的处理都是手工完成的。新鲜的毛皮首先要经过“捅皮”，也就是去掉灰尘杂物，抹水使其柔软。接下来的一步叫做“铲皮”，是一个非常重要的程序，今天桑坡仍然保持了古老的铲皮传统程序。铲皮首先要有一根粗大的树木躯干。把树干横卧于地，毛皮铺在上面，毛面朝下。工人制作时弯身俯下，双腿和腹部紧靠树干以为支撑，用刮刀①顺着树干在皮面上上下刮铲，去除皮内表面残留的油脂和残肉，以使皮张颈、脊、尾各部厚薄一致，表面平光柔软。在铲的过程中工人身体不停的上下起伏，十分辛苦。铲皮这道工序有相当的技术性，铲得不好厚薄不一则毛皮不易裁制，是为次品。铲皮后，把毛皮放入大缸中，内盛大米磨成的粉以及硝石，工人登上缸用力、有节奏地踩制。

一般来说，在外地购买的新鲜毛皮（称为“生皮”）在用盐做过第一次处理后（“盐渍”），用大卡车整车地运到桑坡。直到1993年，都是桑坡村里人在收到生皮后做铲皮处理。不过从1993年开始，每年由宁夏一个村子的回民到桑坡来工作几个月，处理这一过程。他们被视为这方面技术的专家，每天可以处理超过100件毛皮。毛皮上的油脂残肉清理干净以后，接下来的程序是：除去泥土，剪毛，在装有涡轮的大水池中浸泡脱脂，泡冷水，最后再泡一次约55到60摄氏度的热水②。以上这些程序现在都由机器完成。现在的毛皮制造工序和成品都更加精细，在硝石里面还加上硫酸和盐。

这一系列的程序都完成后，需要把毛皮晾干。直到前几年，村里人都是哪里有空

---

① 刮刀是一种铁质刀具，刀口呈月牙形，装有T字形木柄，以便双手把持。

② 这一系列的程序在白荣宜以上引用的书中（第17页）有详尽的介绍。

图一　铲皮处理（Alles 摄于 2008 年）

地就把毛皮摊在哪里，木板上、地面上，不论是街道还是农田里都有晾晒的毛皮，冬夏皆是如此。从 2000 年开始，一些工厂开始使用烘干炉，有的烧木炭，有的是电动，总之可以加快毛皮的干燥过程。很多工厂也逐渐安装了玻璃顶棚架，在其下设置铁链以悬挂晾晒毛皮，由机器控制定时转动以保证毛皮能平均干燥。

图二　毛皮的干燥过程（Alles 摄于 2007 年）

毛皮处理过程机械化后，只有两种传统工具得以保留。一是铲皮用的铲刀，二是裁刀，用来在毛皮成形的时候切割用。事实上，毛皮鞣制过程的技术发展相当快，从20世纪90年代开始，手工处理的工具就逐渐被摒弃，过渡到各种电动器械。不过，村里超过50岁的人仍然可以通过模仿四肢的动作等身体语言，清晰地解释那些已经废弃的传统工具的使用方法。比如“钩皮钩”的过程。首先要取一根树枝桠，去除上面多余的枝叶以及树皮，留下一个“丫”形的树杈，两边杈长度约如成年人的两只手。把毛皮的毛面朝下挂在一根细木杆上，然后用“丫”形树杈扣在皮表面用力摩擦，目的是软化皮质。今天这个程序已经机械化，称为“磨皮”，速度也大大提高：以前纯手工操作每天可以磨皮20件，而2007年机械化生产每天可以磨皮400余件。

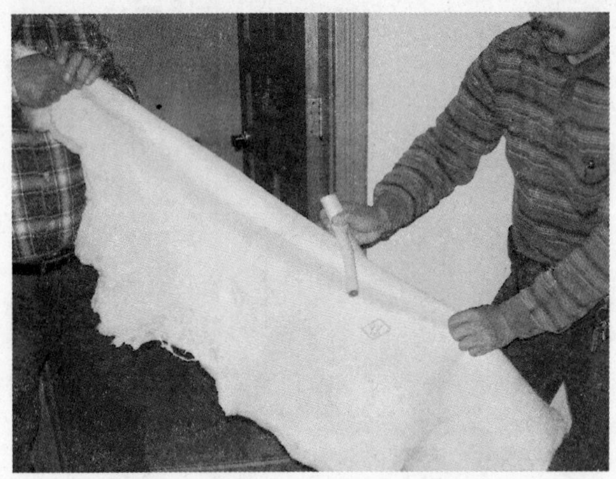

图三 钩皮钩（Alles 摄于2009年）

从1996年政策开放，开始可以直接出口后，几年内桑坡的毛皮鞣制产量大大提高[①]。尤其是每年从澳大利亚进口到中国的250万件羊皮中有80%是在桑坡进行鞣制。最近几年，桑坡企业主们也希望能开拓不同的供货渠道。因此他们去到中东，特别是杜拜，或者沙特阿拉伯寻找他们想要的毛皮，这主要是因为去中东对他们来说生活上比较方便，尤其还有朝拜的机会。不过他们也会去南美洲寻找货源。鞣制过的毛皮一般销往美国、日本，或者到德国再转售到东欧各国。有时候，购买方需要的只是毛皮原料，也就是对生皮只做基本的鞣制剪绒处理，这种情况一般是用来制造汽车坐垫、保暖拖鞋等。也有时候购方会定制一些精细成品，有些企业也根据订单制作地毯、玩具等。当地一个中等大小、机械化的毛皮鞣制企业一天可以处理约2500件毛皮。

20世纪初，桑坡处理的毛皮基本运到天津口岸销售，不过也会到南方，比如武汉和上海。今天，大多数毛皮都经由广州和温州出口。一般而言，中国自产的毛皮（来自甘肃、宁夏、新疆和内蒙古）都在家庭作坊中处理，然后在国内销售。大多数的购买方都是西部几个省份，并且多数有详细的制造订单。

过去，毛皮制品的种类比今天要丰富，因为除了用来做外套、衣领用的羊毛皮，

① 毛皮鞣制工业需要大量的水资源，毛皮的各个清洗过程会制造大量的水污染。桑坡村因此建造了一个污水处理站，各个工厂的工业用水全部集中倾倒到处理站。据称对处理站的水质有跟踪监督。

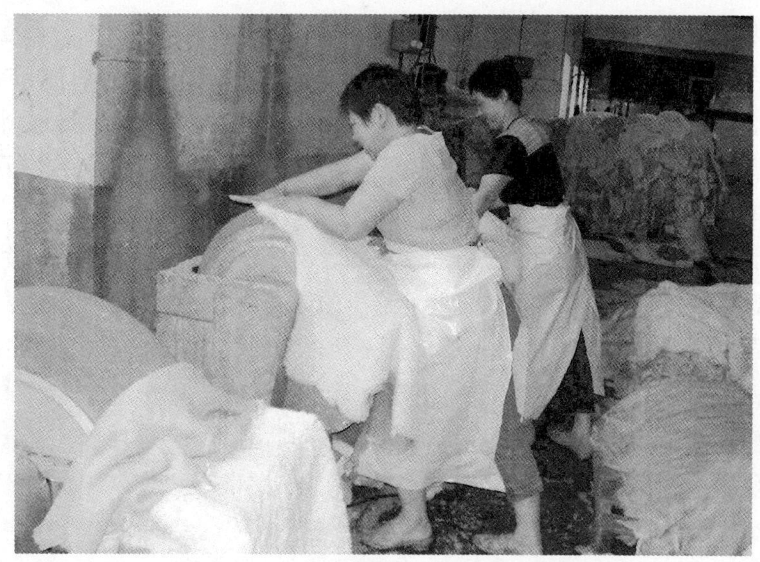

图四 磨皮处理（Alles 摄于 2007 年）

皮货商也鞣制比较精细的毛皮，比如狐狸皮、狼皮等；还制造一些皮制生产生活工具，比如弹棉花的弹花玄、马鞍、皮带、皮鞭、各种皮制农具等。而现在当地人已经基本摒弃了农业生产，过去的农田现在都用来晾晒毛皮。

几个历史元素

中国人一般普遍认为，回民擅长毛皮鞣制主要是因为他们的祖先来自中亚地区，因此拥有这方面的传统技艺。而一些回族人则认为，他们的祖先食用牛羊肉，因而逐渐掌握了保存和使用这些动物皮毛的技能。不过令人惊讶的是，关于回民的毛皮鞣制技术找不到任何标志性的历史文献甚至口头流传。为了进一步了解这个传统行业的传承方式，笔者希望尝试重建毛皮鞣制行业在桑坡地方的行业历史。为此，笔者研究了不同来源的资料，包括地方志、桑坡名人的回忆录、当地大家族族谱（其中有一个已经于 1993 年在台湾出版）① 和其他地方文献。

从史料当中可以看到，从明朝开始，由于农田缺乏，桑坡地方民众就不得不寻求其他的副业以为活口。这其实并非该地方特例，也是整个中国普遍的情况②。由于他们在食物以及关于动物屠宰方面的规则，河南的回民逐渐成为牛羊肉贸易的主导甚至

① 《孟县志》，1991 年。《河南省孟县桑坡张氏族谱》，台北，1993 年。丁天和：《桑坡漫话》，甘肃－平凉，伊斯兰教文化社，1999 年。

② 根据胡云生描述，河南回民相对而言拥有较多的农田，因为他们聚居的村庄一般离大城市比较远。胡云生：《传承与认同》，银川：宁夏人民出版社，2007 年，第 121 页。

获得垄断地位。他们主要从事牛、羊的饲养、屠宰和肉的处理、销售。于是，毛皮鞣制行业也自然而然随着肉食贸易而发展起来①。回民集中到一个特殊行业的情况应该也促使了他们聚居到某个村庄或者城市的某个街区，使这些城镇或街区逐渐变成回民区②。关于这一点，从18世纪直到20世纪初，河南大量修建的清真寺也可以间接证明回民在该地聚居的趋势。

桑坡的情况是，除了种植麦子和玉米之外，当地农民也一直以鞣制动物毛皮作为副业。笔者接触到的关于桑坡毛皮鞣制业最早的记载是当地一个名叫丁锡认的阿訇在他的回忆录中的描述。丁以早在1901年就去到著名的埃及艾资哈尔大学（el Azhar）学习而著称③。他于1877年出生于一个熟皮制革的家族。桑坡在清代的建制是一个镇，当时拥有一个大型的集市，曾吸引大批商人和周围的老主顾。各种文献资料都证明，毛皮贸易直到19世纪末20世纪初才逐渐在当地获得较大发展，而其最主要的动力在于一个驻当地的一个武官，丁虎臣。此时当地毛皮制品的销售也开始扩展到西安、平凉（甘肃）、汉口、上海等地。当然这个扩展的过程是跟当时的历史环境紧密联系的。事实上，19世纪末皮毛贸易在当时的西北四省（绥远④、甘肃、青海、宁夏）都有大的发展⑤，而这个发展也是跟当时的国家政策相关。1881年，汇丰银行在天津开设了一个支点，以方便羊毛皮国内贸易的支取。随后，天津成为全国毛皮贸易的中心，也是第一个毛皮出口港口，当时中国80%的毛皮出口都经过天津⑥。1884年，左宗棠在兰州开设了一家毛纺工厂，到1933年这家厂成为当时全中国最重要的24家企业之一。毛皮鞣制在甘肃张家川的发展历史也证明了国家政策对产业发展的重要性。可以说从19世纪末开始，手工业就获得了相当大的空间，而中华民国初期向德国、英国的出口更加快了它的发展⑦。

如此，桑坡一些由几间作坊合作组成的较大皮行开始享有盛名。比如全兴合，这家皮行由丁家四兄弟合伙创立，拥有超过300名工人，是20世纪初最重要的工厂之一。当时，毛皮在鞣制处理后交给各个家庭作坊，再由妇女们剪绒、整理、重新组合毛皮的各个部分并缝合起来。还有另一户丁长江家开设的义顺合皮行。他们专擅处理“白皮”，也就是山羊和绵羊毛皮。这些工厂也制造穆斯林祷告用的皮垫和各种地毯，

---

① 此外，回民也以药材、小食品等贸易著称。不过在元朝，似乎河南的回民主要集中于香料和宝石的贸易。他们的转行到肉食和毛皮贸易应该是在明朝时候。见上引胡云生《传承与认同》。

② 在桑坡，19世纪初似乎仍有非穆斯林居住，此后他们都逐渐搬迁，桑坡成为完全的回民村。庞士谦：《埃及九年》，北京：中国伊斯兰教协会出版社，1988年（1951第一版），第44页。

③ 回忆录里还描绘了他如何见到伊斯兰教改革家阿富汗尼（El Afghani）和阿布杜（Muhammad Abduh）的情形。

④ 绥远省后并入内蒙古。

⑤⑥ 胡铁球：《近代西北皮毛贸易与社会变迁》，《近代史研究》2007年第4期，第91—108页。

⑦ 1922年，一家德国公司开始在中国开业做毛皮贸易。麻均、马辅臣：《张家川的皮毛业》，见《西北回族与伊斯兰教》，宁夏人民出版社，1993年，第211页。

当时已经出口到英国和美国。估计当时的产量约为每年超过一万张毛皮。此外还有白恒方家的两家工厂也很有名，他们的产品以精工细作著称，因此在大城市里拥有相当大的市场①。

不过在积累了大量的资产以后，这些开设名皮行的家庭都离开了桑坡。根据笔者了解，这几个家族跟村里已经完全失去了联系。他们首先去到沿海地区，据说也有一些人很早就离开了中国。他们的离开当然可以解释为获得一定资产后，他们有能力在大城市安家。不过这肯定也与桑坡在20世纪20年代到40年代当中经历的动荡有相当大的关系。首先，我们应当留意在这个时期，河南回民和非回民之间冲突增加。离桑坡十几公里远的一个回族镇，大新庄，1927年遭到非回民冲击②。周边几个乡镇的回民于是赶来帮助他们的同族，直到北伐军前来才得以平息。跟全中国各地一样，日本军队的进攻使得河南很多人离开本地，到甘肃平凉、兰州，或者陕西等地避难③。1943年，再次经历了冲突之后，更多的回民离开桑坡到甘肃、陕西寄居。这次事件的主要原因可以总结为地方政权的贪婪、自由处置权过大，以及当时整个政局的纷乱④。镇压是1943年4月由国民党驻桑坡地方的负责人张汉英组织的。他曾经若干次勒索、强行没收当地回民的财产。事件发生时，他聚集了大约5000名官兵，把村子封锁起来。这次屠杀事件造成了超过100人死亡，400多所房屋被焚毁和抢劫，清真寺也被烧毁。如此，这个在1900年时期超过1万人口的村庄到1950年时只剩下1000多人。

这一切也许就是我们找不到任何关于毛皮鞣制行业的文献和记载的原因：这个阶段，整个生产活动完全停滞了几年，直到20世纪50年代末⑤才重新开始复苏。尤其是到1968、1969年⑥期间，在桑坡村支部书记麻文德⑦的推动下，获得了新的发展。

---

① 王惠民：《回族村庄——孟县桑坡调查记》，《河南省民族宗教史志资料通讯》，1984年，第50页。胡云生：《传承与认同》，第130页。

② 关于这次事件，参看E. Allès，2000，Musulmans de Chine. Une anthropologie des Hui du Henan（《中国的穆斯林。河南回族的人类学研究》），Paris，Ehess，第167—168页。

③ 甘肃平凉是桑坡回民寄居最多的地方。到20世纪50年代，这些回民成为兰州军区开设的六〇五厂（制造皮货）的主要工人。

④ 这次事件在当地张家的族谱中有记载。另见王惠民：《回族村庄——孟县桑坡调查记》，第48页。县志中对事件的记载解释说，这次镇压的目的是取缔村中回族青年发起的自卫组织青年军。见《孟县志》，1991年，第519页。对这次事件有从同情回民的角度做的详细分析，见特瓦杜阿：《桑坡惨案》，李兴华，冯今源：《中国伊斯兰教史参考资料选编》，银川：宁夏人民出版社，1985年（1947第一版），第1630—1631页。

⑤ 据地方志记载，桑坡在1958年号称“皮革社”。《孟县志》，第320页。

⑥ 王惠民：《回族村庄——孟县桑坡调查记》，第52页。这个时期，也建设了其他一些工厂，比如1971年建的机械厂，1978年建的面粉厂。

⑦ 麻文德是桑坡本地人。少年时期，他父亲把他送到其伯祖在平凉开的毛皮工厂学习毛皮鞣制技术。他于1945年参加革命，后来在甘肃受了重伤。回到桑坡后，他成为农村武装部长，随后从1958年开始，连续担任党支部书记20年。

麻文德在少年时期学习过毛皮鞣制技术，他在村中一座于50年代被关闭的清真寺（西寺）[①] 所属的建筑里开办了一家毛皮厂。产品主要有村中和周围乡镇都需要的皮制套牲口挽具，以及冬季皮毛服装。厂里有100多名工人，大多数都已经年长，很少有年青人。白虎战于1969年进入工厂，当时19岁。他说："工厂在1968年末、1969年初开工。麻文德获得了上面许可。工厂刚开工的时候只是处理兔毛皮，后来从1969年开始，我们去新疆伊宁、库尔勒买羊皮。1978年开始也去西北其他省进货。那时候我们都是几个人一起去。"[②]从1980年开始，工厂的生产活动逐渐减缓，到1983年就完全停工了。

图五　麻文德（左）（1978）（Alles 翻拍于2009年）

另一名工人对笔者说："高中毕业以后，我就进厂工作，那是1977年，我18岁。那时候都觉得进工厂很好，因为比较稳定。不过两年以后，情况就很不同了。那时候厂里有4个年龄差不多的，都跟师父学手艺。冬天的时候主要都是老人在工厂做活，因为当时冬天没有地种。我们每天工作8个小时，挣两毛，一个月就是6块。当时我们跟那些老人意见不合，因为那些老人都不愿意改变。大概也是这个原因，我们才更想去自己做生意。"

---

① 今天，西寺已经迁到一块比较大的空间。它的旧建筑一直使用到1990年，清真寺搬迁后继续做为毛皮工厂。

② 于2009年4月访问。

新动力以及妇女的参与

村里很多人这时候已经在工厂之外开始自己在家鞣制毛皮。不过这时候“文化大革命”的影响还没有结束。任何个人和家庭的经济活动还是被看做“资产阶级尾巴”，1976 年的时候在家庭作坊鞣制毛皮已经被禁止了。任何制造工具、硝土、家中剩余的毛皮块、制造好的皮条等都被没收了。

在重新开始在家制皮之前，村里人都十分担心犹豫，不过也有些人感觉到了政治环境将会有变化。白虎战这个时候是毛皮厂的会计，到 1982 年当上了村党支部书记。他对笔者讲：“1978 年改革开放之前，我就从报纸上看到了线索。那时候有关于波兰改革的报导。我就想，如果不是要准备改革的话，干嘛报道这个呢？十一届三中全会后我更加确信不会再有反复了。”

桑坡最早开始重新开厂的企业主，曾经在洛阳学习鞣制技术，他对笔者说：“刚开始的时候我们只处理兔子皮，那时候是在上女寺（清真寺）的旧建筑里面。两年以后我们又开始买生羊皮来处理。制好的皮我们就拿到市场上或者车站去卖。到 1978 年以后，我们产量跟老厂差不多了。1978 年的时候我决定在家开作坊。我先跟 B 某合作了两年，然后又跟 D 某、S 某 和 DB 某合伙。那时候我们都是 30 多岁，DB 的年纪最大。1981 年的时候，我们开始在原来的造纸厂的厂房生产。11 月、12 月和 1 月，我们就去西北几个省买生皮。回来以后在村里过年，跟着做活到 4 月，然后到黑龙江去卖。”

寻购羊皮原料不是件容易的事，因为他们每次出行都是几个月。上义这个企业主回忆道：“有一年，我们三个人去内蒙古，打算回来的时候走甘肃和西安，一路经过回民村回桑坡。但是那年涨大水，过黄河的桥被淹了。我们只好走另一条路回家，一路都只有汉族人。结果我们连续三天没吃饭，只喝水。到西安的时候我们都快站不住了。这次一共走了五天才到家。在内蒙古和西北呆的三四个月里我们买很多皮料，用火车运回桑坡。我们用不了的皮就在村子里卖掉。”

另一个人向笔者描述道：“1979 年我和我父亲向朋友借了 200 块钱，我们花 70 块钱买了 20 件毛皮，然后买了工具，就在家开始制皮。做大衣，还有用来做大衣领子的毛皮块。做好了之后就到街上去卖，到郑州火车站。那里来往的人很多，我们也能找到便宜的住宿。每次一看到稽查人员，我们就赶紧收拾起卖的东西。那时候也不是不准卖，就是要上税。稽查人员一走我们就回去接着卖（笑）。到 1980 年、1981 年我们还是接着卖，那也不是非法，也不是合法，反正当时也没想那么多。我们买了 30 多块皮。后来又攒了大概是 200 到 500 块钱，然后几个人一起去宁夏买皮。”

1981 年，桑坡有了最早的两个“个体户”工厂。其中一个是由 4 户人家合伙的皮毛服装厂，它一直持续到 1986 年。另一个厂则是 5 户人家合伙组成的。这些人家之间组合起来的原因十分复杂：他们有的是同事，有的是在清真寺的朋友，有的则是亲戚。

1989 年，小麻，前面说到的麻文德的儿子，开设了一家工厂，当时他 25 岁。他租了白老寺的一爿建筑作为厂房。他在上海读完中学以后，在一家毛皮厂工作，厂里很多工人都是桑坡人。

如此，1978 年改革开放之后，桑坡 30 到 40 岁之间的一代人大都投身毛皮鞣制业。最早开始的几个人后来开始有行政职务，比如白，原来工厂的会计，后来从 1982 年当上党支部书记直到 2005 年。丁某是最早的“个体户”工厂的合伙人之一，他 1999 年选上村长，到 2008 年的选举后当上党支部书记。

可以说，老皮厂在“文革”期间保持继续营业使得鞣制传统技艺得以保留传承。在最早发起重拾毛皮鞣制行业的那些人当中，有些人在老皮厂里学了手艺，有些人是父亲在老皮厂工作，或者是家里有家庭作坊，由老皮厂给作坊提供原料。还有其他一些元素也参与这个行业的演变，使得这个从前的手工业 20 年之后变成高度机械化的产业。尽管当时重拾毛皮鞣制工作是出于养家糊口的需要，很多人还是因为“文革”期间的经历而对新的经营活动很谨慎。在整个行业复兴的过程中，清真寺的重新开放也起了不可忽视的作用①。还有，村中一些人相互之间建立的信任关系也是重要的因素之一。据笔者了解，跟一般的想法相反，在这个过程中亲戚关系起到的联结作用其实很有限。相反，其他的联结方式显得更为重要：对其中一些人，年龄相仿是原因之一，还有一些则是因为同属一个清真寺。我们也可以留意到清真寺经常给工厂提供重新启动生产必要的厂房。如此，一个自 1970 年老皮厂时期发展起来的体系又重新在整个村里获得新生。情况是这样的：村里很少有工厂能够独立完成制皮业的整个流程，一个工厂首先需要有一笔不小的资金来启动，购买原材料、鞣制，还要了解最后销售的渠道。河南青年经济学家伦蕊经过对这整个过程的研究，提炼出了一个很合理的流程描述②，笔者简述如下：首先甲厂买下一定数量的未处理毛皮，将其中它用不了的部分卖给同村的乙厂。等到乙厂鞣制好这些毛皮后需要出卖的时候，如果它有这个能力就自己处理，不然它就重新找到甲厂由其帮助销售，又或者找丁厂帮忙。这样，流程中的各个步骤形成一个完整的产业链网系统。不过每个工厂都尽可能的自主营销，在做不到的时候才会依靠这个网络。

如同伦蕊所言③，桑坡的产业链网中，正式制度与非正式制度并不是矛盾，而是互为补充。不过这个产业链网必须要有一个条件才能实施，就是每个工厂、作坊都要有足够的空间保证生产。1993 年，白虎战担任村长兼村党支部书记。他回忆说：“我

---

① 对白虎战的访问，见周丙申、周有光：《乡村都市风流歌》，北京：作家出版社，第 86 页。

② 伦蕊：《“公司 + 农户”型产业链合作机制的演进与优化研究》，《合作经济》2008 年第 3 期，第 92 页。

③ 更准确地说，伦蕊认为非正式制度在正式制度的演化过程中起了关键的作用。

年轻的时候父亲和祖父在家里制皮，所以我也懂得技术。这对我们少数民族来说是个传统，应该是从明朝就开始了。地是归村里的，要交给最有能力、适合开厂的人来使用。当时我数了有26个人是可以的。必须要脑筋活，有干劲才行。"①

1996年，政策放开，地方企业可以直接进行出口谈判，这给桑坡制皮业也提供了新的动力。如此，跟澳大利亚的贸易联系进一步加强，有些工厂也寻求更多不同毛皮货源，比如杜拜和拉丁美洲。桑坡的企业主从此不需要经过位于郑州的省外贸管理局的批准就可以直接跟外商交流谈判。如此，越来越多的家庭开设了家庭作坊，已经存在的工厂、作坊就组合起来以加强实力。

最近几年，新的一代人也投入了毛皮产业。这个村子拥有数量众多的中国特有的"清真女寺"。在这种特殊的环境下，女性是不是也在毛皮鞣制行业中占有一定的地位呢？首先，女性在早先的家庭作坊时代主要是在家中做毛皮精加工，偶尔也会到工厂给她们的丈夫帮忙。直到20世纪90年代末甚至2000年以后，她们才开始正式以企业家的身份活跃在这个产业当中。今天，桑坡有5位重要的女企业家，她们的工厂都拥有超过百名工人。她们当中有三个是姐妹，年龄都在35到40岁左右，孩子都已经长大。比如下面两个例子就很能说明问题。马女士和她的丈夫以前有一个制作羊毛皮的家庭作坊，到1995年的时候他们决定开办一家企业。她丈夫负责毛皮的收购和销售，而马女士则在工厂负责管理毛皮的制作。两年以后，她的丈夫因为之前学习过宗教理论，成为郑州一座清真寺的阿訇。于是，马女士成为企业的真正负责人。此外还有她的一儿一女跟她学习管理工厂，以及两个亲戚帮忙。她做事很谨慎，现在工厂的产品一半外销（销往俄罗斯和意大利），一半在国内市场销售。为了扩大生产，她不久前还在紧靠她工厂的汉族村子新租了一块地作为厂房。

第二个例子是丁女士和她的丈夫，他们在2001年先从家庭作坊开始，到2004年开办了工厂，此后一切进展都很快。她丈夫去澳大利亚开了一家厂，随后一儿一女也去那里上中学——村里有不少孩子都去了澳大利亚上学。于是丁女士一个人在桑坡，在家人的帮助下管理工厂。她十分活跃，很快又在成都开了工厂，涉足其他行业，还第一次在村里引进了西班牙羊皮。由于她在商业领域的活跃，地方上邀请她做政协委员，还有中国伊斯兰教协会的妇女会。尽管她工作繁忙，仍然接受了这些职务。

回汉共同拥有的特长

河南回民在毛皮鞣制行业的特长，以及在这方面存在的传统技艺的各种说法，可能让人认为这是回民的专有技艺。也许是他们民族的历史以及他们在肉食行业的传统，让他们投身到毛皮鞣制行业，创造了这样一个特别的经济生态圈。不过，这个普

---

① 2007年7月的交谈。

遍的印象是否与事实相符？为了回答这个问题，首先值得到毛皮交易市场上去了解买卖各方的情况。

就这一点，伊宁毛皮市场上的情况很能说明问题。这个集市由两个维吾尔族人开设，据称是伊宁唯一的毛皮市场。今天市场上最重要的商人是一个东乡族人，他一家于20世纪初从兰州迁至伊宁。市场上基本讲维语，与汉族人的交流则是用普通话。这个集市上生皮的来源主要是邻近的屠宰厂。生皮发货之前，先用粗盐处理，然后晾干。购买方来自包括河南在内的若干不同地区。不过2007年集市上所有的毛皮都被河北一家汉族人开办的服装厂买走。对集市上的毛皮商来说，汉族人跟回族人一样懂得毛皮鞣制技术。不过桑坡的回族人则强调说毛皮鞣制技术也跟经验有关。“这个在书里面可学不到，我们只要看一眼，就知道一张皮是从宁夏来的，还是从内蒙古或者新疆来的”。

在集市上我们也可以观察到回族人和汉族人对毛皮行业的参与程度都是同样重要。不过，根据地区不同，似乎还是会有一些不同的“专攻”方向。比如广州市是一个毛皮贸易特别发达的城市，它的毛皮市场的配置使得毛皮商可以朝不同的方向发展。这里有三个毛皮市场。首先，位于老城区，以广东人为主的市场是最老的一个，只经营皮革制品，比如皮绳、皮带，而没有毛货。而位于中山大学附近的大型商业区里的市场则经营来自东北的毛皮装饰品，比如兔皮、貉子皮制品，商贩都是温州人。要买羊毛皮制品的话，则要去火车站西的市场。这个市场里全都是卖皮和毛制品的小商铺，商贩都是河南人，汉人主要经营皮货，回民则主要经营毛货。如此，基本可以认为河南地区的毛皮行业内部根据民族不同有各自的独特发展方向。不过，我们并不清楚这是由于官方引导，还是市场发展自发形成的局面，大约二者兼有。

官方政策与地方积极性

在中国北方，传统的毛皮制造业很长时间以来一直存在，即使没有形成产业，也是当地人生产生活所必要的，比如牲口套具、农业用具、冬装等的制造。这个行业在回族聚居的地方一般特别发达，不过在汉族地区也存在，至少在中原地区基本如此。然而，国家政策的引导使得这个传统手工业发生了大的变革。在这个领域内，可以发现国家在20世纪下半叶的政策是有其历史渊源的。从19世纪以来，引领工业起步的都是一些政府官员。另外，即使今天地方上可以直接与外商谈判、贸易，对这样的国际贸易的监督、控制也是一直存在的。

尽管如此，通过对口头记忆的整理、逐步构建毛皮鞣制业历史的过程，让我们意识到国家行政在这个行业发展史中的地位并不是唯一的。相反，日常生活的口头记忆使我们能更加切实地接近这个行业的发展过程，因此看到它在20世纪末的崛起的基础，更多仍在于当地人的创造性、机智和活力。总之，桑坡村皮毛行业的个案可以证明一点：尽管历史的不确定性，手工业技艺仍然能得以保留，但是对这些集体业务重新的认可，最关键的是1970年代末的新政策。几个村民敏锐地感觉到了政策的变化，能积极地动员起来个体主动性。一些村民承袭了家族或者其他网络的技术。另一些村民靠自己的政治和社会地位，能支持有技术和专业知识的人，让他们积极创造新的经营方式，恢复被大家视为回族传统文化遗产的行业。

翻译：王历 ；校对：赖彦斌

Elisabeth Alles（伊丽莎白）

法国国家科研中心，巴黎近现代中国研究中心副研究员

甘肃省跨民族的商业网络

Gansu Muslim Trade

按语:“甘肃省跨民族的商业网络(Gansu Muslim trade)”项目是“行业文化和专业技术传承”项目的子项目之一。本项目选择西道堂商业为主要研究对象,是基于以下三点考虑:一是地域具有典型性。甘肃省是一个多民族地区,而作为西道堂诞生地的甘肃省临潭县(古称洮州),更是如此。临潭位于青藏、黄土两大高原交汇过渡地区、农牧林业交错地带,是一个汉、回、藏、土、东乡、撒拉等族共同生活生产的地区,其经济文化、商业传统等别具特色。研究临潭回族商业,特别是西道堂商业,有助于我们更好地了解甘肃民族地区及其毗邻省份四川、青海的藏族聚居地区商业发展状况。二是西道堂商业文化具有独特性。西道堂是中国伊斯兰教教派之一,创传于清末,历民国时期,发展至今,仍富有活力,为学术界所重视。清末和民国时期,西道堂以其独特的集体生活、集体经济,特别是取得巨大成功的集体商业,而引起社会的关注。西道堂商人经商范围很广,在内地各大城市和青藏高原农牧区之间,构建了一个跨民族的商业网络。新中国成立后,特别是20世纪80年代以来,西道堂商业又有了新的变化、新的发展。这些都值得我们进行深入研究。三是相关的系统研究尚未展开。有关西道堂商业的研究,大都散见于一些宗教学、民族学和历史学等著述中,并没有专门的论著问世,故从事本项目研究有较高的学术价值和现实意义。本项目自2006年10月启动,研究者进行了大量的田野调查,查阅了众多文献资料,运用民族学、宗教学、历史学和经济学等多学科方法,从历史到现实,从发展到传承,从资料发掘到分析运用,全面、系统地对西道堂商业进行了研究。项目组学术分工为:伊玛丽主要负责当代西道堂发展状况、商业文化传承等的调查与研究;张世海主要负责民国时期西道堂商业发展概况及其相关研究资料的发掘、运用情况等的研究。2008年10月,本项目完成《解放前西道堂商业活动的新兴》和《1980年以来西道堂商人回到传统经营点重建市场网络的行业活动》两篇成果，随即提交在北京召开的“行业文化和专业技术传承”国际学术讨论会进行交流。会后一年多来，又根据蓝克利教授等学者的建议，对两篇论文从标题到内容做了进一步的修改、补充和完善，并增加了《民国时期西道堂商业相关研究资料的发掘、运用情况》一文，以使本项目成果更加完备。现在，本项目研究已基本完成，收入文集的三篇文章是我们这几年研究工作的总结与汇报。其中《民国时期西道堂商业发展研究》一文，共分三个部分，从西道堂的形成、发展、民国时期西道堂商业的发展及其意义等方面，对民国时期西道堂商业做了较全面的论述。《民国时期西道堂商业相关研究资料的发掘、运用情况》一文则从地方史志资料、民国时期报刊书籍中之资料、当代著述文集中之资料、档案资料和调研资料等五个方面，对有关民国时期西道堂商业方面的资料发掘及运用等综合情况进行了全面阐述。《洮商经历的片段，经营知识的传承以及当代商业的转型——以中国伊斯兰教西道堂的“天兴隆”商号为个案》一文从洮州的商业史、西道堂宗教组织的特殊性及其下属经济体系的起步和发展过程、西道堂构建西北地区与外地的商业网络及组织的要素，和20世纪80年代西道堂商业活动的再现等四个方面系统研究了西道堂商业，特别是“天兴隆”商号的新变化、新发展，以及行业文化和专业技术传承问题。学无止境！我们衷心希望上述研究，对于行业文化和专业技术传承研究、西道堂商业研究、回藏贸易研究等，有所裨益，有所推动。

民国时期西道堂商业相关研究资料的发掘、运用情况

张世海

引言

“工欲善其事，必先利其器”，这句古语充分说明，准备工作在各项工作中所具有的重要性。对于史学工作者而言，资料的搜集、发掘和整理等准备工作是非常重要的，可以说对研究工作的成败、研究成果质量的高低，起着决定性的作用。对民国时期西道堂商业进行系统研究，同样首先要面临资料问题。接受本项目研究任务后，笔者对有关西道堂的大量资料进行了搜集、梳理工作，大致理出了基本头绪。以下拟从地方史志资料、民国时期报刊书籍中之资料、当代著述文集中之资料、档案资料和调研资料等五个方面，将有关民国时期西道堂商业方面的资料发掘及运用等综合情况，进行全面阐述，以期有所裨益，使读者更好地理解本项目研究工作，并促进相关研究进一步开展。

一、地方史志资料

1. 康熙版、乾隆版《洮州卫志》。康熙版《洮州卫志》修纂于清康熙二十六（1687），乾隆版《洮州卫志》修纂于清乾隆年间，篇幅均不长，志中之户口、税课、土产、方物、风俗等项内容可供研究临潭古代经济时参考。

2. 《洮州厅志》，修纂于清光绪三十三年（1907），共分 15 门、六十目，体例完备，内容丰富，其中有不少临潭民族、宗教和商业经济方面的资料，如《洮州厅志》所载的“旧城堡为洮州旧地，较新城为繁富，其俗重商善贾，汉回杂处，番夷往来，五方人民贸易者络绎不绝，土著以回人为多，无人不商，亦无人不农”等史料，就给研究者了解临潭回族商业传统提供了有力的佐证。

3. 《临潭县志稿》，修纂于民国 31 年（1942）。原稿现存甘南藏族自治州档案馆，共六卷，分别为记事、教育、艺文、人物、风俗等，内容较丰富，有关民族、宗教和经济等的资料亦较多。

4. 《临潭县志》，这是新中国成立以来修纂的第一部全面反映临潭历史、现状的

新方志，历时五载修成，由甘肃民族出版社于1997年6月出版。全志共分34卷，其中商业、工业、交通、财税、金融、粮油、民族、宗教、民俗和人物等卷均反映了各个历史时期临潭商业经济（包括西道堂商业）和民族宗教等方面的情况。

5.《临潭简史》，成书于1991年10月，临潭县政协文史科教委员会以《临潭县文史资料》第四辑的专辑形式编印。全书共分8章，全面记述了临潭县自古迄今的悠久历史。其中第七章专门记述了中华民国时期的临潭时事，有一些调查整理的新资料，有一定参考价值。

二、民国时期报刊、书籍中之资料

1.《中国的西北角》，范长江著。1935年著名记者范长江采访西北，8月走访了西道堂，尔后，陆续在相关报刊上发表他的西北地区采访的观感。这些文章结集出版后定名为《中国的西北角》。1980年4月新华出版社出版了由中国社会科学院新闻研究所编的范长江著《中国的西北角》。在这本书中，对西道堂的介绍主要集中在西道堂的宗旨、经济、教育、婚姻等方面。书中指出，西道堂"在哲学上、宗教上、社会运动上皆有值得重大注意之必要"。范长江被当代西道堂研究者视为向外界介绍西道堂的第一人。

2.《甘青闻见记》，甘肃省政协文史资料研究委员会编，甘肃人民出版社1988年5月出版。1937年6月，著名历史学家顾颉刚前往甘肃、青海、宁夏、绥远四省考察教育经费补助事宜，顺道考察了西道堂。后顾颉刚将其西北之行所写文稿整理成《西北考察日记》。陪同顾颉刚在西北考察的学者王树民亦将期间所见所闻一一记录下来，后将文稿汇集成《陇游日记》。1988年甘肃人民出版社以《甘肃文史资料选辑》第28辑的形式出版了包括《西北考察日记》和《陇游日记》等内容的《甘青闻见记》。顾颉刚和王树民考察之时，恰逢西道堂发展的全盛时期。当时在第三任教长马明仁的主持下，西道堂农、林、牧、商、学并举，社会影响日增。顾、王二位学者目睹了西道堂的兴盛状况，客观地写下了他们对西道堂独特的宗教、经济和社会组织等方面的见闻和感受，这些记载对于了解、研究民国时期的西道堂，至今仍具有重要的参考价值。

3.《于式玉藏区考察文集》，于式玉著，中国藏学出版社1990年12月出版。20世纪三四十年代，一些学者对甘肃、青海、四川等省藏族地区先后进行考察，并写下了许多纪实性的考察文章或著作，以增加国内外人士对藏区真实情况的了解与关注。这些文章或著作中，间或亦涉及当时西道堂商业活动的情况。《于式玉藏区考察文集》就是这样的一本书。于式玉早年留学日本，回国后在北平女子文理学院和燕京大学任教，1938年随丈夫李安宅赴甘南藏区工作。她学会了藏语，深入藏区，结交了许多藏族朋友，开始藏学研究生涯。1943年，她又深入四川阿坝黑水藏区实地考察。本书就是她在甘肃甘南藏区和在四川阿坝黑水藏区考察的日记或游记，是有关当时藏区状况的第一手研究资料。其中《黑错、临潭、卓尼一带旅行日记》、《记黑水旅行》等篇有涉及西道堂商业的记述，是颇为难得的资料。

4.《西北民族宗教史料文摘》（甘肃分册），甘肃省图书馆书目参考部编，1984年10月印。甘肃省图书馆从1984年开始，陆续将馆藏民国时期旧报刊中，有关西北民族宗教的资料，经过浓缩，编印成《西北民族宗教史料文摘》六册（甘肃分册一集，宁夏分册一集，青海分册上下两集，新疆分册上下两集），共约150余万字，内容十分丰富，其中有不少伊斯兰教方面的史料。其中甘肃分册共分十部分，即总论、民族分布、民族研究、政治设施、社会结构、宗教信仰、经济生活、文化教育、生活习俗和人物，共选摘资料170篇，约50万字。其中有些篇章涉及西道堂，可供研究者参考。

5. 其他相关报刊资料。从1935年以范长江等介绍研究西道堂为开端，到1949年底，当时的一些报刊如《新亚细亚》、《新西北》、《时论月刊》、《大公报》、《西北通讯》、《边政公论》、《西北论衡》、《边疆通讯》、《回教青年》、《西北世纪》、《中国回教学会月刊》、《甘肃民国日报》、《西北问题论丛》等都曾发表过有关西道堂的文章，如1941年《西北问题论丛》上发表的王志文《临潭经济考察记》、1947年《西北通讯》上发表的陆泰安《洮州纪略》等，均有重要资料价值。

三、当代著述、文集中之资料

1.《中国伊斯兰教派与门宦制度史略》，马通著，宁夏人民出版社1983年出版，1995年重版，2000年再版。该书是著者马通积30余年时间，进行多学科综合调查获得的民间资料写出的著作，主要叙述、探讨了中国伊斯兰教三大教派（格的目、西道道、伊赫瓦尼和赛来费耶），四大苏非学派（虎夫耶、嘎的林耶、哲赫忍耶、库布林耶）及其数十个支系门宦的产生、发展的历史过程和现状，以及宗教思想和宗教礼仪方面的特点，材料丰富，论述全面，学术价值很高。其中对于西道堂的阐述，尤为详尽，至今仍是研究者首选的参考资料。

2.《中国西部苏非学派史料典籍》，马通、马海滨主编，2005年定稿，待出版。该书稿卷五西道堂中，收有临潭西道堂的现状、西道堂教史、马启西先生创业殉难史、丁全功先生传、马明仁先生传略、敏志道先生传略等史料。

3.《西道堂史料辑》，青海民院民研所、西北民院西北民研所编，1987年7月印。该书中收集了新中国成立前后有关西道堂的大部分资料，便于研究者利用。

4.《中国伊斯兰教西道堂研究文集》，敏生光主编，甘肃民族出版社将于近期出版。共三辑，其中第一辑分历史评述、教长传略、马启西思想研究三大类，收辑文章40篇，第二辑分宗教思想研究、文化教育研究、经济模式研究三大类，收辑文章41

篇，第三辑分组织模式研究、活动纪实、学术交流三大部分，收辑文章46篇。从收辑的文章看，本文集充分展示了从民国时期至本世纪初研究、反映西道堂的主要学术成果，可说是做了一件很有意义的学术基础建设工作。

5.《新月之光》，敏生光著，甘肃民族出版社2007年12月出版。这本论集中的文章，是西道堂现任教长敏生光的一些代表性作品，大多已在各种公开刊物上发表，对于了解西道堂的过去、现在有着重要的参考价值。

6.《回族商业史》，赖存理著，中国商业出版社1988年10月出版。该书是中国第一本系统叙述回族商业历史的专著，填补了回族经济史方面的一项空白。全书共10章，就回族形成过程的特点、回族商业特征、回族在各个时期的商业活动以及回族商业的历史作用等问题做了比较系统的阐述。该书第七章《清代统治者对回族的民族压迫和回族商业的特点》、第八章《民国期间回族商业的变化》等均有涉及西道堂商业的论述。

7.《怀晴全真集——伊斯兰教与回族穆斯林社会》，高占福著，宗教文化出版社2009年6月出版。高占福是近年来关注、研究西道堂较多的学者之一，本书第六章《记忆中的西道堂回族社区》集中反映了其对西道堂的主要调查和研究成果。

8.《中国回族暨伊斯兰教研究》，张世海著，甘肃民族出版社2007年10月出版。本书中的《回族商业经济历史发展综述》、《别具特色的回族运输业》和《临潭回族的历史及现状》等篇，均有西道堂商业方面的相关论述。

9.《甘肃民族贸易史稿》，党诚恩、陈宝生主编，甘肃人民出版社1988年5月出版，其中有涉及民国时期临潭及西道堂商业的论述，可参考。

10.《我们走在青藏高原上——洮商考察纪行》，丁汝俊、敏文杰、丁克家著，敏生贵摄影，中国社会科学出版社2009年3月出版。该书为纪实性著作，主要反映了当代临潭回族商人（即洮商）在青藏高原的经商活动情况，对于研究民国时期西道堂商业亦有一定参考价值。

四、档案资料

1. 甘肃相关州、县档案馆资料。有关西道堂民国时期商业活动的档案，主要集中在临潭县档案馆和甘南藏族自治州档案馆，资料不少。在上世纪末和本世纪初开展的地方史志修纂工作中，许多档案资料得到充分挖掘及运用，见诸于已出版的地方史志著作。但还有一些档案资料，如西道堂商号、商人、商业运营细节等方面的资料，尚待进一步挖掘、整理。此外，甘肃省档案馆也藏有不少有关西道堂的档案资料，值得研究。

2. 四川、青海藏区相关州、县档案馆资料。民国时期西道堂商队的主要活动区域在四川、青海藏区，故四川、青海藏区州、县档案馆中，亦有一定数量的相关档案资料。如四川省阿坝县档案馆藏新中国成立初期县人委办公室、县人委工商科、县人委统计科、县人委民政科等档案卷宗中，有许多商业活动方面的档案资料，其中就有涉及西道堂在阿坝的商业负责人、商业资本数额、商业经营范围、与藏族上层关系等方面的档案资料，比较珍贵，尚未得到有效整理与利用。

五、调研资料

1.《甘肃回族调查资料汇集》，中国科学院民族研究所甘肃少数民族社会历史调查组编。1958 年开始的全面大规模的少数民族社会历史调查，对回族的调查是全国性的，重点在西北。1963 年，由中国科学院民族研究所牵头的甘肃少数民族社会历史调查组，将调查的甘肃回族部分资料经过整理，内部编印成《甘肃回族调查资料汇集》。这些调查成果由于当时的历史条件限制，其中不可避免地存在着现状多、历史少，政治多、经济少等时代局限性。但我们仍能从里面找到民国时期甘肃回族经济方面的有用信息。“汇集”中的《临潭回族资料》提及西道堂，但其文字表述有明显的时代烙印，研究者在引用时需考虑这一因素。

2. 西道堂内部调研资料

西道堂一直重视对本派历史资料的调查、整理，特别是自 20 世纪 80 年代宗教活动恢复正常以来，西道堂内部调查、研究本派历史文化的人逐渐多起来，内部调研资料也就日益增多。如 1994 年西道堂在举办纪念创始人马启西先生归真八十周年活动时，就油印了一套内部调研资料，共 12 份，全面反映了西道堂各个方面的情况，颇为珍贵。

3. 相关藏区调查资料

民国时期西道堂商队活动过的主要藏区的社会历史调查材料中，有一些间接或直接涉及西道堂商业的资料，值得注意，如《四川省阿坝州藏族社会历史调查》、《草地藏族调查材料》、《四川省甘孜州藏族社会历史调查》等。

《四川省阿坝州藏族社会历史调查》，四川省编辑组编，四川省社会科学出版社 1985 年 6 月出版。该书汇编了 20 世纪 50 年代对四川省阿坝藏族地区社会历史调查的主要成果。

《草地藏族调查材料》，西南民族学院民族研究所编，1984 年 10 月印。其中主要反映的是 20 世纪 50 年代对四川藏族自治区（今阿坝藏族羌族自治州）北部松潘、若尔盖、阿坝、南坪等牧业区进行调研的材料。

《四川省甘孜州藏族社会历史调查》，四川省编辑组编，四川省社会科学出版社 1985 年 6 月出版。该书汇编了 20 世纪 50 年代对四川省甘孜藏族地区社会历史调查的主要成果。

4. 学者、研究生的调研资料

当代一些学者和研究生对西道堂相继开展了调查研究，取得了一些调查成果，可资西道堂商业研究者借鉴。如高占福的《关于西道堂“大家庭”组织的调查与研究》（载《甘肃民族研究》1999 年第 2 期）一文，在调查的基础上，对西道堂历史上的集体生活组织形式——大家庭组织进行了初步研究、介绍。文章分五个部分，较为详尽地考察、叙述了西道堂大家庭的组织机构、经济管理制度、经济生活具体分工、婚姻丧葬制度等，其中有不少材料是首次面世的，有助于人们进一步认识西道堂历史上长达半个世纪之久的集体生活、集体经济。另外，像西北民族大学宗教学研究中心硕士研究生张明芳的毕业论文《马启西宗教思想与西道堂的社会实践研究》（2003 年）、兰州大学西北少数民族研究中心博士研究生敏文杰的毕业论文《临潭回族历史文化变迁研究》（2008 年）等中，都有不少第一手调研资料。

结语

以上通过对发掘及运用等综合情况的介绍和阐述，可以说基本上勾勒出了民国时期西道堂商业方面相关资料的概貌。六方面资料仅是初步发掘、整理和概括，其中有些方面资料有重复，有些方面资料可靠性尚待进一步考证，研究者在运用时应注意甄别，特别是要注意特定历史时期资料的局限性。上述资料中，档案资料的发掘潜力相对较大。特别是对于更为细致、深入的西道堂商业研究而言，档案资料的充分发掘和有效利用，可能是工作的突破口之一。

新资料的发掘、整理和运用，将有力推动学术工作推陈出新，这也是学术工作的永恒魅力之所在！虽然笔者在这项资料工作上做了较大努力，但仍难免疏漏一些重要资料，一些珍贵资料也许还静静地躺在尘封的角落，这只能有待于研究者们在今后工作中进一步发掘、丰富和完善了！

张世海

甘肃省民族研究所研究员

民国时期西道堂商业发展研究

张世海

引言

清末，在西北的边远地区洮州（今甘肃省临潭县），诞生了一个新的中国伊斯兰教教派——西道堂。其发展初期，虽多经坎坷，但其倡导的集体生活、集体经济等发展理念，仍取得很大成功。特别是其集体商业，在民国时期发展很快，引起社会各界关注。集体经济、集体商业成为西道堂的突出特色之一，直至20世纪50年代，随着全社会的巨大变化，始发生改变。今天，当我们回首过去，探讨西道堂商业的发展历程，无疑会发出许多感慨，产生诸多结论。但无论如何，我们应该承认，因共同信念而走到一起的西道堂商人们，确实开辟了一条独特的、成功的商业途径，这在特定时代——社会动荡不已的民国时期，在特定环境——交通不便的青藏高原和黄土高原，实属不易。本文即是在前人研究的基础上，对民国时期西道堂商业发展状况及其历史意义，作一较全面的概括和论述，以期使读者对这段史实有更清晰的认识与理解。

一、西道堂商业思想的形成及其初期实践

1. 西道堂的创建

西道堂创建者马启西（1857—1914），字慈祥，号公惠，经名穆罕默德·叶海亚，道号西极园，甘肃省临潭县旧城人。其父亲马元，是临潭旧城上寺（属北庄门宦）中一位阿訇。马启西幼承家学，奠定了良好的伊斯兰教经学基础。稍长，入本地私塾，攻读“四书”、“五经”，曾考中秀才。中秀才后无意科举，乃闭门攻读中国诸子百家之书，并钻研明清回族学者王岱舆、马注、马复初等用汉文所著《正教真诠》、《清真大学》、《清真指南》、《大化总归》等伊斯兰教著作，尤其潜心钻研金陵刘智的《天方性理》、《天方典礼》、《天方至圣实录》、《五功释义》等。

光绪十六年（1890），马启西在自己家里开设私塾，讲解伊斯兰教经典《古兰经》、《圣训》和清真言、作证词、六大信仰、五功天命、教法三乘等宗教基础知识，并讲授儒家的“四书”、“五经”。开始听讲的仅有亲属十余人，后增至百人。马启西在讲学之外，还在临潭旧城西凤坪窑洞中“坐静”，进行宗教功修。光绪二十四年

(1898)，马启西在临潭旧城达子沟拱北设经堂讲学。后因在一些宗教礼仪上与上寺阿訇发生分歧，产生矛盾，遂脱离了北庄门宦，于光绪二十七年（1901）将经堂改设家中，起名叫金星堂，正式宣讲刘智等人的汉文伊斯兰教著作。

马启西以刘智等人的汉文著作为依据宣讲伊斯兰教义的做法，未被原有门宦信徒们所理解，一些人开始对他公开反对和指责。

光绪三十年（1904），马启西及其追随者集资在旧城西凤山下修建清真寺，这引起反对派嫉恨，以致进一步激化了与当地门宦的矛盾，双方多次发生械斗并告官，始终未能和解。

为避官府迫害，光绪三十一年（1905），马启西率教民马英才、马进元、丁仲和等取道新疆、中亚赴麦加朝觐。因马英才殁于途中，和俄国二月革命影响致使中亚交通受阻，未能如愿，遂于光绪三十四年（1908）返回临潭旧城。马启西回到临潭后继续宣讲他的教旨，并把金星堂更名为西道堂。

为了顶住各种压力，实现其思想主张，马启西号召教众合伙经商务农，从事集体生产，过集体生活，以共渡难关。经不懈努力，"大家庭"形式的西道堂宗教公社组织初步形成。西道堂因其特殊组织形式和宗教与现实生活的密切结合而取得了一定成功，在西北地区穆斯林社会中产生了较大影响。

民国3年（1914）河南白朗起义军途经临潭，当地惨遭兵燹之灾。事后，当地反对派以私通白朗的罪名控告西道堂，军阀马安良遂以此为借口，派一营兵驻旧城查办。在这一年农历闰五月十九日，营长张顺元率兵包围西道堂，将马启西及其弟、子侄、教民共17人绑赴旧城西河滩枪杀；同一天马安良还派西军一连人到和政县台子街，将西道堂教民马英贤、马万宰等8人逮捕杀害。马启西创建的新型宗教社团组织，遭受了一次惨重的打击。西道堂早期的发展道路，可以说充满了坎坷、曲折。

2. 西道堂商业思想的形成

中国回族一直具有重商的传统。这种传统的形成，与回族的历史发展密不可分，也与伊斯兰教重视商业有关。《古兰经》上有多处提倡商业和赞美商人的经文，如"谁在大地上发现许多出路，和丰富的财源……真主必报酬谁"①，等等。这些重商思想是回族商业发展的精神动力。处于青藏、黄土两大高原交汇过渡、农牧林业交错、多民族多宗教共存地区的临潭回族，自古以来也有着农商兼顾的传统。西道堂的集体商业经济的形成及发展，自然与这种商业传统有关，但更与马启西的思想和实践密切相关。

马启西创立西道堂，并不是偶然的，也不是一蹴而就或事先设计好的，而是在主客观条件的不断变化中逐渐形成的。这期间有客观形势的逼迫，但马启西自身的学识

① 马坚译本，中国社会科学出版社1981年4月版，4章100节。

思想及其因势而变的策略，在很大程度上决定了西道堂的建立及其特有的组织形式，也为伊斯兰教在中国社会具体的地域、环境中寻求生存和发展探索出一条路子。西道堂初创时，宗教上受到排斥、打压，经济上处于弱势。马启西觉得在当时当地要发展宗教，必须要有坚实的经济基础，因此主张正视现实，注重实践，步步从实处着脚。马启西认为，相信前定和后世，在现实人生中必须是“修己爱人，至于爱物”，“名实兼收，不独润身还润屋；经营俱到，真能成己更成人”。也就是说在现实义务中，由个人而惠及他人，从而达到现实“润身”之实和“润屋”之名。这也就是“在今世中求后世”、“在现实中求未来”的伊斯兰教“两世并重”思想。在这种思想的影响下，马启西为了对外抵抗压力，对内求生存、谋发展，又依据、借鉴伊斯兰教早期“乌玛”宗教公社和中国儒家文化中“大同”社会的理念，号召教众合伙经商务农，集体生产经营，并过集体生活，以经济和生活的统一来与反对派抗衡。就这样，西道堂集体商业思想逐渐形成，并对后来西道堂商业的全面快速发展起了重大推动作用。

3. 西道堂商业的初期实践

西道堂创建之初，马启西的追随者多为亲朋好友。这些教民中，除临潭太平寨的丁重明等极少数人比较富裕外，大多都很贫困，故这时的西道堂经济基础十分薄弱。为了抵抗外部压力，实现宗教社会理想，马启西劝导教众捐献家产合伙经商务农，过集体生活，说“全舍者全得，半舍者半得”。于是教民马正隆、敏学礼、丁重明等将其家产的大部或全部捐献。光绪三十年（1904）西道堂以教民丁重明捐银一万两为底金，在旧城开办“天兴隆”、“天兴永”商号；光绪三十一年（1905）丁重明再次捐银1000两，在新城增设“天兴亨”分号；期间还派一些商人前往藏区经商，从而奠定了西道堂商业经济的基础。几家商号经营获得的利润，主要供道堂花费，盈余不多，因此当时修建和置买田产等也不多。经商号和赴藏区商人的多年辛勤经营和发展，至民国3年（1914），西道堂已拥有商业资本白银10万两，这为下一阶段西道堂商业的快速发展打下了一定基础。

二、民国时期西道堂商业的快速发展

1. 马明仁教长时期西道堂商业的快速发展

民国3年（1914）马启西等人被杀害后，西道堂第二任教长丁全功率马明仁、敏志道等前往兰州、北京等地申冤告状。由于当时各级政府腐败无能，诉讼一直没有结果。至民国6年（1917），丁全功又在临夏和政台子街遇害，马明仁、敏志道等也被马安良陷害入狱。数年中，西道堂除农业外，本地商业基本上处于停顿状态，只有藏区的贸易还在继续，从而在经济上支持了旷日持久的诉讼。

民国8年（1919），马安良病亡，马明仁、敏志道等始被甘肃督军陆洪涛从兰州监狱释放，西道堂从此取得合法地位。出狱后，马明仁被推举担任西道堂第三任教长。

马明仁任教长后，励精图治，西道堂经济很快恢复并取得了较大发展，而商业经济发展更快，以天兴隆为总号，并增加分号天兴泰、天兴恒等。

马明仁时期西道堂商业的发展大致可分为两个阶段。从民国 8 年（1919）至民国 18 年（1929）是西道堂商业经济的恢复、扩大阶段。因受了民国 3 年（1914）马启西等被杀害事件的刺激，西道堂上下这时空前团结，集聚众人之力，大力发展集体经济。商业受到特别重视，西道堂 80% 的青壮年男子投身到商业贸易中去，促成了集体商业的恢复和蒸蒸日上，商业总体规模不断扩大。经这一阶段的恢复、发展，到民国 18 年（1929），西道堂商业资金总额已达银元 100 余万，其雄厚的商业资本已超过了临潭任何商人的资本，并开始成为甘青川藏区举足轻重的商业力量。

从民国 18 年（1929）到民国 35 年（1946）间，是西道堂商业的快速发展阶段。这个阶段的藏区生意特别好，有 20 余个商队深入青海的玉树、果洛，四川的阿坝、甘孜，以及西藏的拉萨等地经商。由于商业利润十分丰厚，因而西道堂开始大兴土木，修建清真寺和各农庄的大房子。

在此阶段，西道堂除了发展自己的坐商和行商外，还采取合股的形式与外界集资合营生意，如与本地汉族“万镒恒”、陕西的“恒顺昌”、山西的“永德全”和北京尹哲臣的“公记号”分别联营，其收入也是相当可观的。此外，西道堂还向小商贷款借货，到藏区换皮毛、药材、野生皮。

民国 35 年（1946）马明仁教长去世，敏志道接替教长职位。由于这时全国及甘南社会的动荡，以及马家军阀势力的干扰，西道堂商业开始衰退，大规模的商业贸易基本停止，西道堂经济转为以农副业为主。

2. 坐商

马明仁教长时期，西道堂商业经济发展到顶峰，形成了以“坐商”和“行商”为特色的商业布局。

坐商是以在某地定点开设商号，经营商品为主。西道堂所属的商号以临潭天兴隆为总号，其他分号分布在甘肃、青海、四川、北京、天津、上海等地。一批经验丰富的经销业务员往返于各大城市，建立经销点，组织货源。这一时期，西道堂有天兴隆、天兴永等 15 处坐商，其中规模较大的有 8 处：

（1）旧城天兴隆：宣统元年开设，民国 3 年（1914）白朗来旧城始停，民国 6 年（1917）重开，民国 17 年（1928）又停，民国 23 年（1934）重开。这是西道堂的总商号，马明仁教长时经理为马寿山。

（2）旧城天兴永：民国元年（1912）创设，民国 17 年（1928）停，民国 8 年（1919）重开，经理马达贞。

（3）岷县天兴昌：宣统元年（1909）创设，主要是卖牛。时任经理为丁正源。

（4）四川峨眉天兴隆：民国10年（1921）创设，主营皮毛和土特产。时任经理为马复德。

（5）四川松潘天兴隆：民国8年（1919）创设，民国14年（1925）停，民国17年（1928）重开。时任经理为敏海峰。

（6）四川甘孜天兴隆：民国17年（1928）创设。经理敏学彦。

（7）张家口天兴隆：民国20年（1931）开设，民国27年（1938）抗日战争爆发始停。经理马寿山。

（8）新城天兴恒：民国6年（1917）开设，民国17年（1928）停，民国23年（1934）重开。时任经理为丁正光。

3. 行商

行商则是流动的牛马商队。临潭地处藏区，这里的回族商业活动与藏族群众的生产、生活密切相关。马明仁教长对行商也十分重视，抽调了一批青壮人员组成多路商队，前往藏区经商。最兴盛时有商队21个，200多位经营人员，拥有驮运商品的牦牛2000多头、乘马200多匹、骆驼60多峰、驮骡40多匹。商队的贸易区域主要是甘肃、青海、四川藏区以至西藏拉萨等地。各路商队中，尤以四川阿坝商队、四川甘孜商队、四川康定商队、青海玉树商队、青海果洛商队、青海三哦洛商队、青海同德商队、甘南碌曲商队最为重要，拥有资金多，经营范围广，行商时间长，是西道堂商队的骨干。

西道堂商队经营方式主要是把布匹、绸缎、铜铁器、粮食、茶叶及糖烟酒等日用品运入边远地区和藏区，再从这些地区运回羊毛、皮革、牲畜、药材、土特产品。根据1949年资料统计，他们每年收购牛1000多头、骡马200—300匹，销往甘肃岷县、漳县、宕昌和陕西西安等地，甚至远销到内蒙古、北京一带。远赴藏区，千里经商，因当时交通条件限制，一年只能往返一两次，并备尝风餐露宿之苦，但所获之利颇为丰厚。西道堂商队愈深入高原牧区，利润就愈丰厚。

藏区经济落后，商贸原先多为物物交换。至民国时期，藏区各市场程度不同地以硬币为交换手段。在藏区流通的硬币主要是北洋银币，通称之为白洋，俗称为白元或银元。西道堂商队在藏区做生意，使用的货币主要是银元。此外，商队与牧民做生意时，亦多用以物易物的交易方式。

三、民国时期西道堂商业发展的意义

从上述内容可以看出，民国时期西道堂商业发展很快，取得了显著成就，在西北地区和穆斯林社会产生了较大影响。其历史意义，研究者们可从不同视角进行概括，笔者认为，以下六点是比较突出的：

1. 开辟了回族商业的新模式

在西道堂集体商业出现以前，中国回族商业一般为个体，或家族，或合伙经营。如临潭回族商人走藏区者，均为单家，资本大多在1000元至5000元之间，搭帮而不合股，合股者仅偶尔有之。每帮在10人至20人之间，以牛驮货，携帐篷、炒面、米粮，使用器具及自卫枪支等，路上同行，至交易地点后，则各投藏族主人家，由主人家介绍或直接进行交易。

又如邻近的临夏，回族商人很早就参与到对甘、青、川藏区和西藏的贸易中，并在甘南拉卜楞地区设立了许多商号，成为当地坐商。一些商号的经营规模还很大。但无论是大商号，还是小商号，都是家族或个体开办的。

再如远在西南的云南，回族商业也十分繁茂。云南的回族马帮商队，与临潭的牛马商队类似，也是专走边远山区，深入彝族、傣族、藏族、纳西族等民族聚居地区经商的。回族马帮是以马匹为运输工具，十几个或几十个独立行商组成的临时性贩运伙帮。云南回族马帮通常多以商贩联合形式出现，其规模一般不大。近代以来，云南回族马帮中，以原信昌马帮规模大而声誉高，这是由回民马同惠、马同宽兄弟创办的家族商队。

通过对比可以看出，西道堂商业确实有自己的独特之处，不仅仅是它的规模大，更重要的是它开辟了中国回族商业的新模式——集体商业。西道堂以其严密的宗教组织，将成百上千户不同血缘、不同民族的家庭联系到一起，发展集体经济，开展集体商业。从中国回族商业的角度看，这是一次取得了巨大成功的可贵尝试，其影响是深远的。

2. 打下了西道堂集体经济的坚实基础

西道堂的农、商、牧、林、副各业中，商业效益最好，是其集体经济的支柱。民国8年（1919）以后，西道堂的行商、坐商都发展迅速，并获得很大成功，积累了巨额商业资本，为集体经济的壮大打下了坚实基础，有力地推动了西道堂其他各业的繁荣和发展。如他们花费巨资购买了鹿尔沟、拔桥、力吃、木多、力家、贡曲乎、牙吉、九尼、吉那等14处林场，拉勒关、买务、什路等3处牧场，旧城、卓洛、长川、他那、坡岔、白土、新城、汪家嘴、太平寨、尕路提、下藏、石鲁、敏家嘴等13个乡庄的部分土地。这些产业大都是民国18年（1929）到民国34年（1945）间置买的。此后西道堂建立的四所学校的资金大部分也来自商业。没有商业快速发展带来的丰厚利润，这些都是难以做到的，西道堂集体经济也就不会取得如此令人瞩目的成就。

3. 促进了青藏高原偏远农牧区商业的萌芽与发展

民国时期，地域广阔的甘青川藏区竟无一条正式公路，无一座公路桥梁，交通十分不便。凡经商贸易、部落来往、账房搬迁、公私运送等等，旱路全靠畜力、人力、木轮大车、驾窝等。水路则靠皮筏、木船或涉渡。由于自然环境恶劣，路途艰险，青藏高原偏远农牧区的商业极不发达，有些牧区甚至没有出现过商人，是完全封闭的自然经济。西道堂商队的壮大及活跃，使这一状况得到了很大改观，在一定程度上促进了青藏高原偏远农牧区商业的萌芽与发展，使草地深处及边远地区形成了不少新的民族贸易市场，如四川的黑水、甘肃的拉勒关（在今甘肃碌曲县境内）等。

在川西北黑水藏区历史上，很早就有小规模商贸活动。民国时期西道堂的商队在黑水打开局面，进行贸易。民国 29 年（1940）后，甘肃武都、文县的部分商人和四川南坪、松潘的部分商人及附近的回商、汉商，也相继来到黑水进行买卖交易。回商到黑水贸易均在芦花、麻窝两头人家落脚，两衙门内有住房、粮食、烧柴等供回商使用。回商的交易、居住、饭食、安全一切依靠头人。我国著名民族学家于式玉教授民国 32 年（1943）在黑水藏区考察时，就曾多次碰到西北回商（大多是临潭回商），她称芦花衙门是“西北回商驻扎的大本营”①。

拉勒关纯属藏区，民国初年，还没有固定居民，只有佛教寺院的僧人住在这里。民国 8 年（1919），西道堂在这里设立一处商业点，资金不多，营业范围不大，经营一般性的日杂商品，收购当地牧民的皮张和羊毛。民国 18 年（1929）临潭地方发生变乱，西道堂一部分教民在教长马明仁率领下，避乱藏区，进入拉勒关，经当地藏族头人和喇嘛许可而落脚于此。拉勒关遂成为西道堂的商业大本营，原有的商业点改为天兴隆总号，所有外出的行商队，均集会于此。临潭地方局势平稳后，人部分教民返回，仅留一小部分教民住在这里，但其商业上的重要性未减。

4. 探索了新的商业运营模式

这方面有两点值得一提。一是经理负责制的确立。西道堂实行教长集权制，教长可终身任职但不世袭。教长既是宗教领袖，又是道堂内世俗生活中总管一切的最高权威。但教长不直接负责集体商业经济的运转，而设天兴隆总经理一职，统管各项商业经营。民国时期，天兴隆历任总经理为苏占魁、马寿山、敏子章、黎怀仁。总经理之下，又设有各商号、商队经理。这种各司其责、分工明确的经理负责制是回族传统商业领域的一种创新，已含有现代商业企业的管理理念。

一是拉勒关商业中转点的设立。民国 18 年（1929）后，拉勒关成为西道堂的重要商业中转点。凡是从内地购来的商品用驮牛、驮骡载运到这里储存，在达到一定数量后又由商队运往藏区；从藏区运回货物的商队也在这里驻足，牛、马就地放牧，货

---

① 于式玉：《于式玉藏区考察文集》，中国藏学出版社，1990 年，203、249—254 页。

物从这里又向内地转运销售。因而拉勒关被誉为西道堂商业经济的旱码头。大量货物，不管是运往藏区，还是运向内地，都因这个中转点的存在而有条不紊地运转着。这也具有现代物流的一些特点。

5. 丰富了回藏商贸内容

回藏商贸历史悠久，但在西道堂商队出现以前，进入藏区的回族商队规模一般不是很大，商贸内容也相对有限。民国时期西道堂商队的迅速壮大，使其具有了资金和人员的优势，能够开展大规模的商贸活动，从而极大地丰富了回藏商贸内容。西道堂商队运进藏区的货物，除了茶、粮、盐巴、布匹、铁制品、铜制品、瓷器、麻线、珊瑚、首饰等传统商品外，还有一些现代工业产品，如玻璃器皿、眼镜、手电筒、留声机等。另外，一些体积很大的货物，他们也能想办法运去。如藏区各地寺院需要的大铜锅，因又大又重，一般商人很难运送，西道堂商队则有这个能力。他们曾为四川甘孜、青海玉树和甘肃的迭部、夏河、碌曲等地的一些藏族寺院从内地定制大铜锅，然后想方设法运送到寺院中。藏区大量的皮、毛、牛羊及药材等，则通过西道堂商队之手，源源不断地运入内地，从而促进了内地与藏区的经济交流。

6. 加深了回族与藏族关系

回藏关系是中国西部重要的民族关系之一。在漫长的历史发展过程中，回藏两族通过长期、广泛、紧密的经济联系，使双方友好关系不断得到发展与巩固。民国时期西道堂商业在广大藏区的普遍开展，更加深了回藏友好关系。西道堂的牛马商队于清末时已活跃在广袤草原上，至民国，其足迹更是遍布甘青川所有藏区。他们克服气候多变、人烟稀少、草莽迢迢、交通不便的重重困难，为藏区输送了民族特需品和工业产品，深受藏族群众欢迎。

西道堂商队在贸易中恪守信用，不欺不骗，公平买卖，赢得了藏族群众的信赖，且从中受益不浅。商队如被风雪沼泽所阻或路遇不测被劫，藏族群众均予以热情帮助，排忧解难，或明察暗访，力争把被劫的东西找回来。经营中的薄利、赊欠、代销等方式和尊重民族风俗习惯也是建立民族亲密关系、联络感情的重要因素。如藏南十二头（包括甘青川边界辽阔的地区），是西道堂商队经常来往的地带，这些地区各有头人的辖区，也有喇嘛的势力范围，情况错综复杂。如果在贸易上采取高抬货价、厚此薄彼、弄虚作假的欺骗手段，那就会严重损害信誉，经营活动就要受到不可设想的制约或排挤。西道堂与格尔底喇嘛、赛赤喇嘛建立友好往来关系时，就非常注意这些问题，因而交情是根深蒂固的。远在清光绪二十五年（1899），西道堂就通过商队和四川阿坝土官建立了主人家关系①。民国 21 年（1932）马明仁教长还亲自前往阿坝

① 互相接待、世代交往的友好关系。

会晤了土官华尔功臣烈，商定了贸易合同和经营范围，为双方经贸关系的发展奠定了基础。青海同德的兴萨班知达活佛，声誉很高，藏语称措恩布（管辖青海全境之意），西道堂商队也通过互惠、平等的经营方式和他结下了很深的友谊。由于关系密切，藏区的一些重大活动，有时也邀请西道堂参加。如民国 34 年（1945）第十世班禅额尔德尼活佛转世，在青海塔尔寺举行册封坐床仪式时，西道堂马明仁教长被邀请前往参加庆祝典礼。夏河拉卜楞寺嘉木样活佛转世继位时，西道堂也都应邀派代表前往拉卜楞参加庆典。

西道堂的经商人员，不仅和藏区的土官、部落头领、喇嘛友好往来，也与藏区各地普通牧民建立了友好关系，有些人彼此成为世交。这种通过长期经济交往发展形成的和睦民族关系，反过来又进一步推动回藏贸易向更深层次开展。

结语

在本文即将结束之际，回顾以上所述，可总结得出这样几点：

1. 西道堂早期的发展道路，可以说充满了坎坷、曲折。但正是这些坎坷、曲折，造就了西道堂内部的高度凝聚力，促成了西道堂集体生活、集体经济的全面发展，当然也促成了民国时期西道堂商业的快速发展及其特点的形成。

2. 甘青川藏区是西道堂商人的主要经商范围。民国时期，西道堂商人的经商范围较广，在许多城镇和商品产地都留下了他们的活动足迹，但其传统经商范围一直未变，就是甘青川藏族农牧区。研究民国时期西道堂商业发展，十分有助于了解这一时期的回藏贸易、回藏关系等。

3. 民国时期西道堂商业与其他各业，如农业、林业、牧副业的发展关系密切，商业是西道堂集体经济统一整体的有机组成部分。研究这一时期西道堂商业的发展状况，应将其放在集体经济的大背景下进行考察、研究，而不应孤立看待。

4. 民国时期西道堂坐商、行商相辅相成，互相支持。坐商是基础，为西道堂商业的稳定运行提供了保障；行商是活力所在，以其高效率创造了大量商业财富，为西道堂商业快速发展提供了强劲动力。

5. 民国时期西道堂商业发展的历史意义，文中概括了六点，实际上这只是就特定历史时期而言的。这一发展的影响应该说更为深远，其现实作用，如对于 20 世纪 80 年代以来西道堂商业的新发展、商业文化传统的传承等所起的作用，值得我们进一步去研究。

洮商经历的片段：经营知识的传承及其当代转型

——以中国伊斯兰教西道堂的“天兴隆”商号为个案

（法）Hille Marie - Paule（伊玛丽）[①]

这篇论文的主要目标为研究行业文化和专业技术的传承。自2006年10月以来，我们在西北地区及杭州共计田野调查10个月：参照民国时期的一些社会考察记、各类期刊、《西道堂史料辑》等，对洮州的商业史和西道堂的历史深入分析；同时对当事人进行了口头访谈[②]，进一步加深了对历史真相的了解；还在商人的商铺里采取大量的实地观察方法，获取了最直接、真实、有价值的信息。搜集到的所有资料都证明了西道堂过去及现代在商业组织及管理方面的特殊性。本文将以现代西道堂商人的活动为重点，运用人类学、民族学、社会学的理论和方法进行研究。

本文共涵盖四部分：

一、简述洮州的商业史。从明、清到民国时期洮州逐渐成为了商业中心城市，因此探讨该历史过程对整个西北地区的影响十分具有意义。我们分析从明代的茶马贸易到民国时期的皮毛业这一行业转型给洮州市场带来的变化。1929年在洮州发生了“临潭事变”，直到1932年才恢复社会稳定，造成了洮州商业史上的一个中断期。我们会以此历史事件对商号带来的影响作为评定当时商号实力的一个标准。不少研究者和学者当时就已指出了西道堂商业活动的特点，使得我们更加关注西道堂“天兴隆”

① 冯艳和赖彦斌校对，冯艳，兰州大学西北少数民族研究中心研究生，主要从事民族社会研究，赖彦斌，北京师范大学文学院民俗学研究室工程师。本文的完成得到了许多热心人的关心和支持。刘践、杜撰两位作者，帮助校对了部分文稿，也对文章提出了许多宝贵意见，在为我们节省时间的同时也促使文章内容更加准确。甘肃省民族研究所张世海副所长积极鼓励协助修改了文章。台北“中央研究院”的范毅军教授及其助手帮助绘制了地图，立体、直观地显示了文中描述的商业网络，对本文作出了巨大贡献。感谢 Harvard - Yenching Library 和 Arnold Arboretum Library 允许照片使用。在此，谨向上述各位的无私帮助和鼎力支持，表示最衷心的感谢！

② 我们已与50位商人进行了交谈，访谈对象有11位已是高龄，其中有些同意进行二次、三次访谈。访谈对象还包括一位藏族老人（83岁）和不属于西道堂宗教社团的回族老商人。除此之外，其他接受了我们采访的农民及宗教等各界的人士也给予了巨大的支持和无私的帮助，在此我们也对他们表示诚挚的感谢！我们于2008年10月在北京参加了名为“行业文化与行业技术传承”的讨论会，对定宜庄教授的研究项目很感兴趣。学者的演讲让我们意识到口述史是很值得深究的，而且对了解“在买卖背后的故事”非常具有价值。可以了解到很多在文献资料中无法查证的比如家族矛盾、股份制度、商业性等问题。因此，我们必须重视它的特殊价值。

商号在此特殊时期的卓越表现。

二、介绍西道堂宗教组织的特殊性及其下属经济体系的起步和发展过程。皮毛业在洮州商业市场上占有很大比例。20 世纪 30 年代西道堂的“天兴隆”商号在洮州就已垄断了皮毛行业，相关的历史资料也相对较为丰富，证明了西道堂总体经济繁荣发展的态势。并且在当时就已具有了相应的基础，能掌握、传承很独特的行业知识，它的企业管理和会计技术也已达到了一定的高度，能发挥管理复杂商业组织的作用。因此我们选定西道堂“天兴隆”商号为个案。但是，因为我们没有搜集到工商业的档案资料，所以无法在此具体说明“天兴隆”的管理方法和技术。

三、以皮毛业为例，探讨西道堂构建西北地区和外地的商业网络及组织的要素。要回答这个问题，我们就必须先研究在藏区做生意的西道堂商人所扮演的社会角色。同时，他们跟汉文化商号有合资经营，与洋行也有一定的交易，并且通过这些业务往来连接了两个很少互相接触的文化区域，成为“中间人”。

四、分析 20 世纪 80 年代西道堂商业活动的再现，特别是“天兴隆”对此恢复过程的影响，着重分析该商号的历史经验是否发挥了作用。80 年代以来“天兴隆 ”公司仍然经营绸缎行业，这是否直接关系到行业文化及行业技术的传承尤其引起我们的关注。为了具体了解商人如何经营绸缎行业的状况，我们必须分析一个贸易轨道：从杭州（浙江省）—临夏（甘肃省）—玛曲（甘肃省甘南藏族自治州）的网络。在实地考察过程中我们搜集到不少口头资料，通过这些信息来分析行业知识传承的方式，尤其注重观察过去经营方式的痕迹是否依然存在。

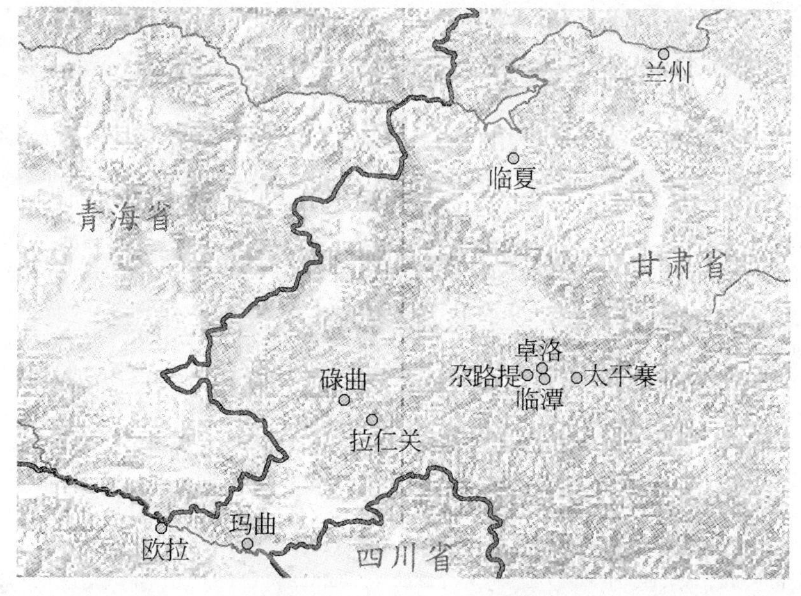

图一　田野调查地点图（台北“中央研究院”提供）

透过“天兴隆”个案，使得我们具有了撰写地方商业史和行业文化的可能性。

西道堂的商业史只是西北回族商业史中很小的一部分，而我们只能挑选其具有特色、代表性的一方面来进行研究。

一、洮州地方商业史概况：多元文化环境及洮商行业转型

在此我们主要关注从明代至民国时期洮州的商业活动[①]，以地方的历史文献及民国时期的学者、官员、记者等的考察记为基础资料来总体地介绍洮洲商业史。1929年的“临潭事变”对洮商来说是一场劫难，之后许多商号倒闭了，很多商人无法重操原有行业，但是恢复最快的却是西道堂的“天兴隆 ”，因此我们会以此历史事件作为评定商号实力的一个标准。

明朝时期甘、青、宁回族的商业经济最主要表现为茶马贸易以及邻近少数民族地区的商品交易上[②]。明朝开国皇帝朱元璋派遣沐英率军西征，从南京到达洮州旧城平定动乱，并长期驻扎于此。之后军中回族军人于1379在洮州旧城建立了当地第一座清真寺[③]，并且开始与洮河地区的藏族游牧和定居居民，以及河州（今临夏）和洮州北部及东部地区的居民开始生意往来。又因为洮州地处交通要道，因此于明朝洪武（1368—1399）年间在此建立了茶马司[④]。从此洮州旧城便逐步成为甘南地区最重要的贸易集散地和多民族多元文化的中心[⑤]。洮州的经济发展主要依赖于南（向四川、云南）、北（拉卜楞地区、河州、兰州）两条商道。综上所述，洮州旧城是一个不同民族、文化、语言、宗教的中心交叉点。

清朝前期出现“康乾盛世”，西北地区的茶马互市制度也日趋完善，交往更加频

---

① 古称“洮州”的临潭县，地处中国大西北甘肃南部黄土高原和青藏高原交汇处，是一个汉、回、藏等多民族聚居县。1913年洮州厅改为临潭县，下设6区。临潭县商业，以旧城为最盛，新城为政治中心。

② 明朝廷为了保证茶马贸易的顺利，先后在河洲（今甘肃临夏）、洮洲（今甘肃临潭）、秦州（今甘肃天水）、西宁等地设茶马司，负责用四川、汉中等地出产的茶叶，换取甘肃及周边蒙藏少数民族地区出产的马匹。关于“茶马贸易”请看：Morris Rossabi, *The tea and horse trade with inner Asia during the Ming*, Journal of Asian History, 1970, 4/2，第140—156页。丁汝俊：《论明代对西北边陲重镇洮州卫的经营》，《西北民族研究》1993年第2期，第94—107页。陈世明：《明清河州“招茶中马十九族”及其茶马贸易》，《甘肃民族研究》1991年第4期，第85—92页。郎建兰：《藏区的茶马古道概述》，《甘肃民族研究》2001年第3期，第75—79页。谢玉杰：《明王朝与西北诸番地区的茶马贸易》，《西北民族研究》1986年第1期，第311—329页。谢玉杰：《杨一清茶马整顿案评述》，《西北民族研究》1990年第1期，第201—214页。

③ 《临潭县志》，兰州：甘肃人民出版社，2001年，第953页。

④ James Millward, Beyond the Pass: Economy, Ethnicity, and Empire in Qing Xinjiang, 1759 - 1864, Stanford: Stanford University Press, 1998. 高占福：《甘青两省回藏贸易问题探讨》，《西北穆斯林社会问题研究》，兰州：甘肃民族出版社，1991年，第326—338页。

⑤ 不同民族在洮州的社会分工有所不同：藏族主要从事农业和畜牧业（也有少数汉族和回族从事于此），回族主要从事本地及对外商业贸易，汉族主要从事手工业（制陶、打铁）。

繁。因此，从明代沿袭下来的茶马贸易也仍是清代回族商人从事的重要商业活动。其中，贩茶业一向都是陕西商人及回族商人垄断获利，在牲畜贩卖业中有更多的回族商人，西宁一带回民有不少人以贩马为业，兰州也一直有规模很大的骡马市。清朝覆亡后，甘青宁的回族商业经济，无论从数量上，还是范围上都有了更大的发展，主要以皮毛和藏区的土特产为主①。同治年间的陕甘回族起义，给甘青宁地区的回族商业活动带来了巨大影响，使回族商业活动在很长一段时间内衰落下来，但是回族群众在新的聚居区内重新开展了他们的商业活动，并且开始从事清真餐饮一类的新型商业活动。

1895 年的河湟事变②之后，洮州的回族士绅抑制了本地所有回族社团的矛盾，从而避免了这些回民加入反清的队伍③。他们没有参加这次史事有诸多原因，限于本课题研究范围，在此不论政治和宗教问题，只探讨经济方面。李普曼在其著作 *Familiar Strangers, A History of Muslims in Northwest China* 中写到，洮州回族为了商业活动正常进行，意识到了维护社会稳定的重要性，所以他们没有参与起义④。

进入 20 世纪后，外商洋行向西北腹地深入。清光绪二十六年（1900），天津的英商委派代办人员来河州收购羊毛⑤。同年，甘南地区的羊毛生意被英商垄断，远在藏区的拉卜楞“丛拉”上也建立起英国普伦洋行⑥和其他商行，直接收购羊毛。先在甘加、麦西、桑升、欧拉、黑错（今合作）几个地方集中，然后统一运到拉卜楞，交洋行验收过秤。19 世纪末 20 世纪初，回族皮毛商利用原有社会商业网络，迅速开展皮毛贸易，“扮演了中间人这一很重要的角色”⑦。

在地方历史上“临潭事变”是“河湟事变”带给临潭居民的一场灾难。1929 年

---

① 关于在西北的回族商业，可以参考以下专著以及论文：赖存理：《回族商业史》，北京：中国商业出版社，1988 年。党诚恩、陈宝生（主编）：《甘肃民族贸易史稿》，兰州：甘肃人民出版社，1988 年。马宗保：《回族商业经济与历史上的西部开发———以民国时期西北回族商业活动为例》，《宁夏大学学报（人文社会科学版）》2005 年第 5 期，第 28—31 页。马燕：《历史上河湟地区回族与藏族的经济交往》，《青海民族学院学报（社会科学版）》2007 年第 4 期，第 50—55 页。

② “河湟”，河指黄河，湟指湟水河，河湟指黄河及其支流湟水河流域的广大农牧业地区，地跨今甘肃、青海两省。现今的循化县，即青海省海东地区循化撒拉族自治县。

③ 马通：《中国伊斯兰教派与门宦制度史略》，宁夏：宁夏人民出版社，1995 年。

④ Jonathan N. Lipman, Familiar Strangers: *A History of Muslims in Northwest China*, *Seattle - London*: University of Washington Press, 1997.

⑤ “新泰兴”洋行驻进回族同兴店（经理王圭璋）；“怡和”洋行驻进回族吕新店（经理海师爷）。随后德商世昌洋行等 6 个商号先后来到河州开展业务。袁纣卫：《包头回族皮毛贸易（1879—1945）》，《回族研究》2007 年第 3 期，第 36—41 页。

⑥ 一些文史资料提出“普伦洋行”是英国的，还有一些提出是德国的。

⑦ 袁纣卫：《包头回族皮毛贸易（1879—1945）》，《回族研究》2007 年第 3 期，第 36—41 页。袁纣卫：《近现代回族皮贸的生产及销售的网络》，《回族研究》2008 年第 3 期，第 75—79 页。王正儒、袁纣卫：《回商与晋商经营绩效比较研究——1833—1954 年包头皮毛行业案例分析》，《回族研究》2009 年第 1 期，第 44—50 页。

的事变对临潭的商业产生了重大影响[①]。之后的商业活动不仅遭到了损害并使其商业本质发生了变化。究其事件的原因是极其错综复杂的，但归根到底，这是由于当时军阀混战无故挑拨民族感情、制造民族纠纷而演变的一场惨剧。

徐旭据1941年的调查在《新中华》（1943）写到："旧城的行商、坐庄，过去最盛的时候，拥有数十万或百万资本的就有三四十家，历经民国3年白狼之乱，18年马仲英之乱及历年来政治的不够清明，无法维持治安，所以元气未复，现在有大资本的商店，除西道堂外，尚有五六家，但资本不过数十万，拉卜楞比过去繁荣，收皮毛的坐庄有近十家之多。"[②]

因此，30年代末40年代初，很多观察者作了一些关于临潭商业活动的调查，且都提到了西道堂的特殊性。1938年顾颉刚与王树民来临潭进行关于教育的调查。王树民转述丁立夫[③]所说的内容："旧城之商业以对藏民交易为主，走藏区者，除西道堂有相关规模之组织外，均为单家，资本在千元至五千元之间，搭帮而不合股，合股者仅偶有之。每帮在十至二十人之间，以牛驮载货，携帐篷、炒面、米粮，使用器具及自卫枪支等，路上同行，至交易地点后，则各投主家，由主家介绍或直接进行交易，交易用货币货物品交换均可。普通为年走一次，远至甘孜、玉树等地。行前在旧城庄号领货，归后缴纳货款或土货。每走一次，千元资本约可趁五百之利云。民国18年之前已达千余家，势极发达，经事变损失惨重，银货二项粗计当在百万元以上，间接损失更无从计算，兹将十八年前后之商帮与输入，输出情形列表于后。"[④]在王树民的调查报告当中有不少信息，可以列出表格[⑤]。

民国30年的秋天，王志文从甘肃省银行经济研究室研究范围出发，进行了实地调查并编著的《甘肃省西南部边区考察记》[⑥]："临潭主要产物，据当地人民谈，则不尽土人所言，据民国28年（1939）特税局以税收数量，推算旧城贸易物品及其数量"，由以上信息我们可以列出表格[⑦]。

据1941年统计，全年输入布匹、粮食、面粉、日用百货39万余银元。1947年仅羊皮输出152 000多张，毛褐1000多匹，猪鬃、牛皮等贸易额达银洋300余万元[⑧]。

---

① 关于"临潭事变"请看：子亨、若愚：《"临潭事变"真相》，《青海民族学院学报（社会科学版）》1985年第3期，第31—35页。《临潭简史》，《临潭县文史资料》（第四辑），中国人民政治协商会议，1991年，第205—216页。马通：《中国伊斯兰教派与门宦制度史略》，宁夏：宁夏人民出版社，1995年。

② 徐旭：《甘肃藏区畜牧社会的建设问题》，《西北民族宗教史料文稿（甘肃分册）》，兰州：甘肃省图馆，1983年，第485—492页（摘自《新中华》1943年9月号）。

③ 王树民给丁立夫的介绍："丁君世奉回教（属旧教），现在区署中供职。"

④ 王树民：《陇游日记》，《曙庵文史续录》，北京：中华书局，2004年，第349—516页。

⑤ 请参看附录一（表1、2、3）。

⑥ 王志文编著：《甘肃省西南部边区考察记》，甘肃省银行经济研究室1942年，第84—88页。

⑦ 请参看附录二（表1、2、3），附录三（表1、2、3）。

⑧ 《临潭县志（1991—2006）》，兰州：甘肃人民出版社，2008年，第799页。

这两个调查的内容很互补，王树民强调的是输入，而王志文强调的是输出。进行调查的时间相差也只有三年，但王志文采用1939年的统计数。调查的方法也比较相似，都是依靠本地居民的口述。王树民的社会考察很珍贵，因为它对比了1929年前后的生意状况，从而证明了事变之前临潭旧城的商业活动很活跃，是一个“中转型”的城镇。此数据列表显示了“临潭事变”这个历史转折对该地商业贸易所造成的巨大经济损失，如：货物价格急剧上涨、输入及输出总量大幅下降至先前的一半。王志文的调查也很有价值，因为他的调查中货物分类清楚，特别是对药材的分类。

1929年之前，洮州作为商业中心在本地和外地均发挥着积极的作用，不仅洮州商人加入了更为广泛的商业网络，而且也吸引了大批外地商帮、商号的涌入。附录的列表就充分证明了皮毛行业及其商业网络的迅速发展，在本地市场所占比例为57.47%。输入方面各种布料所占比例比较高，但是计数的布料以棉布为主，没有绸缎的统计。而我们的调查证实了民国时期少量绸缎进入了洮州并输运到藏族地区。最后，观察者的考察记中关于西道堂所占特殊地位的文章引起了我们的关注，因为他们将西道堂的商业活动视为特例①。为什么他们的列表不包含西道堂的商业活动，只有家族形式的商铺。也许是因为西道堂的经济组织不符合他们的调查方式。

田野调查的时候（2007年），藏族老人赠送给我们银币（图二）来证明交易的时候藏民也使用货币，而不仅是物物交换，两种交易的方式都有。这枚银币是中华民国成立时铸造的纪念币，币中人物为孙中山，发行数量并不是很大，当时整个民国时期流通的主要银币是铸有袁世凯头像，俗称“袁大头”的银币，藏区货币贸易应该也以这种银币为主，它曾作为甘南藏族妇女服饰上饰品。但是这些数量并不是很多的孙中山开国纪念币，却能够流通到偏远的藏区，也恰好说明了内地与藏区贸易往来的频繁。

图二　藏族老人赠送的银币（Hille摄）

① 王志文描述回民商人的时候提出：“回教人民，具有勇敢冒险之精神，故临潭商业大权，自清代以后，始终操诸回民之手……旧城商业大权，操诸回教新新教（新新教指西道堂）之手。”

二、西道堂为洮商贸易活动的个案：商业组织形式及管理

为什么西道堂的商业活动在1929年之后没有被毁灭反而更加蓬勃发展？为了回答这个问题，我们就先要探讨这个宗教社团的特点、商业活动的起步、发展过程及其经济体系的组织及管理。

1. 西道堂的组织形式

西道堂的创立与宗教团体的特点

清末时期频繁的天灾人祸、日渐繁重的苛捐杂税和专制政府腐败无能，导致社会动乱弊患丛生，社会矛盾冲突加剧，广大底层民众困苦无望。在此乱世之中，马启西（1857—1914）根据社会现实、顺应人民的期望创立了自己独到而符合实际的思想理论，并于1890年创立了私塾“金星堂”，由此开始将自己的思想付诸实践。“金星堂”在1908年[①]改名为“西道堂”。西道堂这一“教门”从创建至今由马启西、丁全功（1868—1917）、马明仁（1894—1946）、敏志道（1880—1957）、敏生光担任教长。

在组织上，截至1958年西道堂的教民共有两种生活模式：集体户和个体户，部分教民以道堂为家过集体生活，西道堂的“大家庭组织”存在了60多年。1938年王树民的笔下，这样描述西道堂：“入堂之教民须尽献其生命与财产于道堂，而一切工作、生活、教育、婚丧、赡养等概由道堂为之安排。换言之，西道堂如一独立大家庭或单位小社会，人民动悉生活于其中，均为组织中之一员，彼此间无尔我之别，而共赴于人生之最高目的地。”[②]这两种生活模式是西道堂发展繁荣的基础，也正是因为如此，西道堂才得以在其他教派冲突矛盾不断的衰落时期反而更加团结壮大[③]。同时西道堂也是一个社会经济实体。民国时期的三代教长倡导实业、兴办教育，采用分工合伙的经营方式从事农、商、林、牧、副等各业的生产，形成了一个颇具灵活性的社

---

① 一说为1907年。本文据《西道堂大事记》，《西道堂史料辑》，西宁：青海民族学院民族研究所，1987年，第241—267页。

② 王树民：《陇游日记》，《曙庵文史续录》，北京：中华书局，2004年，第349—516页。

③ 丁谦、马德良：《浅谈解放前西道堂的农业经济》，《甘肃民族研究》1991年第4期，第61—70页。作者写道：“包括马启西在内的西道堂负责人们，平日在家里，简朴穿着，平易近人。他们常与教下人一块参加劳动，廉洁守正，率先吃苦，起了很好的带头作用。……教民们把为集体多作贡献看做是最光荣的事，因而干什么都很自觉，也勇于接受任务，服从分配，从不计较个人得失。”第64页。

会分工体系①。至1949年西道堂组织机构参见附录四。

以农业与牧业为基础

自从脱离北庄门宦后，西道堂被其他教派所排斥孤立，这反而使得它的内部更加团结。在总共13个农庄（“大家庭”②）中，有4个是在马启西在世时创建的。每个大家庭都有负责人管理工作分配、农业生产。丁谦强调西道堂经济赖以发展的四个原因：“在马启西创业时代，由于西道堂人数的不断增加，源源不绝的劳力投入了农业生产，在平等结成的生产关系和讲求实效的经营管理支配下，农业经济于短期内就呈现一派勃勃的生机，在社会上产生了很大的吸引力。”③ 只有当农业和手工业发展到一定程度之后才可能开展畜牧业和商业，并且这四个行业与后来的林业各自成为一个独立组织。

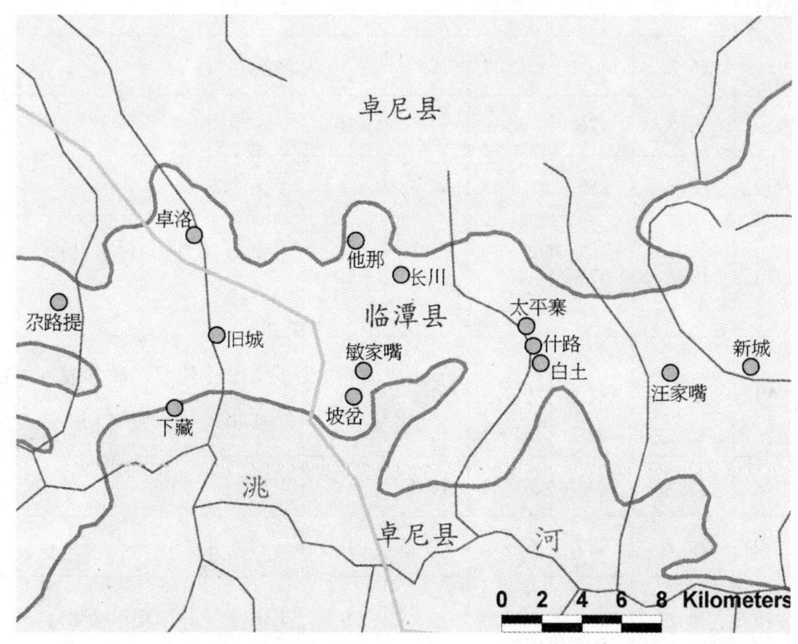

图三　新中国成立前西道堂农庄地点图（台北“中央研究院”提供）

下面列表中的有关数据均以新中国成立前实际数字统计。农业人口为从事农业生产的人员。合计从事农业人口约992人，耕地面积（亩）总计9923.9，其中自耕地

---

① 刘书祥、高占福、马中平：《新时期伊斯兰教适应社会发展的探索——西道堂现状的调查与思考》，《甘肃民族研究》2002年第3期，第56—61页。李普曼是第一位因为提出了西道堂组织的特殊性而受到学界关注的西方学者，请看：Jonathan N. Lipman, *The Xidaotang of Ma Qixi : A Sino - Islamic Collectivist Movement in Southern Gansu* , Etudes Orientales, 2003, 19/20.

② 似乎“大家庭”这个词西道堂的教民一般不用，他们用“道堂”是指旧城的大房子。这个词的使用20世纪80年代起出现。

③ 丁谦、马德良：《浅谈解放前西道堂的农业经济》，《甘肃民族研究》1991年第4期，第61—70页。

7130.4，出租地676，救济地1017.5：

农庄名称	创建时间	农业人数	耕地面积（亩）				负责人（亲戚、血缘关系）
			总计	自耕地	出租地	救济地	
旧城	1890	480多人	1597.8	1239.3	163	195.5	马连喜（马明仁大伯的长子）
卓洛	1916	146人	1549.2	1335.7	45	168.5	敏文祥〔敏学成（西道堂第四任教长）的三哥（敏学忠）的次子〕
长川	1914	29人	473.2	397.2	60	16	丁色儿哥子
他那	1932	14人	267	262		5	敏惹哥
坡岔	1939	15人	245.8	219.8	23	3	敏怒哥
白土	1929	20人	476	466		10	丁正科
新城	1939	18人	289	295		4	丁正光
汪家嘴	1914	19人	475	465		10	丁文焕〔马寿山（马明仁的哥哥）的女婿〕
太平寨	1912	38人	281.5	256.5	19	6	丁士俊〔他娶了敏学成（第四教长）的女儿（敏买力叶）〕
尕录提	1943	35人	384.4	363.4	16.5	4.5	丁良弼
下藏	1932	29人	987	645.5	331.5	10	马六乙儿
什路	1919	28人	259	250		9	丁正奎（马寿山的女婿）
敏家嘴	1939	15人	269	259		10	敏拉黑

该表由丁谦、马德良的文章及《西道堂史料辑》中数据资料整理而成。

2. 经济体系及经商方式

1904年在洮州旧城，以教生丁重明所捐银一万两为本金，西道堂建立了商号“天兴隆”，1905年在洮州新城由丁重明捐银1000两，建立了分号“天兴亨”，并且其商队逐步深入安多藏区①。

从发展初期来看，由于河州一带的经济早已被华寺门宦、北庄门宦的商人所垄断，并且处于马安良的掌控中，因此西道堂只能进入藏区开展贸易，即便如此，洮州旧城的商业竞争依然非常激烈。马安良在洮州与华寺门宦的首富敏含章，在政治、宗教、经济方面建立了密切关系②。因为成为了敏含章“义兴恭”商号的主要竞争者，自此“天兴隆”也具有了很特殊的地位。“清末民国初期马安良势力最大已基本控制甘肃，1908 年为了控制藏区经济他试图拉拢马启西但未成功”③。被拒绝之后的马安良对马启西心怀怨恨，于 1914 年将马启西及其兄弟教徒等 17 人借机杀害。马安良去世后（1919），西道堂处境改变才得以发展经济。

西道堂贸易形式跟其他商号一样以“坐商”（定点的商号）和“行商”（牛马驮运商贩）为主。1906 年以卓洛农庄的 30 余头驮牛为基础，组织行商向外地发展，派出行商商队设点经营，因此有“西道堂行商经营，始于卓洛”之说。西道堂商人在贸易中发挥“中间人”的作用，他们从藏区输出大宗商品，如：马、牛、羊及皮毛、药材等，从外地输入的商品有茶叶、食盐、食糖、布匹、锅、陶瓷、宝石（松石、玛瑙、珊瑚、玉石）等民族特需品。

1919 年到 1946 年是西道堂商业在甘青康川地区发展的繁荣时期，商队的目的地为碌曲（甘肃）、果洛（4 个）、吉尔甸、三哦罗 、玉树（2 个）、同德（青海）、色儿他、康定、甘孜、阿坝（四川）。商队有两种：一种是直接给商号输送商品，路上不会给藏区居民出售东西，货品全部送达给固定点；另外一个是专门与藏区的居民做生意，路上不断地走走停停。但每个商队都会从自己的大家庭出发到洮州集中起来。

下面列表介绍 1929 年之前行商的情形。至 1929 年，拥有 14 个牛马行商队，驮牛达到 1000 余头，马匹 100 多匹，拥有资金约达银元 10 余万。

---

① 子亨：《中国伊斯兰教西道堂史略》，《西道堂史料辑》，西宁：西北民族学院民族研究所和青海民族学院民族研究所共同整理，1987 年，第 1—74 页。作者写道：“西道堂的经济来源，主要依靠商业，其次是经营农业、林业、畜牧业和其他实业活动。在道祖创教时期即建立集体经济。从光绪三十一年即建立了坐商和行商。当时西道堂在临潭旧城建立了坐商天兴隆号，其资金的来源系太平寨教民丁重明先生捐出银 一万两。在新城建立了分号天兴亨，资金的来源，也是由丁重明先生捐银一千两而奠基础的。”马通在《中国伊斯兰教教派与门宦制度史略》（1981 年）中，关于天兴隆的建立写道：“生活费用除靠教徒的施舍外，主要靠丁重明捐献的一万两银子在旧城和岷县开设的‘天兴隆’、‘天兴永’等两个商号，三个商店的收入来维持的。”第 123 页。

② 关连吉：《西道堂历史概述》，《西道堂史料辑》，西宁：西北民族学院民族研究所和青海民族学院民族研究所共同整理，1987 年，第 75—96 页。作者说：“马安良对西道堂早有成见，又于‘义兴恭’处有三万两银子入股。”

③ Jonathan N. Lipman, Familiar Strangers: *A History of Muslims in Northwest China*, *Seattle - London*: University of Washington Press, 1997. 马雪莲、周大鸣：《左宗棠的“善后”措施与马安良——兼论对西道堂的影响》，《西北民族研究》2007 年第 2 期，第 139—146 页。

目的地	经理	亲戚关系	归属农庄
四川阿坝	敏三九		临潭
青海玉树	敏学忠	西道堂第四任教长（敏学成，字志道）的哥哥	卓洛
青海果洛	马建元	1906 年参加第二次赴麦加朝觐	——
青海果洛	敏五乙子		——
青海吉儿甸	马建功	跟马建元有亲戚关系	——
	敏六三子	敏学成大哥（敏学礼）的儿子	
青海同德	马建勋	跟马建元有亲戚关系	太平寨
青海三哦罗	敏成爸		——
	敏卜都		
甘南州碌曲	丁四爸		——
青海玉树	敏学忠	敏学成（西道堂第四任教长）的哥哥	卓洛
青海果洛	敏乙哥		——
青海果洛	单乙哥	单家族 1902 年归顺西道堂	——
四川色儿他	丁正义		——
四川甘孜	敏子俊		卓洛
四川康定	敏成瑞		卓洛

坐商也在 1919 年得到迅速发展。道祖马启西殉难之后，首先恢复了新、旧两城商号，改旧城“天兴隆”商号为总号，新城的“天兴亨”为分号，并在旧城增设“天兴泰”分号。所有的商号都由总经理和副经理来管理，根据各地地理环境、交通情况、贸易关系、经营范围等实际情况，坐商几经建、撤、并、分、扩等整顿与调整，构成以旧城为轴心，向外辐射的坐商据点和信息窗口。以旧城“天兴隆”总号为指挥中心，及时发出信息，反映经营情报，加速商品周转，按时收发货物，活跃流通领域，增加资金积累，促进商业更上一层楼。

下面的列表介绍 1929 之前坐商的情形。经过一番周密筹划调整，颇有成效，坐商达 15 个，固定流动资金猛增，达 20 余万银元。

地点	分号名称	经理	亲戚关系
临潭旧城	天兴隆（总号）	马寿山	马明仁的哥哥
临潭旧城	天兴永	马达真	
临潭旧城	天兴泰	马佑承	马明仁大伯的孙女婿
临潭旧城	永兴隆	丁正宗	
临潭新城	天兴亨	丁重礼、丁正光	
临潭太平寨	天兴亨	丁重礼	
四川阿坝	天兴隆	丁重义	
四川松潘	天兴隆	敏海峰	马启西女儿（汝必代）之丈夫。熟读刘氏汉译著作。他自己的女儿嫁给马明仁的次子（马富春）
		马复德	马明仁的弟弟（老四），马明仁为老二

（续表）

地点	分号名称	经理	亲戚关系
青海同德	天兴德	马建勋	
青海玉树	天兴隆	敏学义	
青海三俄罗	天兴隆	敏成功	
四川甘孜	天兴隆	敏子俊	
甘肃岷县	天兴昌	丁正源	
四川阿坝	天兴德	马复林	马明仁的表兄弟（马又哥的儿子）
兰州	天兴隆	马辅臣	

1929 年之后很多规模比较小的商号倒闭了，当时西道堂的商业力量已经非常强盛，事变发生的时候商人把资金都转移到了拉卜楞寺地区。1932 年临潭恢复稳定之后，西道堂对原有的行商作了必要的巩固与调整，缩减了坐商的数量，除保留“天兴隆”总号，“天兴永”、“天兴亨”分号外，其余全部停业。为了更好地把藏区的羊毛等物品运往天津，又在今河北省张家口市设立商栈一处，经理为马寿山。1935 年在天津开设了“天兴隆”分号，成为西道堂在外省开设的第一个坐商商号。

行商在原有的基础上又扩建了七个商队：

第一商队　　经理单文伟

第二商队　　经理丁三什儿

第三商队　　经理丁巴勒

第四商队　　经理丁士俊

第五商队　　经理敏顺哥

第六商队　　经理马万德

第七商队　　经理丁正辉

至此，西道堂行商总数已经发展到了 20 个，这 20 个行商商队共有驮牛 1700 多头，马匹 200 余匹，流动资金达银元 16 万余。

截至 1949 年，“天兴隆”坐商分号更是遍及四川、青海、陕西、宁夏、甘肃、碌曲拉仁关，并在岷县、夏河建立了贸易集散地。成都、松潘、兰州、西安、张家口、北京、天津、上海、内蒙古均设有商行。在汉口、江西、广州、河南、新疆、西藏等地也设有商业网点，经营皮张、鹿茸、麝香等物资交易①。按照目的地的资源和需求，西道堂商队各形式组织之间差异很大，每一个行业意味着不同的组织和职能，分

① 《临潭县志（1991—2006）》，兰州：甘肃人民出版社，2008 年，第 796 页。

别有：牛马贸易商队[①]、从事皮毛贩运的牛马商队、盐帮驮队、马鸡翎子的生意（出口至法国，在欧洲褐马鸡的羽毛（叫翎子）装饰着帽子）。

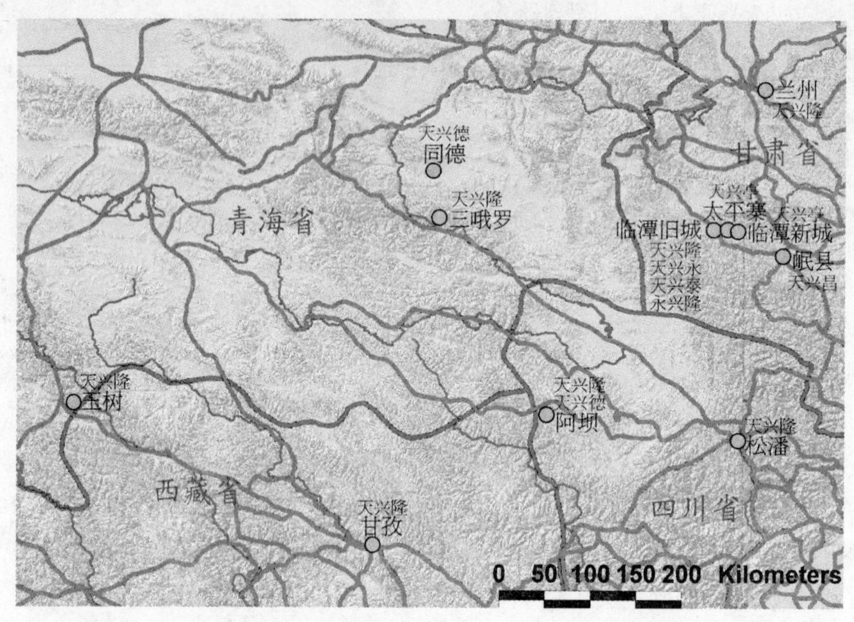

图四 新中国成立前西道堂商号地点图（台北“中央研究院”提供）

3. 组织管理、商业技能与无我为公的精神

亲戚与血缘关系

许多学者在分析西道堂商业发展的时候提出亲戚关系和血缘的重要性。李晓英在他的博士论文中写到[②]：“西道堂的总号及其分号，包括西道堂所贷款的小商小贩的人员上，多带有一定的血缘关系。所以说西道堂的商业，实际上就是建立在他们的宗教组织——寺坊基础之上的，他们在人员的雇佣和使用上、在信用关系的建立上都是靠这种血缘、教缘、族缘等关系来维系的，而这种血缘观念的加强，在很大程度又有利于西道堂商业的发展。”然而根据田野调查的结果，我们不认为西道堂商业的发展是靠“血缘、教缘、族缘等关系”建立的，而是凭借另外的一些标准，如：个人能力、人才培养、商业道德素养，逐步形成了一个具有灵活性、充满弹性的商业世界。我们不是说血缘关系的因素完全不存在，只是这并不能完全涵盖西道堂复杂的组织成

---

① 西道堂的商人跟其他的洮州商人相似，向藏区运进日用百货等，从藏区购买或以物资交换牛、马、羊等牧畜，赶往旧城出售。“牛马主要来源于青海玉树、果洛，四川阿坝、若尔盖，甘肃碌曲、玛曲、夏河等地，骡马交易会上的牧畜交易约达5000多头（匹只），据1941年的不完全统计，旧城交易马3000多匹，牛2000多头，羊4000多只，全年总输出牧畜额价值银元330多万元，牛马主要贩往陕西、岷县、西和、礼县等地。”《临潭县志（1991—2006）》，2008年，第798页。

② 李晓英：《文化·网络与羊毛贸易：近代甘宁青回族商人（1894—1937年）》，厦门大学博士学位论文，戴一峰教授，中国近现代史，2007年5月。

员社会关系，换言之，“血缘、教缘、族缘等关系”只是其多种组织成员关系的一部分。并且，西道堂在民国前期时仍是一个规模较小的宗教社团，血缘、族缘关系并不是其组织成员关系的总和。因为西道堂有一个特点是创教初期即是不以血缘、族缘的关系作为建立组织的维系根本，其后来第一批教民的后代及族亲占据要职往往是因其出众的宗教信仰修养和品学能力，而不只是单纯凭借相互的血缘关系。实际上，“天兴隆”总号和分号的历任经理马德隆、马寿山、黎怀仁、敏学忠、丁重礼及其家族成员，与先后三任教长马启西、马明仁、敏志道虽然有一定程度的亲戚关系，但是其他大部分的经理和负责人与三任教长并没有直系的血缘、亲属关系，例如马建元（马建功、马建勋）的家族、敏成瑞（敏成爸、敏成功）的家族、马辅臣的家族。所以在此范围内，我们认为虽然亲戚关系起到一定的作用，但不能将此完全作为西道堂成功建立社团组织关系的唯一原因。

无我为公精神

西道堂的经济模式是集体式，教民从事各项行业是为了宗教社团而不是个人利益。这种集体生活和组织方式，意味着成员之间具有“利他主义”色彩的团结互助精神。教民们的人生目的和生活方式是一致的，他们的辛劳付出，是为了发展壮大道堂这个宗教社团。而社团组织也为教民创造了稳定可靠的环境，提供了个体生存和生活的基本物质需要，促使成员加入集体生活并成为其中一员的精神动力就是来自马启西创立的具有“无我为公”性质的教派信仰学说。

一些新中国成立前参加过商队及集体生活的高龄商人综合叙述了这种生活方式：

……不付工资，由老板来估算他那里的人一年的吃饭、穿衣等需要多少开支，然后上报给道堂，然后再由道堂分给。还是集体生活，老板个人都没有收入。从现实来看似乎不合理，但是西道堂的特点在此，所有的人都是同吃，同住，统一安排的，你的老婆的劳动、孩子的上学，都由道堂统一安排，所以你可以做的就是奉献。

如果（经理）一直干得很好就可以一直干下去。当时西道堂和很多其他的人有生意上的合作，但是收入是不混合的，他们的收入是个人的但是我们的收入是集体的。我们在生意上合作但是在收入上分得很清楚。个人收入就是为了生活，但是在西道堂这些方面都解决了，所以就是为集体作贡献。家里的一切都解决了，只要贡献好就可以了。从当时的实际情况来说，产生西道堂的时候社会很落后，很多人的吃、穿都有问题，所以人们追求的不是经济的发展而是基本的生活可以过下去。在这个现实基础上通过我们道祖的讲解有了深层次的认识。这些人依靠集体的力量来渡过难关，在外没法生活的人来到大家庭，一起可以继续生活，没有嫉妒或者不满的想法。我们有一种“后世”的观念，现在的贡献就是在领取“后世”的报酬。这是从伊斯兰教的思想来的。

他们（天兴隆商号的商人）是一起面对社会的，因为都是统一分配的。但是哪个地方的生意好、收入高，群众就对那里的经理更尊重一些，印象更好一些。宗教里，就是谁的贡献大就受到尊敬。不是靠什么，而是群众看到的逐渐认识到的。

管理及财务会计

西道堂各个部门之间的相互协作、相互制约及各种制度化的管理方式，体现了它组织机构的复杂性，而信息的交流和互通则是重中之重。敏生光教长在“中国伊斯兰教第六次代表会议暨中国伊协成立四十周年庆祝大会”的发言中提到：“各业间联系紧密，配合协调，综合功能易于发挥。各业虽独立运行，进行创收，但由于有统一的规划和调配，在人力、物力和资金安排上避免了不必要的重复，因而经济秩序比较好。”[①] 西道堂通过组织管理和会计技术的掌握应用，成功建立了规模较大的宗教社团和经济实体[②]。一些商人的口述回忆也有一些细节描述：

（如果）需要的数目比较大，卓洛的不够就由西道堂来补给，成本核算下来有500元，统一给西道堂就可以了，是互相补给、统一核算的道理。谁有了困难可以扶持，但是账目上你要最终给西道堂交回。

每个家庭根据自己的情况去管理，比如7岁的孩子分配多少粮食、布匹等。那些没有家的人，有西道堂测算好之后统一分配，就不会存在没有粮食吃、没有衣服穿的问题了。都是统一的，从吃、穿、住都是统一、平等的。

由于自课题研究开始以来我们始终没有找到跟西道堂组织管理、会计方式有关的档案文献或者个人口述资料，因此调查研究的深度和广度受到较多局限。“天兴隆”总号和分号采用何种会计簿记方式是我们非常关注的问题，但至此尚无充分材料来进行探讨[③]。

人才的培养

自创教以来，历任教长都很重视管理人员的培养。“西道堂经济结构庞大，系统性强，对经济管理人才的需要非常迫切，因此培养必须及时，选拔务求准确。”[④] 为了培养人才，历任教长重视兴办教育，使得商业人员的文化水平有了很大提高，增强了他们的经济信息分析的能力。并有“在外地当学徒，学本领。经协商派一些有文化的青年人到别人开办的企业中工作，边当学徒，边学生意，学成后回来委以相应的

---

① 敏生光：《面向未来　发扬穆斯林经济文化传统》，《新月之光》，兰州：甘肃民族出版社，2007年，第131—139页。

② 关于“大家庭”结构的组织，请看附录四。

③ 我们2008年参加《行业文化与行业技术传承》，董晓萍和蓝克利（Christian Lamouroux）的报告在会计方面及管理方面引起了我们的关注。但是因为2008、2009年甘南的特殊情况，我们还没有得到在临潭继续调查的机会。关于在中国会计的历史，可参见郭道杨：《中国会计史稿》（下册），北京：中国财政经济出版社，1988年，646页。

④ 敏生光：《面向未来　发扬穆斯林经济文化传统》，《新月之光》，兰州：甘肃民族出版社，2007年，第131—139页。

工作"[①]。此外，有一些人在北大、兰大等高校进行学习培养后直接参与经济活动，人才的培养是一个很关键的因素。

西道堂经济的发展经过了几个逐步渐进的发展过程，而不是一下子建立完成的。"西道堂经济的发展显示出阶段性规律，各业的发展分阶段逐次进行、稳步扩大。"[②]

三、两个不同文化世界的中间人：互动与调适

虽然西道堂商人经营的行业有好几种（牛马贸易、食盐、草药、日用品），但我们在这篇文章中主要是探讨其在皮毛行业的垄断。我们的目的是通过深入地方历史，从而更加了解西道堂的商人在西北甘肃的社会里所发挥的作用及地位。因此，以皮毛贩运的牛马驼队为例，可以深入彻底地分析西道堂商人所扮演的中间人角色。

1. 以进行皮毛贩运的牛马驮队为例

1932 年，洮州著名文人吕方规《看贩子出口》一诗，形象描绘了皮毛商队的盛况：

番帽番衣番样穿，腰悬利刃背生烟。
驽马识途能致远，驮牛负重各争先。
笠天席地何辞苦，暑寒夏冬不计年。
皮毛满载归来日，猎犬狺狺犹带膻。

在马鹤天先生写的《甘青藏边区考察记》的第二编《青边玉树》里，作者描述了民国 26 年（1937）青海玉树的商业状况。如在青海玉树，由于这一地区羊毛产量较大，质量好，所以西道堂的行商、坐商都在这一地区活动，坐商专门负责这一地区的皮毛收购。玉树地区世居着玉树 25 族，每年这些藏民族都会在附近的寺院朝拜，顺便交易货物，所以玉树已具规模的集市地点都在寺院附近[③]。"南部藏人集市，多在寺院，有定期，凡会期将届，商贩不远千里而来。平时则多聚集于结古等处，亦有平时皆多聚集于结古寺等处，亦有负贩之各村落者。以月言，每月某日到某日，在某地集市。俱有一定。各市镇之中，设有三日为集市之期，如三六九或二五八或一四七

① 敏生光：《面向未来　发扬穆斯林经济文化传统》，《新月之光》，兰州：甘肃民族出版社，2007 年，第 143 页。

② 敏生光：《面向未来发扬穆斯林经济文化传统》，《新月之光》，兰州：甘肃民族出版社，2007 年，第 131—139 页。我们 2008 年参加《行业文化与行业技术传承》，董晓萍和蓝克利（Christian Lamouroux）的报告讨论时，评论人科大卫先生（David Faure）强调一个要素：分析商业会计的时候必须从几个方面（发展家庭、孩子教育、市场变化）着手，尤其重视过程。

③ 马鹤天：《甘青藏边区考察记》，兰州：甘肃人民出版社，2002 年。

等日，每三日为一场。”①

1941 年甘南主要地区羊毛产量估计表：

项目	羊毛（单位：千市斤）		羊皮（单位：百张）	
	绵羊毛	山羊毛	绵羊皮	山羊皮
全区	2．321	288	533	184
夏河全县	1．669	113	445	64
卓尼全县	100	172	38	118
临潭藏区	562	3	150	2

顾少白：《甘肃西南边区之畜牧》，《西北经济通讯》1942 年 1 卷 7、8 期

“天兴隆”商行从事的皮毛收购业中的行商活动范围包括甘肃和青海玉树、果洛、海北等地，行商驮队在经理们的带领下到草原腹地收购羊毛，销售藏族生活日用品。西道堂“天兴隆”玉树分号的坐商当时在结古开设店铺，当玉树佛教寺院开始集会之时，“天兴隆”玉树分号就会前往各寺院附近的集市去收买羊毛等畜牧业产品。当玉树分号的坐商收购好羊毛等商品后，玉树分号的行商就会前来把这些商品运回临潭的总号。唯一的不同是，行商在每年固定的时间，即一般是在羊毛等牧畜产品的收获季节，带上蒙藏民族日常所需要的粮食、布匹等日常生活用品，前往一些游牧民族地区进行物品交易。

临潭宗教集团皮毛商号如下：

商号	经理	籍贯	经营	民族	资金	隶属
天兴隆	马寿山	临潭	藏族生活日用品、皮毛	回	100 多万	西道堂
义兴恭	敏翰章	临潭	皮毛	回	10 万以下（马安良 3 万）	华寺

根据《西道堂史料辑》整理

1920 年前，西道堂从牧区收购的羊毛主要是运往河州销售。随着洋行在河州等地撤离，西道堂为了进一步降低商业成本，于同年在兰州开设了坐商商号，这样，他们便把收购来的羊毛等畜牧业产品直接运送到兰州，再通过兰州的筏子店和骆驼行运往包头。

1929 年事变后，在夏河又开辟了一处贸易集散地，由“天兴隆”前任总经理马寿山率马元顺、丁士杰经营，所有拉勒关（即“拉仁关”）总号批发的各类皮张和羊

① 民国《玉树县志稿》，台北：成文出版社，1968 年，第 152—153 页。转引自李晓英的博士学位论文《文化·网络与羊毛贸易：近代甘宁青回族商人（1894—1937 年）》，厦门大学，2007 年，第 186 页。

关于寺院的商业活动，请看张世海：《民国时期安多地区的回藏贸易》，《回族研究》1997 年第 2 期，第 56—62 页。王琦：《拉卜楞上下塔哇解放前的经济结构和政治状况》，《西北史地》1986 年第 3 期，第 63—74 页。郎措：《拉卜楞寺院及喇嘛经商状况探析》，《甘肃民族研究》1999 年第 2 期，第 85—92 页。陈世明：《解放前的拉卜楞民族商业贸易》，《甘肃民族研究》1990 年第 1 期，第 30—38 页。

毛，均由此脱售。藏区所需的布匹杂货等物，在兰州购就，由骡队陆继驮运至夏河，再分配各行商队驮往藏区。

1929—1932 年在夏河经营三年，与英国普伦洋行[①]建立贸易关系，做生意三次：第一次出售野牲皮张共收入银 18000 余两，第二次出售野牲皮张共收入银 16300 余两，第三次出售野牲皮张共收入硬币 15390 元，三次的贸易总额达白银 34300 余两、银元 15390 元。又给鼎新成号出售野牲皮张及云板皮，共收入硬币 1 万元[②]。

1932 年，随着国际羊毛市场价格的又一次抬升，西道堂更是自己组织了一支由 60 峰骆驼组成的运输队，在经理马仁山的带领下，在冬季直接用驼队运输羊毛到包头[③]。（当年）"天兴隆流动资金达银元 16 万余两……西道堂加强与外省的商业交流，扩充骆驼 60 峰，派经理马仁山专往归绥、包头等处经商。"[④]

1935 年，西道堂在天津设立"天兴隆"分号，直接将其商业势力扩展到天津。1936 年丁明德进行了考察，这次考察所作的《拉卜楞之商务》一文刊载于《方志》，1936 年 9 月考察的主要目标即为统计出入货物数量。关于商业之概况，笔者写道："拉卜楞商号在十万元以上者，仅为英商普伦洋行、魁元永皮庄、德合生三家，资本在一万元以上者，不过二十家。近年因感受世界经济恐慌，魁元永皮庄、德合生虽勉强支持，而生意逐渐萧条，门市已呈冷落之象。毛商因多系临夏回民官绅之资本，多财善贾，生意较为兴隆，其他杂货及津川杂货小商号，共二百一十七家。"[⑤]

为了能更多地收购本地区和邻近地区的羊毛等畜牧业产品，除行商和坐商外，西道堂会贷款给一些小商贩，让他们深入藏区换取皮毛等物品。这些贷款通常要加息 2 分到 3 分，并要把收回来的皮毛等商品全部卖给西道堂。王树民写的洮州日记中提到这个现象：

> 十八年之前，其（西道堂）资本只在十万元左右，有田二三十石，今则积资已达百万元左右，田地在一百石以上。在外经商者一百二三十人，农

---

① 甘肃畜产品毛皮等出口始于光绪时，先后在甘肃活动过的外贸外商主要有英商新泰兴洋行、高林洋行、聚利洋行、仁记洋行、瑞记洋行、天长洋行、普伦洋行、平和洋行，德商世昌洋行、美最时洋行，美商慎昌洋行，法商永兴洋行，日商春天藏洋行，俄商古宝财洋行。光宣之际，拉卜楞、永登、靖远、景泰、张家川等地都是甘肃外贸的中级市场。

② 《西道堂史料辑》，西宁：西北民族学院民族研究所和青海民族学院民族研究所共同整理，1987 年，第 27 页。

③ 关于甘肃的皮筏运输业和骆驼运输业，请看张慎微：《甘肃的骆驼运输》，《甘肃文史资料》第 26 辑，1986 年，第 110—113 页。王信臣：《解放前甘肃的皮筏运输业》，《兰州文史资料》第 3 辑，1987 年，第 162—171 页。王信臣、苏耀江：《甘肃的皮筏运输业》，《西北回族与伊斯兰教》，银川：宁夏人民出版社，1993 年，第 202—211 页。张世海：《别具特色的回族运输业》，《中国回族暨伊斯兰教研究》，兰州：甘肃民族出版社，2007 年，第 63—75 页。

④ 袁纣卫：《包头回族皮毛贸易（1879 - 1945）》，《回族研究》2007 年第 3 期，第 36—41 页。

⑤ 丁明德：《拉卜楞之商务》，《西北民族宗教史料文稿——甘肃分册》，兰州：甘肃省图书馆 1984 年，第 543—549 页。

耕者数十人，堂内留居者二百余人，上午做工，下午休息，生活甚有规律。用饭时众人合餐而男女分席。凡奉从新教教义者皆可受其扶助，贷与资本从事藏地生意，但不能以之置田产，数额无限制，普通为一千至三四千元。今借用其资本者有五十余家，共约二十余万元云。①

通过对民国时期的社会、经济考察，我们了解到西道堂如何成为了当地商业史中的主要角色，而分析西道堂的商业历史也使我们更加理解甘肃回商的社会行为。

以上谈了西道堂促进皮毛行业发展的过程，下一部分将通过口头回忆资料试谈西道堂商人与藏族同胞的互动方式，以及如何成功地与汉族商帮、商号建立贸易关系。

2. 接触藏族世界

"商队"在民国时期被称呼为"傍"，是一个组织分工很明确的实体。按照交易的种类、路线，各地方每一个帮有不同的组织，成员也具有不同的才干，交易也采取不同的方式。

商队为统一体

民国时期安多地区社会比较混乱，西道堂商人与藏族人友谊的建立经历了一个非常复杂的过程。为了把风险和损耗降到最低，商人必须具备团结互助精神、丰富的语言沟通能力和人际交往经验、超强的野外生存技能和快速适应游牧生活的才能，否则根本无法进行贸易。商队的核心由西道堂负责人和商人共同组成，但是参加的人各个民族都有，因此可以说加入马帮最主要的条件，首先是能力、经验、信用，而不是血缘、族缘、婚缘等关系。据商人回忆：

是按照个人能力来分配的，如果你有做生意的头脑就分配你做生意……这个不是继承的，而是谁能干就由谁来干，不能干的就根据自己的情况干自己适合的，也就是分工不同。

比如我是一个经理，我这里有一个人很能干，我就会推荐给集体，然后大家商量，如果同意就给你资金去开铺子。不是说经理的儿子就是经理，或者通过什么关系，而是有没有经济头脑，没有靠关系的例子。所以各地的天兴隆的分号之间都是生意关系不是亲戚关系. …… 还是通过劳动实践来考察个人的，如果有能力就可以推荐提拔。

商队有30个人，雇的人有10个左右，雇的人不一定都是西道堂的人，也有汉族、藏族、回族。

商队的组织开展具有长期的连续性及经常性，每年参加商队的商人通常是不会更换的，成员之间都互相了解熟知。商队商人与藏族头人逐渐彼此熟悉，建立起诚信的贸易关系，其中连续性及经常性是贸易信用建立的基础因素，而可靠的贸易信用又是

① 王树民：《洮州日记》，《曙庵文史续录》，北京：中华书局，2004年，第382—452页。

实现连续性和经常性的前提保证。因此，这两个因素对商队贸易生意成功与否一直起到关键的作用。

> 商队一般不会换人，除非有人有病了，如果工作、身体都好一般是不会换人的。每个商队去的地方和做生意的人都是一样的，如果要和新的地方做生意，会再重新成立一个商队去。

据商人的回忆，商队对马帮人员的安排是很公平的，并且很有秩序和规则，根据风险共担、风险均等的原则，每天担任危险任务的人都是轮流的。谁先出发，谁最后出发也是按照这个原则来决定分派。所以规则是非常重要的，没有不遵守规则的人，采取这些办法都是为了保障所有商队成员的共同生命安全。所以这种‘esprit de corps’（互助）必须引起我们的关注。

> 天还不亮我们就收帐篷，我们是轮流走，不然大家心里会不平衡的，牛帮走的最早的就起来的最早，他们吃完早饭就叫别的牛帮，就放牛走，第二个就跟上，距离大概是100米左右，出门的时候比较团结，一家照顾一家，到下午的时候我们就停下来，住下来，走的早住的早，住下来就卸货，检查牛马东西是否安全，还有找牛粪点火、做饭很多事情，出发的时候也有骑马观察的人，前后都有，我们很注意安全，如果路上没有危险，前面的牛队就再走，有危险就会来告诉后面的牛队。

要参加商队需要具备很多才能，适应性也必须很强。很多商人掌握了野外游牧生活的技能，而这是很难做到的。因为在遥远的路途上，必须要克服来自外界的各种危险困难，顽强适应难以预测的各种不利环境和突发状况，经历了种种历练之后才获得了藏族牧民的最终认可和接受。从藏族牧民的角度来看，骑马打枪、掌握藏语、穿戴藏袍、辨认路线、熟悉环境、牧畜知识等都是评价认可对方的关键因素。所以，寺院的喇嘛和账房的头人也很重视商队的影响势力和集体力量。

商人：带来信息的人

民国时期，藏族头人非常重视信息的获取。对藏族人而言这是最重要的，为了有价值的信息他们会支付很多钱①。多数学者分析回族和藏族人的商业关系时认为是不平等的，因此他们考虑用价格概念来评价他们的生意关系，但是我们觉得这种分析存在着一些不妥之处：

---

① 藏族牧民依靠游牧路线的信息来决定下一个计划，比方如果有某个地方的牛羊牧畜因瘟疫大量死亡断绝生活来源，那么这些藏族人会被迫采取劫掠手段来获取生存保障。在藏区，藏族人不是没有法则可以随意地劫掠，而是按照很具体的习俗标准来决定是否劫掠其他游牧帐篷。如果决定劫掠，他们不会完全拿走全部物品，过后会归还一部分物品。虽然藏族人的游牧生活方式意味着很多意外风险，但是他们一般不会采取暴力手段，如果迫不得已实施暴力也只是为了活命（生存）。因此，西道堂的商队被抢劫，也是因为很多不同的原因导致，而不能说每一次进入新的地方都会被抢劫，这种看法过于简单笼统。

图五　牦牛队穿过“Shawo Valley”草原，从拉卜楞到‘Radja Gomba’
Rock，Joseph Francis Charles（1884－1962），［Yak caravan crossing the Shawo Valley grasslands en route from Labrang to Radja Gomba］Harvard－Yenching Library

首先，虽然藏族人住在偏僻的地方，但他们对城市的信息却是非常了解的，他们知道所有本地的经济和市场状况，所以不能说藏族人和回族商人的商业关系是不平等的。藏族人很清楚卖给他们的货物价格要比临潭高出许多，但是依然接受，就是因为：1. 藏族人承认商队的运输条件是非常艰苦和危险的，因为他们就生活在这种环境之中，他们可以接受高昂的价格并认为是合理的（即承认高风险成本等于高利润回报）；2. 藏族人首先以选择货品为主而不以价格为主，这也是一个了解他们怎样建立生意关系的重要因素。藏族人是以对商品的喜爱程度、品味质量为首选，其次才是考虑价格的高低。所以商人就必须选择一些他们欣赏喜爱的货品。3. 藏族人一年仅有两次机会进行交易，这种仅有的买卖机会也赋予了双方贸易关系一种特殊的意义。

在这种条件下，商人能够说流利的藏语才能更好地与头人进行交流，因此，交易过程中，藏族人需要的东西有物质的也有非物质的，即是夹杂着双方人际交往的馈赠往来，而不仅仅是单纯的金钱交易关系①。

还是根据他们的需要，有一些货物卖给他们是盈利性质的，有一些是带给他们的，还有一些是送给他们的，是出于友好关系。可以赚钱也可以不赚钱，可以送给他们也可以不送，这是灵活的。他们是朋友，朋友委托的事情必须办，一点

---

① 我们这里要说明的是，在交易的过程中最重要的不是价格，而是双方如何商定价格的过程，在这个过程中可以了解交易的本质。关于经济交易，请看：Robert Ekvall，*Cultural relations on the Kansu－Tibetan Border. The University of Chicago*，Publications in anthropology occasionnal papers，1939，1，页87。

C. Geertz，H. Geertz，L. Rosen，*Meaning and Order in Moroccan Society*：*Three Essays in Cultural Analysis*，Cambridge，Cambridge University Press，1979，页123－313.

不虚假的为他们办到，给他们办到了他们就会和我们建立友好的关系，对我们以后的发展也很好，是这样的。为了搞好关系，有时候我们西道堂把货物送给他们，有些就是商业性的为了赚钱，绝对不赚钱也是不可能的。

从陌生到熟悉：建立“主人家”关系的不同方式

有一些历史资料提出西道堂和藏族“部落”① 建立的友好关系是通过礼品交换的方式。但是部分文献及个人回忆让我们看到一个更复杂、更多面的真实状况。“主人家”的制度不是通过单一地赠送礼品的手段建立的，双方首先注重的是精神层面上人际交往关系的建立（友谊——主人家），赠送礼品只是其中交往意愿的表达和报答的“辅助”手段方式。当然商队进入藏区的时候会携带礼品，但目的不在于“交易交换式”地建立“主人家”关系，而是为了进一步巩固、维持已经存在的友好关系。而为了跟藏族人建立生意关系，西道堂的商人必须依照当地的法律和规则来接触、结交藏族人。

Ekval 1964 年描述这种情况：

In peripheral areas, where control was weakened by distance and the greater independence of the local population, and in the politically fragmented areas of eastern and north eastern Tibet, where regional and tribal rule made unified control a mere pretence, the modified law of reprisal, characterized by the processes of mediation and the payment of indemnity, was, to a large extend , the law of the land. ②

有很多情况是通过以下这种调解方式来解决商人和藏族牧民之间的纠纷。调解由寺院住持和宗教阿訇两方面来进行。根据商人回忆，商队被抢了以后，阿訇去寺院进行调解，解决办法和条件谈妥商定后，对方会将一部分货物归还西道堂。在政府软弱无能的情况下，商人只能接受顺从藏族人的本地规则、习惯制度来建立生意关系。这也意味着要承受很多危险和未知的因素。他们通过这种解决危机的办法，把他们的存在变为合法，陌生变为熟悉。矛盾解决了以后，商人便会受到头人的保护，后来他们再来就可以按照“主人家”的关系继续做生意，即一个商人到了某座帐篷的所在地，他就是这个帐篷主人的客人，可以住他的家，受到他的保护。以后他们双方由互相忠诚来保持良好的关系，回族商人也会有藏族名字。在此我们要强调的是，这种关系的建立意味着商人的灵活性及超强的适应力，因为“藏族地区”不是一个同质的地区，

---

① “部落”是一个现代建构的概念，新中国成立前商人用“账房”来指出藏族人的小群体。回民在大部分的情况下用“头人”的称呼来称呼对方。

② Robert Ekvall, “Law and The individual among the Tibetan Nomads”, *American Anthropologist*, 1964, 66/5, 页 1110—1115. 也可以查看：Pirie Fernanda, “The Horse with Two saddles, Tamxhwe in modern Golok”, *Asian Highlands Perspectives*, 2009, 1/1, 页 213—236. William L. F. Felstiner, Richard L. Abel, Austin Sarat , “The Emergence and Transformation of Disputes: Naming, Blaming, Claiming …”, *Law & Society Review*, *Special Issue on Dispute Processing and Civil Litigation* , 1980 - 1981, 15, 3/4, 页 631—654 。

而是非常异质的地区，玉树、欧拉、迭部的当地情况、草原规定、管制制度均不同，所以西道堂行商的组织是非常具有规则性的①。

宗教概念的相似地方

> 他们（藏族人）知道我们是给道堂做生意，“西道堂”他们都知道是给集体做生意。藏族的观念也就是寺院，和我们的观念是一样的。

因为西道堂与藏族都有向各自的宗教场所无偿捐献、崇尚奉献的共同观念，从而藏族更乐于和他们开展贸易并且相互帮助，比如历史上的1914年和1929年西道堂教民就曾经逃难到藏区并且受到藏族群众的收留和保护。藏族为了把西道堂的商人和其他教派的商人有所区分，称呼他们为“求索马”（即新教的意思，ćhos so ma´）。藏族头人对临潭（藏语为“瓦子”）伊斯兰教的环境状况也很了解，他们都知道西道堂刚创立的时候受到了其他教派的排斥，这种因素对生意关系的形成有直接影响。

加深关系：异族通婚

民国时期，一些回族商人娶了藏民为妻子。这种现象加深了彼此间的信任、友好关系。异族通婚是和睦生意关系的结果，而不是以建立生意关系的交易为动机。今日拉仁关的一些西道堂教民就是这种异族通婚的后代。

> 原则上来说，女人嫁给或者男人娶别的信仰的人不可以的，但是如果他们愿意信仰伊斯兰教就可以。这个还是很频繁的。西道堂没有民族的区分，只要你信仰伊斯兰教就可以，不同民族的人西道堂并不限制。在大家庭里有很多藏族女孩，卓洛的大家庭里有几个人就是藏族人。

跟藏族人互动（interact）及调适（adapt）意味着需要具有宽容、友善、胆识及豁达的心态和行为。在藏族地区做生意的商人与接触汉族商帮商号商人所运用的生意知识、交易方式、道德原则、交往行为是完全不同的，而我们认为西道堂在藏区商业贸易的成功之道，就在于对其所属人员才干的合理分配和运用。

3. 接触汉族和国外世界

20世纪初期，其他回族商人最大的问题是本钱（资金），因为他们的生意规模很小，因此缺少资金，这一点可以说是他们和西道堂商人的最大区别。西道堂可以与普伦洋行进行三次交易，正是因为他们没有资金短缺的问题，具有足够的实力来进行这

---

① 我们这里不能详细地介绍所有的关系，我们选择了三个不同地方进行对比：1. 甘南碌曲拉仁关：早在1910年，西道堂成立以后，所组建的牛马商队，就深入到拉仁关所属四部落（唐古尔、舍海地、尕秀、群古儿）经商，与这里的藏民相识，进行贸易往来，从而建立了“主人家”关系，取得了永久的保护权。当时这四部落的总头目是唐隆郭哇，西道堂商队的负责人是敏学仁、敏学忠、敏六三子，他们之间的关系极为密切。2. 甘南玛曲欧拉：1939年起，拉卜楞寺命令欧拉年图寺接受西道堂商人进入欧拉地区做生意，欧拉的寺院为他们提供了优越的经营条件，并且保障了他们的人身安全。3. 迭部（另外一个教派的回商当中间人）：在迭部是其他伊斯兰教派的商人成为调解的中间人，数次的调查均证明了这种机制。

种大规模的生意。其他商人通过各种手段进行这种生意，但发展始终比较缓慢，“由于缺少资金，很多人只好由进庄介绍和担保，由洋行支付给现金赴藏区收购羊毛；有的从大的批发商那里赊货，深入藏区换取土特产品到城镇倒卖后，再向批发商归还本利钱。有的回族商人资金周转不灵，向各寺院活佛借款或谓共出担保，得藏民信任”①。

西道堂与外界的企业集资合营生意，如与本地区的汉民所开的“万镒恒”，陕西的“恒顺昌”，山西的“永德全”等号，和北京的尹哲臣联营的“公记”号。洮州的穆斯林很早接触了汉文教育，在这个环境下进行的汉文化传统教育方面，马启西起到了重要作用。西道堂商人受到的汉文化教育有利于他们跟汉族商人的进行商业合作。

刘智宗教哲学思想对西道堂的影响

宗教信仰上，临潭自形成回族聚居区后，基本上信奉教权组织比较松散的格底目派教义。自明代以后，虽有各种伊斯兰教派门宦传入，但没有在宗教上形成一统天下的局面，因此刘智的宗教学说能够在这里求得一席之地，找到合适的土壤。临潭也不像邻近的河州那样具有发达的经堂教育，对非穆斯林文化有一种抵御能力。“清代临潭回族子弟除大部分接受清真寺的经堂教育外，对汉文化的教育也开始有所重视，整个文化教育事业也有一定的发展，曾办起了多所义学，并出现各种类型的私塾，传播文化、培养人才。据《洮州厅志》记载：‘清乾隆五十五年（1790），洮州厅副将督同廪生敏普成、丁朝弼捐建旧城回民义学，嘉庆十五年（1810），复添修学舍，于隙地修铺面十五间，收租籍修。光绪二十一年，武举马呈文、武生马呈图、马明德、敏步云等倡捐廪馆重建。’清代取得功名的回族人士较多。”②

西道堂的创始人马启西出生于阿訇家庭③，但自己并非阿訇，而是科举秀才出身。他对伊斯兰教也进行了广泛学习研究，这就使他走上了一条有别于其他中国伊斯兰教派的特殊道路，既没有到阿拉伯求学访道的经历，也不是接受某个国外伊斯兰派别思想的影响，而是直接和间接地从明末清初中国穆斯林学者的汉文译著，特别是刘智的著述和伊斯兰学说中吸取精髓，创建了以汉学宣传伊斯兰教的新派别。在宣讲伊斯兰教教义上，马启西主张用汉语经典译著来讲解。这是因为他很早精研刘智和王岱

① 袁纣卫：《包头回族皮毛贸易（1879—1945）》，《回族研究》2007年第3期，第36—41页。

② 马廷义、丁志胜：《临潭县回族教育的历史与现状》，《回族研究》1995年第3期，第56—61页。

③ 马启西的父亲本来是北庄门宦的一位阿訇。

舆等人的汉文伊斯兰教著述①。由西道堂流传的《马启西诗联》（一共保存了16首）中，能看到其与刘智的著作有明显的思想渊源关系，例如马启西写了②：

为性海　为灵根　代有无之妙用

曰元勋　曰首命　显动静之玄机

有关“礼乘”（或者教乘），“道乘”和“真乘”的苏菲主义论述，是刘智宗教思想体系的重要组成部分。马启西本人也亲身在临潭小嘴庙山底下的石洞内实践过道乘功修，历时10年。后来西道堂历任的每一任教主也都受到了刘智道乘思想的影响，均实践过道乘功修。当然，道乘修持并不是西道堂每个教民都必须做的，从其创建至今的历史看，主要是四任教长进行过这项宗教功修，一般教民则只遵行教乘的宗教功课。

我们认为汉文化的传统教育对西道堂的商业活动有间接影响。每个商人按照他的学历、培养经历、能力接受任务分配。他们很了解儒家的学说，传统教育的学习使他们了解了汉文化的商业世界，适应了儒家思想主导的传统商业。后来他们也采用儒家仁义礼智信的道德观念来做生意，这些儒家观念通过刘智思想的精研阐述，都弥漫在教民的生活，充盈着道堂的气氛③。

李普曼的观点是：通过这种贸易关系让西北的回民跟汉文化和国外商号建立了密切关系，而这种密切关系后来是不可消失的。随着历史的进程，民国时期的回民通过这种商业活动的发展，越来越不能脱离中国东部地区，西北永远牵动于中国东部地区的发展。从当今社会经济来看，这种商业关系把甘肃和中原地区和东部紧密连接在一起④。

调查的局限

我们进行田野调查的时候没有搜集到关于合资合营生意的口头回忆资料，而且“天兴隆”商业方面的个人资料无从查找，由此导致调查在这些方面受到了很大的局

① 1901年之前马启西先生属于北庄门宦，后来因为宗教冲突他与当年另立门户。然后1904年去朝觐未果后在萨马尔汗教书两年，于1908年返乡把金星堂的名字改为西道堂。

关于穆斯林教育及“汉克塔补”（Han Kitab）：Murata Sachiko, Chittick William and Tu Weiming, *The Sage Learning of Liu Zhi：Islamic Thought in Confucian Terms*, Cambridge：Harvard University Press, 2009；Murata Sachiko, *Chinese Gleams of Sufi Light. Wang Tai－yü's Great Learning of the Pure and Real, and Liu Chih's Displaying the Concealment of the Real Realm*, Albany（N. Y.）：State Univ. of New York Press, 2000；Zvi Ben－Dor Benite, *The Dao of Muhammad, A Cultural History of Muslims in Late Imperial China*, Cambridge：Harvard University Press, 2005.

② 金宜久：《中国伊斯兰探秘——刘智研究》，北京：东方出版社，1999年。敏生光（主编）：《马启西诗联赏识》，北京：中华书局，2004年。

③ Andrea McElderry,“Confucian Capitalism? Corporate Values in Republican Banking”, *Modern China*, 1986, 12/3，页401—416. 这篇文章让我们考虑另外一个方向，就是过集体生活的商人，因为没有消费的权利，他们过着很俭省的生活方式，企业里不传播反对恶习、邪路的宣传。请看Marie-Claire Bergère, *Capitalismes et capitalistes en Chine des origines à nos jours*, Paris：Perrin, 2007. 特别是自第105页至121页（《Un capitalisme à la mode confucéenne》）

④ Lipman Jonathan,“The Border World of Gansu, 1895－1935”. PhD. Diss., *Stanford University*, 1981，页343。

限。我们还不能确定很多假设。

我们还未弄清可以称得上老字号商户的规模有多大，这些商户与西道堂商号的社会关系是如何建立的？搜集行业聚合的证据和个体商户之间网络责任资料的可能性还没实现。这种新的社会关系创造了怎样的行业转型和行业知识？行业转型和行业知识的传承怎样改变了西北回商的生意实践？这种新的社会关系有没有成为对西道堂的总体管理产生影响的因素？生意关系的具体形式是怎样？诚信关系如何建立？商号信誉是不是中肯的因素？怎样克服文化差异？西道堂的“天兴隆”与洋行发展了商业关系，这种新的商业关系是如何建立的，是怎样得到了担保，是不是依靠了汉文化企业的商业网络？因为文史资料的缺乏及不可能完全依靠口头资料获得准确信息，我们还无法回答这些问题。

资本管理方面，合资或合股经营意味着合伙契约。我们知道“天兴隆”商号和北京的“尹哲臣”联营了“公记”号，但是这些档案文件是否存在，我们还未及查寻确认。在合资经营的情况下，西道堂商人的学徒有无受到新式会计的培养？我们搜集的口头资料说明“天兴隆”商号的经理很重视会计，但是我们还不能确定商业会计方法是哪一种。在民间会计的发展及商业网络扩大的前提下，西道堂的商业会计在20世纪30年代之后是否改变了经营方式和管理方法，西道堂的学徒是否接受了会计教育①，这两个假设还无法验证。“天兴隆”商号在天津设立分号的时候，马寿山为经理，产生了异地经营商业组织，该组织与当地业主如何相结合？怎样形成新的商业组织结构？

从1904年（“天兴隆”商号的建立）到1956年（最后的商队出发），西道堂的商业活动实现了迅速发展并成为具有极大影响力的商业经济组织。我们上面已经谈了洮州的商业传统历史背景以及优越的环境，是西道堂发展商业活动的基础。王树民参观西道堂的时候，他发现西道堂商人享有很高的社会地位，他们对集体生活的贡献很大，因此他们受到教民的尊敬和推崇。西道堂建立的特殊组织允许确立“商人”的声誉地位及独立性，西道堂的商人不是“半农半商”的身份，虽然他们住在农庄（大家庭）但一般不从事农业。在这个条件下，西道堂的商人很有职业意识，道堂给他们分配的任务就是做生意。在商业过程中，随着人才的培养，其经营管理和会计技能也随之得到改进和发展。田野调查也让我们意识到这个商业世界不是单一的经济体制而是非常繁杂的，西道堂的商人在这个特殊历史阶段中，促进了与外面世界（不同文化、宗教、风俗习惯的）的交流互动吸收，与其他不同的社会环境相互适应，和睦相处。

---

① 关于会计技术及经营管理方式，请看：Robert Gardella, *Squaring Accounts: Commercial Bookkeeping Methods and Capitalist Rationalism in Late Qing and Republican China*, The Journal of Asian Studies, 1992, 51/2, 页317－339。Wellington K. K. Chan, *The Organizational Structure of the Traditional Chinese Firm and Its Modern Reform*, The Business History Review, 1982, 56/2, 页218－235。

四、80 年代起：天兴隆招牌的恢复及商业的繁荣

从清朝末年到新中国成立初期，西道堂的商业历史延续了大约 50 年。在此期间，西道堂经济的集体制度依靠“为公精神”、坚定的信仰，按劳分配的原则，通过不断地适应、调整，逐步构建了它的商业势力，并将该形式一直延续到 1956 年最后一个商队出发。

1978 年，西道堂的商业恢复活动迅速展开，我们将在文章的最后一部分来分析现代西道堂商人的商业活动。改革开放之后，西道堂再次选择深入藏族地区从事绸缎贸易，追随着前辈的脚步继续前进，并在管理模式和经营策略上作出适当调整。在探索创新的同时，西道堂仍然保留了自身独特的传统，坚持培养学徒，不断为绸缎行业输送有经验、讲诚信的合格商人。

1. “幸亏我像我父亲”

1949 年到 1957 年期间，西道堂没有进行土地改革。《临潭简史》描写西道堂的特殊情况：“土改试点结束后，在认真总结经验的基础上，于 1952 年元月底召开了全县各界人民代表大会和三级干部会议，安排部署了全县的土改工作……根据在牧区‘不分不斗不划阶级’的精神，不进行土地改革；对西道堂和散居在全县部分乡村（包括建政区）的藏族农牧户，亦不进行土改。……西道堂也献出土地 1700 余亩，耕牛 150 头，牛车 50 辆，还有部分粮食及白洋两万元，推动了全县土改运动的顺利进行。”①

1956 年由于反封建宗教特权和“文化大革命”中极“左”路线的干扰和破坏，西道堂也未幸免。集体经济解体，森林归国有，牧场、农庄、农具、生产资料等归人民公社集体所有，商业及其所有资金参与公私合营，教民参加了农业社和国营商店。

1958 年之后，临潭和全国一样，经历了人民公社的“一大二公”、“大炼钢铁”、1960 年天灾人祸的饥荒时代。特别是 10 年“文化大革命”时期，农业生产的“浮夸风”、“大锅饭”以及一系列的极“左”政策，使临潭经济和人民生活处在极度的贫困之中，产生了一大批“过黄河”、“跨长江”进入川青藏地区的临潭青少年讨要队伍②。这批人由于精通藏语和熟悉藏区情况，改革开放后就成为洮商重新兴起的第一批人③。

因为当时西道堂的大房子被没收了，西道堂教民没有自己的家，只能居住在分配

---

① 《临潭简史》，《临潭县文史资料》（第四辑）（政协临潭县委员会文史科教委员会编），岷县：岷县印刷厂 1991 年，第 371 页。

② 在汉语普通话里，“讨要”不是专指乞讨的，是一个描述行为动作的动词，这里应该用“乞讨”更准确，乞讨含有乞丐、流浪、乞求的意思，是一个描述行为性质的名词。

③ 《临潭县志（1991—2006）》，兰州：甘肃人民出版社，2008 年，第 803 页。

的房子里或者别人家。在60至70年代西道堂青少年被迫辍学，很多人走上流浪的道路。有成群结伙的，也有个人单干的。按照他们前辈的传统开始从事一些小本生意：大多数将乞讨得到的炒面等转手出售，然后利用出售得来的现金，暗中从藏区收购藏民不需要的布票、棉票、粮票等带回临潭转手出售，以此从中赚取差价①。西道堂的青少年从临潭将黄烟、砖茶、辣椒等背进藏区出售或换取炒面、酥油、毛皮等，从中赚取利润。这是在“文革”极“左”时期的一种地下贸易方式和原始资本积累手段。按照西道堂商人的口头回忆，他们去的地方是先辈商人以前做过生意的地方：

> 我后来1965年14岁去（藏族地区）主要是做生意，我是一个人去的，他们（藏族人）对我很好，给吃的、住的地方，而且非常关心我。我只告诉他们我爸爸的名字，他们就对我很好，那时藏语会一点。那时别人没有我幸运，在那里有朋友的还不多……②

2.80年代起西道堂商人回到藏区经营商业活动

新中国建立后，真正意义上的洮商，是在1978年中共十一届三中全会后改革开放时期重新兴起并发展壮大的。当时党和国家重新肯定了个体商业在流通领域中的地位和作用。1981年，国务院颁布了《关于城镇非农业个体经济若干政策性规定》，并于1983年4月发出补充规定，临潭县的个体商业如雨后春笋，迅速发展，使这些已有一些资金积累的洮州人如鱼得水。1980以来，在青、川、藏3省（区）的大部分牧业县都有临潭县回族坐地经商③。在改革开放大潮中，西道堂敏生光教长鉴于生产效率提高造成劳动力过剩的现状，及时号召教民走出家门，从事各种劳务活动，或贩运或摆摊或开店，提倡教民农商兼顾，不鼓励弃农重商。这样既符合当时实际情况，又扎扎实实地推动了各项事业的发展，解决了西道堂教民的基本温饱问题。

调试市场的变化：绸缎需求的出现

学者马通在《丝绸之路上的穆斯林文化》中写道：“唐蕃古道，是著名的一条丝路支道。这条支道是从唐都城长安，经今甘肃、青海，联结吐蕃都城拉萨的驿道，史称唐蕃古道。由于唐蕃联姻通好，汉藏两大民族建立甥舅戚谊，在这条古道上留下了种种动人的历史传说，以后双方史节往来，络绎不绝，故又称作黄金桥之路。这条古

---

① “当时国家对粮食、棉布、棉花及紧缺日用品实行统购统销，凭票凭证定量供应。国家给公社社员每年每人发给布票6—8尺，棉票1斤。藏民衣服多用皮制，布票、棉票、粮票便每尺、每斤以1—3角的价格出售，到汉区布票每尺可卖到8角至1.2元，从中赚取差价7—8角。”《临潭县志（1991—2006）》，兰州：甘肃人民出版社，2008年，第803页。

② 玛曲（甘南藏族自治州），2007年11月份的访谈。

③ 在西藏昌都有一条集中了200多名临潭县回族商人的商业街，俗称“临潭一条街”。1990年，全县个体户从1979年的27户增加到2133人，注册资金296.3万元，营业额319.7万元，其中零售额268.3万元。《临潭县志（1991—2006）》第804页。

道，大体上在陕西境内为东段，从西宁到拉萨为西段。”①历史上丝绸作为奢侈品，首先在国王、高级贵族、高僧法王中间有所使用。回藏贸易中丝绸商品的出现，大致在清末民国时期，但所占比重很小。当时一个重要市场需求就是遍布藏区各处的大小寺院，这些藏传佛教宗教场所的绸缎需求形成的交易（如哈达、唐卡、佛像衣饰、活佛服饰、风马旗〈参见上文〉等），尤其是在草原游牧地区为甚。

图六　中国安多藏区卓尼妇女着传统服装

Purdom，William（1880 - 1921），photographer. Series：Eastern Asian Historical Photograph Collections. Arnold Arboretum/Horticulture Library（Jamaica Plain）

为了解释这个问题可以比较及分析两张照片：这两个妇女的服装正好是藏族定居（农耕）（图六）与牧民（游牧）（图七）的两种服装。虽然现在的作为结婚礼服，并且这个姑娘也不一定是牧民，但这是当地藏族游牧部落服装传承下来的款式。而图六是藏族卓尼（摄影师称“Chone”）“三告毛”部落的，款式更多地受到汉族宽衣大袖服装的影响，便于农耕定居生活。图七的为藏族传统束腰窄袖式样，便于游牧迁徙生活。在材料上，显然农耕式的更多采用绸缎布料，图七的过去更多为毛皮制作，即使是现在也还保留毛皮装饰的特色。两者的共同点是辫子装饰基本相同，这说明作

① 马通：《丝绸之路上的穆斯林文化》，宁夏：宁夏人民出版社，2000年，第3页。

图七　2007 年在安多市场拍的刚结婚的姑娘（Hille 摄）
她穿的服装都是用西道堂商人卖的布料加工的。

为藏文化在各地不同部落、不同方式变化变异下，仍然保留着民族文化意义符号及其表现载体。如果图六服装形成较晚，则至少在民国时期就有了绸缎布料的市场需求，尽管这种交易量不是很大，而且难以确定具体销量，但应该是在民国时期皮毛业兴盛的时候，也开始有绸缎输入藏区①。以藏族为贸易对象的回族丝绸商的大量出现，应是 20 世纪 80 年代以后的事情。

中国社会的经济发展水平在改革开放后迅速提高了，藏区对绸缎布料的购买力随之提高。20 世纪 80 年代恢复重建佛教寺庙后，对绸缎需求大量增加了。一般来说绸缎布匹属于生活日用品种类，由于绸缎生产设备技术日益先进，绸缎数量及花样在此后 20 年间越来越丰富，因此带来该行业更多的变化。改革开放以后，安多、康巴藏区的藏族农牧民重新开始穿戴藏袍等传统服装。因此，藏族社会因为 50 年代民主改革后，改变了社会阶层和组织结构，随之而来的是对服装观念的改变，皮毛服装与绸

① 王树民和王志文的社会调查里没有具体统计布料种类里面绸缎所占的比例多少。

缎服装已经不是也不容许是社会地位的区分标志，也不是身份、权力、财富的象征，服装的拥有特权被消灭了。绸缎相对于皮毛的轻便舒适也被广泛接受。因为较皮革更廉价更舒适的新型布料的大量生产，现今皮制藏袍逐渐减少甚至消失，现在大部分的藏袍是用人造毛和绸缎加工的。这个转换过程实际是被政治原因延缓了，被经济贫穷压制了，或者说是因为国家的非正常运动停滞了一段时间（60—70 年代极“左”时期），然后集中在80 年代改革开放被突然释放了。西道堂以商人敏锐的社会洞察力看到了这一变化，并使这个变化成为西道堂再次兴起的机会。而当时国有计划经济先天性的市场失察和官僚性造成的滞后，使得西道堂把握了这个历史机会，所提供的绸缎需求正好填补了巨大的市场空白。

天兴隆的恢复及发展

西道堂的管理人员先分析市场需求然后决定发展方向，80 年代国营皮毛业加工业已经衰落，没有发展前途，因此他们没有选择继续经营皮毛业。之后，西道堂寺管会决定重开“天兴隆”公司，经营绸缎行业。为了扩大商业贸易规模，聘用了六位自有资金的经理。一共开设了六个“天兴隆丝绸”门市店铺（临潭、临夏、兰州、拉萨、昌都、杭州各一个）。公司采用股份制，六位经理都是股东，遵照“入股自愿、退股自由”的原则开办“天兴隆”公司。“天兴隆”每个门市的经营管理者是经过全面考量、轮流执行的，管理人员及会计、出纳在“天兴隆”门市工作满三年就要调职更换。经理有固定工资，利润的一部分用来支持西道堂的共同发展，另一部分则投入商贸滚动投资。可以说，自80 年代以来，“天兴隆”公司及个体经营商人对西道堂的总体发展作出了非常重要的贡献。改革开放后，“天兴隆”公司持续经营 20 多年（最后一个门市 2007 年在临夏市停业），在这 20 多年里，这个具有特殊经济体制的商贸经济实体所发挥的社会作用表现在以下诸多方面：

敏教长及寺管人员沿用了民国时期同样的名称“天兴隆”，显示了“天兴隆”的传承延续。“天兴隆”公司建立后，西道堂大多数经营者选择了继续经营早期传统商品（绸缎布料业），这对后来的发展产生较大影响，而且与过去从事的传统行业有着直接的延续关系。西道堂无论是在过去还是现在，其发展都是遵循商业发展规律的。在满足市场需求并缺少强有力的竞争对手的情况下，其导致的结果也必然是趋向形成市场垄断。顺应新的市场需求的同时，西道堂的商业经营者也推动、促进了绸缎布匹业的变化发展。“天兴隆”公司非常注重瞄准市场、规模经营、抢占商机。其他商人还没有意识到商机或未筹到资金之前，西道堂商人已经率先开始经营抢占市场。80 年代这种“集体”生意让西道堂的商业经营充满前景，当时一般个体经营者缺乏从业的足够资金，而依靠集体力量实现规模经营的“天兴隆”，从一开始就实行规模经营、快速占领市场的策略，可以说是西道堂商业活动发展史上一个非常关键的阶段。限于时间，田野调查未能彻底分析这个经济体制的详细结构，对“天兴隆”商号现代发展过程的了解也非常有限。“天兴隆”商号对西道堂商人的经济发展起到直接和间接的影响，是商业网络的“奠基石”。后期西道堂商人之间虽然没有合伙合营的商业关系，但互相之间仍然保持着密切联系，在生产、批发、零售的各个阶段建立了良好的信誉关系。

众多商人提出“天兴隆”商业活动应用“集体”这个词来描述。“天兴隆”公司在80年代中至90年代末期间，对西道堂宗教社团的经济发展作出了巨大贡献。必须指出的是，西道堂商人用“集体”来概括定义，一方面是指这种不归个人所有、为集体所有性质的商业经济经营方式，为自身宗教社团发展提供了资金物质保障。另一方面是这个经济实体还承担了宗教社团发展所需的责任义务。这个“集体”概念是具有全体社团成员在物质和精神方面的双重含义的。例如兴办教育（创办红星幼儿园、鼓励培养大学生）、医疗（创办红星医院）、扶助贫困教民。“天兴隆”对教民的个体经济发展也发挥了积极作用，教民在“天兴隆”工作几年后，若想独立自营时，“天兴隆”商号会赊给他们货品而不是借贷开业资金，这样既减少了资金投放风险，也扩大了商号商品销售量，对于个体不失为一种稳妥可靠的创业起步方式。

在商业方面，“天兴隆”的最大作用是培养了一大批商业人才。许多人在“天兴隆”工作数年后都经营了个体私营商铺。因此西道堂在本省的临潭、合作、兰州、陇西、武威和西藏的拉萨、昌都、亚东，四川的阿坝、甘孜，青海的西宁、格尔木、玉树等许多地方设有无以计数的个体私营店铺，经营民族特需品、绸缎布匹、日用百货等。许多商人在“天兴隆”公司工作时学习经商之道、经营理财，精学藏语，了解藏族人的需求喜好，并且恪守“诚实守信”原则，充分吸收、借鉴了“天兴隆”公司在这些方面的成功经验。口述资料中许多商人认为在“天兴隆”工作时期是自己学习成长的关键阶段，经历了延续传统的同吃、同住、同工作的工作生活方式，实地、亲身地学习和领悟绸缎行业的经营之道，在实际操作过程中提高自己的藏语听、说能力。

3. 商业轨道从东至西：经验的传承

现今经营绸缎行业的商人全都是民国时期西道堂商人的后代，他们受到了西道堂先辈们善于经商的熏陶，有的先辈还参加过集体生活时期的道堂生意，有的先辈早期从事个体贩卖经营。到90年代初，藏族顾客还是继续用“求索马”来称呼西道堂商人，后来这个词慢慢消失了，现在个别高龄的藏族人还是用这个词，但其他人早已不了解这个称呼的来源，很多藏族人已分不清西道堂商人和其他回民的区别。

两次田野调查（2006、2007年）时，在与临潭“商业路”所有商人的访谈过程中获得了大量的重要信息。除了绸缎行业以外，经营商铺（服装、皮鞋）及经营中草药的商人与经营绸缎布料商人的商业状况完全不同。前者的先辈多出身农民，这一辈多为半农半商且从商较晚。询问他们为什么不做绸缎生意时，回答多为“不懂绸缎”和“资金不够”，也有些是认为自己“素质太低”。因此，通过这个调查我们可以归纳三个要素：一、“文化大革命”时开始积累一些资金的青少年，多出自具有商业背景的家庭，而且他们中间有一部分是最先开始经营绸缎行业的；二、我们意识到了年代的重要性，80年代、90年代、2000年开始做生意的每位商人的个人经历都不同，必须分析每位商人的家庭背景、商业经验及未来的计划；三、过去的商业轨迹，80年代以来大多数的临潭商人选择去藏区做生意经营的行业也很多，玛曲和临夏的调查证明在西道堂商人里面，选择经营绸缎行业的人占的比例很高，并已垄断了这两个地区的绸缎业。

最近的4年（2006—2009）间我们在杭州（生产地）、临夏（批发地）、玛曲（零售地）先后进行了10个月的访谈及观察。田野调查的重点放在绸缎上，而非所有的布料生意①，考察的商品流通渠道是：杭州—临夏—玛曲〔和所有（周边）的藏族地区〕。现代绸缎行业的商业网络见附录五。

据实地考察，从60年代以来在藏族地区暗中进行小本生意的西道堂青年人，在80年代改革开放后开始成为公开合法的流动商贩。主要向藏区贩卖珠宝玉石（松石、玛瑙、珊瑚）和日用品，并从藏区运出药材（冬虫夏草）、麝香、鹿茸、皮毛。是当时最早从事往来贩运的个体经营者，当时个人拥有资金数额还不足以投资开设商铺，因此小批量长途贩运成为当时主要经营形式。进入90年代后，这些个体经营者在积累了足够的资本后开始在藏族地区开设店铺，从事有一定经济实力的绸缎布料生意。资金雄厚的商人在“天兴隆”公司入股投资，一般商人则开设个体私营绸缎铺面。因此从90年代开始，绸缎布料业有两种经营形式：一、“天兴隆”公司集体经济性质，由专业的企业管理人员、会计出纳、学徒工组成；二、个体私营性质，由家庭亲属及家族亲戚分工组成。规模不同、经验不同的个人从商经历也促成了商业形式的多元化。

首批在藏区经商的商人很早就与杭州一家绸缎生产企业合作，与该厂汉族厂主保持了20多年商业合作关系，由原产地杭州将绸缎发运至中转地临夏，进行次级批发零售。自2000年以来，西道堂商人对杭州绸缎生产企业就已经具备了产品定产包销的市场能力。

目前在临夏只有两家批发商批售杭州产绸缎，均属于西道堂的商人。90年代末到2000年中，临夏先后有八家批发商经营绸缎布匹（均为临潭人），但到目前仍在经营从业的就只有西道堂商人的商铺。可以说他们从2000年以来就垄断了临夏市场的绸缎行业。甘南、四川、青海、西藏等各地区经营者多前往临夏批发进货。

---

① 这里应该说明的是每不同种类的布料生意意味着不同的商业网点渠道及经营方式。在临潭也有一批商人经营绸缎布料生意，但是他们的商业网点渠道及客户与本文分析的商业网点渠道不同。这种商品流通渠道（另文论述）是浙江/陕西/杭州—兰州—临潭，客户大多是汉族及回族。

图八　杭州郊区（浙江省海宁市）的工厂（Hille 摄）①

为了全面了解该行业的发展状况，我们在玛曲的一个名为安多的集贸市场进行了实地调查。市场是2000年开业的，老板娘是藏族人，共有33间商铺，其中15间为绸缎商铺（零售），都由西道堂的13位商人经营（其中两个商人各有两个铺面），所售绸缎均从临夏进货。其他商铺由汉族和藏族人（外地的）经营，主要经营日用品、服装，以及银匠现场打制的银饰品（云南省）。90年代初，首位商人开始在玛曲经营绸缎生意，随后其他商人逐渐来玛曲经商。一些商人原属“天兴隆”公司，另一些则是从个体私营家族形式发展分离出来的，但在来玛曲之前他们都有在其他藏区经商的经历。

从拉萨到杭州有4000多公里路程，今日西道堂商人还在发挥“中间人”的作用，与过去仍有相似之处。虽然现代社会和近代社会有巨大的差异，但口头访谈证明了他们所要具备的能力还是一样的：语言掌握能力（藏语、标准的普通话）、适应不同环境的能力、行业知识的传承、为宗教社团作贡献。总之，在西道堂的总体发展上，商人发挥了很大的作用。兴办教育、修建清真寺也都离不开他们的支持贡献。

4. 行业知识的传承

90年代初开始经营个体商铺的商人，大多数曾在“天兴隆”有过5年的学徒经历，积累了丰富的从商经验，同时期开始经营家族企业的商人，也延续了培养年轻学徒的方式。因此可以说想要经营绸缎行业，在正式上岗前都必须接受培训。培训的场

---

① 该厂产品由临夏绸缎批发公司定产包销。他们生产的绸缎80%提供给西道堂商人，一小部分发到北京，成为装修布料。该厂设备共有14台，画本标有编号，布料花色由杭州的设计公司设计，花色样式采用借鉴印度、尼泊尔民族风格。工厂生产工人为8人，均为来浙江打工的外地人（他们来自陕西等地）。

所主要有两个：一、“天兴隆”的不同门市；二、家族企业。而每个家族企业的情况都不相同，60年代出生的孩子，绝大部分跟随全家经营生意；80年代出生的孩子，大部分都去上中学甚至大学，毕业后从事政府安排的工作，只有出生更早的老大、老二跟父亲做生意，这都与时代变化有着密切的关系。

当学徒的青少年大多是农民出身，一般具有初中学历，个别读了高中。他们大约16岁时开始到藏族地区的铺面去实习，都会说一些藏族的商业用语。学徒的吃、住、报酬都由雇主承担，他们就住在商铺二层上面，这一方面的情形与家族企业或是以前的“天兴隆”公司都很相似。

培养是必需的，但是绸缎行业是怎么“学”的，“经济头脑”到底能不能从锻炼中获得？首先，可以说没有“教与学”的明显关系，“学徒”是通过实践来自行了解这个行业，并非直接的口头传授，学徒要靠自己——“看着学”、“听着学”进而从中领悟。商人的才能体现在他与别人的互动方式上，每个商人都有自己的风格，而采取的方式跟他的从商经历密切相关（比如他有没有在“天兴隆”培训过）。在临夏的批发商店，藏族顾客进来的时候商人一眼就知道他们是在青海、四川还是甘南（也可以说在康巴、安多）开店经商，马上就知道该说汉语还是藏语。不同地方的顾客的需求也不同，比如说康巴地区的藏族农牧民喜用较暗的颜色，安多地区的喜欢鲜亮的颜色，商人给他们介绍布料时必须符合当地的品味和喜好。因此，零售布料的商人(我们调查的只有玛曲的商人)，来临夏（大概一年三、四次）进货时，都必须在150多种各式各色的产品中进行挑选，此时有“好眼光”就非常重要。每个布料都有各自的编号，订购布料时要说清楚编号和颜色——蓝、红、黄、咖啡、黑、红咖啡、绿、紫红、湖蓝、米黄等，但是跟顾客交流时每种布料又用藏语叫做加色、金戈布、罗玛加色、勾夏、班玛加等等。每种布料一般来说有三档质量，按照低档、中档、高档定价格。每种布料也有专门的用途，顾客一般只会说想用来加工什么，所以商人对每种料子的特质也必须非常了解。整个过程是中国传统“口传心授”式的知识技能传承方式，没有人直接课堂式地讲授给他们，由此可见，对这个行业没有基本的了解是无法从事经营的。

学徒主要是学习态度、行为两个方面。不同的顾客有不同的特质，也应采用不同的接待方式，这是很难在短时间内拿捏掌握的。做生意的时候最重要的“工具”是开玩笑，以拉近双方感情距离，增进彼此好感。但这也是有学问的，跟哪一个顾客能开哪一方面的玩笑，哪一方面却坚决不行，整个判断过程都只是在瞬间完成的，由此也可以明显地看出老板和客户之间的熟悉程度。

这些实地的观察、深入的访谈都预示着一个问题：经营知识与文化水平终究有没有一定的关系？调查的时候有一个商人告诉我们：“我不喜欢做生意，本来我想上学，我小的时候学习还可以，我没有生意头脑，做生意是没办法采取的谋生手段”；还有另外一个商人，他的网络聊天软件的QQ心情是：“当你有一天觉得赚钱不是压力而是一种快乐，你就算富有了！”我们认为在交易的过程中，人和人互动的时候受教育的程度并不是最关键的，但是管理方面的确是一个比较重要的因素，特别是财务会计方面。在这里因为商业机密原因，依然无法详细地罗列会计技术及库房管理，只能说会计不是很专业，一般来说是店主每天写账簿。“天兴隆”的管理组织是比较正规的，只有专业人员才可胜任，但从 1958 到 1978 年期间西道堂始终没有出现可以担此重任的人才，但当时这还没有成为家族企业发展的障碍。

5. 企业转型

在临夏的另一家绸缎批发商店，因为该店主（兄弟两个）不同于传统方式的经营渠道引起了我们的特别关注。他们并不销售在杭州生产的绸缎，而是从印度、尼泊尔进口高质量的货物在临夏销售，大部分的顾客是藏民，在临夏只有他们一家销售印度生产的绸缎，高昂的价格是因为丝绸都由手工制作还要附加进口关税。两兄弟以前都在“天兴隆”商店工作过，工作数年后更换了行业，在广东开了一个有 27 张餐桌的饭馆经营餐饮业，但没成功。凭借他们以前在“天兴隆”（拉萨）积累的经验和人脉关系，最终回归了绸缎行业，并且成功拓展了海外贸易（印度、尼泊尔）。他们的货品有三种：纺织品（包括绸缎和羊毛布料）、马鞍子和羊毛地毯。因为全是手工制作，速度没有机器那么快，绸缎大概只有 50 类。绸缎布料是由印度某地（因为商业保密，不便指出具体地方）的穆斯林制作的，完成后由一位年轻的印度哈吉（麦加朝觐过的穆斯林）把布料从村庄（居民是穆斯林）运抵尼泊尔跟西道堂商人进行交易。他们建立的独特网络引起了我们的关注，老大跟印度的商人用英语来沟通，老二管理临夏商铺，并且他俩都会说藏语。不过建立这种国际商业网络很不容易，需要具备更多能力、等待更长周期（办埋护照、签证的手续）。此类绸缎经营方式，是 90 年代才出现的，向藏族提供这种在印度生产的绸缎也意味着市场和需求的变化。

兄弟俩不是出自家族企业或继承前辈的生意，而是凭借自己的努力开拓了新的市场。他们那个年代（60 年代末 70 年代初出生的）的商人，紧随市场的步伐不断地自我调整、改进、发展。

西道堂商人解释自己经营绸缎业的原因主要有：干净（他们的意思有两个：跟屠宰没有关系、不是非法的）、风险不大（他们的意思是没有冬虫夏草那样的高风险）、属于传统行业。临潭、临夏的古玩铺面比较多，而西道堂的商人却很少涉及，对此他们的解释非常简单：“我不懂古玩”、“卖这些古老的东西必须有文化”、“害怕骗别人”。而这些回答也恰恰再次印证了他们认为做生意最重要的就是信誉，这也是他们可以垄断绸缎业的主要原因。

结论

过去“天兴隆”公司的商业发展主要依靠集体生活组织和无私为公的奉献精神，

但随着集体生活的消失，今日这种精神早已不再是其商业活动的主要动力。以前衡量一个商人是否成功的标准就是看他对集体的贡献。鉴于社会背景的变化，虽然很多商人认为“贡献”是体现成功的一个标准，但也提出一些其他标准，如：居住在大城市、提高孩子的受教育水平、个人能否实现朝觐的愿望等等。

行业的垄断性也是值得我们关注的现象。垄断机制是在怎样的过程中形成的？在过去和现代的垄断过程中，“天兴隆”公司的集体经济形式发挥了至关重要的作用。西道堂的成功主要归功于两点：1. 及时发现并把握商机；2. 迅速进行规模经营占领市场。而这两点均为西道堂一贯秉承的独特商业文化——回商的商业头脑（战略眼光）、集体商业集团、早期在藏区建立的信誉、畅销产品、坐商行商销售方式。因此，“天兴隆”采用的集体方式虽然不能称为取得成功的唯一方式，但却是实现对空白市场迅速占领的最佳方式。

过去和现今西道堂的商人一直发挥着中间人的作用，建立的商业网络连接着中国东、西部的商业活动。但不同时期所发挥的作用有所不同：民国时期因为集体生活及坐商、行商制度的存在，商业责任的分配很细致，去东部经营商行的商人不参加商队马帮，因此东、西两个商业网络界限很清楚；现在与东部绸缎工厂老板建立了贸易往来的西道堂商人，90 年代开始在藏区开设铺面，便利的交通、发达的信息，使得他们能够适应不同的社会环境，经营方式颇具灵活性及弹性。

西道堂最突出的特点就是它的“集体经济”。西北的穆斯林从过去到现在都经营家族生意，西道堂的商人也不例外，但他们的不同在于同时还参与“集体经济”。这种经济形势只出现在相对动荡、无序的民国时期及改革开放初期。“天兴隆”公司在 20 年间经历了许多变化，迫于竞争压力公司在 2002 年变更为承包制，但经理人选还是由寺管会任命，利润方面除了上缴的部分外，剩余归承包者私人所有，但出于宗教信仰，他们依然会向清真寺捐款。在最后的 20 年间为了不断适应社会和市场的变化，“天兴隆”公司也曾多次做出调整，但最终仍以解体而告终。我们无法就其原因给出确切的答案，只能提出一些假设：

1. 至 2000 年中期“天兴隆”公司发挥着“动机”的作用，这一年也是西道堂总体经济发展的“转场”阶段。今日能够管理大规模企业的商人均已开始个人经营活动，无法承担这种责任，而很多商人的经济状况还不允许他们经营这种企业。因此，西道堂的管理人员面临人才危机。2. 在经营理念上，正是因为西道堂的宗教观念使得“天兴隆”在企业性质和所有制分配机制两方面，给自身设置了一个难以逾越的鸿沟，具有了其他商业经济体所不具有的特殊性，与时代要求背道而驰。不同的时代对宗教要求有不同理解，没有经历过集体生活的时代就难以接受集体经营组织的要求及规矩。

西道堂在不同的市场背景下采取何种贸易方式来应对是最主要的问题。从过去到现在西道堂通过不断适应社会变化、调整自身体系逐渐建立了自己的商业实力。在规则模糊的时期，宗教规则具有广阔的发展空间，而在规则清晰的社会和市场状况下，宗教规则的空间必然紧缩。因此，商业活动只能依靠其他领域（如市场规则、商业网络）的资源。但是信仰修养及为宗教社团的奉献精神依然存在，但已经演变成经济发展的另一种目标和动力。

附录

附录一：王树民在调查记整理的统计数据①

表1：商帮

帮口	家教	资本	经营货品	备注
京帮	四、五家（三家）	30余万元（一）	皮毛、羊肠	京谓北平
陕帮②	八、九家（五家）	40余万元（一）	布匹	
鄂帮	三、四家（一家）	10余万元（一）	布匹、猪毛	
豫帮	二、三家（四家）	10余万元（一）	药材	
外省共计	二十家上下（十三家）	百万元上下（20万元上下）		
岷县	–	–	药材、皮毛	
临洮	–	–	木材	
兰州	–	–	木材	
外县共计	数十家（十家）	5万余元（3万余元）		
本地	数百家（百余家）	七八十万元（10余万元）	皮毛、杂货	

表2：输入（由内地运来）

货品	数量	单价	总值	备注
府布	1500卷以上（300卷）	50元（75元）	约7.5万元（2.25万元）	每卷32匹，自湖北孝感来
套布	2000卷（400卷）	40元（110元）	8万元（4.4万元）	每卷100匹，自孝感，印经旗用
粗斜布	1万匹（5000匹）	8元（10元）	8万元（5万元）	自津、沪、汉等地来
细斜布	1000匹（500匹）	10元（12元）	1万元（6000元）	自津、沪、汉等地来
大米	1000担（1000担）	50元（90个5元）	5万元（9.5万元）	自武山县洛门镇来
青盐	800担（2000担）	30元（40元）	2.4元（8万元）	自青海来

---

① 除西道堂外，下面的列表介绍了民国18年之前的商帮输入、输出的情形，括号内为18年之后的情形。

② 也可以说“晋帮”。

（续表）

货品	数量	单价	总值	备注
蜂蜜	100 桶（100 桶）	150 元（80 元）	1.5 万元（8000 元）	自岷县来
辣椒	2000 包（500 包）	15 元（25 元）	3 万元（12500 元）	自甘谷来
府茶	5000 块（5000 块）	2.5 元（4.5 元）	12500（22500 元）	自兰州来
松潘茶	1000 包（400 包）	40 元（30 元）	4 万元（1.2 万元）	自四川松潘来
糖	50 担（50 担）	100 元（100 元）	5000 元（5000 元）	包括白糖、红糖、冰糖，自四川中坝来
黄表纸	30 担（100 担）	80 元（150 元）	2400 元（1.5 万元）	自四川中坝来
黄香	100 担以上	50 元（80 元）	5000 元（4000 元）	自临洮来
黄烟	100 担（50 担）	200 元（80 元）	2 万元（4000 元）	自临洮来
耕犁	3000 片（2000 片）	5 角（8 角）	1500 元（1600 元）	自西固来
瓷器	200 担（50 担）	400 元（300 元）	8 万元（1.5 万元）	自江西来
火柴	50 担（1000 箱）	30 元（30 元）	1500 元（3 万元）	自静宁来（自岷县来）
洋货	50 担（10 担）	200 元（150 元）	1 万元（1500 元）	——
其他	——	——	40 万元上下（10 万元上下）	——
共计	——	——	100 万元上下（50 余万元）	——

表 3：输出（运往内地去）

货品	价值	备注
皮毛	50 万元以上（5、6 万元）	
畜生	30 万元以上（10 万元上下）	
药材	3.6 万元以上（3 万余元）	
木材	——（10 万元上下）	
马鸡翎	——	车巴沟特产，鄂帮收之
猪鬃	——（3 万余元）	
其他	——（10 万元上下）	
共计	110 万元以上（40 余万元）	

附录二：王志文分列的货物种类

表 1：畜产类

畜产类有：羊、羊皮、豹皮、狐皮、狼皮、猞猁皮、水獭皮、鹿皮、羔皮、石豹皮、扫雪皮，以及牛油等。

物　　品	数　　量
哈而皮	7 万
水獭皮	200
牛	6000
猪　鬃	2 万
羊	20 万
羔羊皮	20 万
狐　皮	4000
马	3000
川猪皮	8000
狼　皮	2000
羊肠子	20 万
狗　皮	3000
肚剖皮	8000
黄鼠皮	5000

（以上数字皮类系张，牲畜类系只或匹，羊肠按付计，猪鬃以斤计）

表 2：药材类

党参、黄芪、川芎、大黄、麻黄、贝母、知母、甘草、防风、柴胡、蓁艽、蒲公英、益母、牛蒡子、地骨皮、荆芥、木贼、芍药、羌活、独活、丹皮、茯苓、白芨、升麻、茵陈、天仙子、黄芩、金樱子、冬花、薄荷、茜根、续断、前胡、旋复花、贯仲、骨碎补、乌药、夏枯草、紫草、鹿茸、牛黄、麝香、鹿角、熊胆、蛇脱、蜂房、蜜、蜡等 49 种。

物　　品	数　　量
麝　香	2000
大　黄	200
蓁　艽	100
贝　母	200

（以上数字药材按担计，唯麝香按个计）

表 3：木材

松柏、杪木、杨、柳、十竹、青棡、桦木、榆木之类，俱通常出口者。

物　　品	数　　量
木　料	16 万

（以上数字木材系以根计）

附录三：王志文社会调查的表列（1940年）

表1：出口货物

物品	产地	单价	产量	总值
羔皮	拉卜楞	4元	15万张	60万元
粗细狐皮	南山一带	70元	3500张	24.5万元
尖梢狼皮	同上	70元	1500张	10.5万元
川诸子皮	同上	7元	7000余张	4.9万元
水獭皮	沿河一带	380元	250张	9.5万元
黄鼠狼皮	南山一带	9元	5000张	4.5万元
青黄油哈尔皮	番地①	7元	6.2万张	43.4万元
扫雪皮	同上	200元	50张	1万元
狗皮	同上	30元	3000张	9万元
混装猪油	铁布沟 黑错	15元	8000斤	12万元
猞猁皮	南山一带	260元	2万张	520万元
羊肠	番地	9角	1万余只	1万元
儿马	桥沟 南山	500元	200匹	10万元
科马	同上	600元	1300匹	78万元
大黄	铁布沟	500元	1000担	3.5万元
麝香	双岔	100元	2000个	20万元
蓁艽	同上	300元	50担	1.5万元
松香	番地	1元	1万斤	1万元
羊毛	同上	2元	2万斤	4万元
木料	沿河一带	7元	12万个	84万元
羊	旧城附近	50元	1万头	50万元
马		1500元	1000头	150万元
牛	哈娃南山一带	400元	3000头	100万元

注释：民国29年（1940）出口物品较28年为尤多，倘以现在市价计算。总值约达1202.3万元左右。

表2：输出贸易的比例

货品种类	价值	占全部输出的比例
皮毛类	6913000元	57.47%
牲畜类	388万	32.27%
药材类	26万元	2.16%
木材类	84万元	6.98%
羊肠猪油	13万元	1.08%
共计	12023000元	

---

① 藏族地区。

表3：进口货物①

物 品	来 源	单 价	进口量	总 量
粗大布	陕西 河南	（卷）800元	2500卷	2万元
匹 头	西 安	（匹）250元	2000元	50万元
棉 花	西安 武都	（斤）7元	7000斤	5万元
青 盐	青 海	（斤）8角	10万斤	8万元
纸 张	四 川	（合）4元	4000元	3万元
食 粮	岷县等地	（石）200元	1000石	20万元

其中王志文关于进出口价值的注释："上述进出口价值之比较，可见每年出超六百四十六万三千元以上，今后此种趋势，将依旧存在，盖可断言，其理由有二：战抗时期，都市中外来物品减少，势不得不利用土产之皮张、药材等物代替。而兰州各地人口增加，上列各项出口物品其需要尤将有增无减，此其一；藏民不事耕种，其需用粮食杂货，仰给外人，故不得不用当地特产以换取也，此其二。"②

附录四：西道堂组织机构表（1949年）③（见下页）

① 以棉花布匹为最多，次为粮食，再次为青盐、纸张等杂货。

② 为了更了解当时的价值比例，据《甘肃民族贸易史稿》记载："在藏区的商品交易中，一盒火柴可换取一只绵羊，一块茯茶可换取两只绵羊，一对细瓷碗可换取一只绵羊，一匹土布（60市尺）可换取12至13只绵羊。民国30年（1941），商贩在藏区收购羊羔皮时，每张只用0.45元（银元，下同），加上一切费用之后，每张羊羔皮的成本也不过3至4元，而在卖出地出售时，每张可以卖到20至30元，几乎增长了10倍。一斤酥油只能换取6盒火柴，一张牛皮只能换取白布10市尺，两块银元便可买1只绵羊，3头犏牛只卖25元。"党诚恩、陈宝生（主编）：《甘肃民族贸易史稿》，兰州：甘肃人民出版社，1988年，第174页。

③《甘南藏族自治州志》，北京：民族出版社，1991年。据第1721页内容整理。

- 教长
  - 教务系（主管教务）
    - 学校
      - 启西小学　启西中学筹建处
      - 启西女校　卓洛初级小学
    - 五大阿訇（管理下辖清真寺）
      - 临潭卓洛西寺　临谈下藏西寺
      - 碌曲西仓寺　临谈太平寨西寺
      - 临潭长川西寺　临夏台子街西寺
      - 临潭拉直西寺　临潭尕路提西寺
    - 外区教民
      - 青海民和县 100 余户　临夏县 300 余户
      - 广河县 50 余户
      - 青海循化县 20 余户　和政县 100 余户
  - 家务系　正经理　副经理
    - 内务
      - 磨坊、皮坊、油坊、缝纫
      - 砖瓦厂、酱醋坊
      - 菜园、木材放运站
    - 牧业总管一人
      - 夏河陌务牧场　什路牧场
      - 碌曲拉仁关牧场
    - 农业总管一人
      - 十三庄管家 1 人
      - 主管 3 人
        - 坡岔农场　敏家嘴农
        - 下藏农场　尕路提农场
        - 卓洛农场　汪家嘴农场
        - 他那农场　太平寨农场
        - 长川农场　白土农场
        - 什路农场　新城农场
    - 林业
      - 总管一人
      - 主管一人
        - 路尔沟林场　怕桥林场　贡去乎林场
        - 东日郭林场　力池林场　可纯林场　木多林场
        - 牙吉林场　吉那林场　九尼林场　李家林场
        - 仓科林场　他乍林场　力家林场
  - 商业总管 1 人
    - 行商（商队长途贩运）达兰州、临夏、武都、北京、天津、张家口、上海、汉口、广州、台子寺、西藏、黑水、康定、玉树、果洛等地
    - 坐商“天兴隆”商号：分布在临潭新城、旧城、岷县、拉卜楞、康定、昌都、玉树、欧拉、拉仁关、西仓、同德、临夏、兰州、江木关、松潘、阿坝、台子寺、甘孜、张家口等处
    - “天兴永”商号：临潭旧城
    - “天兴泰”商号：临潭旧城
    - “天兴亨”商号：临潭新城
    - “天兴昌”商号：岷县
    - “天兴德”商号：阿坝、青海同德、车巴沟、贡巴寺
    - 合资生意：临潭“万镒恒”、陕西“恒顺昌”
    - 山西“永得全”和北京联营的“公记”号

附录五：现代绸缎行业商业网络的表列

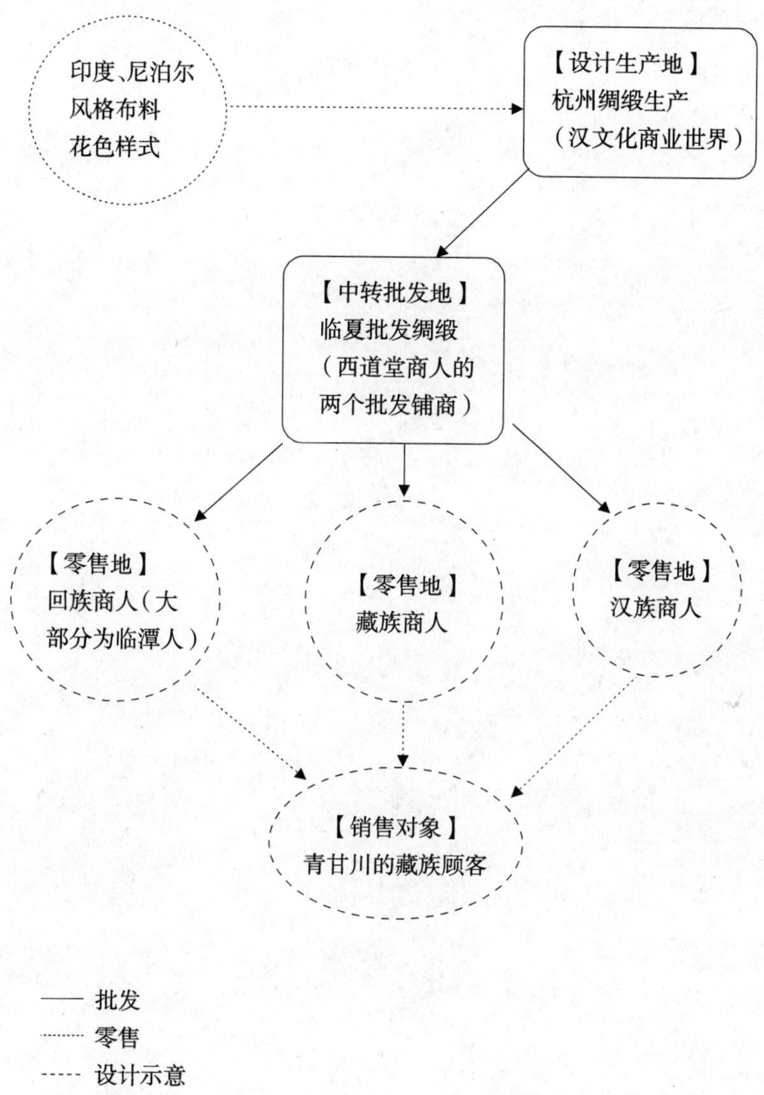

Marie－Paule Hille（伊玛丽）

巴黎高等社会科学研究院，巴黎近现代中国研究所博士生

北京商业文化

Trade Culture in Beijing

清代北京商业契书的种类与内容

刘小萌

北京的建城史至少可以上溯到西周初年武王分封时的燕国国都蓟城，迄今已有3000余年历史。公元938年（辽太宗会同元年）以来，辽契丹、金女真、元蒙古以及明、清两朝均定都于此，北京的国都史已绵延1000余年。作为历代都城，北京长期是中国历史上消费人口最集中的地区，无论消费规模还是消费层次，在同时期城市中均首屈一指。

顺治元年（1644），满族所建清朝（1644—1911）入主中原，定鼎北京（京师），使北京又呈现出不同于前代的若干特点。作为多民族聚居的都城，它不仅形成鲜明的地域特色、民族特色、文化特色，城市经济与商贸也空前繁荣。

商业契书是考察清代北京商业的重要资料。借助契书，既可从微观上考察店铺的名号、规模、经营内容与特色、管理方式、资本构成、交易形式，也可从宏观上把握京城商业发展的总体轮廓（商业面貌与特色，行业、业种分工与变化，商业人群构成），进而了解都市社会中错综复杂的社会经济关系。

中国社会科学院近代史研究所现藏北京契书4000余件，其中除少量明代契书，清代和民国契书各有2000余件。笔者目前从事的一项工作，就是从中选出400件与商业活动有关者，作为研究清代、民国北京商业史的基础①。本文重点介绍清代北京商业契书的种类与内容，至于民国部分，将留待日后另撰专文。

一、契书的种类

清代北京商业契书的种类，有两种划分标准。一种是按旗民分，一种是按性质分。

（一）按旗民分

① 首先说明一点：笔者搜集的“商业契书”，系指反映商业活动的各类契书，而非严格意义上的交易买卖契书。原因不言自明，如果将搜集范围仅限定在后者，不仅所获极少，而且会限制研究的视野，影响研究的深入。

清朝统治中国，实行旗人与民人分治的两元体制，即以八旗制度管理旗人，以省、府、州县制度统治民人。旗人的主体是满洲人，民人的主体是汉人，旗民分治的实质是满汉畛域。北京是旗民两元体制的集中体现①。清廷入居北京，将内城（又叫北城）民人强行驱往外城（南城），腾出内城安置随从满洲皇帝入关的数十万旗人。因此内城又称“满城（鞑靼城）”，外城又称汉城（尼堪城）。旗人与民人不仅在行政上各有隶属，在空间上彼此隔离，在税制和契书上同样区别明显。

契书按旗契、民契分类，是清代北京契书的一个基本特征。旗人契书简称“旗契”，不仅在形制上有别于“民契”（即民人契书），文字亦有差异：旗契分为单一满文、满汉合璧、单一汉文三种形式；民契则为清一色汉文②。

清朝入居北京初，将圈占土地、房屋无偿分配给旗人（即所谓旗地、旗房），禁止买卖，但旗人仍有私相交易者，契书或用满文，或用汉文。以后，满人逐渐涵濡汉文化，私契通用汉文。所以，留存至今的旗人私契（白契），基本都是汉文。

雍正元年（1623），清廷允许旗人之间实行不动产交易，同时确立税契制度，这样就出现了官契（印契、红契）。官契均取满汉合璧书写，这种格式一直恪守到清朝灭亡。官契式样主要有两种，一种为手写卖契，另一种为左右翼户关刻印执照。执照也是官刻契纸，又有卖房（地）执照、纳税执照、补税执照等区别。卖房执照与手写卖契均由卖房人写立并署名画押，税后由买主收存；补税执照是买主置产后未及时税契，若干年后到左右翼户关补办手续时领取。与前者不同的是，后者由补税人写立并署名画押。改典为买执照也是补税执照类型之一。

执照的满文体，因八旗左右翼之别而略有差异。左翼税关颁发的执照上书“temgetu bithe”，右翼税关颁发的执照上书“akdulara bithe”，均是契书、契据的意思。所钤印文，一为八旗左（或右）翼管税关防的长方形朱印，一为立契人所在佐领长官（也叫佐领）的图记。契书骑缝处墨书“卖字××号”。旗契不粘契尾。这些，就是旗人官契有别于民人官契的基本特征。

民人官契只用汉文，规格沿用明制，在底契（草契）和官颁契格纸（契稿）上钤盖大兴或宛平县印，后粘顺天府印制契尾，但也有少数不粘契尾者。俗称“民契”或“县契”。

旗、民官契的另一区别是担保人、中证人身份不同。民间不动产交易受着宗法制的制约，按惯例“先问亲邻”，充当“中保人”的通常是立契人亲友，由他们承担日后各种法律纠纷的连带责任。此外，在契书上画押的还有“左邻”、“右邻”、“房牙（或地牙）”、“总甲（或里长）”、“代书”。房牙是官府认可的为买卖双方从事说合磋商并收取一定佣金者；总甲是十甲（甲是城市基层行政组织）之长；代书是契书代

---

① 参见刘小萌：《清代北京旗人社会》，中国社会科学出版社，2008年，第51页。

② 详见刘小萌：《清代北京旗人的房地契书》，《满学研究》第5辑，民族出版社，2000年。

笔人。日后一旦发生纠纷，这些人有出面作证的责任。而旗人的不动产交易，按官府规定必须“呈明本管佐领”[①]。所以，在旗人官契上签名画押的，除立契者本人外，照例由其所在佐领官员即佐领、骁骑校、领催共同充当保人。从旗契、民契相关人等的署名画押中，不难看出传统社会关系、人身依附关系、政治等级关系，在房地产交易中根深蒂固的影响，以及彼此的异同。

旗契与民契在形制上的区别，既是旗民分治制度的具体体现，也是清统治者防止民人染指旗产的重要措施。清朝严禁民人典买旗地、旗房，相反却允许旗人置买民地、民房。这种旨在维护旗人经济利益和特权的政策限制，到清代中期逐渐松弛。

清朝后期，官贪吏黩，佐领等官往往借钤盖图记之机进行勒索。有些旗人转以假契投税，并私自描摹图记，以致捏造假契之案日多，伪诈肆行，毫无忌惮[②]。为杜绝假契的泛滥，两翼衙门要求各旗将图记造册咨送到翼，以备核验真伪。

旗契的特殊形制，一直沿用到民国初年。其时，旗人官契改由左右翼牲税征收局颁给，仍为官印执照，不过已纯用汉文。一套完整的官契通常包括底契、执照、验契执照，彼此粘连，上面加盖左右翼牲税征收局关防。底契即草契，业主纳税或补税后领取执照，验契执照则是左右翼牲税征收局（后改左右翼税务公署）对旧契检验注册后颁给的凭据。民国 17 年（1928），溥仪小朝廷被逐出清故宫，八旗制度寿终正寝，旗契的历史随之结束。

清朝沿用明制，不动产交易，每一两税三分（即 3% 取税）。清朝末叶，财政日绌，横征暴敛，税率屡次提高。光绪二十九年（1903）定，契价一两，征税三分三厘。宣统元年（1909）又改“买价一两，征税九分”。税率已达 9%。民国初年仍沿用清代税制，后鉴于税率过高，居民置产多隐匿不报，民国 4 年（1915）制定新契税办法，规定买契按契价的 6%[③]。但不管税率如何浮动，旗契与民契在税率方面始终保持一致。

清沿明制，卖契必须向官府纳税，典契则否。乾隆三十五年（1770），鉴于民间交易多在“典”的名义下进行，又有所谓“老典”契，“其实与卖无异”[④]，于是规定：典契十年以内不税，十年以外与卖同税，听现典主税契执业[⑤]。尽管有此规定，民间仍大量流行白契。

除不动产买卖外，凡是新建、改建、添盖房屋，均应按契价纳税。在这些方面，

① 嘉庆朝《大清会典》第十六卷，第 17 页下，嘉庆二十三年殿本。

② 宝琳、宝珣编：《升勤直公（升寅）年谱》，道光间刻本，收入《北京图书馆藏珍本年谱丛刊》第 126 册，北京图书馆出版社，2001 年，第 311—312 页。

③ 刘宗一、王育生：《北京的房地契纸与契税》，载《文史资料选编》第 25 辑，北京出版社，1985 年，第 243 页。

④ 琴川居士编：《皇清奏议》第四十五卷，赫泰疏语，清末刻本。

⑤ 乾隆朝《户部则例摘要》第十六卷，乾隆五十八年铭新堂刻本。

对旗人、民人的规定是一样的。

（二）按性质分

清代北京契书种类繁多，反映了契约关系的发达与复杂。按契书性质划分，有典、找押、抵押、老典、改典为卖（买）、转典、卖、分卖、杜绝（绝卖）、纳税、补税、建房、修房、指房（地）借钱、赠与、分产、租赁、退租、倒铺底、合股经营等类①。以下，选择若干与商业活动密切相关者并略作说明：

第一，典契与老典契

“典”本身并无“卖”的含义，与卖合在一处，就成为一种附加条件的出卖。房屋典卖的基本特点，就是作为债务人一方的房主直接以房屋在一定期限内的经济收益（主要是房租）抵算利息，交给典主（也就是债主）。在房屋出典期间，典主拥有使用权、处分权，或转典他人权。房主则保留出典限满后的回赎权。因此，典房是一种所有权与使用权分离的、不充分的房屋买卖形式。现存康熙四十八年（1709）满文典房白契（参见本文附表第1号）（图一），就是一件弥足珍贵的书证：

（满文的罗马字转写）

elhe taifin i dehi jakūci aniya uyun biyai juwan emu de. abida nirui sula ušiba i ping dzi men dukai tule kiyoo i šun dekdere ergi amargi gencehen de bisire juwan emu giyan wase boobe emu jalani arana nirui sula hanpol duin tanggū orin yan menggun bume udame gaiha . ere juwan emu giyan booi dolo bisire langui juwe paidzi ilan boo dorgide giyalaha undefun be gemu ašašaburhū.

erebe iniajige bošokū mungkidei tulesun se akdulaha.

（汉文直译）

康熙四十八年九月十一日，阿必达佐领闲散五十八所有平子［则］门外桥东北墙根处十一间瓦房，同参领阿拉纳佐领闲散海潘儿给四百二十两银买了。此十一间房内所有之揽柜二、排子三，屋内隔断用的木板都不能挪动。

此系小领催孟衣特、兔拉孙等保了。

上引契书形制朴拙，颇具特色。首先是文字使用，仍未脱离早期满语印迹，如称墙壁根为“gencehen”，木板为“undefun”，东北方为“šun dekdere ergi amargi”，均为规范化满语所不取。不过，从“wase”（瓦）、“kiyoo”（桥）、“giyan”（间）、“langui”（揽柜）、“paidzi”（排子）、“ping dzi men”（平子门）等汉语借词的使用上，汉文化

① 关于旗人房地契种类，笔者有多篇论文涉及，参见：《乾、嘉年間畿輔旗人的土地交易》，《清史研究》1992年4期；《清代北京旗人的房屋买卖》，《清史论丛》，辽宁古籍出版社1996年版；《清前期北京旗人满文房契研究》，《民族研究》2001年4期；《清代北京旗人的房地契书》，《满学研究》第5輯，民族出版社2000年版。在此不赘。

的汲取也一目了然。

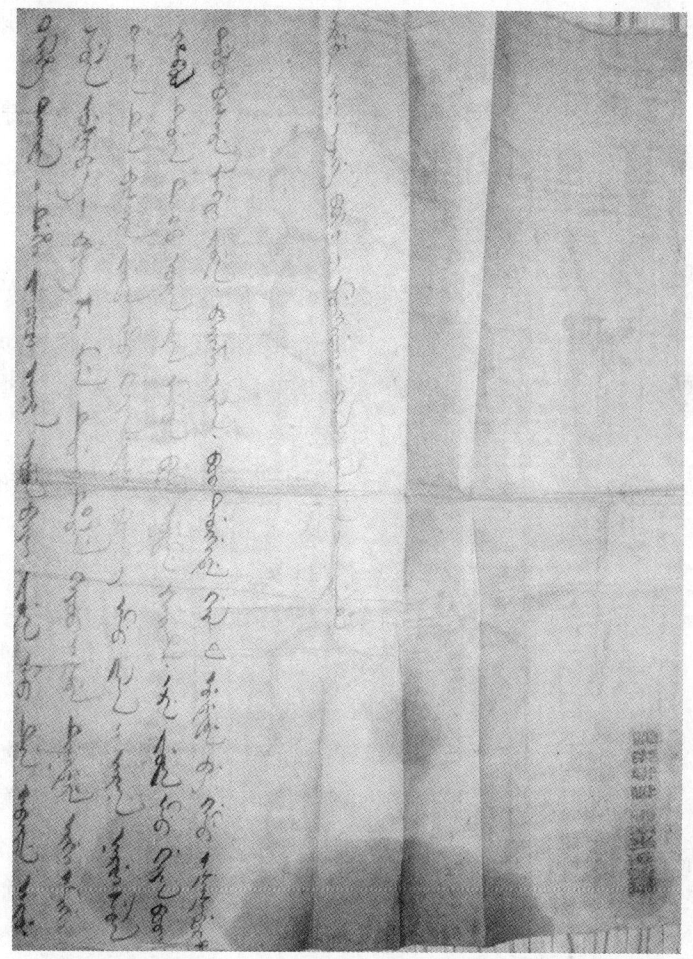

图一 康熙四十八年九月十一日五十八满文典房契

平子［则］门为元代旧称，明正统年间改称阜成门，清沿明称，唯民间犹呼平则门。因此，这是一件涉及阜成门附近房屋买卖的契书。作为房屋附产一同出卖的揽柜、排子，都是店铺中常见用物。附产的性质表明，用于交易的是一栋商业性质的铺面房。在笔者所见旗人房契中，交易铺面房的事例并非偶然一见，但这是为时最早的一件。

笔者最近翻检近代史所房契，发现旗人五十八在与海潘儿交易时，写立满文契的同时还写有一份汉文契（图二）。兹征引如下，并略作分析：

立老典房契人系正红旗蒙古阿必达佐领下乌各身五十八，原有祖占破烂房十二间、后院一块，坐落平则门外月墙对过路北内。有揽柜二个、排子三个，铺内隔断俱全。情愿将此房老典与本旗参领阿拉那佐领下马甲海潘儿名下为业。当日价银肆百贰拾两整。其银当面交明不能短少，言明一典壹百年永不准回赎，拆改挪移任凭置主自便。恐口无凭，立字存证。

领催孟衣特、兔拉孙仝保（押）

康熙四十八年九月十一日立字人五十八（押）

从立契时间看，上引满、汉文两契均系康熙四十八年九月十一日写立，显然属同一笔交易，但从具体内容比对，却发现多有差异。

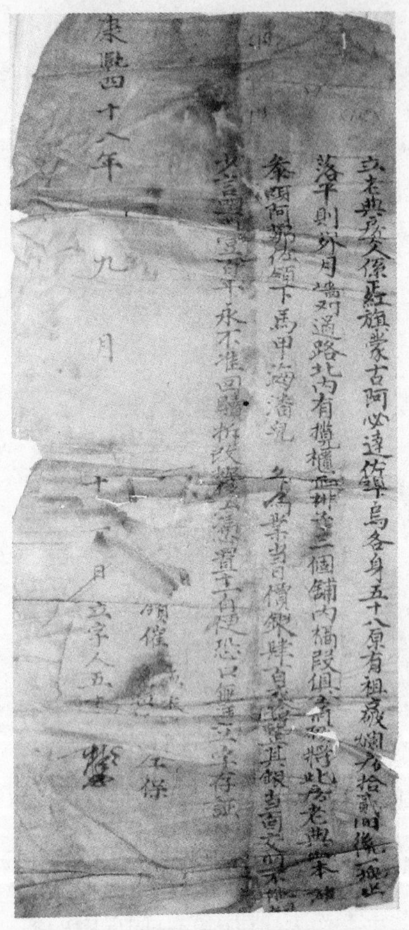
立老典房人係正紅旗蒙古阿必達佐領下烏各身五十八原有祖[illegible]房拾貳間[illegible]

落[illegible]則外月墻對過路北內有攔櫃四件[illegible]個鋪內槅段俱全[illegible]將此房老典與[illegible]

參領阿那佐領下馬甲海濤名下[illegible]為業當日價銀肆[illegible]其銀當面交明[illegible]

以[illegible]百年永不准回贖拆改挪移任憑置主自便恐口無憑立字存照

領催[illegible]仝保

康熙四十八年九月十一日立字人五十八

图二　康熙四十八年九月十一日五十八汉文老典契

首先，满文契对交易性质缺乏明确说明，仅说“给四百二十两银买了”；汉文契则明言是“老典”，期限为100年。老典与典的区别在于，老典契所定回赎期限很长，少则二三十年，多者五十、一百年，有的老典契甚至不写明回赎期限，代之以“永远为业”或“永不回赎”等字样。足见老典等于变相的买卖。

其次，满文契关于交易对象文字简略，只说瓦房11间（应为12间之误）；汉文契则就对象房来源、质地、数量、附产等，一并交代清楚；所谓“祖占”，即“祖先圈占”或“祖父圈占”之意。

再次，满文契未提及立契人旗属，汉文契则明确“系正红旗蒙古阿必达佐领下乌各身五十八”。乌各身，是满语“uksin”（马甲）的音译。满文契中，说旗人五十八的身份是“闲散”（意为“无业之人”），汉文契中却说他是“马甲”。两说分歧，其中必有一误。

又次，汉文契明确对象房的性质是“铺”（店铺），满文契则无。

上述种种，都反映出旗人早期契书的随意性和不规范性。此种现象，在满文契书上表现得尤为明显。这正是满洲、蒙古旗人内部尚不具备发达的契约关系与相关知识的集中反映。

雍、乾之际，旗人社会中总的趋势是满文契急剧减少，与此同时，满汉合璧乃至汉文契却成为主流，在契式上已与民间小异大同。下引乾隆十年（1745）旗人达子典卖粥铺的契书就很典型（图三）：

立典契人正黄旗满洲固山黑格佐领下披甲的达子，有祖业铺面瓦房前后粥铺二间，坐落在德胜门内路南，今因无银使用，情愿典于本旗满洲固山保平佐领下闲散杭日布名下永远为业。言定典价纹银一百二十两整。其银当日交足并无欠少，言定二十年之后银到许赎。自典之后若有来路不明、重复典卖、托［拖］欠官银、满汉亲族人等争竞，俱系本佐领黑格、骁骑校苏起，领催刘喜一面承管。恐后无凭，立此典契存照。

乾隆十年　月　立典契人达子（押）

（满文内容相同，从略）

这件契书取满汉合璧体，其中就立契人身份、对象房情况（产权来源、坐落、间数、质地）、出典原因、受契人身份、立契手续（契价的议定与过付）、权利和义务（回赎期限、立契人违约或对房屋所有权发生争执时的责任承担）等条款逐一说明。表明满人契书的形制与行文到这一时期已相当规范。

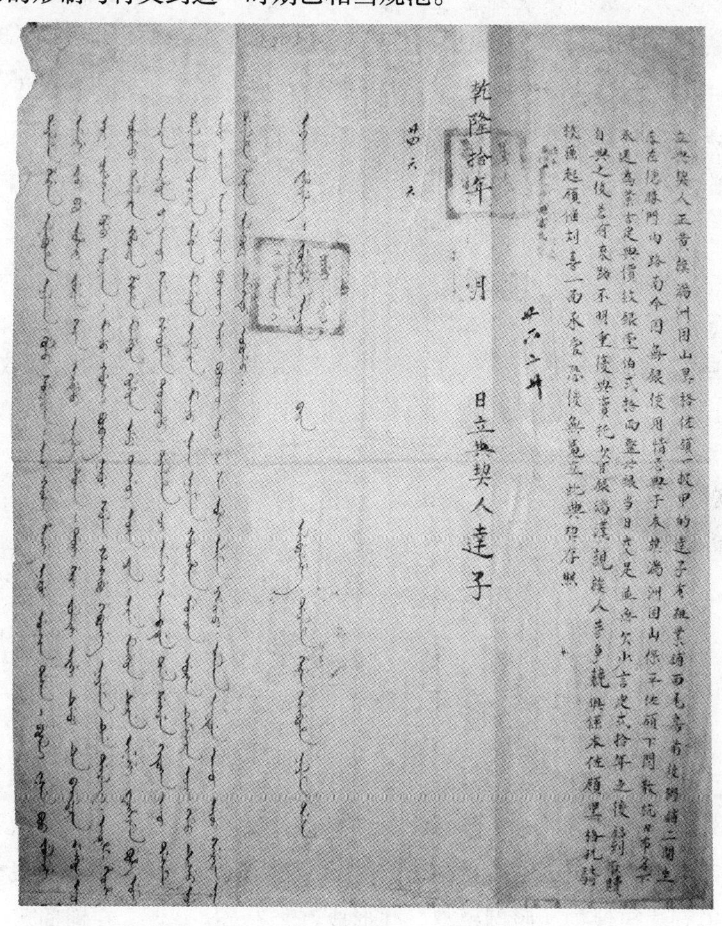
乾隆拾年　月　日立典契人達子

图三　乾隆十年达子汉文典契

在典契中，出典一方一般称“业主”、“原业”、“原业主”、“本主”、“房主”；典买一方称“典主”、“置主”、“银主”、“现业主”。关于典价收付，称“典与（于）……名下为业”，而不书“永远为业”。对回赎期限亦有明文规定。说明出典人虽然将房屋典给典主，作为所得借款利息的补偿，但名义上仍保留着房屋所有权和期满回赎的权力，这正是典与卖的主要区别。当然也有例外，如上引契书称“典于……名下永远为业”，就是一例。这种措辞主要用于老典契中。

第二，卖契

在大量铺面房交易中，与典卖等形式并行不悖的始终是直接的买卖。其中，既有旗人之间或民人之间的内部买卖，也有旗人与民人之间的交易。后者的交易范围，似乎大于前者。下引是乾隆年间民人门廷枢买卖烟袋铺的一件契书（图四）：

立卖契人系顺天府宛平县民门廷枢，因手乏无银使用，今将祖置铺面房三间后有一间共四间，今凭中说合裁卖西边一间。此房坐落鼓楼前斜街东口内路南，现开天成号烟袋铺生理，每月房租银贰两，言定卖价拾［实］足老白银贰伯［佰］两整，排子板达俱全，上下土木相连，卖于王名下永远为业，并不与门姓相干。此银笔下交足外无欠少，自卖之后如有亲族人等争竞重复典卖，有叔父门泰一面承管，恐后无凭，立此卖契永远存照。

再此房原系裁卖，所有康熙五十九年白（以下残缺）

中保人 胞叔门泰（画押）

王国兴（画押）

乾隆二十四年九月二十三日立卖房契人门廷枢（画押）

顺天府宛平县民人门廷枢的烟袋铺设在鼓楼前斜街内，这条街因为设有数家烟袋铺，以后得名“烟袋斜街”。门廷枢的天成号一共有四间铺面房，他将其中的一间出卖（裁卖），这种契书又称分卖房契。这间房是门廷枢祖上在康熙五十九年（1720）所买，至这年（1759）出卖，在门氏手中已39年。门廷枢在出卖这间铺面的同时，随带屋内排子、板达，都是烟铺内的相关设施。门廷枢出卖的天成号，后来成为这条著名街道上的一座百年老店。关于烟袋斜街的历史与天成号的经营史，详见后文。

铺面房交易有典有卖，卖又有“活卖”、“绝卖”之别，实际反映的是所有权转移的程度。从活卖到绝卖，原主尚有找价（即买主补给一定价值）机会，绝卖则是所有权的完全转移①。

买卖房产有白契、红契之别，在清代北京房契中白契颇多。原因之一，买主往往视纳税为额外负担而百般规避；原因之二，旗民交产有干法禁，不得不取私相授受的方式。有此两条理由，足以使白契充斥于民间。当然，也有许多旗人或民人为使自己的合法交易得到法律保护，照例税契，并形成红契②。这一点，在铺面房交易中尤其明显，前引门廷枢分卖房契就是一件红契。

卖契行文与典契大体相同，最重要的区别在于说明房屋所有权的完全转移，所以凡典契中使用“典”字处，这里均写为“卖”字，并注明“卖于××名下为业”或

① 刘小萌：《清代北京旗人社会》第123页。

② 刘小萌：《清代北京旗人社会》第124页。

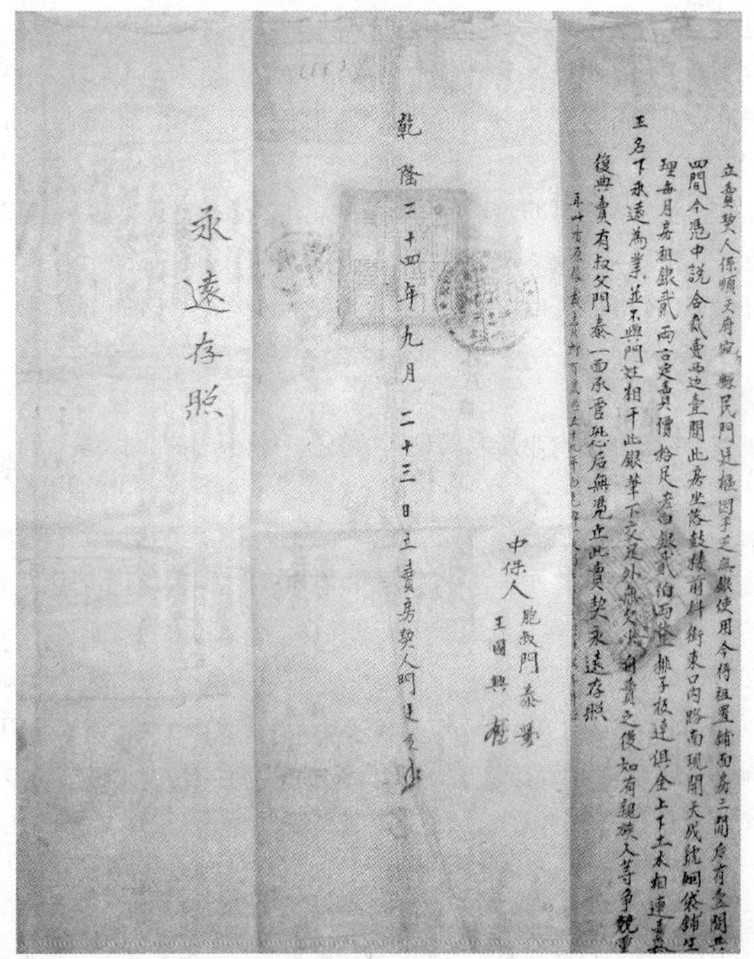

立賣契人係順天府宛平縣民門廷樞因手乏無銀使用今將祖置鋪面房三間后有壹間共
四間今憑中說合賣西邊壹間此房坐落鼓樓前斜街東口內路南現開天成號炯袋鋪生
理每月房租銀貳兩言定賣價拾足色紋銀貳佰兩整排子板連俱全上下土木相連
王名下永遠為業並不與門姓相干此銀筆下交足外無欠少自賣之後如有親族人等爭競重
復典賣有叔父門泰一面承管恐后無憑立此賣契永遠存照

乾隆二十四年九月二十三日立賣房契人門廷樞

中保人 胞叔門泰

王國興

永遠存照

图四　乾隆二十四年九月二十三日门廷枢分卖房契

“卖于××名下永远为业”。因为经过官方收税验契，所以卖契必说明税银数额（契税每银一两征三分，清末宣统年间增至九分）。

关于房屋来源，因涉及交易的可靠性，故为买主所重。由于房屋来源多样，反映在契书中，就有“本身”、“祖遗”、“祖置”、“祖遗分产”、“自置”、“自典”、“老典”种种区别。

卖契普遍要说明违约责任的担保人，以免一旦出现来路不明、重复典卖、拖欠官银、亲族争竞等意外问题时损及买主权益。有关担保责任条款，至少有以下几种，即“由卖主一面承管”；“由中保人一面承管”；“卖主与中人承管”；以及由卖主和所在佐领官员共同担保。在许多场合，中保人是由交易双方的利益相关者（或亲戚、或朋友）出任的，而其中兼有违约担保责任人身份者，往往是与卖主利益相关的中保人。上引门廷枢分卖房契，中保人有门泰和王国兴二人，兼有违约担保责任人的却只有门泰一人。门泰与卖主门廷枢为叔侄关系。由此可见，违约责任担保人与中保人身份并不一定吻合。

卖契末尾，一般要说明上手契的处理。上手契是相对本契而言的。本契指转让权利之人亲自订立的转让权利契书，上手契（又称随契、随带契、老契）指转让权利人以前在受让权利时收执的书契。上手契的交代，是原业主的一种义务，也是产权合法的重要凭证。故旗人交易亦如民间，都很注重上手契的保留。于是，随着房屋所有权的辗转易手，上手契也就越来越多。迨及清末，一件房契牵连的上手契少则三、五张，多则十几张，是很常见的现象。一些康、雍年间乃至为时更早的老契，均得到精心保存。

第三，铺底契

清代北京作为繁华的商业都市，无论内城还是外城，都存在大量店铺，反映在契书中，铺面房交易占有很大比重。关于铺面房的概念，民国人倪宝森《铺底权要论》是这样解释的："所谓铺面房者，因经营商业，开设商店之房屋也。私人住邸，固不待论，即使经营商业，而无商店之外观，或虽有商店之外观，而作居住之用者，均不得谓之铺房。"① 说明法律意义上的铺房或铺面房，是由房屋的商业性质与特定外观两个要素组合而成。一处铺面房，可以是一间也可以是多间。在后种场合，通常包括临街的门面房，后面的房、棚、院落、附产（井、树等），构成一处完整的房产。

随着铺面房的大量交易，在北京契书中就形成一类特殊契书——铺底契。

关于铺底契起源。民国监督京师税务公署《铺底税须知》是这样说明的："查铺底为北京一种特别习惯，由前清乾隆年间兴的，外省是向来没有的。按铺底的由来，是甲所开的铺子，做的生意，推让于乙，并写给乙倒卖白字一张，作为卖价若干，注明给乙永远为业，任乙自己随便作生意，算是甲卖了。乙买去以后，相继为转卖，就有了连套字据，这个字据，就是铺底，到后来日进文化，则倒铺底的种类也就多了。"② 掌故大家齐如山在《故都三百六十行》称："铺底"二字各处皆用之，其性质不过是铺中卖余之货或货架桌椅各种家具。唯独北京，特指商家店铺。房主将铺面出租给商家（铺主），铺主因有修理铺面、增广铺面的投资，形成对铺面的一定所有权。又因许多店铺前后经数个铺主修整、改建、增建，形成一店数"主"的现象③。可知，铺底契系由铺底权的产生而来；而铺底权的产生，则因铺面房出租与辗转交易、改建或增建所导致的所有权切割与分离。

关于铺底契出现时间。在近代史所收藏的北京房契中，时间最早的有乾隆二十五年（1760）卖铺底契，这与民国监督京师税务公署关于铺底契源于前清乾隆年间之说正相吻合。

---

① 倪宝森：《铺底权要论》，倪宝森律师事务所 1942 年铅印本。国家图书馆收藏。

② 《铺底税须知》（民国 12 年 11 月间监督京师税务公署编印），转引自倪宝森：《铺底权要论》。

③ 齐如山著，鲍瞰埠编：《故都三百六十行》，书目文献出版社，1993 年，第 104 页。

关于铺底契种类。乾隆以来，随着京城商业的发展，不仅铺底契的数量逐渐增多，种类也日渐繁杂。民国监督京师税务公署《铺底税须知》，将铺底契之种类，分为12种，即倒价铺底，家具铺底，倒空铺底，建筑铺底，活租铺底，定期租铺底，永租铺底，押租铺底，分业铺底，处分租铺底，帮活铺底，折债铺底。这种划分固然是基于民国的情况，且未必准确，但对我们理解清代铺底契的复杂情况还是有所裨益。故摘要如次：

倒价铺底：甲开的店铺，卖给乙永远做生意，并作价若干，立有字据，注明以后与甲永不相干。

家具铺底：甲直接由房东租来空房一所开设店铺，置买家具若干，以后甲不作生意，将一切家具卖给乙作生意，作价若干，立有字据，注明卖给乙永远为业（原文附注：有一种铺子，倒给别人，可是家具不卖，另与接手的新业主立约，定为每日或每月取家具钱若干，亦为家具铺底）。

倒空铺底：甲用钱倒买某商号空地一块，此地系该商号从前用钱倒买而来，有铺底权。甲先向该商号商议倒买，议妥后再与地主商议接租，两方办好，准甲在此地作生意，无论何人，不得侵占与干涉其地权。写立字据，注明永远为业。

建筑铺底：甲既倒此空地，在上建筑房屋，其建筑费用，另作为建筑铺底。或某商号有余地，上存旧房若干，连同地基倒与甲，立有字据，详细注明。后来甲又添盖若干，或因旧房不堪而改盖。此种改盖或添盖房屋，均归房东名下。这铺底建筑权则归商家，房东只有取租的利益。

活租铺底：甲的铺底及生意，不愿承做，暂租与乙，每月取铺底租若干，可是不准撤匾，日后乙若不愿承做，仍归甲收回（原文附注：这个铺底，承租人乙不得投税，因铺底权仍属于甲）。

定期租铺底：甲的铺底租与乙。一租几年，至期仍归甲有，乙不得霸占（原文附注：此铺底纳税权仍归甲，乙不得蒙混投税）。

永租铺底：甲的铺底，租与乙，永租无限期，并立有约书，注明租价若干。此铺底，是变相的倒价铺底（原文附注：此种铺底，亦应照章纳税，须经房东认可，或有妥实铺保，担负完全责任，方可投税，发给执照）。

押租铺底：房东使过铺户押租银，立有约书（原文附注：此种铺底也有纳税权，可是须经房东认可。凡一租几年，或到期另议者，不算押租铺底）。

分业铺底：一族人有祖遗公产，分在自己名下，永远为业，并作价若干，立有分家书为证。此种铺底，与倒价铺底性质一样。

处分租铺底：甲之铺底，租与乙。一租几年，立有字据，并租价若干，到期钱到赎回，如至期不赎，归乙永远为业（原文附注：此种铺底，如到期未赎，可会同房东，或取具铺保，前往投税）。

帮伙铺底：甲乙二人，同伙作生意，甲出资作本为东家，乙担任经营，并不出资本，经营有功，由东家让给几厘股本，此谓帮伙做买卖。到后来，甲不愿承做，将生意推让与乙。并立有约书，作价若干，情愿给乙永远为业（原文附注：此种铺底，系甲让与乙的，乙亦应享受铺底权，唯投税时，须经房东认可，或取具妥实确保，担负完全责任，方可投税）。

折债铺底：甲借了乙的钱，用铺底字据作抵押品，到后来不能还乙的债，用此铺底折清债务，并立有字据，归乙永远为业（原文附注：立约后，乙可持约书会同房东，或取具铺保，前往投税）。

以上12种类型，只是民国年间税务机关对围绕铺底形成的错综复杂关系的一个概括。对了解清代的铺底契，亦有一定参考价值。

在近代史所收藏清代北京契书中，有“卖铺底”、“倒铺底”、“永远出倒”、“倒卖当铺房产地基家具”、“倒卖当铺架［加］本利家具”、“退铺底”、“租铺底”、“转租铺底”、“倒铺底家具”、“租家伙铺底”、“交空房与铺底”、“绝倒铺底家具”等名目。从清代到民国，随着都市店铺租赁关系的高度发展，铺底契的种类越来越多，产权关系日益复杂。下引为道光十三年（1833）倒铺底契（图五）：

> 立倒铺底文约人庞门高氏同子文彬、文德，今将广顺斋香铺一座，坐落在安定门内路西门面两间，牌楼三间，铺内家伙俱全，今情愿出倒与万和号李名下永远为业。同中说合铺价京钱一千四百吊文，其钱笔下交足，并无欠少，如有铺中上欠账目并亲族人等争竞者，有亲主说合人一面承管。恐后无凭，立字存照。
>
> 说合人胡士保（画押）
> 李海（画押）
> 章升浩（画押）
>
> 道光十三年十月廿六日立字人庞门高氏（画押）
>
> 外有家伙单一纸
> 有前倒契一纸跟随

庞门高氏同子文彬、文德将香铺一座门面两间、牌楼三间，连同铺内家伙，出倒与万和号李某名下“永远为业”，铺价钱1400吊。说明“倒铺底”的“倒”，其实与“卖”无异。那种认为铺底仅指铺中存余之货和用物（家伙），显然是以偏概全。在上引契书中，倒铺底的对象既包括房屋、牌楼等不动产，也包括铺内家伙等动产。所以契中明言是“铺价”而非“货价”。下引咸丰十一年（1861）六家商号倒卖契一件，则是另一种情况：

> 立捣［倒］当铺房产地基家倨［具］文约人益茂号、隆顺当、益盛号、纯德堂、益元当、双丰号，因本年四月十八日同仁义号伙治景隆当房屋、地基、家倨［具］，架［加］本利一切，立有单张契纸。系公议聚义堂名目，并税红契。今同中言明，益茂号等六家情愿归并仁义号邢义号生理管业。所

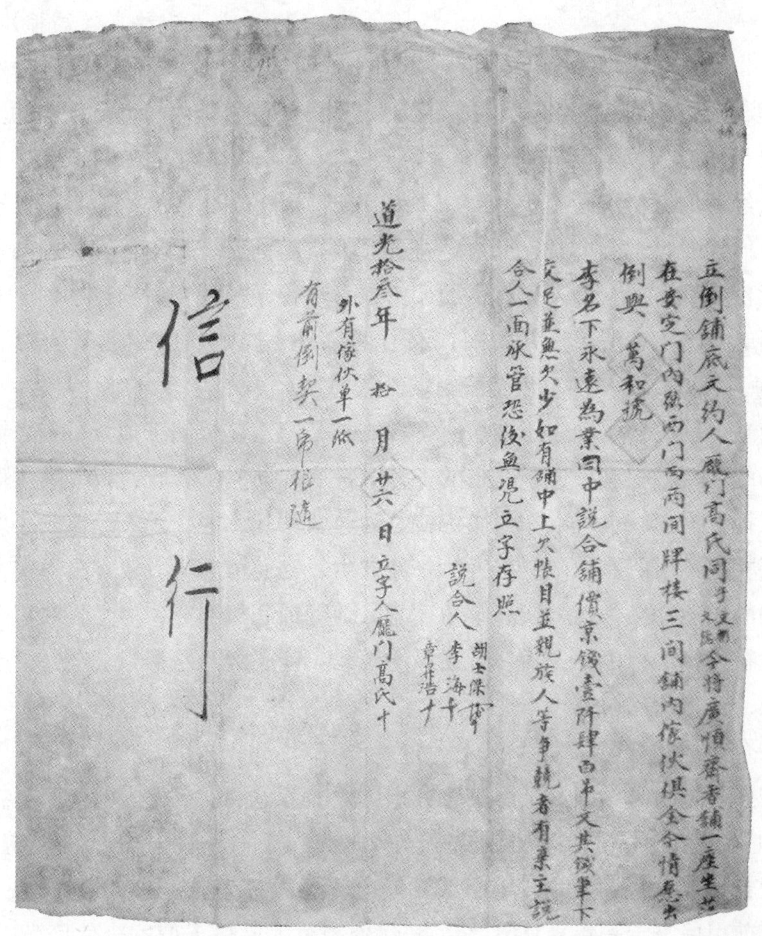

立倒铺底文约人龎门高氏同子文明文德今将广恒斋香铺一座坐落
在安定门内纵西门西两间牌楼三间铺内傢伙俱全今情愿出
倒与 萬和號
李名下永远為業同中說合铺價京錢壹阡肆百吊文其錢筆下
交足並無欠少如有铺中上欠帳目並親族人等爭競者有秉主說
合人一面承管恐後無凭立字存照
說合人 胡士保 李海 章庄浩
道光拾叁年 拾 月 廿六 日立字人龎门高氏十
外有傢伙单一紙
有前倒契一帋存随
信行

图五 道光十三年十月廿六日庞门高氏倒铺底契

有益茂号六家应得卖价多寡不同，另有借约。公议三年后四月十八日归还无利。以上同置新红契两张，原老契壹张，家倨［具］一切等项单壹纸，俱归于仁义号两家，此系同中议定各无返［反］悔。日后仁义号两家生金发财，不与益茂号等六家相干。空口无着，立捣［倒］卖契存照。

咸丰十一年六月十三日立捣［倒］卖当铺房产家倨架［加］本利文约人

双丰号（画押）

益盛号（画押）

益茂号（画押）

隆顺当（画押）

益元当（画押）

纯德堂（画押）

中见人宁鸿来（画押）

代字人吴春旭（画押）

此倒铺底契与前引倒铺底契的一个主要区别，是由益茂号等六家商号联名写立。其铺底含义，也是动产（家具）与不动产（房产、地基）的总合。在这起交易中，铺底被用于合伙经营的股份。咸丰十一年（1861）四月十八日，六家曾与仁义号合伙经营景隆当，但仅仅过了两个月，就决定将各自拥有的铺底权卖给仁义号等两家。六家的铺底权卖价多寡不同，另外立有借约，由仁义号等两家三年后归还本利。契中除规定将上手新老契、附产清单一并转归仁义号两家外，同时声明“此系同中议定各无返［反］悔。日后仁义号两家生金发财，不与益茂号等六家相干”。

综合上述：铺底权是独立于铺房所有权之外，即直接行使于他人所有之铺房、且以使用为目的的一种权利，属于物权的一种。铺底权同时带有收益权，铺主可以将铺底出租、抵押、售卖，也可以作为股份转化为经营利润。铺底权一经形成，房主不能否定。铺底权对铺房所有权限制极大，一经发生，常使铺房所有权有名无实，酿成房主与铺主间的矛盾冲突。但是换一个角度看，随着铺底权形成，房主收取租金，铺主开店盈利，在许多场合也不失为一种互惠的模式。铺底契问题相当复杂，由此形成一房多主现象，值得深入讨论。

第四，合伙经营契

商家在经营过程中常因资金困难或分担风险的考虑寻求合伙经营，于是有合伙经营契的产生。根据邓拓收集的崇文门外万全堂药铺资料，至迟在乾隆十一年（1746），已出现合伙经营契书①。但就近代史所藏房契考察，这类契书始见于晚清，数量很少。前引咸丰十一年（1861）六家商号倒契，反映了商家合伙经营关系的变化。导致合伙经营关系变化的因素很多，大而言之，有社会环境的治与乱，经济形势的好与坏，商家经营的成与败，需要认真考察，具体分析。下引光绪二十七年（1901）赵西樵等经营合同（图六），即反映了社会动荡对经营关系产生的冲击：

> 立合同赵西樵同子文小逢（画押）王经畬（画押），于光绪拾六年二人入本银，在阜城门外月坛对过开设天兴轩茶馆一座。由二十六年七月间遭兵灾，被本街上徒匪掠抢一空，手乏无力承做商，情愿倒与新东家三槐堂壹成，桂芳堂壹成，王凤渚壹成，庄殿卿壹成，四成价银捌百两正，作为蒦［护］本之资，永远为业。前有王永奎转借恒聚公银五百两正，作为应给一成世业。又有托刘五元托情承办，作为给刘五元一成世业。有旧业主赵西樵二成，王经畬二成，共东众东股十成。算大账酬谢伙友在外，每年九月十七日算大账。天赐余利按股均分，不准有肥己情事。有神明鉴察。以前有合同作为费［废］纸。恐口无凭，立合同存照。

① 邓拓：《崇文门外万全堂药铺资料辑录》，《清史资料》第1辑，中华书局，1980年，第160页。

崇峻峰（画押）
刘海亭（画押）
中间人　文云亭（画押）
张敬贤（画押）
石润泉（画押）
代笔人徐宝新（画押）

光绪贰拾柒年七月廿日　　立

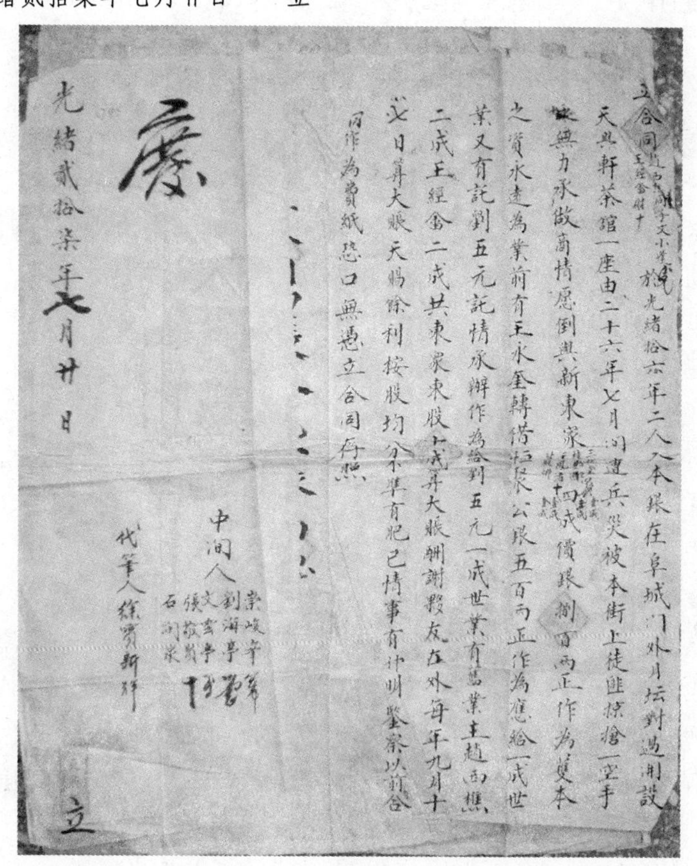
立合同趙西樵王經畲緣於光緒拾六年二八八本銀在阜城門外月壇對過開設
天興軒茶館一座由二十六年七月間遭兵災被本街上徒匪掠搶一空手
無力承做商情願倒與新東家四成價銀捌百兩正作為夥本
之資永遠為業前有王永奎轉借銀五百兩正作為應給一成世
業又有託劉五元託情承辦作為給劉五元一成世業有舊業主趙西樵
二成王經畲二成共東家東股十成每年大賬酬謝股友在外每年九月十
五日算大賬天賜餘利按股均分不準有爬己情事有神明鑒察以前合
同作為廢紙恐口無憑立合同存照
中間人　崇峻峯　劉海亭　文雲亭　張敬賢　石潤泉
代筆人徐寶新
光緒貳拾柒年七月廿日
立

图六　光绪二十七年七月廿日赵西樵等合伙经营契

此合同系茶馆业主赵西樵（同子文小逢）、王经畲于光绪二十七年（1901）七月二十日写立。光绪十六年（1890），二人合股在阜成门外月坛对过开设天兴轩茶馆一座。二十六年（1900）七月八国联军侵占北京期间，京城遭受兵灾，茶馆被本街上匪徒抢掠一空。赵西樵、王经畲因经济问题无力承做，决定将全部资本分为十成，除各留二成外，其余六成，卖给三槐堂、桂芳堂、王凤渚、庄殿卿各一成，价银八百两；又送给王永奎、刘五元各一成，作为帮忙借银、请托承办的回报。新合伙经营关系确立后，股东由原来的两人增为八人，其中旧业主是双股，新业主是单股。合同还规定，每年九月十七日算账，如有余利按股均分。类似合伙经营契，晚清时期尚少，民国年间明显增多，这将是笔者下阶段整理、研究的一个重点。

二、契书的内容

初步考察清代北京契书，发现其中包含有许多有价值的商业信息。下面仅从商业的分工、店铺的转手、地域优势与老字号、经商的人群、影响商业的诸要素五个方面略作说明。

（一）商业的分工

近代史所藏全部清代房契涉及各色店铺，汰去重复和性质不明者，大约有60多类：粥铺、素食铺（素饭铺）、大货铺（羊肉铺）、粮食店、油盐店、布铺、烟袋铺、木厂、棉花铺、煤铺（煤厂）、纽子铺、烟铺、烟钱铺、钱铺、香铺、蜡铺、香烛铺、板厂、车铺、杆子铺、袜子铺、碓房、酒店、油酒店、剃头铺、干菜铺、茶馆、羊肉铺、绸缎局、菜局、金店、铁局（铁铺）、药局、广货铺、挂货铺[①]、帘子铺、文具店（文雅斋）、成衣铺、肉铺、山货铺、席铺、柜箱铺、盐店、估衣铺、首饰局（首饰楼）、粉坊、弓箭铺、鼓铺、灯笼铺、毡帘铺、裱画铺、栈房、当铺、挂炉铺（挂炉盒子铺）、账本铺、盔头铺、镊子铺、靴鞋店、油盐集货店、木店、桌椅铺、桅厂、包金作。这些店铺经营内容形形色色，涉及人们的衣、食、住、行，日用所需，一定程度上反映了都市商业的繁荣、复杂的分工与灵活多样的组合。

清代北京，内城是国家的政治中心（在早期还是军事中心），有皇室、王公、达官贵人、八旗官兵聚居，因此也是京城的消费中心。内城的基本居民是旗人，旗人以满族人为主体，包括蒙古人、汉军人（早期入旗的辽东汉人）。他们以做官当兵为主要职业，领取月饷季米（按月领饷，按季领米），收入稳定，消费力强。其服装饰物、消费习惯、风俗信仰，长期保持满文化特色。

外城是京城的经济、文化、商业、娱乐中心。外城的居民是民人，民人以汉人为主体，士农工商，三教九流，社会成分复杂，消费内容丰富。外城有最繁荣的商业区（前三门外）、娱乐区（戏院、妓院）和数量众多的会馆（同乡会馆与行业会馆）。民人的日常生活，普遍带有汉文化特征，同时还有回族的特定居住区（今宣武区牛街一带）和自身文化。内外城居民的差异明显，对京城商业的构成与分布特色影响深远，值得进一步研究。

---

① 挂货铺是北京特有的名称，其经营范围介于古玩铺与旧货店之间，同属古玩业，特点是品种更庞杂而已。孙健主编：《北京经济史资料》，北京燕山出版社，1990年，第228页。

（二）店铺的转手

基于经营状况的好坏以及其他因素，店铺往往频繁转手。转手的形式多样，有典、老典、卖、出倒等。优胜劣汰的竞争法则，要求店主及时调整经营内容，以占得有利商机。而店铺的转手与经营内容的调整，又往往相互关联。店铺的新旧主人，既有旗人也有民人，既有满人也有汉人。店铺转手中的上述现象，在契书中均得到充分印证。在此仅举三套契书为例：

第一套契书：平则门外店铺一处。乾隆十一年（1746），正黄旗延宁将该处素食铺老典给旗人贾姓，“言明九十年以后原价银全归足许赎”。但是诚如当时人所云，老典其实与卖无异。乾隆三十七年（1772），贾达汉到衙门改典为买，将店铺归于自己名下。嘉庆九年（1804），其后人岳兴阿将该店典卖给旗人清某，仍为素饭铺，一典八年。道光二十九年（1850），旗人菩恩将其卖给福姓，已改茶馆。光绪三年（1878），福听泉卖给祁姓，仍开茶馆。光绪二十七年（1901），赵西樵父子将其出倒①。该店铺在将近150年间至少转手五次，先后开过素食铺、素饭铺、茶馆。

第二套契书：德胜门内路南店铺一处。乾隆十年（1745），正黄旗满洲人达子将铺面瓦房二间典给本旗满洲人杭日布。时开粥铺。契内载“言定二十年之后银到取赎”。不久转到刘姓名下。在以后140年间（至光绪十一年，1885），先后转手增姓、霍姓、夏姓、马姓、得姓。店主有民人也有旗人。店铺由粥铺改为棉花铺、大货铺，后改“德胜馆”，经营内容不详②。

第三套契书：东四牌楼南店铺一处。道光十三年（1833），顺天府学文生员李惟昭将铺面房13间卖给民人丁姓，开设瑞泰酒店。道光十六年（1836），丁文秀卖给刘姓。一年后，卖给旗人春姓。咸丰元年（1851）春龄卖给旗人卢姓，紧接着，转卖给民人唐姓。这中间，一直开设瑞泰油酒店。同治八年（1869），民人唐汝仁将它卖给冯姓，开设北义合众铁铺。光绪九年（1883），冯成卖给旗人王姓，开设万利钱铺。该店在50多年中至少转手7次，先后开过酒店、油酒店、铁铺、钱铺③。

（三）地域优势与老字号

清代京城最繁华的商业区，外城在正阳门外，内城则有地安门外大街、东四西四牌楼、东单西单牌楼。商业区的店铺享有明显地域优势，年长日久，易于形成具有招牌效应的“老字号”。下面，仅以鼓楼前斜街（在地安门外大街）两店铺为例，略作说明：

第一例，鼓楼前斜街一处天成号烟袋铺。乾隆二十四年（1759）房主门廷枢卖

---

① 见附表第5、8、11、26、33、40号。

② 见附表第4、9、23、25、32、36号，参见37、38号。

③ 见附表第20、21、22、24、27、28、31、34、35号。

给民人王姓。五十一年（1786），王兆凤卖给黄姓。嘉庆十三年（1808），黄朝梁卖给柳肇凯，依旧开天成号烟袋铺。二十一年（1816），柳肇凯卖给李姓。道光十年（1830），李植卖给张姓，契内载明“现开胡天成烟袋铺”[①]。这套契书涉及70年间的五次交易，清一色民红契。店铺虽一再易主，经营内容始终为烟袋铺，而且连店号都没有变。该烟袋铺应为原业主胡天成在乾隆二十四年以前所创办，店铺字号径取其名。因有一定名气，以后的店主都沿用了旧店号。这就说明老字号的名品效应。这条斜街因卖烟袋出名，近代以来即命名为烟袋斜街，沿用至今[②]。

第二例，鼓楼前斜街又一处。嘉庆十年（1805），丁茂宗将自盖铺面房5.5间，卖给柳肇凯。嘉庆二十一年（1816），柳肇凯卖给李姓。道光十年（1830），李植卖给张姓，开柳家杆子铺、全盛袜子铺。光绪二十二年（1896），张志和卖给张姓，开协古斋裱画铺、柳家杆子铺[③]。这套契书也是清一色民红契。“柳家杆子铺”为柳肇凯所创办，后来的店主同样沿袭了他的字号。

（四）经商的人群

在北京这样一个商业大都市中，经商人群作为掌控流通的群体，是人们社会生活不可或缺的。流通是城市活力之源，经商人群的活动涉及千家万户，实际构成京城人社会生活的命脉。北京经商人群的结构特点，就是包括旗人、民人两个部分。

1. 经商人群中的旗人

旗人作为重要的经商人群，其中除少数内务府皇商，数量更多者为私商（个体商人）。

清朝入关之初，据说曾颁布有关旗人“居积牟利之禁”，表面上说，是为防止旗人恃强凌弱、骚扰民间[④]，真正用心还是希望旗人以当兵为唯一职志，成为国家可以依靠的“干城”和“股肱”。清代中叶，一些官员在奏疏中反复强调，旗人不会经商，以致生计日蹙[⑤]。这样就出现了一个问题：旗人是否经商，以及旗人经商是否合

① 见附表第6、10、13、15、17号。

② 烟袋斜街街名出现的准确时间待考。王希来、周宇：《烟袋斜街商业的兴衰和重建的布局基调》称：“在斜街东口，于清朝光绪年间，先后出现了以经营烟具为主的‘同台盛’和‘双盛泰’两个店铺。由于两店老板曾为西太后慈禧通洗水烟袋，于是斜街东口便出现了以烟袋作店幌的奇特商店。两家烟袋商店在此斜街中名声最佳，气派最大，烟袋幌最醒目，故市民便称斜街为烟袋斜街。”载《城市问题》1988年第1期，转引自孙健主编：《北京经济史资料》第32页。参见什刹海研究会、什刹海景区管理处编：《什刹海志》，北京出版社2003年，第92页。但这种得自口传的说法未必可靠，根据正文引近代史所收藏房契，早在乾隆二十四年（1759），当地已有烟袋铺。

③ 见附表12、14、18、39号。

④ 王庆云：《石渠余纪・纪八旗生计》，北京古籍出版社，1985年，第196页。

⑤ 如沈起元说：“甲不能遍及，而徒使之不士、不工、不商、不兵、不民，而环聚于京师数百里之内，于是其生日蹙。”（《皇朝经世文编》第三十五卷）梁师正亦称：“百年休养，户口众多，无农工商贾之业可执，类皆仰食于官。”

法？以往论者，多沿用清人说法，认为旗人并不经商。但考诸事实，在清朝官书中，并没有禁止旗人经商的明文。许多旗人习于当兵，仰给于月饷季米，却谙于营生之道，以至落到“经商逐利，不待禁而不能”的地步，确是事实。但如果据此认为，旗人均与商业无缘，却未免以偏概全。具体就北京旗人来说，至少一部分贵族、官员、富户，很早即形成了经商传统。这不仅在文献中有记载，在契书中也得到充分反映。前面提到，至迟到康熙末年，北京旗人中已出现铺面房买卖，就是旗人从事商业活动的一个证明。

旗人经商，大致基于几方面原因：首先是手中掌握一定银两，有营运的资本；其次是商业利益驱动，有营运的动机；再次是生计压力，有营运的需要。对旗人经商，统治者始终抱着一种矛盾态度，既深知旗人衣食住行已形成对商业的严重依赖，又担心商业活动会给他们造成腐蚀，但始终没有明令禁止，而是听之任之。

旗人经商的范围。从近代史所收藏的房契考察，旗人经营对象包括粥铺、素食铺、大货铺、碓房、粮食店、油盐店、布铺、茶馆、油酒店、成衣铺、灯笼铺、木厂、估衣铺、羊肉铺、车铺、毡帘铺、挂炉铺、煤铺。虽不及民间商人行业众多，却也相当广泛。

旗人经商的规模。在近代史所收藏的250余件与商业有关的清代房契中，可以明确交易双方中一方或两方为旗人的一共有46件（其中，注明旗人身份的44件，显系旗人名字的2件），占全部契书的近五分之一。不能不考虑的一个因素是，许多旗人在与民人的铺房交易中并不注明旗籍，其实际参与程度，应大于上述比例。所以，以上数字只能证实旗人是参与商业活动的重要部分，却不能将其作为旗人在商业活动中所占比例的准确依据。

旗人经商，表现出不同于民人的若干特点：

其一，早期范围小，一般都在本旗地面，交易对象往往是本旗人，以后范围逐步扩大，交易对象由旗人扩大到民人。在旗民交产的情况下，一处店铺往往在旗人和民人中反复倒手①。在一处房产分卖或多处房产归入一人名下的场合，还会导致铺面房数量的盈缩。

其二，旗人经商多为副业，尤其中上层旗人，多有官职和俸禄收入。契书所载镶蓝旗满洲世袭轻车都尉兼勋旧佐领双林、正红旗满洲世管佐领海泉、镶红旗汉军候选知府王海、内务府镶黄旗蒙古慎刑司候补郎中韩恒芳、镶红旗头族奉恩辅国公光裕、镶黄旗满洲世袭三等承恩公钟秀、正蓝旗满洲内阁侍读常福、镶白旗满洲包衣公中佐领文福、镶黄旗满洲大理寺少卿凤秀等，均属此类。即便普通旗人，也多有稳定的收入（粮饷）。

其三，旗民交产具有一定隐蔽性。清中叶，民人置买内城旗人店铺的活动呈上升

① 刘小萌：《清代北京旗人社会》，第250页。

趋势。由于法律禁止民人置买旗产，这类交易主要采取白契买卖和典卖的形式。举一个典型例子：康熙四十八年（1709），正红旗蒙古旗人五十八将平则门（即阜成门）外“祖占破烂房”一处12间老典给同参领的海潘儿，一典百年。雍正四年（1726），海潘儿把该铺面房卖给民人张姓。乾隆二十七年（1762），民人张顺又将它典与山西太原汶水县人霍姓，典期30年。道光五年（1825），霍氏后代七儿“因起父兄之灵回家无钱使用”，把店铺典给民人高姓。契书载明：“一典三十年为满，三十年内回赎契纸按月包租”，即附加了不准提前回赎的苛刻条件。咸丰七年（1857），店主民人高文志在老典契中写着：祖置铺面房三处共十五间，老典于民人张姓名下，永远为业。这三处店铺包括寿艺庄、龙泉茶馆、菜局。契书末又注：“白纸（即白契）四张，满洲字（即满文契）一张，一并跟随，并无红契。”从康熙四十八年至咸丰七年将近150年间，该店铺先后五次易手，全部契书现存六件，清一色白契①。其中，除上首康熙四十八年老典白契出自旗人私相授受外，下手汉文典契均出自民人之手。这种一脉相承的交易方式，有可能与逃避官府纠察有关。

从契书还可得知，旗人除了出卖或收购店铺，有时还出租铺面房牟利。

2. 民间商人

清朝进入北京初，将内城（北城）民人逐往外城（南城），腾出内城安置皇室贵族和普通旗人。至迟17世纪末，因旗人生计所需和对商业利益的追逐，已有不少民人重新进入内城。他们在内城开店，从事手工，或者佣工。乾隆年间，民人入居者逐渐增多②。民人契书中注明的房屋来源有：“自置”、“祖遗”、“祖置”、“祖业”、“夫遗”、“买得”、“自盖”、“父置”、“自典”。房屋来源的日趋多样，实际反映民人入居内城的规模在逐渐扩大。雍正、乾隆年间，清廷为解决日益严重的“八旗生计”问题，强令住居北京的大批汉军旗人、内务府和下五旗王公府属包衣人以及开户人、另记档案人等“出旗为民”，从另一渠道扩大了内城民人的数量。嘉、道年间，内城民人显著增多。庚子之变（1900）八国联军侵入京城后，内城以八旗为主体的管理模式被彻底打破，民人大量涌入内城。

在进入内城的民人中，经商者占有不小比例。据契书记载，铺面房中表明具体用途的有“油盐纸马铺”、“烟袋铺”、“棉花铺”、“香铺”、“钱铺”、“蜡铺”“车铺”、“木厂”、“大货铺”、“粥铺”、“杆子铺”、“碓房”、“酒店”、“干菜铺”、“羊肉铺”、“铁铺”、“烟钱铺”、“广货铺”、“挂货铺”、“帘子铺”、“毡帘铺”、“煤铺”、“裱画铺”、“挂炉铺”、“首饰楼”、“弓箭铺”、“粉坊”、“鼓铺”、“灯笼铺”、“包金作”等。这些铺面所在的东直门内北小街、安定门内大街、鼓楼前斜街、德胜门内大街、国子监西口、东四西四等处，大多是内城中的通衢闹市。

---

① 见附表1、2、3、7、16、29号。

② 刘小萌：《清代北京旗人社会》，第331—340页。

民间商人的来源。在多数契书中，并未注明交易双方的籍贯。而在已注明籍贯的契书中，还是以本地人即大兴、宛平县居民居多。同时，有部分外地移民加入到经商行业。山西太原汶水县霍姓，乾隆二十七年（1762）典买平则门外一处铺面房，到道光五年（1825）其后人霍七儿为送父兄灵柩返乡筹措资费，将店铺典卖①。霍氏一家父子兄弟长期在京城经商，是一个典型的事例。属于同样情况的还有山西太原府崞县民、山西祁县民、顺天府三河县民等。

民间商人一般世代相袭，职业单一，而旗人多为副业。这种差别在商业活动中究竟产生了何种影响，仍有待研究。

（五）影响商业的诸要素

清代北京商业的发展受到一系列因素的影响，比如统治集团的政策、民族关系的变化、经济的兴衰、社会的治乱等。一般说来，社会稳定，经济繁荣，民族关系趋于缓和，商业就有较快发展；反之，社会动荡，内忧外患，经济残破，商业首当其冲受到破坏。

光绪二十六年（1900）爆发的“庚子之变”，导致商业的凋敝，是一个典型的例子。这一年，义和团之乱与八国联军的侵掠相踵，城市秩序崩坏，商业受损严重。赵西樵与王经畬，在阜成门外有一处铺面房。契书记载，原“开设天兴轩茶馆一座，由二十六年七月遭兵灾，被本街上匪徒掠抢一空，手乏无力承做”。第二年不得不将铺面转倒新东家。王经畬同赵西樵之子文小峰在阜成门外还合伙开设了一处铺面，也在光绪二十六年乱中被抢一空②。

内务府正白旗汉军候补笔帖式钟浚，在东四牌楼西路北有铺面房一处，“原开设振阳楼挂炉铺，庚子事变家业全失，该号亦经团匪烧毁”，乱后重新修盖，不久出卖③。

柳茂林等人合伙在前门外珠宝市设立万宝斋账本铺，因二十六年被火烧毁，寸木片瓦全无，后改源兴号盔头铺生意。光绪二十九年（1903）出倒给蔡世恒等人④。

王廷臣等人在鸡鸭市胡同口内开设聚华楼，红契于二十六年遗失⑤。

路荣卿在西河沿路北开设聚兴号镊子铺，老铺底契于光绪二十六年洋兵进京时遗失⑥。

---

① 附表第7、16号。

② 附表第40、43号。

③ 附表第41、42号。

④ 附表第44号。

⑤ 附表第224号。

⑥ 附表第45号。

镶红旗满洲宜龄等，在宫门口东廊下开设义和庆油酒店，庚子之乱时将房契遗失[①]。

山西祁县范宏锡，在宣武门内翠花街路东开设永顺粥铺，原契二十六年兵燹时遗失[②]。

刘芝山在前门外平乐园大街开设桌椅铺，后改设桅厂，老铺底契庚子变乱中失去[③]。

以上只是契书中的零星记载，却足以反映内忧外患对都市商业的巨大冲击。

尽管在特定时期存在着一些不利因素，但整体来讲，有清一代的北京城，基本是一个充满活力的商业社会。首先，这种活力源于都市的巨大消费市场；其次，北京作为一个多民族、多文化交融荟萃的都市，具有商品流通与商业发展的有利条件；再次，北京商业的发展，还源于民间根深蒂固的商业传统，普通市民（旗人与民人）采取各种合法或不合法手段，彼此交易，突破了官方的某些陈腐规定（如禁止旗民交产），也推动了商业的发展。

旗民交产的愈演愈烈，使统治者反复重申的禁令成为具文。问题是，禁止旗民交产并不是一项孤立的经济政策，而是与政治上实施“旗民分治”、生活中实行“旗民分居”等政策相辅相成的。满洲统治者要长久维护自己的特权地位，不能不殚尽心智地恪守这些陈陈相因的旧规，而社会生活中已经发生的深刻变化，或迟或早总要引起上层建筑的相应调整。但满洲统治者在顺应历史潮流过程中却不免一波三折：咸丰二年（1852）第一次准许旗民交产，五年后借口“徒滋涉讼”，奏准仍复旧制；同治二年（1863）一度恢复咸丰二年定例，“庶旗民有无，均可相通”，光绪十五年（1889）又规复旧制，旗民不准交产。“然民间之私相授受者仍多，终属有名无实”[④]。待到光绪三十三年（1907）再度确认咸丰二年成案的合法性时，清王朝的来日已经无多。

最后，就本文内容作一小结。第一，北京商业契书是一宗内容丰富、种类繁多、很有价值的史料，迄今尚少系统的搜集、整理、研究，这为我们正在从事的工作，提供了努力方向。第二，北京商业契书虽数量繁多，毕竟反映的只是一些具体个案，这既是它的价值所在，同时也是它的局限。为了全面深入考察清代北京商业史，必须与其他相关史料如官书、档案、碑刻、文集、绘图、口述等彼此参证。

刘小萌

中国社会科学院近代史研究所研究员

---

① 附表第46号。

② 附表第47号。

③ 附表第48号。

④ 《户部井田科奏咨辑要》卷上第1页上、13页上、15页上；卷下第51页下，光绪朝排印本；沈家本：《变通旗民交产旧制析》，收入李光灿：《评〈寄簃文存〉》，群众出版社，1985年，第201页。

附:本文引用契书简表

序号	立契人	对象房说明					价格		受契人	立契时间	契类	备注
		来源	坐落	质地	间数	附产	银(两)	钱(吊)				
1	正红旗蒙古马甲五十八		平则门外月墙对过路北	瓦房	12	揽柜、排子	420		本旗蒙古海潘儿	康熙四十八年九月	满文典白契	
2	正红旗蒙古马甲五十八	祖占破烂房	平则门外月墙对过路北	瓦房	12	后院一块、揽柜、排子、铺内隔断	420		本旗蒙古海潘儿	康熙四十八年九月	汉文老典白契	典期一百年
3	正红旗蒙古海潘儿	自置	平则门外月墙对过路北	破烂房	12	后院一块	420		宛平民张	雍正四年十二月	汉文卖白契	此契残缺
4	正黄旗满洲披甲达子	祖业	德胜门内路南	铺面瓦房	2		120		本旗满洲闲散杭日布	乾隆十年	满汉文典红契	此为粥铺。“言定二十年之后银到取赎”
5	正黄旗延宁	自置	平则门外月坛对过街北、德胜门外关北街东	铺面房门面房	21		2000		贾	乾隆十一年十二月	汉文老典白契	素食铺,每月取租钱八千文;大货铺,每月取租钱五千六百文;“言明九十年以后原价银全归足许赎”
6	门廷枢	祖置	鼓楼前斜街东口内路南	铺面房	4	排子板达俱全	200		王	乾隆二十四年九月	汉文民分卖红契	天成号烟袋铺,每月房租银2两
7	张顺	自置	平则门外月墙对过路北	铺面房门面房	12		420		山西太原汶水县霍	乾隆二十七年三月	满汉文典白契	“一典三十年为满”
8	正红旗满洲贾达汉	老典	一处在阜成门外月坛对过路北;又一处德胜门外关北	铺面房	21	院二块	2000			乾隆三十七年	满汉文改典为买执照	此房系乾隆十一年十二月二十三日典自正黄旗延宁

（续表）

序号	立契人	对象房说明					价格		受契人	立契时间	契类	备注
		来源	坐落	质地	间数	附产	银（两）	钱（吊）				
9	刘玉	自置	德胜门内大街路南	铺面房	2		130		增	乾隆四十三年九月	汉文民卖红契	“现开设棉花铺生理”，“民红契一张、图书契一张、老白契一张跟随”
10	宛平县民王兆凤	自置	鼓楼斜街口内路南	瓦房	1			520（作银260两）	黄	乾隆五十一年九月	汉文民卖红契	开设天成号烟袋铺
11	正红旗满洲笔帖式岳兴阿	祖遗自置	阜成门外月坛西边路北北大院	铺面瓦房	20	大院1块		4000	镶蓝旗满洲内阁中书清	嘉庆九年九月	汉文典白契	内素饭铺门面瓦房三间，一典八年，“另有旗红契一张跟随”
12	丁茂宗	祖遗自盖	后宰门外鼓楼前斜街口内路北	铺面房	5.5			350（合银175两）	柳肇凯	嘉庆十年九月	汉文民卖红契	“此房实系祖遗自盖，并无红白老契”
13	宛平县民黄朝梁	自置	鼓楼斜街口内路南	门面瓦房	1			575（合银287.5两）	柳肇凯	嘉庆十三年十月	汉文民卖红契	开设天成号烟袋铺
14	宛平县民柳肇凯	祖遗	鼓楼斜街口内路北	铺面房	5.5		300		李	嘉庆二十一年三月	汉文民卖红契	
15	宛平县民柳肇凯	祖遗	鼓楼斜街口内路南	门面房罩棚	2		200		李	嘉庆二十一年三月	汉文民卖红契	

（续表）

序号	立契人	对象房说明					价格		受契人	立契时间	契类	备注
		来源	坐落	质地	间数	附产	银（两）	钱（吊）				
16	山西太原府汶水县民霍七儿	祖遗	阜城门外月墙对过路北	铺面破瓦房灰棚	15			1100	高	道光五年二月	汉文民典白契	“今因起父兄之灵回家无钱使用”“一典三十年为满，三十年内回赎契纸按月包租”“外有老白契四张跟随”
17	李植	自置	鼓楼斜街口内路南	门面房	2		150		张	道光十年十二月	汉文民卖红契	“现开胡天成烟袋铺”
18	李植	自置	鼓楼斜街口内路北	门面房	5.5		250		张	道光十年十二月	汉文民卖红契	“现开柳家杆子铺全盛袜子铺”
19	庞门高氏同子		安定门内路西	门面牌楼	5	家伙俱全		1400	万和号李	道光十三年十月	汉文倒铺底白契	广顺斋香铺
20	顺天府学文生员李惟昭	自置	东四牌楼南驴市胡同西口外南边大街路东	铺面房	13	空院1块	400		丁	道光十三年十二月	汉文民卖红契	“现开瑞泰酒店生理”
21	大兴县民丁文秀	购自李惟昭	东四牌楼南驴市胡同西口外南边大街路东	铺面房	13	空院1块		450	刘	道光十六年十月	汉文民卖红契	“现在瑞泰油店生理”
22	大兴县民刘敷远	自置	东四牌楼驴市胡同西口外南边路东	铺面房	13		400		春	道光十七年九月	汉文民卖红契	“现开设瑞泰油酒店生理”

（续表）

序号	立契人	对象房说明					价格		受契人	立契时间	契类	备注
		来源	坐落	质地	间数	附产	银（两）	钱（吊）				
23	增德英	自置	德胜门内路南	铺面房	3		100		霍	道光十七年四月	汉文卖白契	“开设大货铺”
24	刘敷远	自置	东四牌楼驴市胡同	门面房闷排腰房	13			1820	春	道光十七年九月	汉文卖白契	瑞泰酒店
25	大兴县民霍俊	自置	德胜门内路南	铺面房	3			400	文宅	道光二十六年一月	汉文卖白契	“开设大货铺”
26	镶蓝旗满洲闲散菩恩	自置	阜城门外月坛对过北大院	铺面房	20	大院1块		3084	福	道光二十九年三月	汉文卖白契	“现开设茶馆生理”
27	镶黄旗满洲马甲春龄	自置	东四牌楼南驴市胡同西口外南边路东	铺面房	13			2818	卢	咸丰元年闰八月	汉文卖白契	“现开设瑞泰油酒店生理”
28	镶黄旗汉军卢门李氏、马氏	故夫自置	东四牌楼南驴市胡同西口外南边路东	铺面房	13			3060	唐	咸丰元年闰八月	汉文卖白契	“现开设瑞泰油酒店生理”
29	宛平县民高文志	祖置	平则门外月墙对过路北	铺面房	15			2000	张	咸丰七年十月	汉文老典白契	“现今开设寿艺庄、龙泉茶馆、菜局共铺三处”“永远为业……永不回赎”“白纸四张满洲字一张，一并跟随，并无红契”

（续表）

序号	立契人	对象房说明					价格		受契人	立契时间	契类	备注
		来源	坐落	质地	间数	附产	银（两）	钱（吊）				
30	益茂号 隆顺当 益盛号 纯德堂 益元当 双丰号								仁义号 邢义号	咸丰十一年六月	汉文倒卖当铺房产家具加本利白契	
31	大兴县民唐汝仁等	自置	东四牌楼南驴市胡同南路东	铺面房	13				冯	同治八年二月	汉文民卖白契	“现开设北义合众铁甫［铺］生理”，“外有民红契五套，又有白字三张跟随”
32	夏文瑞	自置	德胜门内路南	铺面房	3			1000	马	同治十二年五月	汉文卖白契	“现开设粮店堆［碓］房生理”，“外有民红契三套、白字二张跟随”
33	福听泉	祖遗自置	阜成门外月坛对过路北大院	铺面房	20		200		祁	光绪三年	汉文民卖红契	“现开设茶馆生理”
34	大兴县民冯成	自置	东四牌楼南驴市胡同南路东	铺面房	13		220		王	光绪九年十月	汉文民卖白契	“现开设万利钱铺生理”
35	镶红旗汉军候选道王海	买得	东四牌楼南驴市胡同南路东	铺面房	13		220			光绪十年四月	满汉文纳税执照	
36	马有恒、马有昌	祖业自置	德胜门内路南	铺面房	8		100		得宅	光绪十一年四月	汉文卖白契	“开设德兴馆生理”
37	马有恒、马有昌	祖业自置	德胜门内路南	铺面房	8		100		得宅	光绪十三年六月	汉文民卖红契	“开设德生馆生理”
38	正红旗包衣佐领下护卫得源	买得	德胜门内路南	铺面房	8		100			光绪十四年正月	满汉文买执照	粘连民国2年验契执照

（续表）

序号	立契人	对象房说明					价格		受契人	立契时间	契类	备注
		来源	坐落	质地	间数	附产	银（两）	钱（吊）				
39	张志和	自置	鼓楼前斜街口内路北	门面房	5		150		大兴县民百忍堂张姓	光绪二十二年八月	汉文民卖红契	开设协古斋裱画铺柳家杆子铺
40	赵西樵同子王经畬		阜成门外月坛对过	铺面房			800		三槐堂桂芳堂 王凤渚 庄殿卿	光绪二十七年七月	汉文商业合同	原"开设天兴轩茶馆一座，由二十六年七月遭兵灾，被本街上匪徒掠抢一空，手乏无力承做"，转倒新东家
41	内务府正白旗汉军候补笔帖式钟浚	祖遗	东四牌楼西路北	铺面房	4		100			光绪二十八年五月	汉文补税底契	原开设振阳楼挂炉铺，庚子事变家业全失该号亦经团匪烧毁今又盖齐。粘连二十八年补税满汉文执照
42	内务府正白旗汉军候补笔帖式钟浚	祖遗	东四牌楼西路北	铺面房	4		100		正白旗宗室德宅	光绪二十八年十二月	满汉文卖执照	现开设振阳楼挂炉盒子铺生理，楼一间烧毁未盖。粘连德氏二十九年五月满汉文执照
43	王经畬 赵西樵子文小峰	合伙开设	阜成门外北大院路北	铺面房	32	一切家具桌凳木器等物俱全	900		玉姓	光绪二十八年	汉文倒白契	光绪二十六年乱后被抢一空
44	柳茂林 张英臣 刘桂林	祖遗	前门外珠宝市中间路东	门面房	2		240		蔡世恒 刘国祯 赵凤岗	光绪二十九年四月	汉文倒白契	原设立万宝斋帐本铺，因二十六年被火烧毁，寸木片瓦全无，后改源兴号盔头铺生意

（续表）

序号	立契人	对象房说明					价格		受契人	立契时间	契类	备注
		来源	坐落	质地	间数	附产	银（两）	钱（吊）				
45	路荣卿	祖遗	西河沿路北万寿关帝庙东隔壁	铺面房	一座		200		李	光绪三十三年三月	汉文倒铺底白契	开设聚兴号镊子铺，老铺底契于光绪二十六年洋兵进京时遗失
46	镶红旗满洲宜龄等	祖遗	宫门口东廊下南口路西	铺面房	4		50			光绪三十三年四月	满汉文补税执照	开设义和庆油酒店 庚子之乱时将房契遗失粘连民国3年验契执照
47	山西祁县范宏锡	自置	宣武门内翠花街路东	铺面房	1		40		刘姓	光绪三十四年九月	汉文民卖白契	开设永顺粥铺，原契二十六年兵燹时遗失
48	刘芝山		前门外平乐园大街路南	铺面房	24.5		1100		朱锦堂	宣统元年三月	汉文倒铺底白契	开设德寿桌椅铺，改设复兴桅厂；老铺底契庚子变乱失去

民国时期北京同仁堂药铺的经营模式：有关同仁堂的口述历史

定宜庄

清末民初北京的中药铺（系指门市零售药铺）有160余家，大多数为小本经营，其中的大药铺，号称北京的四大药堂，是同仁堂、鹤年堂、千芝堂和庆仁堂。其中最著名的，就是同仁堂乐家老铺。正如近人陈宗蕃在《燕都丛考》中称："大栅栏同仁堂药肆，相传数百年，贸易兴盛，肆主人乐氏寓新开路，栋宇联街，支族繁衍，北平商业以斯为最。"① 旧日同仁堂的药方上都写着："京都同仁堂，坐落在前门外67号路南，有招牌便是。"对此无论药店的老职工还是北京的老顾客，至今仍然记得。

作为北京商业史中不可或缺的一部分，其起家与兴盛均与清朝朝廷相关，以"御用"形象出现的京都同仁堂中药铺，早已引起国内外诸多研究者的注意。虽然同仁堂药铺名动京城，但无论他们的经营方式，还是家庭关系与生活，与一般人们的想象都有很大的差距。研究者也很少关心这些药铺背后的"人"生活是什么样子。事实上，仅仅是由一个接受西方教育、吸收西方文化和生活方式，甚至还有人信仰西方宗教的家庭，来经营一个北京城资本最雄厚、声誉最高、影响也最大的代表"旧"传统的中药铺，本身就有太多值得深思和探究的内容，也正是民国时期新与旧、西与中相互碰撞、交击同时也并存、交融的特殊时代的体现。

有关同仁堂在买卖后面的生活，由于很少见诸记载而难以探究，采取对同仁堂乐家后裔进行访谈的方式，可以多少弥补这方面的不足，所以我对同仁堂历史的讨论，就是从口述访谈入手，再与相关文献资料互证互补来进行的。

一、资料来源简介

我为研究同仁堂历史而收集的资料，包括两部分人的口述与文字记录。所谓两部分人，一部分是资本家即同仁堂乐家的后人，这里称为"资方"，因为迄今为止药工们仍然习惯称他们为"资本家"。另一部分是在同仁堂工作数十年之久的几位老药工，在同仁堂经历了从"公私合营"到"文革"的一系列变革，已经不再是乐家的

① 见第三编第二章，北京古籍出版社，1991年，第486页。

企业之后，他们却一直留在同仁堂，或者担任同仁堂药店的领导工作，或者成为技术上的专家，他们对同仁堂比资本家的子孙们更熟悉，更认同，谈及的内容也更丰富生动。

资方的资料来源有三份：

1. 乐曙青口述
2. 乐笃周手稿：《我所知道的同仁堂》
3. 沈芳畦口述

同仁堂乐家老铺虽然早在清前期就已建立，但几经周折，直到第十代传人乐平泉时才得以“中兴”。乐平泉号印川，他有四个儿子，这便是同仁堂“四大房”的由来。为方便起见，这里先将乐家自乐平泉起的家庭关系简要罗列如下：

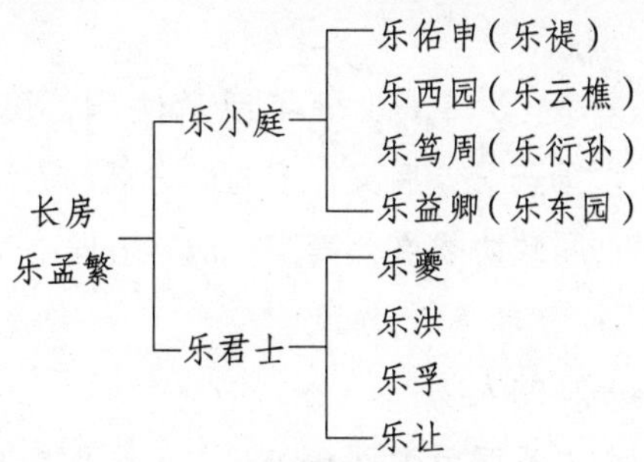

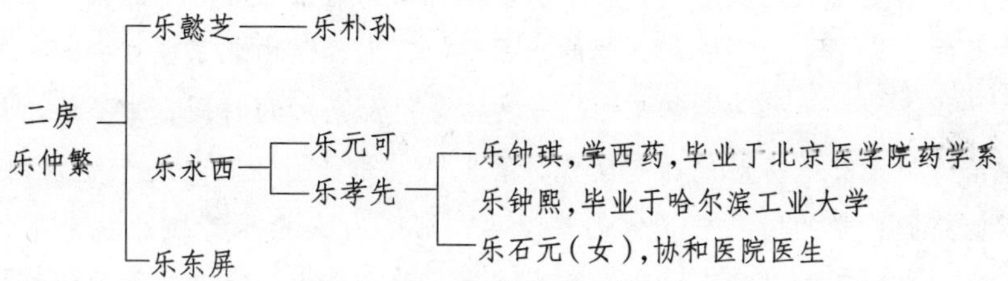

三房
乐叔繁
- 乐靖宇（乐铎）
- 乐舜慕

四房
乐季繁
- 乐达仁—乐钊
- 乐达义—乐松生—乐锜（留美）
- 乐达明—乐肇基
- 乐达德

乐平泉死后，四大房不仅在药铺经营上，而且在生活方式上都各自为政。由于1949年以后第四房的乐松生在公私合营运动中表现积极，并因此而得以担任北京市副市长，因此凡有关乐平泉之后四大房的各种经历，往往都是以四房即乐松生一支的立场叙述的，包括 Sherman Cochran 于2006年出版的 *China Medicine Men: Consumer Culture in China and Southeast Asia* 一书。该书中有一节专门谈及同仁堂的历史（Inventing Imperial Traditions and Building Old Shops)[①]，对于乐平泉的管理方法，包括同仁堂与清朝皇家的交往与获取的特权、清亡之后乐家在接受西洋影响与坚持旧传统之间的选择取向等发展过程，都有详细的描述，但也是以乐松生一支为主。而我在此项研究中所做口述，则是以老大房一支为主的，为的是使读者对乐家四房在清末至1949年以前的社会交往、生活方式等获得一个整体性的印象，从而弥补仅以第四房为主的叙述之不足。

乐平泉的长子名乐孟繁，他生有两子，即乐小庭和乐君士。乐小庭也有四子，即乐佑申、乐西园、乐笃周和乐益卿。乐曙青（1938—）是乐小庭的第四子乐益卿的长子，北京某中学会计；沈芳畦是乐小庭次子乐西园之妻。这两个人都未直接参与过同仁堂任何事务。这里特别值得一提的是乐笃周，在乐家四大房的诸多子孙中，他是受到争议最多的人物。

乐笃周（1894—1979），字叶潜，乐小庭第三子。早年留学法国，民国8年（1919）回国。民国20年在北京创办宏仁堂国药号，后又在上海、青岛、天津等地开设分号。新中国成立后曾被选为上海市第一届政协委员，第三、四、五届南京市人民代表。

乐曙青在口述中说，乐笃周是最值得一写的人物：

> 乐笃周这人哪，是很有魄力的一个人。同仁堂原来在北京，北京是清政府的首府，南京是国民党政府的首府，所以他说南京也应该开一个。南京同仁堂是姓乐的开的，你不承认不成，正牌的东西呀，工人都是由北京调过去的。里边的设备全是洋派的。电器一律都是西门子的。最后配药的药材同仁堂不给，从北京宏仁堂给。但是其他房对他都有反感，管他叫鸡爪子什么的。他们这反对那反对，最后南京同仁堂的股息来了他们谁没要？那个人（指乐笃周）从来不认为人家是坏的，跟他不对付的人，要是到上海去，到南京去，也全部是他招待，住到他家里，连生孩子他都管。
>
> 他在欧洲美洲转了一个弯儿，回来以后就开了眼界了，他自己上祁州药市采购去，他认为要弄中药，就应该把中药弄成托拉斯，可是他这一个愿望始终没实现。

关于乐笃周在南京开设同仁堂一事，由乐松生署名的《北京同仁堂的回顾与展望》一文中有如下记载："民国十七八年（1928—1929）政治中心南移，乐佑申就要他的亲弟弟乐笃周到南京开设同仁堂分号，所有资金药材都由北京同仁堂直接拨付。这是违反族规的，于是群起而攻之。"[②] 这篇文章据说实际的执笔人是浦熙修，所站的完全是乐松生亦即四房的立场，如今记述乐家历史的文件则多沿袭此说，这与乐松

---

① 感谢香港中文大学苏基朗教授提供给我有关此书的消息及复印件。

② 载《文史资料》第11辑，1961年1月。

生曾担任过北京市副市长当然不无关系。

本文提到的乐笃周手稿，是他在30余年前亦即1977年应中国社会科学院经济研究所林泉水先生之约所撰的文章，取名《我所知道的同仁堂》。我是在2009年采访贾怀增先生时，从他手里得到的。据乐笃周在文中称："因为手头既无《同仁堂药目》、《乐氏家谱》等材料，也无其他参考资料。加之年老，记忆力衰退，执笔更困难，只能就想到的，口述由别人帮助记录、整理、抄写。因为是根据个人的亲闻和亲历回忆而写出来的，有很大的局限性，所以只能说是'我所知道的同仁堂'。"在文章另一处又说，这篇文稿中凡1926年以前的历史，得自前辈故老的讲述，1926年后，全系个人经历。态度是颇为谨慎认真的。该文涉及的内容包括：

1. 帝国主义、同业资本家和同仁堂的关系；
2. 同仁堂"家店不分"和职工"分另钱"简述；
3. 学习改造后的思想情况。

事实上，这份手稿虽然摆脱不了那个时代特有的套路和套话，但内容要远较他自己的这个概括更为具体丰富，是一份非常宝贵的资料。

第二类是同仁堂老药工的口述，比较完整的也是三份：

1. 贾怀增口述。

贾怀增，河北辛集人，80岁。1946年1月到同仁堂学徒，1999年退休，在同仁堂工作时间长达53年。曾任同仁堂药店主任、经理，高级工程师。退休后此职由李守勋接替。

2. 李荣福口述。

李荣福，河北大厂回族自治县人，83岁。13岁到北京德寿堂药店学徒，后到鹤鸣堂工作，1952年底到同仁堂。曾任同仁堂制药厂质量技术科科长，副总工程师。

3. 李守勋口述。

李守勋，河南沁阳人，75岁。1948年到北京同和堂学徒，1953年到同仁堂工作，1978年任同仁堂副经理，后任经理。1997年办退休手续后又被返聘，任药品咨询委员会专家。

三位老药工的共同特点：都是学徒出身，都在同仁堂工作过50年以上，后来都在同仁堂担任过重要的技术和管理职务。其中两人即李荣福和李守勋是在其他药铺学徒后再到同仁堂工作的，对同仁堂的经营管理，尤有深刻体会。

李荣福退休前给同仁堂厂长提出建议，他说同仁堂需要搞4个东西，第一是同仁堂的作业法；第二是同仁堂药品的标本；第三是整理同仁堂药品的配方；第四是写同仁堂历史。结果搞了其中两种，但都不理想，一是整理配方没有按照历史原貌，再一个，就是把同仁堂的厂史写成了家史。我认为他指出的这两个问题都非常到位，尤其是关于同仁堂历史的书写确实很成问题，基本上成了乐家的家史，迄今却很少人意识到这个问题，这表明了李荣福先生的见识，也是我力图通过老药工的口述了解同仁堂的重要原因。

6个人的口述与手稿内容都非常丰富，涉及同仁堂历史、传说、家庭生活、家族矛盾、个人经历以及同仁堂的生产、经营、销售方式、与其他药业同行的关系以及大量有关中医药的专业知识等方方面面，难以一一尽述，这里只能选取几个方面，做一个大概的阐释。

二、同仁堂内部的管理机构与用人制度

1. 同仁堂的管理机构

同仁堂是一个既出售成药，又自制丸、散、膏、丹的中药铺，其人员也由两部分构成，据乐笃周手稿称："我们估且（应为"姑且"——定宜庄注）按工种分职工为职员和工人两部分（为叙述方便而分的，在过去从未这样明确分界）。担任销售工作的为职员，搞制造药品的为工人。"

> 职员有：账房、库房、售药员。账房的职责是记账，每天计算分另钱，分配给每个职工；库房分保管、记账、发药，职责自明；售药员的职责是门市售药。
>
> 工人有：西院、碾房、刀房、打杂。西院的职责是泡制药材，杀野兔等；碾房的职责是压粉制丸药；刀房的职责是切药。打杂包括工友和炊事员。

有关自制加工成药的部门，乐曙青的口述如下：

> 药房，就是揉药丸。
>
> 斗房，就是外配，比如做牛黄清心丸，除了细料以外，糙料就由斗房来配。
>
> 碾子坊，负责把药轧成面，变成细末。
>
> 刀房，中药不是讲究饮片么，这饮片就要切，得讲刀工。有些药就是草根树皮，必须得用铁锅泡几天，泡完捞出来，控了水，码齐了，用手工切。
>
> 方子房，不详。

李守勋则说，同仁堂的中药加工分三种，即刀房、斗房和丸药房。刀房专门切药，是技工。斗房负责炒制、挑拣饮片。

三人所说大同小异，反倒是乐笃周所说更为简单，不如乐曙青详细，这可能是乐笃周并未实际参与同仁堂老店的生产管理的反映。

根据以上叙述可知，同仁堂制造丸散膏丹的部门大致分几种，即药房（亦称丸药房）、斗房（乐笃周说的西院可能即指斗房）、碾房和刀房。这些都是非常需要技术的工种，老药工谈及这些的内容亦十分丰富，容在下面详述。

至于乐笃周所谓的职员部分，也就是负责销售的部门，包括账房、库房和门市，都是同仁堂最重要也最核心的部门。

首先是账房。乐笃周说账房的职责是记账，但在李守勋眼中，那会儿的账房虽然名叫账房，却不是会计室，而是办公室。贾怀增提到账房时却说，账房实际上就是出

纳。可见当时工人对于账房的真正作用并不是十分清楚。账房在同仁堂的管理制度中具有举足轻重的作用，因为同仁堂药店无论销售还是制造成药，都是靠发“另钱”来鼓励职工积极性的，而“另钱”的纪录、核算乃至发放，都由账房操作。

第二个是门市，也就是前面柜台的营业。这里最重要的人物是“查柜”。见乐笃周手稿：

> 此外，还设几名所谓“查柜”（查读 zhā 音），不同于一般职工，又和北方旧例的“掌柜”不一样。掌柜是旧式铺子的负责人，相当于经理。查柜的职权较掌柜略小，他们负责监看售药员售药，查问账房、人事考核，接洽大笔生意，到祁州买货等。

李守勋讲得较具体，他说旧日的柜台，是柜台内站着售货员，柜台外头地方不大，是顾客站着，查柜的也在外头站着，拿个鸡毛掸子。他不具体卖药，他是管卖药的。顾客有点什么事，与售货员发生什么争吵，他管解决。柜台里头谁好谁不好他管监督。他挺有权力的。他得熟悉业务，有管理知识，还得资本家看得起，这是当查柜的三个条件。

李荣福谈查柜：过去管卖药的不叫卖药的，都称呼老先生。前边儿有查（chá）柜的，有事处理，就跟现代店堂经理似的。“查柜的正职是查方，你这方子抓完了，十八反、十九畏、妊娠禁忌、有没有孕妇，就是有没有孕妇不能吃的药，查这方子，看（抓药的人）抓的对不对，审这方子有没有大夫开错的，审这个。”①

2. 根据营业额提成的分配方式：“分另钱”

同仁堂职工的固定工资比较少，都是采取根据每日营业额提成的做法来刺激职工生产与经营的积极性，称为“分另钱”。对此乐笃周有具体详细的介绍，兹引录如下：

> 从我曾祖乐印川开始，采用以每天营业额提成作为同仁堂职工的劳动报酬。同仁堂的固定工资比较少，每月至多三至四元，只占提成收入的二十分之一还不到。这一方式是乐印川的独创。大家称之为“分另钱”，一直为我们乐氏家族所袭用，解放以后才和全国广大职工一样改为固定工资。分另钱办法使用了一百多年，一般商业部门以及药业最初很少采用这个办法，所以有必要详述一下。
>
> 分另钱都是当天结算，当天分配。因为每样药品售出以后，提成的比例都各不相同，自百分之五到百分之十几，有十几档子区别，所以办法规定得很细密、复杂，担任当天分配的账房如果不熟悉很难搞清楚。
>
> 分另钱有两类：根据每个售药员一天经手的营业额提取百分之五到百分之十

① 按李荣福先生对此的解释是：“本草言明十八反，半蒌贝蔹芨攻乌”，你得知道十八样药是什么，十九畏指的是什么药跟什么相反。

几作为报酬，售药员每人以其当天个人经手售出药品合计数，按各项药品不同比例分另钱；其他职工（除工友、炊事员外）则按同仁堂一天营业额的总数，提出一定钱数，由大家按各人应得的分配比例，如：有人按三厘分，有人按四分分等，也分十几档子区别。

各种药品提成的比例由资方乐氏决定，每个职工的分配比例，根据在同仁堂的工龄，以及资方和查柜的意见决定。如刚到同仁堂一般可分四厘，逐步六厘到七厘，最高是四分。职工到了同仁堂之后，没有大错误，就能慢慢地增加分配比例。

职工之间收入悬殊。一般售药员收入最多，而其他职工化劳动很大，收入较售药员少。打杂的除了固定工资外，根本不能参加分另钱。

因公外出的职工，即使当天不在单位，同样可以分配到。如个人因事请假，则不能参加分另钱。职工去世以后，按职工在世的工龄，按十年可让其遗属参加分一年另钱为标准，二十年参加分二年另钱，余类推。分了一年或二年另钱以后，再按情况逐年递减比例。

每季、每天的收入也相差很大。冬季参柜售人参鹿茸较忙，因为冬天买补药的人多；夏天则暑药柜的售药员收入好。夏天须要暑药者众，尤其是团体来购买，所以收入也不错。在习惯上自然调节了这个差距。

乐印川使用营业提成的办法控制迷惑职工，迫使职工必须千方百计争取营业，否则菲薄的固定工资是不够的。同时，营业提成的办法使职工们有一个错觉，仿佛每一笔生意都和自己有关，自己也是同仁堂的主人，而不自觉地被剥削去更多的剩余价值装进乐家的腰包。

贾怀增赶上过“分另钱”，1952 年底才到同仁堂的李荣福和李守勋先生就基本没赶上了，所以贾先生对“分另钱”也有简略的叙述，他说：“同仁堂卖药是提成。过去卖药的是打头的，资本家下边就是卖药的，卖得多挣得多，我听说是大三二，小三二。100 块钱的提成，卖药的提 32 块，剩下的 68 块是大众份，连账房先生都是大众份，根据年限、表现、资本家的印象，我是学徒的，我拿 5 厘，就是按比例 100 块钱给你 5 毛，就是一共多少钱，能分多少份，这叫另钱。”

乐笃周手稿中说“分另钱”是乐印川创立的，但在更多的文件和口述中都说创立这项制度的是他的妻子许叶芬，李守勋说：“（制订这项制度的）主要是乐印川的妻子，低工资，高奖金，搞提成工资，卖钱多提成多，凡是能搞定量的都搞定量，这在北京是第一次实行，一下子就把人都管住了，当然管人的都是他们的人。”

“分另钱”的做法有利也有弊。作为京城中最早将营业利润与职工的利益直接结合的企业，确实收到了明显的效果，这是利。至于弊，乐笃周说：“配汤药时间花费久，收入少（一般汤药只几角一帖），所以一度到同仁堂来抓汤药的就没有人理。”但总体来说，还是利大于弊的。

3. “父传子家天下”的用人方式

李守勋说“分另钱”的做法把人都管住了，而“管人的都是他们的人”，这正是“分另钱”制度能够实行起来的关键。而掌握账房的“账房周家”中的周家父子兄弟就正是这样的“管人的人”。李荣福说：“那周嘉麟他爸爸周胤堂就是会计头，走了，把这儿子周嘉麟搁在这儿，还是会计头。”贾怀增说：“账房就是周家账房，人家就什么都管了，乐家也信服人家。”他说直到公私合营以后成立财务科，科长也仍是周家人即周嘉麟担任。乐家后人乐崇熙至今提起周嘉麟，仍称赞说：“周嘉麟，账房周，那水平高。”周嘉麟的弟弟周家驹也在账房任职，这样以一个家族而不是以个人身份在同仁堂任职并且把持一个要害部门，是同仁堂用人的一个突出特点。

除了账房以外，像查柜这样的重要岗位，也是由资本家最信得过的人担任的。李荣福和李守勋都提到，查柜有“八大如”，指八个名字中带有“如”字的大管事。药房则基本上由左家当家，甚至厨房都是邱家的。每个部门都由某个家族掌握着。李守勋将此称为“世袭”。

所谓的“世袭”还有另一层意思，这里可引用李荣福的一段话：

> 他们同仁堂用的人是怎么来的？都是父传子家天下。有个姓王的，他爹是送铺货的，就是给厂子门市部送货的，他爹干不了了，把儿子放在这儿还送铺货。而且在家他爹就把他嘱咐好了，跟这儿好好干啊，你要不好好干，咱们可全家都没吃的了。您说这人他来这儿，他能搞邪的歪的不？他不敢。换句话说，你要不是那么回事，你儿子也甭进来，你要是犯错误，你那二舅妈、二姨儿的都带在后面全走。你在这儿待得好，跟上面这一说，我们这谁谁来可以不，那行，你就来了，就这么来的。外人一般不容易来（这句话的意思是说，如果某人在同仁堂干得不错，他要是想再介绍别人进同仁堂，就很容易，而其他没有关系的人就很难进来）。可是你要是犯错误了，是你介绍来的就全轰，一个不留。老乐家是这样。
>
> 您带您这家的一帮人进同仁堂，您就组织您这帮人好好干，您可别弄不好，您要不好好干，这一帮人都得走，谁不怕这个啊？你要不干你就自动辞职，你别惹大伙儿都不干，都不能吃这碗饭。
>
> 乐家用人特别高明，我现在都佩服。

它几百年就这么一代一代传下来了。换句话说就是父传子，家天下。贾怀增进同仁堂凭的就是关系。同仁堂的规矩是不收徒弟，但他有亲戚在同仁堂做出纳，他就以“练习生”的名义进了同仁堂，而且一进来就被分配到参茸部，即参柜。他说同仁堂的练习生总共就有三四个人，还都不是一起进来的。而李守勋则是因为有姑父在北京的天汇药行，这是与同仁堂关系比较密切的药行之一（乐笃周：“我们同仁堂和天汇营业来往较多，其次是天成”）。

作为资方的乐笃周对此的说法也基本一致，他说：“同仁堂的职工多数非亲即故，一般都是三四代在同仁堂做事，劳资斗争并不突出。”

此外，同仁堂对待职工也比较宽厚，不像有些资本家那么刻薄。曾在北京另一药铺鹤鸣堂干过活的李荣福说，鹤鸣堂掌柜的名叫孟金甫，他的儿子叫孟华田，当时在北京市药行流传一句顺口溜，就是：“宁受十年苦，不帮孟金甫；宁愿十年闲，不帮孟华田。”就是形容孟家用人太狠，对职工又非常刻薄吝啬。而同仁堂不是这样。李荣福说：

为什么都愿意来乐家？在这行里来说，乐家的待遇高、吃的也好。起码说，别的铺子都是散铺，你天天都得拆铺、搭铺，同仁堂这儿都是死铺，一人一位置。

你知道什么叫散铺和死铺吗？药店都有一个前柜一个后柜。别的药店在前柜的栏柜和柜里都搭上铺，早上一开门，就得把这铺都拆了，把铺卷扛走。可是乐家有屋子，给你固定睡觉的地儿，有你的位置。再就是能挣钱，在别的药店你要是挣俩，在这儿能挣四五个，一倍以上。

你来了以后有你的住处、有你的衣食保障，你说他能不跟你一心吗？关键问题你得暖住人心。人心可失不得，人心所向可主要啊！

李守勋说：

许叶芬（即乐印川之妻）会拉拢人，对人都很客气，先生们来办事，她都站起来迎接。先生们的伙食都由她来管，看好吃不好吃。谁家死人了，买口棺材，有事找她帮着办。所以职工对资本家的向心力相当强，谁说乐家不好，首先职工就不干。

职工对同仁堂形成相当强的向心力，结果便出现了李荣福所说的“多数管少数”的局面。李荣福举过几个例子，一个是他 1952 年底来同仁堂的时候，还是个二十五六岁小青年，那时候的同仁堂就有乒乓球台子，有一次他在蜡皮车间值班，当时已经是电动化蜡了，他一边看蜡锅，一边打乒乓球，“结果一个老师傅回来了，我记得姓杨，杨博鸿，这就嚷了：‘这人哪？谁值班？怎么这蜡锅没人看着？’我说我值班，‘值班你打什么球啊你？这还了得？你这蜡锅不看，着火怎么办？’恨不得要把我吃了。后来别人陆续也都来了，也都这样嚷：‘你这值班不好好值，偷工，着火怎么办？’连蹦带跳带窜，就差没上手打了，就跟都是他们家的似的。就是这杨博鸿，后来在膏制组，有人跟他一块儿值班，这边熬着膏子呢，那人就上一边睡觉去了，你说那糊不糊锅谁管啊。结果杨博鸿接班来了，找值班的找了半天找不到，发现在那儿睡觉呢，上来就给了他俩嘴巴。后来我总结一经验，同仁堂老乐家会用人，你敢不好好干，一帮子人都给你轰走，你这一个人不行，群体和你干。”

“我记得有一个吊蜡皮的工人叫李富明，他吊牛黄清心丸的时候有一丸没弄好，掉进蜡锅里了，蜡锅底下是水，他把这药丸捞出来，把这丸牛黄清心丸他吃了，又赶紧上门市部买一丸牛黄清心丸给补上。这都是有一定数量的，送到门市部都得一包不差、一张不差、一丸不差。人家有什么制度，有什么规章啊？就是都跟老乐家一心一意。”

李守勋说：

“文革”后期我做团的工作，工作组召开座谈会，找的都是老职工，中心内容是批判资本家怎么剥削工人，动员了半天谁也不言语，没人说。后来有个姓徐的刚刚说了一句，别人就都说别说了别说了，老乐家对咱们不错。你想那时候新中国成立都十多年了，还这样呢。所以，同仁堂能向前发展，跟资本家的做法有关系，这样的管理办法就把人拴住了。八国联军火烧大栅栏的时候，冒着生命危险把同仁堂的匾藏起来的不就是工人么。

职工们其实也知道资本家是资本家，工人是工人，二者泾渭分明。新中国成立前同仁堂的工人不能用三个字的名字，只能用两个字，譬如贾怀增那时候叫贾增，杨博鸿那时候叫杨鸿，而且工人不准留分头，只能留平头，因为是“下人”，等等。但这并未影响到他们对厂子的责任心。所以据贾怀增说，乐家人敢说出“躺在床上就把药铺管了”的话：“反正整个制度在那儿，不用他们操什么心。”

李荣福：就同仁堂那些查柜的老先生就了不得。

定宜庄问：乐家的人不在那儿盯着？

李荣福：乐家不在那儿盯，乐家人就这样会使人。他有时候溜达溜达，有时候还不溜达呢，但是你要犯个错，你还以为资本家没在这儿，还不知道呢，其实资本家早知道了。

定：有人打报告？

李荣福：对！要说同仁堂的发展，首先一个是资本家的管理好；第二是资本家用的人责任心强，而且都人心所向，就这么个情况。

李荣福先生的总结已经很到位。

直到公私合营以后，同仁堂的这套制度还是基本上保持了下来。

三、同仁堂药品的质量

1. “货高价出头”的经营理念

“品味虽贵必不敢减物力，炮制虽繁必不敢省人工”，这是老北京人都知道的同仁堂的祖训和招牌。乐笃周对此做了相当具体的解释：

同仁堂素来讲究用道地药材，制造丸散膏丹也按一定的方法，决不含糊。譬如犀角，一定用暹罗角，其次用云南角，决不用非洲角（即所谓广角），因为犀角取其凉性，广角虽然价廉，但是性热，作用完全相反，所以决不采用。炼制紫血丹，一定按古法，银锅放一百两赤金同煮。据研究化学的人说赤金烧煮后，会起化学作用，其表面上产生的化合物，是自然的高锰酸钾，所以有一定的科学根据，并不能说单纯照古人旧法。又如制造万应锭，也有一定的操作要领，其中牛胆汁一味药，决不能让它煮滚，如煮滚，吃的人必然呕吐。煮滚北方叫开锅，所以煮牛胆汁严禁开锅。总之一切都以严格规程进行。有的药为了使其药效高，规定存放多年再行出售。该泡制的药也一定照规定泡够应该浸泡的时间。虎骨酒多放几年是为了使其去尽燥性，半夏泡制为了去其毒性，都有一定的道理。

乐印川为什么这样重视道地药材呢？用他自己说的一段话，把他的目的表白得一清二楚。他说："我们用药道地，看起来成本高、利润少，但是药效高，效力快，使用的人因为疗效好，就再来买，也介绍别人来买，卖得勤，卖得多，钱也赚得多，结果还是比那用次药的人家好处多。"……所谓"薄利多销"，多销以后，许多薄利就积成了厚利。

老药工对这个问题的说法都与乐笃周基本相同，说明乐印川的这个原则已经在同仁堂上上下下达成某种共识。

李守勋：我感觉同仁堂药品质量确实比其他家强。比如在我们那个药店（指他最初学徒的同和堂）里头，来什么货就卖什么货，虽然也整理整理，但没有好的，次的也行。同仁堂它不凑合，用的（药材）都是一二等的，一般就去当地买。买杭白芍要去杭州，必须像大手指头那么粗，银花必须到河南买，讲究买什么时间产的，因为过了时间花就变成黄的了。这都是我亲身经历的。公私合营的时候清理财产，我去大库房盘点，一看同仁堂的货确实比其他家强。

李荣福更把这个问题提升到医德、药德的高度：

李荣福：我不是对乐家有什么感情，我是从中药这个事业的角度出发，我是从治病上、从中药事业上来看待资本家，我觉得人家乐家做得好，我佩服人家。别的资本家卖假药、偷工减料，乐家几乎没有，（料）该搁多少就搁多少。它高价来高价走。药比别人的贵，解放前卖补中益气丸，鹤鸣堂一丸卖2毛，同仁堂卖4毛，比那贵一倍。货高价出头。

定宜庄：那这样他不是就挣不着钱了么？

李荣福：他怎么挣不着钱？再贵人家也买他的，也不买你的，药越贵人家越上这儿买来。这里头首先是医德、药德，"修和无人见，存心有天知"，责任心是很主要的，这太主要太主要了。要是没人看着你，你做什么也没人瞅见，你把你自己的怨气都怨到这上头来，那可了不得。

事实上，仅仅靠这种薄利多销还是不够的，同仁堂之所以能够赚钱，还凭借他们在外埠的大宗买卖。李守勋说："同仁堂赚钱，主要是靠对外埠的买卖，但并不搞批发，只是零售，叫邮寄，都是成药，饮片很少，药酒也是当成药往外卖。无论买多买少都是一个价。外地来买药的，每天最多达到二三十个人。"贾怀增也说："那阵儿同仁堂的买卖主要靠外省，每天来的单子有几十种，都是邮寄，管邮寄的有六七个人。”

2. “一脚活”的生产分工

几乎我访问过的老药工都提到，同仁堂工人制药与当时北京大多数药店的一个明显不同，就是“一脚活”。旧日一般药店并无明确分工，职工和伙计等从学徒时起就需样样活计都干，日后出师，需样样活计都拿得起来，但同仁堂的职工却每人仅需负责一项工作，这大大提高了职工对某个具体工种的熟练程度，是提高生产效率和保证产品质量的一项关键举措。曾经在其他药店学徒并当伙计的李守勋与李荣福二位先生都特别提到过这点，他们将这种做法称为“一脚活”：

李守勋：同和堂因为小，如饮片加工、丸药制作、前台卖药，方方面面都能接触到，不像同仁堂，我那时候就是做蜡丸，别的基本接触不着。

贾怀增：同仁堂和别的药店不大一样，比较专一，做蜡丸就专管做蜡丸，分工很细。

对这个问题讲得最具体的是李荣福：

我在鹤鸣堂就是学本事，我在你这儿学完了，你这儿不要我了上别的地儿我照样吃饭，我就为这。鹤鸣堂那儿的是全活。所谓全是什么呢？前面柜台卖药的活儿，你能接触；后面怎么样做丸药、做散剂、熬膏子，斗房怎么样制饮片，蒸、炒，制蜡皮，你都能接触，你全接触了，所以全套情况你就都清楚了。虽然说这资本家这么狠，可是真学本事。我的本事大约都是在鹤鸣堂学的。

鹤鸣堂这儿全，你拿起哪方面都能行，可是跟同仁堂比，哪方面你都不成（指哪方面都不如同仁堂）。

定宜庄：怎么说呢？

李荣福：就拿摊膏药来说，我摊得快，到人家乐家这儿一看，人家一小时摊100块，你连40块也摊不了，就能差这么些。再说制小药丸，别人家的都像梧桐籽那么大，同仁堂这儿都是五分重一个（即每个重五分），一小时能制十多斤，你这一小时一斤也到不了。各方面你都比不了。人家专一，专门就干这个。

定宜庄：那卖药的呢？也比不了？

李荣福：卖药你也比不了。人家这儿卖药的老先生都是有名的，你到那儿一瞅，红帽一戴马褂一穿，是谁都能看病，都能到这个层次。别的药店的老先生就到不了这层次，只能说感冒了发烧不发烧，怕冷不怕冷，给点银翘解毒丸。同仁堂这儿甚至于能给你摸摸脉搏看看怎么着，这儿的老先生都有这么两下子。我在鹤鸣堂的时候就找过同仁堂一个卖药的，让他给我看过病。

定宜庄：就是说到了同仁堂以后，您明显地感觉各方面都比鹤鸣堂正规是吗？

李荣福：不是正规，它这儿属于单一，分工细，你跟这儿干活都是各把一角，就这一脚活。说管研珠子，这人一辈子就研珠子。你要跟这些人讲，要是说他是做丸药的，给他讲前面卖药，他根本不懂。在鹤鸣堂那儿拳打脚踢几乎什么都得干。

这当然是比一般中药铺更符合现代化企业生产的方式。

此外，老药工们在总结同仁堂经营成功的原因时都提到两点，一是同仁堂从祖上来说，本身就是郎中，有些药就是他们自己研究出来的："乐家为什么那么出名啊？就因为他家多少代都是中医，就是给人看病，一般都知道。医德，就是深刻体会到药是治病的，赚钱倒在其次。当然也赚钱，不赚钱弄它干嘛啊？但是首先你得治病就是这。你说乐家三百多年维持靠什么呀？药得管事，那药不管事能站住脚吗？你要说这药不管事，甭说三百多年，十年也未必站得住。"

另一点，是同仁堂在药材的制作及其销售方面十分注重细节。老药工们提到，譬如负责切饮片的刀房，都是用手工，这是专门技术，要求也很高。但一般药店只有"北刀"，只有同仁堂的刀房分"北刀"和"南刀"两种，像槟榔、元胡这类需要切得特别细的药材，就都使用"南刀"，切出来比较讲究，好看，更重要的是能够使药性更好地被煎出来。同仁堂对切饮片的要求，用歌诀表示就是："陈皮一条线，枳壳赛纽绊，槟榔没有边，木通飞上天"，即以其中第三句的"槟榔没有边"为例，指的是每个一寸左右的槟榔要切出100多片。为此，同仁堂专门请了两位南刀师傅，还为他们安排了一间屋子，因为他们是南方人，吃不惯北方饭菜，同仁堂便给他们钱，让他们自己开火做饭。再如同仁堂有大宗向外省邮寄药品的业务，打包、裁纸都有专人负责，也都有专门要求，还特别请了两位先生，就负责在邮寄包裹上缮写地址，为的是寄出的包裹上字体漂亮。

同仁堂拥有一批身怀绝技的工人，其中便包括我访问的这几位老药工。例如贾怀增先生入同仁堂当练习生时就在参茸部，该部负责的是对人参、鹿茸两种名贵药材的采购、保管和整理，他曾跟随师傅李栋臣到辽宁营口、天津等处采购人参，对各种人参以及人参各部位的药性都如数家珍；再如李荣福先生在对中药材的鉴别方面有独到之处，他还将细料药材的特点编成歌诀，仅仅犀牛角，就编了歌诀若干种，如犀牛角歌诀、云角歌诀、藏角歌诀、小犀角歌诀、广角歌诀，此外还有羚羊角歌诀等等①，当然像李荣福先生之成为专家，已经不能归功于乐家的同仁堂，而是公私合营以后的事了。也正因如此，李荣福先生认为同仁堂的历史不能仅仅写成是乐家一个家族的历史，而应该包括多少代职工的贡献，是非常有道理的。

四、四大房的经营模式与家族矛盾

乐平泉死后同仁堂药铺由其四子共同管理，号称四大房。有关四大房之间的关

---

① 对李荣福的介绍和歌诀，可参见王凤岐主编《中华名医特技集成》，中国医药科技出版社1993年，第32—34页。

系，乐笃周有一段话总结得颇有道理，他说：

曾祖乐印川去世之后，祖父辈共分四房，但未分家，仍由曾祖母管理，矛盾还不突出。曾祖母去世之后，由四大房议定每房每年提取一万两，即所谓四大房共管，根本没有分家析产。当时也许认为这样可以保存同仁堂的实力，可是随着时间的推移，职工的劳动使营业逐年增加，这个封建性的管理方式已经完全不适应形势。由于原来奉行的一套办法都是为了防止别人侵占乐氏利益的，从来没有考虑乐氏之间会有矛盾，当然不会有严密的会计制度相互监督，也没有人负责每年的结算，实际上每年的盈余远远超过每年提取的四万两，多余的并不按四房四份分掉，所谓“肉烂在锅里”，即此谓也。经管人愿意保持没有严格的制度，这样的状况，可以随便支取，甚至有的人就到制药部门拿货，当时在职工看来都是东家，谁也不敢阻止，“肉”的确烂在锅里，至于那烂在锅里的肉，谁吃得多？谁吃得少？就很难说了。

当时的情况，也许比乐笃周在这里的记述还要严重，这从官方保留的档案中可以一窥究竟。民国9年（1920）3月第四房乐季繁次子乐达义曾因三房乐达成侵吞公产一事呈报北平市警察局请求保护。文中称：

达义有祖遗同仁堂药铺一座。达义之祖故后，由达义伯父暨达义之父兄弟四人管理，伯父兄弟相继弃世，即由伯母王氏管理。上年旧历三月间业经交出。讵达义之兄达成即三伯母之子出为把持一切，款项均入私囊。两月之久吞没巨万，阖族公愤，咸抱不平。乃议定公推一人管理。旋经公举达义之兄乐铎经管。乐铎系三伯母长子。一面阖族另筹管理办法以图永久。讵达成突于旧历正月十六日至铺中，将当日所得卖款提出一部分强行持走，益声言嗣后永远照此办理。是夜又函知族人，欲将家中铺中历年所存之货物款项照前项方法分配云云。伏思同仁堂铺中各事，现正由阖族人等竭力整顿之际，乃达成忽有此扰乱之行为，实属破坏公益，不顾大局。惟达成顽梗性成，不可理喻，不得已由达义之侄乐禔分呈外右一外左一警察署，请求饬警到场保护……①

可知，矛盾已经公开化并白热化。

这个呈子中提到的乐达义，是 Sherman Cochran 在书中用大量篇幅提到的乐达仁的弟弟，亦即1949年之后担任过北京市副市长的乐松生的叔叔。乐禔又名乐佑申，是老大房乐孟繁长孙。乐铎又名乐靖宇，是三房乐叔繁之子。至于这份呈子中的主要人物乐达成，在以后同仁堂后人所编家谱与口述中均未提到，这有两个可能，一个是故意隐讳，还有一个是他另有其他名字。据二房乐仲繁之孙乐崇熙拟的家谱，称三房乐叔繁有两个儿子，一个是上面提到的乐靖宇即乐铎，还有一个是乐舜慕，不知是否

① 北京市档案馆藏，档案号 J181－18－11804。

就是乐达成的又一个名字①。但据我采访的乐家老大房后裔乐曙青称，乐靖宇这个弟弟不叫乐舜慕，而是叫乐舜基：

> 乐靖宇还有一个弟弟九老爷，我叫九爷爷，死得早。他喜欢一个妓女，叫女仙姑还是什么，迷得不得了，她那旗袍从这儿到底下30多个钮子，全部都是钻石的。他就捧人家，最后人家跑了，他傻眼了，最后就死了。他死了没后人，就由四老爷乐靖宇把大儿子的孩子乐守勋，过继给他，……可是他继承完了就也病了，那钱也没落下。②

根据这里描述的情况，乐达成很可能就是这个九老爷乐舜基。

这份呈子提到的这场家族纠纷，很可能是乐家四大房各自子孙开设分号的开始，据《北京同仁堂史》称："乐家四支家族的代表开会，共同议定，取消寄卖制，允许各支在外边开办店铺，可用'乐家老铺'招牌，但不能用'同仁堂'店名。自此，各支相继在外开办药铺。"因为此书记载老大房即乐孟繁一支开设药铺的时间是民国10年（1921），正是发生家产纠纷的第二年，乐家诸房这种独特的经营模式的形成即自此始。

据乐崇熙称，到1949年前夕，乐家四大房子孙开设的药铺除同仁堂外共40家，分设在天津、上海、长春、西安、长沙、福州、香港等地，实际数字当不止此③。

同仁堂的名声就是这样不仅靠自己，也通过这些遍及各地的乐家老铺显现出来，因为它们中的大多数都有很强的实力。仅以北京的几处为例，我曾从北京市档案馆检得一份北京几大药铺申请制作药酒的登记表，时间为北京解放前夕的1948年：

---

① 乐崇熙是乐家后裔中接受采访和发表相关文章较多的一人。这里提到的他提供的家谱，见《乐家老铺的谱系与轶事》，载《中华医史杂志》1993年第23卷第2期，第110—113页，并见《同仁堂：三百年沉浮成名店》，载《法制晚报》2005年2月12日A18版。

② 参见拙著：《老北京人的口述历史》，中国社会科学出版社，2008年。

③ 关于乐家子孙在各处开设分号的情况，有关报道的说法与乐曙青先生基本一致："乐家四支家族的代表开会，共同议定，取消寄卖制，允许各支在外边开办店铺，可用'乐家老铺'招牌，但不能用'同仁堂'店名。自此，各支相继在外开办药铺。民国10年（1921），乐孟繁支开了乐家老铺'宏仁堂'药店。随后，乐仲繁支开了乐家老铺'宏济堂'药店，乐季繁支开了乐家老铺'达仁堂'药店。"据统计："前后总计，乐孟繁支开设了南京同仁堂一个，宏济堂三个，乐仁堂五个，宏仁堂四个；乐仲繁支开设了颐龄堂一个，永仁堂三个，怀仁堂一个，沛仁堂一个；乐叔繁支开设了济仁堂两个，乐舜记一个，宏德堂一个；乐季繁支开设了达仁堂十个，树仁堂一个。这三十多号'乐家老铺'遍及天津、上海、长春、西安、长沙、福州、香港等地，进一步扩大了北京大栅栏同仁堂在国内外的影响。"（见《北京同仁堂史》，人民日报出版社，1993年）

药店名	地址	经理人姓名	独资或合资		资本总额	现折金圆	行销区域
同仁堂	前门外打磨厂新开路19号	乐靖宇	祖遗合伙	全年改制药酒约计18000斤	4000万元	13圆3角3分	分销南京及寄售外埠
同济堂	外一区小蒋家胡同甲13号本号栈房	刘珊亭	合资	全年改制药酒约计500、600斤	1000万元	3圆3角3分	本市及外埠
宏仁堂	内三区什锦花园25号	乐西园	合伙	改制药酒约计2500余斤	1050万元	3圆5角正	本市及外埠
乐寿堂	西单北大街285号	乐佑申	合伙	全年改制药酒约计530余斤	150万元	5角正	本市及外埠
怀仁堂	前门外打磨厂新开路19号	乐东屏	独资	改制药酒约计500斤	700万元	2圆3角3分	本市及外埠
西鹤年堂	宣武门外菜市口11号	卢席卿	独资	改制药酒3种共267斤	1400万元	4圆6角6分	

本表据北京市档案馆藏《财政部北平国税稽征局函国药公会改制药酒先行登记》案卷第一册（档案号J133－28）制作。

药酒制作的多少当然不能完全说明药铺的经济实力，但从表中登记的资本总额，还是可以一窥乐家这些药铺的规模。我从北京商会档案中还检得一份1945年的《北京市成药业同业公会函北京市商会》的名册，登记的43个药铺的资本金，最少的50元、80元不等，最多的2160元，大多数都在数百元左右，与几个大药铺动辄几百万、几千万的资本，相差悬殊①。

表中提到的几个经理人，首先是当时掌管大栅栏同仁堂的乐靖宇。从中可见同仁堂总店的资本总额比起其他各店铺还是雄厚得多。我们前面提到的几位老药工，就都是属于同仁堂老店的。贾怀增说过："虽然乐家各家都开药店，还是老店最火。因为人们就认这个地方。"他说其实到现在也还是这样，尽管现在同仁堂在北京甚至全国遍地开花，但人们买药时却仍然愿意去前门的同仁堂老店。

乐曙青曾详细解释了乐家各房经营同仁堂的方式：

大公中。就是姓乐的都有份。各房出人一块儿执政，开始的话，清朝的时候轮流执过政，今年是大房，明年是二房。后来说这不行，干脆咱们就大家伙儿，每房出几个人到这儿，细料铺是一房有一把钥匙，凑不齐你开不了锁。姓乐的反对开通号，这不成那不成。同仁堂有块匾，写着"乐家老铺"这四个字，闹义

① 北京市档案馆藏《北京市成药业同业公会会员名册》，档案号J37－1－51。

和团的时候把这块匾烧了。后来请人又写，“文革”时候砸啦。后来又补了一块匾，一个是舒同写的，一个是启功写的。这是二爷说的。

同仁堂有规矩，乐家老铺这块匾，是乐字号买卖都可以用。但是同仁堂这仨字不能用。所以各乐字号的买卖都有乐家老铺这块匾。最后到解放，公私合营那时候基本上没人管，各自都忙各自的，后来让乐松生去了。最后一听同仁堂名气太大，什么都是同仁堂的。

定：为什么总的反而大家都不管？

乐：我要开了买卖挣的是我的，同仁堂你再卖力挣的钱得给大伙儿呀。

登记表上另一个是怀仁堂，经理人为乐东屏，就是上面提到的乐崇熙之父，是他们这一辈中年龄最小的，乐十七。再有两个，一是乐佑申的乐寿堂，一个是乐西园的宏仁堂，这是老大房的两个孙子，兄弟二人。据乐曙青的说法，乐寿堂后来改名为乐仁堂：

老大房的企业有乐仁堂、宏仁堂。……乐仁堂由谁管呢？由乐佑申，我的亲大爷，管这个。所以乐仁堂的总号在天津，分号在西单。乐仁堂不错啊，分号可不少，什么石家庄，保定，都有。

登记表中的乐寿堂确在西单，应该就是乐曙青所说的乐仁堂的分号，这段话可以解释乐寿堂的资本总额何以会远远少于其他各店的原因，而尤为有趣的则是乐曙青的另一段话：

老大房到最后就变成了乐佑申的，算是他一个人的。但是公私合营以后给股息，别的房多少他得给点。这边（乐小亭）的哥四个，那边（乐均士）的哥几个，他都得给点，但是他是大股东。我这个大爷呀，我们姓乐的来讲，是长房长子长孙，他岁数大，所以他知道的事多。大伙儿对他都嫉妒在哪儿呢，因为老祖最喜欢他，来客人的话他可以上桌吃饭，其他的孩子都不能与客人一桌。但他跟弟兄之间的关系都不好。……

老大房里也分大公中、小公中，大公中是乐仁堂。……

总之，同仁堂是大公中，各房开设的药铺是小公中。但每一房里，也有大公中，分支之下又有小公中。例如老大房的乐仁堂相对于同仁堂总号，是小公中，但在老大房里，它又是大公中，所以它的股息，老大房的其他兄弟都可均沾。这样层层相扣的大公中、小公中，使同仁堂构成一个庞大细密的体系。各房支开设的药铺都用乐家老铺之名，却又各不相干，各自独立。这样的经营方式，在当时乐家以外的其他药铺是很鲜见的。

五、新旧交替、中西结合的生活方式

1. 教育

据乐曙青口述，乐家四房中，“二房和三房比较守旧一些，尤其三房就更守旧”。大房与四房是“洋派”。“洋派”首先表现在教育上。

八国联军以后北京的外国人多，外国人自发地组织起来成立一个学校，我们叫法国学校，以法国人为主，在东单三条，路北，里边有个教堂，后来是纺织局，协和医院的后身。乐同（乐笃周之子）小时候就在那儿上学，所以他们的外语都非常好，从小学就跟外国孩子摸爬滚打出来的，要问他这外文为什么这么说，不知道，到这儿我就知道应该这么说。我父亲那代呀还有家馆，私塾，有个吴老师，之乎者也的。这是我哥哥他们那辈儿。反正从上一辈来讲，是全部都送出去。我父亲这辈，乐笃周和乐佑申都留过洋，正好赶上第一次世界大战，回来了，没留成，转个弯儿。我们这辈是有机会能出去就出去，我的堂兄堂姐的，洋派的多，燕京毕业的多，出国的多，原来的话叫崇洋媚外。就我父亲这支，我们哥儿几个一个没出去。可是我们都上的洋学堂。我们这辈女孩子上贝满[①]，男孩子上育英。乐松生上的是不是汇文就不知道了，他没念完。乐侠，我的堂兄，二房的，他们都是育英的，解放的时候乐侠好像是上高中，没念完，南下了。

具体到各房：

老大房：

乐孟繁生有二子，长子乐小庭有病，去世较早。他的次子乐西园，据其妻讲毕业于南开大学，学的是卫生，无菌消毒。待考。至于次子乐均士，乐崇熙在《乐家老铺的谱系与轶事》中的叙述与乐曙青口述基本一致但更清楚。乐均士是读书人，中过秀才，后来留学日本。据说“他不仅长于古文，而且精通英文，尽管他管理同仁堂、乐仁堂时间不长，但每当国内外药界专家询及药材原植物及炮炙原理等较深问题时往往由他作答。六七十年前他已经知道引用当归、大黄、人参、甘草等药物的拉丁学名来澄清一些问题”。他将自己的四子三女都送到法国读书。其中长子乐夔为早年留法药学博士，所娶妻子就是法国人，二人回国后在天津开设中街药房（西药），这个药房到“文革”才停业关门。乐夔的妻子在天津法国医院做大夫，乐家好几个孩子都是她接生的。二子乐洪是学机械的，一直说不好中文，新中国成立前在国民党军

---

① 美国教会在北京创办的教会中学共8所，分别由美国美以美会、公理会、长老会在19世纪60—70年代创建。分别是汇文中学、慕贞女中、潞河中学、富育女中、育英中学、贝满女中、崇实中学、崇慈女中。

队做过事，新中国成立后在农业科学院工作，后来在水电部教法文。三子乐孚娶的妻子是白俄。他是个学有所成的人，搞血清方面研究的。

四房：

乐达仁。据乐曙青回忆：“乐达仁在清朝时做过中国的外交官，好像在德国大使馆，那时叫公使馆。他在德国游过学，回来以后就买了恭王府的一个屯兵的地方，就是现在郭沫若故居。他住在北边的四合院儿，然后在西边按照德国人的样儿盖了一个三层的小白楼，石头的。”乐达仁有三个女儿，都毕业于辅仁大学，其中两个留学海外之后就没再回来。乐达仁的弟弟乐达义也曾到英国游学。

相比之下，二房、三房的子弟们就较少这样的情况，二房乐永西之子乐元可、乐孝先就都沿袭旧时生意人家的一般规律，在父亲开设的药铺学徒。三房乐靖宇本人是个有些传奇的人物：

> 我的三老祖对乐靖宇不感冒，不喜欢他，我不知道为什么。最后确实就跟那（电视剧）《大宅门》写的似的，把他挤对得待不了了，一个人就从新开路那儿出去，就到了山东了，到了山东举目无亲，身上衣裳肚子干粮，怎么办？在那儿碰见一件好事儿，就是他后来这个四太太，我叫四奶奶，但是，不是他原配。……她特别喜欢我这爷爷，她说我在这儿帮你开个药铺，所以在那儿开了个宏济堂，驴皮膏知道吧，就是阿胶，补血的。宏济堂的驴皮膏是最好的，他就以卖驴皮膏出的名。宏济堂是他独资呀，挣的钱全是他的。
>
> 乐靖宇是一个会看病的人，他会中医，也许是在山东那几年挤兑出来的。而且他也好读古书，他家里古书挺多的。

这也明显是旧时中国传统生意人的个人挣扎史。乐靖宇由经营阿胶起家，所开宏济堂与大房所开乐仁堂等的不同之处，在于都属于他个人，而没有乐仁堂那种“小公中”一说。乐靖宇也是同仁堂子弟中经营药铺较为成功的一人，由于以他为原型的电视剧《大宅门》一度风靡，很容易使人误以为他的成长史，就是同仁堂诸子弟们的代表，这是很不准确的。

2. 宗教信仰

教育背景的不同，也影响到不同的生活方式。乐曙青对老大房的生活包括与外国人交往的由来，讲述得都比较详细：

> 乐：我为什么说大房是土洋的混合物呢？八国联军围北京，北京留守的是鬼子六，当时在永定门外还是齐化门外，外国人把城外头围住了，出来人跟鬼子六谈，人家拿着酒，没人敢喝，其中就有我祖上，叫乐什么不知道，第一个拿起杯子喝了，这外国人见了，你这个（竖拇指），这么样就跟德国人关系比较好。八国联军进北京以后，德国兵有时候上同仁堂，下马就说“sibu”，德文，我也不知道这话什么意思，他们都会。来往比较密切。

定：那就是说你们家跟八国联军是一伙的？

乐：也不完全是吧，那不成汉奸了吗？反正关系不错，所以同仁堂也没怎么遭八国联军祸害。

定：那义和团没跟你们闹一场？

乐：义和团不是烧大栅栏，同仁堂不是挨燎了么。

定：那不是故意的，顺手。你们家信不信洋教？

乐：后来有了，后来我二大爷信天主教。挂一个耶稣像，吃饭之后，睡觉之前，天天儿跪到那儿。

乐曙青提到的二大爷，就是老大房乐佑申的弟弟乐西园。我采访过的另一人，是他妻子故后从妓院买来的一个女孩子，他为她取名沈芳畦。沈女士口述中也提到此事：

沈：因为我那姑娘有病，姑奶奶就说了，现在只有求主吧。他许的愿，说要是好了呀，我们全家都信教，那么信的。我生了5个，死了3个，那会儿没有药。

定：你们家开药店的怎么会没有药？

沈：老头不信中药。

与此相对的是三房，我采访过一位龙泉寺的老和尚，他说他们寺庙的住持与同仁堂的三房有着经常的联系，凡家中红白喜事都会请该寺和尚念经，他曾参加过一次，只是由于太年轻，除了场面之宏大令他震惊之外并不能具体说出什么①。

3. 开中药铺而相信西医

上面提到乐西园不信中药，甚至孩子病死也不用中药而求救于天主教，这在同仁堂大房、四房中是有代表性的：

（八国联军时）外国兵都住在江米巷（即西交民巷），其中有两个大夫，这一下在北京出名了，一个是意大利的，茹拉大夫，随军医生，他既会外科，也懂得点内科，所以王府也好，大宅门也好，少爷小姐少奶奶有病了，中医没治好，就让他们来。还有一个是德国的贝大夫，这俩洋人在北京没少挣钱。

……

从我们这房来讲，从大房来讲，虽然是开中药铺出身，但有病都找西医瞧，很少找中医看病。不单我父亲很少找，他们哥儿几个也很少找。我有一个姑父是西医，朱广相，他爱人是我的二姑，就是我六爷爷、也就是我亲叔爷爷乐均士的

---

① 陈宗蕃《燕都丛考》提到过这个龙泉寺："黑窑厂之西有龙泉寺，寺为元代古刹，经明万历间改建，清时重修，益形扩大，遂为缁流挂锡之所，素称八大长住之一，为北京有名之大寺。"（664页）

二女儿。我母亲生我那大弟弟，1945 年，生完以后就长奶疮。那时候正好是关颂涛[①]回来，协和的外科大夫，那时候就请他，两三天来一次到家给她换药。后来开刀时候在南池子的东华医院，就是后来北京急救站路西的那个，关颂涛，协和比较好的外科大夫，是中国第一个学脑外科的，那时候说能开脑子，不简单了。请大夫都是这些大夫。再找就是德国医院，现在北京医院的前身。二奶奶生孩子，在中央医院，是现在人民医院的前身，那阵儿谁在那儿呢？林巧稚。法国医院是哪儿呢？东交民巷的把口，整形医院的前身。

定：这俩人和你们家关系都挺好的？

乐：不是很好，起码是很熟。

定：他们也知道你们家开中药铺的，那他们对中药有什么看法？

乐：那我就不知道了，我没见过。后来几个大夫我提提你看知不知道：我们配眼镜，都找毕华德，毕大夫，在演乐胡同。瞧牙，张辅臣，东总布胡同，一进口，路北。

定：你们家妇女生孩子，是上西医的医院还是由中医管？

乐：由西医。您像我，我在天津生的，谁给接生的呢，是我九婶。朱广相也是那么个医生。他后来是万桑医院[②]的院长，西什库那儿的。我底下的三个弟弟一个妹妹，就全是朱广相给接的生。

定：在哪儿接生？

乐：家里，没有上医院的。那时候我们家所有的人有病，都请朱二姑父来瞧，所以我就不怎么上医院看病。再有就是我们要是有病了，打电话大夫可以上家来，我们小儿科的话，大部分是朱二姑父看，小部分找诸福棠[③]。我上初中以后才知道有病要上医院看病去，那已经是新中国成立以后了。

定：我觉得特有意思，你们家开中药铺，可是看病都看西医。

乐：看西医。纯姓乐的，没有学中医的。我们老大房，还出了两个有名的西医大夫。

定：可是你们还开中药铺。又开药铺又不学中医，那你们到底信中医还是信西医呀？

乐：中药铺是祖宗开的，信不信也得开呀。

定：那你们家孩子生病找西医，也不吃你们家自己的中药么？

---

① 关颂涛，北京旗人，协和医院医生，为 20 世纪 30 年代我国实施神经外科手术最早的医生。据说他治病做手术时讲一口流利的英语，一句中文不说，但在生活中说一口北京方言，而且饮食爱好、礼貌风格都是老北京旗人的派头。

② 万桑医院，即光绪二十八年（1902）由仁爱修女会在西什库设立的施医局，后改为北京医学院附属平安医院。朱广相曾获法国医学博士，“文革”时曾惨遭批斗。

③ 褚福棠（1899—1994），江苏无锡人，儿科医学家，中国儿科学的奠基人。

乐：也吃中药呀。我不是说不吃中药。孩子生下来以后，要吃化毒丹，生下来以后第几天就给吃，一直吃一百天，所以我们小时候很少长青春痘，就是粉刺。再譬如说那牛黄清心，我们小时候就不短吃，所以很少有人闹病。现在这牛黄清心我不知道您知不知道，有加料的，有普通的，我们小时候吃一般都吃加料牛黄，我们就叫清心。拿回来一吃，我们也不觉得它苦，嚼着跟吃糖似的，睡觉之前来一丸。我觉得最难吃的一个是妙灵丹。这是小孩经常不断地吃的，因为它是由猪苦胆做的，不但臭它还苦。再一个至宝锭有点苦，至宝元我们小时候吃就跟吃糖似的。我们吃中药倒是不费劲。感冒就吃银翘解毒、羚翘解毒，我们老说羚解银解。可是大病比如要是发烧了，就找洋大夫去了。找中医大夫来看病的，少，不能说没有。

定：那几支也这样吗？

乐：那几支不知道。

沈芳畦谈乐西园：

老头特讲究，什么都讲究拿开水浇。他就是说要是发烧什么的还得西药。中药就治治上火什么的。我知道的就是他们老家儿（指乐西园的父母）就那么样。

4. 饮食及其他

老大房的人喜食西餐，乐曙青和沈芳畦都不约而同地谈起家里那个做西餐的关厨子。

乐曙青：

茹拉大夫（参见上文，意大利医生）跟我父亲不错，等他回国的时候，把他那厨子就留给我父亲。这人是满族，姓关，关文明，六指儿，他没儿子，只有俩闺女。原来是那儿的使唤小子，偷学做西餐，最后做的西餐比当时的六国饭店不差。我父亲为什么爱吃西餐呢，就是这厨子过来了，好多人都到他这儿来借厨子。那确实有两下子。比如说今天您过生日了，有百十来人到家里吃饭，头几天告诉他。这人独，他做什么不用任何人打下手，就一个人弄，那阵也方便，需要牛奶黄油面包，给祥来益一个电话，你什么时候给我送来，然后买鸡买什么自己去，小鸡都自己宰。西餐吃烤小鸡，没有说烤一鸡腿的，最小是半只，切完了以后烤。从小吃的冰激凌，全是他做的，烤蛋糕做得好极了。

定：你们养几个厨子啊？

乐：有中式厨子，西式，那阵叫洋饭厨子，不叫西餐。起码是两个。我们家不管中的西的，厨子都能做。随时来客人，您吃什么，您吃中的您吃西的，您说，说完了给您开饭就能吃这个。说丰泽园的什么好，好，单有中式厨子，给你钱，你去吃去，不能白吃，回来你得给我照着做。我们小时候还有一个特点，街上卖东西，没吃过，不允许吃。

沈芳畦：

乐家都有厨子，有大厨，有西餐，关厨子。那个关厨子做菜比外头的好吃，真材实料，都是纯的。现在的西餐都是中餐味儿的。

与此同时，作为有钱人子弟，他们亦如京城其他有钱人家的老少爷们一样养鸽子、听京戏、捧角儿。在这些方面，二房、三房尤为突出。据乐曙青描述：

十一老爷（即二房乐仲繁长子乐懿芝）的孩子叫乐朴孙，我们管他叫胡琴儿，胡琴拉得好，给梅兰芳拉过胡琴，还到日本。刚开始那收音机还比较稀罕，他那儿就有各种收音机，而且有自动换片的唱机。我记得很清楚，他那唱机有多大呢，就得有这半拉柜子这么大，六个盘，那个就搁硬币呀，您想听几个唱盘就塞几个，从那儿塞进去，有个轴，那个机头啪啦掉下来，这块转过来，这儿唱，唱完了以后，这机头一抬，这 kakaka 一掉，可以转六个。他还买了一个“土豆”，日本车，尼桑，我们管它叫土豆，一个缸。就跟那吉普车似的，一开起来突突突突，连蹿带蹦，他就好这个。

乐永西（即乐懿芝的弟弟），我们称十五爷爷，官称十五老爷。老先生好听戏，因为那时候电影少啊。他爱照相，最早照相机呢他就有了，他照彩的那种毛玻璃板，在永仁堂的柜堂上边摆一圈儿，四大名旦，他照了不少，最可惜的就是“文化大革命”给砸了，那留到现在都是文物。

乐崇熙也谈到：

朴孙早年为梅兰芳先生二胡琴师王少卿先生之挚友，中年后又拜梅先生琴师徐兰沅先生为师，颇得梅派琴艺真传。早年与天津京剧团丁至云女士一起票戏，中年后又一起进入文艺界。简言之，朴孙之兴趣在于琴技而不在铺务。

乐永西长于摄影，并于照片上加盖“永记照像”的印章，当时他为京剧名家留影多帧，其中包括非常著名的“琴鼓图”，余叔岩先生击鼓梅兰芳先生操琴。

大房与二、三房的生活方式与趣味有相同之处，也各有特点，这正是清末民初北京处于新旧交替、中西结合时期的民众生活的写照。

六、同仁堂四大房的社会与婚姻网络

民国时期的同仁堂在京城家喻户晓，四大房子弟众多，所以有相当广泛的社交与婚姻网络。这里先从大房谈起。

乐孟繁的两个儿子乐小庭和乐均士各有四子。乐小庭的四个儿子中，长子乐佑申的婚姻情况不详。但二子乐西园和三子乐笃周的婚姻都很有意思。

乐西园的第一个妻子，是北京当时有名的“梳头刘”的女儿，据说是在宫里给慈禧太后梳头的。乐曙青说：

我这二大爷和梳头刘的闺女什么时候结的婚呢？正好是光绪和慈禧前后天儿

逝世，那叫国孝，三年不能结婚啊，知道这个信儿以后那天的晚上就雇青布小轿搭过来，就结了婚了，这是抢亲。我这二大妈，就是梳头刘这闺女，同仁堂乐二奶奶，京里提起来没有不知道的，最出名了。长得漂亮，能骑马能玩儿。她养了三个孩子，大哥乐序，二哥宝格，这两个都是留法的。一个死在法国，一个跟国民党跑台湾去了。还有一女儿，叫华生，嫁给曹汝霖的儿子曹君实，是曹汝霖的儿媳妇。

乐笃周的婚姻，在他的手稿中迄未提及，实际上曾几经波折。第一个夫人，娶的是“当铺刘”的闺女。这个当铺刘家，是当年京师资本最为雄厚的四大钱庄即恒和、恒源、恒兴与恒利之中恒和号的后人，直至清亡之后仍然结交各王府和内务府官员，为他们开当铺牟利，与三代内务府总管大臣增崇家关系尤深。乐笃周娶刘家四女儿之后仅仅百天，就在乐笃周去祁州药市采购药材时死在家中。有关她的死因众说纷纭，她的家人则称她是因受不了乐家的“洋派儿”自杀的。与乐家不同的是，刘家有意识地与当时的王府和宫廷中人结亲，刘家第四女的亲妹妹嫁的是内务府的金王家，更晚一辈的侄女则与恭王府结亲，尽管这时清朝已经灭亡多年了。

乐西园和乐笃周后来从妓院里同时买了两个女孩子，都与他们的年龄差距在三十多岁。

乐家老大房有三个女儿，一个是乐均士的长女乐仲瑗，她的丈夫彭志云是辽宁铁岭人，著名的水利建筑学家，早年曾赴法勤工俭学。1929 年出任辽宁省建设厅厅长，主管水利。新中国成立后任水电部参事。二女儿乐仲瑄的丈夫，就是上面提到的朱广相。朱广相也是留法的，他的弟妹是李石曾①的女儿，据说朱广相留法就是靠的李石曾帮助。

再谈二房。据说二老爷乐仲繁（乐朴斋）的妻子是清廷某个妃子的后代，此说是否可靠待查。这房中最活跃的，当属乐永西的两个儿子乐元可和乐孝先。乐元可曾与三代内务府大臣增崇的侄子，以及华比银行②总经理柯鸿年的两个少爷等等，并称为京城有名的“八大少”。所谓“八大少”，无非经常在一起谈艺论画、说古道今而已。1940 年代，乐元可的家曾是中共地下党的活动地点，“他夫妻为地下党保存经费。在物价一日三涨之期，他们常易款为药材或黄金以免党的经费过分贬值。故贤伉俪被地下党誉为金库主任”③。1950 年代这段故事曾被拍成电影《地下金库》。

1949 年以前，二房中参加共产党的似较其他各房更多。乐曙青说：

---

① 李石曾（1881—1973），晚清重臣李鸿藻之子，留法勤工俭学运动的发起人之一，也是中国留法第一人，著名的社会活动家。曾任北京故宫博物院院长，为国民党的四元老之一。

② 华比银行成立于 1902 年，总行设在比利时首都布鲁塞尔，同年 12 月，在上海设立分行。后陆续在天津、北京、汉口、香港等地设立分行。除经营存款、放款、汇兑等一般银行业务外，还着重在中国投资铁路，专营承揽铁路借款。1956 年申请停业清理，1976 年正式停业。

③《乐家老铺的谱系与轶事》，第 111 页。

乐侠，我的堂兄，二房的，他们都是育英的，解放的时候乐侠好像是上高中，没念完，南下了。他们那房革命的不止是他，乐达鹏在清华念书，解放了，没毕业，也南下了。

定：你们一个资本家，怎么还那么多人革命去呀？

乐：那阵儿家庭管得不是很严。我们家也有国民党的，一半一半。

乐元可的女儿李丽也去了延安，后来在中国军事医学科学院任职。

三房乐靖宇的婚姻比较守旧。这里再说四房。乐松生是乐达义的独生子，他的第一个妻子梁君谋，与著名剧作家曹禺的第一个妻子是姐妹。乐松生的儿子后来留美。

乐达义还有两个弟弟，一是乐达明，他的女儿嫁给了杨度之子杨公庶。杨公庶是留法学数学的，后来在中法大学任教，1949 年后曾是政协委员。另一个弟弟乐达德有一子三女，其中一女乐倩文，1940 年时曾参加“抗日杀奸团”并被捕，这是一个以中学生和大学低年级学生为主的激进的抗日组织，参加者中很多都是上层社会子弟。乐倩文后来经家庭营救而被释放，嫁给一名市政工程师。

以上几例，对于描述乐家整个社交与婚姻网络当然并不完整，个别的口述凭记忆得来也未必确切，但还是可以说明一些问题。最明显的一点是，乐家的社交与婚姻虽然比较广泛，涉及当时社会（主要是上层社会）的各种家庭，但既不像清末皇室与官僚集团后代那样，为了在政治上结党而构成一个紧密的封闭网络，也不像某些商家那样，将极力攀附权贵作为巩固扩大自己经营的方式之一。

综观乐家的社会交往与婚姻状况，我们甚至可以认为，他们并没有精心构筑、事实上也不存在一个完整的社会网络，无论是在家族内各房之间，还是对外，都是如此。原因可能有两个，一是中药铺毕竟是一个技术性较强因而独立性较强的买卖，并不像前述“当铺刘”家那样需凭借王府旧官僚的钱财、为他们营利生息为生，也就不需要像他们那样拼命靠婚姻与社交来攀附高门，哪怕是已经没落的高门。另一个，则与同仁堂很多子弟接受西式教育有关系，西式教育讲究个性解放、婚姻自主，而不再是“父母之命媒妁之言”，他们的婚姻也就脱离了家族的网络体系。

事实上，这个话题还可进一步拓展，因为在那个中西医之间谁战胜谁的争论已呈白热化的阶段，观察分布在京城的上百个大大小小中药铺的经营状况和这些经营者的生存方式，以及京城市民对他们的接纳程度，可能是比口头上、纸面上的争论更具实质性、更能够深入的角度。

本文浅尝辄止，提出的诸多问题，还请方家指正。

定宜庄

中国社会科学院历史研究所研究员

北京成文厚个案研究
——撰写北京商业史的资料、方法与初步结果

（法）Christian Lamouroux（蓝克利） 董晓萍

自2006年起，我们搜集北京商业史料，包括商人和商人家庭的口述史，考察民国时期至1950年代公私合营之前的商人活动与社会网络①。根据总项目的目标，同时也根据北京的实际，我们的考察，在主导方向上，不是侧重经济史，而是主要考察城市行业社会网络的构成、内部行业知识传承和行业文化内涵。

在北京民国时期的地方商业史方面，我们相对集中于1930年代和1950年代两个十年。在第一个十年中，1928年，北京失去了首都的地位；1937年，日军入侵北京，以后北京沦陷8年；这些重大社会变动都对北京商业史有一定影响，造成了这一段商业资料的缺失②。在第二个十年中，北京商业界经历了三反、五反运动，在阶级斗争的冲击下，北京商业史资料再度遭受损失。我们所搜集的资料对该时期的资料不足有所补充；从实际收获看，这部分搜集资料也以1935年和1952年前后的两个时间段为主。它们在北京民国时期商业史料发生断层的情况下，仍保存了一些勾连交结的重要线索，可以帮助我们把两个时间段的多样资料联系起来进行观察和分析。

我们在考察中注意到北京成文厚账簿文具店，这是北京的一家很有名的公司，位于北京传统商业区西单大街西四缸瓦市139号，1935年在北京始创，其家族企业起源于山东省招远县孟格庄村。自清末至民国时期（1821—1949），这个村的农民创建了声势很大的书铺业，主要经营文具纸张和书籍，在国内16个省市建立了“诚文信”和“诚文厚”等著名字号，对内又称“大书铺”和“二书铺”。北京成文厚的创始人刘国樑，是二书铺成文厚的第三代商人。1909年在孟格庄出生，读过7年私塾。1925年16岁时，到东北的长春和吉林的成文厚学徒和做事。1935年27岁时，在北京建立成文厚，初任职员，1937年任经理。自1940年代起，刘国樑开始发展账簿业，把成文厚带入商业活动的黄金期。1949年，他成为新政府管理下的成文厚公司首任经理，兼同业公会副主席。1953年，他在三反五反运动中被定性为“严重违

---

① 本总项目中的“北京师范大学项目组”，由蓝克利教授（Christian Lamouroux）、董晓萍教授及其指导的博士研究生周锦章、吕红峰和硕士研究生连莉组成，这些研究生助手参加了本文所使用的大部分资料的搜集、口头访谈录音整理和数据库制作工作。谨此向他们致谢。

② 我们已知南京档案馆保存了较多的民国档案，但限于馆修期间不对外开放尚未前往查阅。

法户”并罚款，离开成文厚。1980年，成文厚被中国商业部命名为第一批“中华老字号”。现在成文厚仍然开业，已有74年的历史，距其晚清家族企业也有近200年的历史。

将刘国樑所开创的成文厚与山东家族企业比较，有两点不同：一是原家族企业以农村为主，向全国南北城市辐射，所有商人挣钱后仍返回农村定居，而刘国樑是少数定居大城市的家族成员，他的企业以北京为中心，由首都向全国城乡地区辐射，曾形成“南有立信、北有成文厚”的鼎立局面，这是他的祖先所没有做到的；二是他继承了本家族以字号运作企业的商业组织观念，在1940年代初，吸收现代会计知识，开拓了北京城市账簿业；在1950年代初，又以发展分号的形式，发展了商业组织的新空间，并扩大了会计知识教育面，为成文厚后来进入长期鼎盛局面打下了坚实的基础，这也是他的祖先所没有做到的。

根据我们的研究目标，成文厚很快成了我们的一个调查个案。一般认为，在政治动荡和社会不稳定的环境中，商人和商业组织是很难发展的。成文厚却提供了一个相反的例子，它在北京的两个十年内都有自己的发展业绩，而这种情况是在那种执意寻找历史规律的政治经济史中很难看到的。

对本个案的调查研究，我们的理论假设是，民国时期北京没有大型工商企业，主要依靠中小工商业维持传统消费城市运转，在当时北京两度失去首都位置的情况下，该城市反而扩大吸收外来文化和外省移民的新知识，发展新兴行业文化，给城市注入了新的发展活力。外来市民商人与本地市民相结合，激发了高昂的进取心、创造性和自由发展的高驱动力。他们积极争取房地产资源，拓展行业空间，组建商业企业新组织，发展城市就业空间，带来了新的社会分层，同时促进了北京的现代化进程。我们的具体问题有：在北京城市社会的变迁中，传统行业转型和行业知识的传承如何构成城市新社会分层的因素？中小商人怎样带来了城市的活力？他们如何搭建获得外来知识、外省行业知识和现代商业知识的新渠道？商人和市民之间如何通过处理房地产资源扩大企业空间？家族私营商企股份制与城市政府公共组织管理的各自权益怎样？传统商户和现代商企师徒传承的差异是什么？大批活跃而流动的中、小商户与城市社会管理制度的合法性是如何建立关系的？地方商业史的发展如何加速城市社会的现代化进程？等等。

北京的以上两个十年的商业史料虽然相当缺乏，但所幸在成文厚资料的搜集中，我们获得了北京市西城区文化局和成文厚现任领导班子的支持，搜集到成文厚“老字号”的介绍资料，北京市政府档案，成文厚所在西单大街一带的区政府档案。我们还有机会与认识刘国樑的一批老职工交谈，并获得了刘国樑后代的支持和帮助①。因此，我们搜集到了一批相对丰富的商业史文献和口述资料。这使我们考察和讨论上

① 谨此向北京成文厚的领导和老职工与刘国樑的亲属致谢。

述问题时不致于流于空谈。

本文的结构大体分为两部分，一是介绍所搜集的资料，讨论处理这些资料的可能性，以及用它们撰写地方商业史的方法与局限；二是利用1949至1954年的档案和口述史，对成文厚地方商业史的内涵和价值做初步分析。

一、搜集和处理资料的方法与撰写地方商业史的可能性

1. 搜集多方面资料的种类与处理资料的个案方法

现已搜集到的成文厚资料，分书面文献和个人口头资料两部分。

书面文献主要有：行政档案19种；刘国樑编制的1940至1950年设计生产的账簿表单样本1册；共包括账表汇单1132种，其中有104个不同的客户。另外，我们还找到几份民国广告，以及刘国樑与北京会计贾得泉于1942年签订的合作合同。我们还在国家图书馆复印了贾得泉撰写的一本通俗教材《改良商业簿记与报税》（1940年出版）。他和刘国樑的合作是在这本书出版两年后发生的。

成文厚的个人回忆资料有重要价值。在这方面，我们访问了1950年代认识刘国樑的老职工10人，包括1949年至1953年关键时期与刘国樑共事的老经理、公股代表和末科徒弟，他们详细讲述了刘国樑的管理、行业的商业生活和企业改革的变化。我们与刘国樑的后代也有较多的接触，他们介绍了商人家庭的奋斗史，还陪我们到山东招远县的故乡农村做了考察，共同搜集家族书铺业的史料。

在上述资料中，政府企业档案是一批重要文献，经妥善处理，可以得到多方面的商业史线索。北京市档案馆、西城区档案馆和成文厚企业都保存了一些档案，它们构成了个案点民国中期至1950年代初的企业档案。

所谓“企业档案”，由三部分组成：一是商业局的工商档案，一是警察局的户口档案，一是成文厚公司的行政档案。我们的工作从查阅政府工商档案开始。这是北京市工商局于1947年至1956年公私合营前建立的一套档案。档案内容为城内中小手工业主向政府申办商号经营执照和进行资产、房地产权注册的所有手续文件，具体包括：（1）申请书，含业主姓名、从商简历、商户地址、行业学习的师徒关系、经营范围、资产登记、雇佣人数、铺保名称和地址、厂房的房地产权人等，（2）建国初新政府核查商户手续与资产的清册，（3）资本管理分类，含独资或合资；其中合资即合股经营，附有合伙契约；在独资与合资之间转让或变更股份者所附交的资产变动声明和政府的批件。这一套档案提供了一定的证据，可用于考察城市政府管理与商业组织之间的责权利分配和行业网络。

在工商档案中，在城市政府和私营企业之间，出现了“铺保”档案，这成为一个交叉点。其实，在接触工商档案之前，我们已使用过北京民国寺庙的铺保档案，并

建立了数据库①，但寺庙档案中的铺保档案截至1940年代为止，已基本成为死档。而企业铺保档案延续至1956年，少数当事人还在，这就使这批档案有了再生利用的可能性。所谓“铺保”，指按民国政府规定，各工商企业需要举荐另外两个商家做担保，承保该商企的业主资格、经营能力和资产规模，三户结成联保，经政府审核批准，该商企才能获得经营合法性，领取营业执照。在城市管理系统中，商户和铺保是一个责任网络，铺保提供了商家的城市行业往来和具体社会关系，这就需要我们对商户和铺保做共同分析。从企业铺保看，它是私营商企选择与政府制度许可的交互运作的角色，被官商双方都当做市民经营和行业投资的合法注册条件。从铺保档案的内容看，它的描述生动具体，可以让我们看到北京中小商人或中小商户在民国时期充满动荡风险和创新机遇的发展历程。在一批有活力的商人的运作中，商人和铺保共同承担了吸收现代新知识的能动性与不确定市场投资的压力，也顶抗了来自城市动荡和行业重组改革的压力。档案也记载了中小商人经营的不稳定例子，但这不等于他们的社会角色不重要。

工商档案也有明显的局限性。它们不能反映商人的具体动机、实际运作目标和商业管理方式等，也不能描述城市商业社会活动的具体过程等。为了克服这种局限，对我们来说，利用铺保档案查找历史线索，同时也搜集老职工的个人回忆口述资料补充文献的不足，就显得十分紧迫。成文厚的个案研究方法，使我们有可能对不同资料进行对比和讨论，开展较为可靠的分析，促进本项研究的深入进行。

在本项研究中，个案研究法，是通过利用企业档案，辅以口述史，研究个别商人的具体商业活动，以及他们在具体时间和空间内所建立的社会关系及其运行网络的方法。它可以从具体地点、小规模的具体商业组织、商人个体的具体活动、具体专业知识和具体商业运作实际等方面，研究行业文化与商业史。由于个案研究离不开描述，所以它的方法不是只盯着历史规律，而是关注具体的实际变动。我们通过对这些商业史现象的详细观察和描述，希望达到对个别的、特殊的商业史的具体分析，从而引起对社会史变迁和社会运行知识的新关注。

2. 利用个案资料的过程

在开始阶段，我们对北京市西城区西单大街工商档案中的商户做了普查，起初按照传统行业的称谓分类，分煤行、木行、茶行、玉器行、丝绸行、油盐米面行、佛作（特别是铜器）、刀剪行、纸张文具行和饭庄等查找工商档案；再按档案登记的业主姓名和商企地址，链接到民国时期的户口档案、教育档案、同业公会档案和少数清代

① 本文所使用的寺庙铺保档案，由吕敏〔Marianne Bujard（EFEO）〕主持的另一个中法合作项目“北京寺庙碑刻与社会史”数据库提供，董晓萍率北京师范大学项目组同时参加了该项目，承担了该数据库的设计制作。关于北京寺庙铺保的讨论，参见董晓萍《流动代理人：北京旧城的寺庙与铺保（1917—1956）》，《北京师范大学学报》2006年第6期，第35—44页。

档案，扩大对商人社会活动的认识。个别商户涉及刑事档案，我们也做了查询。刑事档案是北京警察局的档案，以审讯记录为主。它们在涉及商人和铺保的部分，其实并无重大犯罪事实，但供词记录详细，还有业主所描述的日常市井交往细节和关系圈。不过利用这种线索恢复商业行业的网络很难，这反而提醒我们不能不注意商户在城市的不同层面的社会圈。我们还对西单至新街口大街一线的商户做了档案查询，发现这里一直是传统商业中心，至 1950 年代中期，这里仍然中小商铺云集，行业结构也比较完整。在西单大街的中心部分——西四，有著名的缸瓦市基督教堂和基督教学校，也有一些职业培训学校，如会计学校，这与商业知识传承和市民就业有直接联系，这种空间对任何商人和商业组织来说都是优越条件，我们所搜集成文厚资料的范围也主要集中在这一带。

在搜集和分析个案资料的过程中，我们关注特殊问题的自身表述，主要强调两点。一是考察北京城市商业史，要承认地方文献和企业档案的局限性，以及中小商户资料的不完整和个人回忆信息的不确定性，而这大概正是个案分析的一般特点；它们带有社会现象与各种资料之间的紧张感，能引起学术思想范畴内的不舒服，但也会因此而促动学者去关注特殊社会史。二是从所搜集资料撰写地方商业史的目标出发，思考研究商业组织和商业文化的可能性，以及在具备这些可能性之后，怎样组织和解释这类资料，如何考察专业知识传承史。

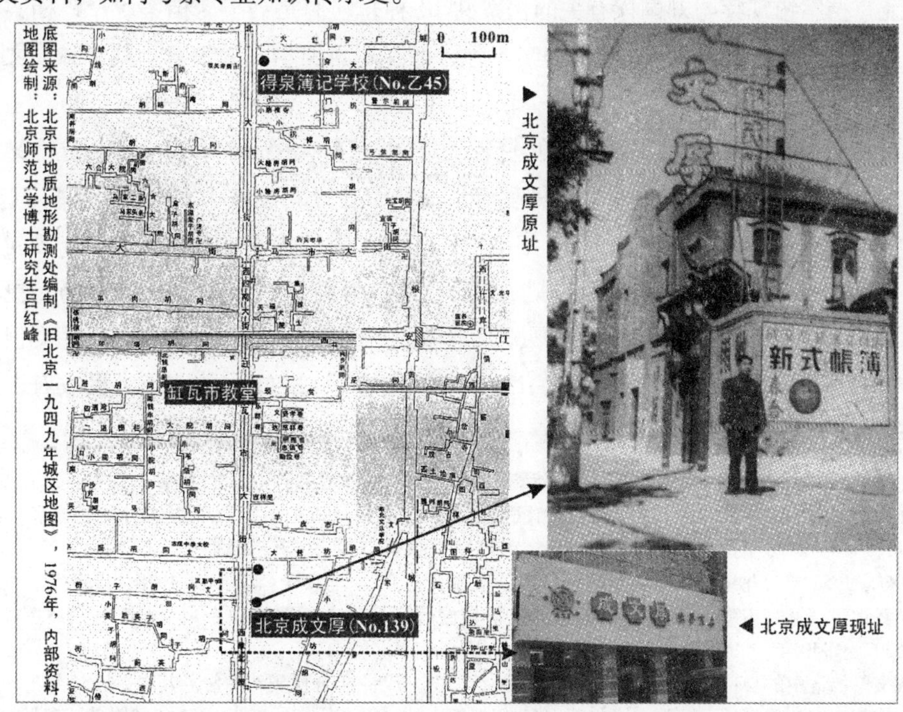

图一 北京成文厚原址

在这个意义上说，成文厚个案具有独特的学术价值。首先，如前所述，在清末民初以后，北京帝制瓦解、国内政权交替，外部世界环境同时也在发生剧烈的变迁。一般认为，这种巨大动荡会对城市商业的发展和现代化不利，但成文厚的个案却提供了另外的事实。它证明，中小商人在大环境动荡中反而可以发展自己的社会角色，增强吸收外来文化和外省知识的主观能动性，接受现代商业知识，提升市场化的能力，取得创业成绩。这种现象是仅仅从宏观经济史和一般社会学史的角度所看不到的。其次，成文厚的成功还与其家庭企业史有关，它发展了家族书铺业的上百年传统，又在20世纪40年代主动转型，发展成普及现代账簿会计知识的商业企业，开辟了新的市场渠道。我们在研究该个案时，关注这个企业在城市新商业需求形成的过程中，把行业经营传统与现代商业新知识结合起来运用的过程，分析该企业的传统商业现代化对市场化的作用，并从这个角度，考察城市商业现代化的进程。总之，用个案研究法考察成文厚，可以看到民国时期北京商人和商业史变迁特点的具体个案。

二、成文厚商业史的内涵与价值

1. 家族企业管理的结构与含义

北京档案馆现存与刘国樑有关的档案共10种，它们是：工商档案、户口档案和警察局档案，共5种[①]；另有铺保档案5种，都有刘国樑本人的签章。其中，成文厚的工商档案共64页，含15种文件，登记时间历时5年（1949. 9—1954. 9），主要文件日期为1952年12月，文件种类包括：(1) 北京市人民政府私营企业设立登记申请书，含附件8种，(2) 北平市人民政府工商局营业证，签发于1949年9月，(3) 财产重估评审通知书，签发于1951年11月23日，附件为 (4) 调整资本方案同意书，1951年12月14日，(5) 合伙契约2份，落款为1952年和1954年[②]，(6) 更东说明书，(7) 增资说明书，(6) 和 (7) 均签发于1952年12月12日。文件类型还包括：(8) 西城区重新登记签注单，1952年11月20日，(9) 北京市人民政府工商

---

① 北京档案馆藏《北京市人民政府工商局私营企业设立登记申请书》（成文厚），全宗号：J22－6－868 －5，1951—1952年。北京市档案馆藏《北平市警察局户口档案》（大酱坊胡同），全宗号：J－181－6－887，民国37年（1948）。北京市档案馆藏《荣华装订印刷所》，全宗号：22－6－1068，1952年。北京市档案馆藏《荣华装订印刷所支所》，全宗号：22－6－1078，1953年。北京档案馆藏《北京市警察局关于刘国樑等人请领旅行证仰详查填覆的训令》，全宗号：J183－2－25297，1940年。

② 成文厚档案中的合伙契约，附1952年合伙契约2份，1954年合伙契约1份。其中，1954年的一份合伙契约应放在最后，而放在成文厚1952年档案中的一份合伙契约应为1952年的附件，参见北京档案馆藏《北京市人民政府工商局私营企业设立登记申请书》（成文厚），全宗号：J22－6－868－5，1951—1952年。1952年的另一份合伙契约是原经理刘国樑与北京前门一带的荣华印刷所合伙的订约文书，参见北京市档案馆藏《荣华装订印刷所》，全宗号：22－6－1068，1952年。

局企业登记证，1952年12月。经前述申请，又产生以下3份文件，均签发于1954年9月，它们是：（10）北京市私营企业变更登记申请书，（11）北京市私营企业变更登记事项表，（12）北京市私营企业转让保证书。这部分档案对北京成文厚的创业叙述始于1935年，到我们主要考察的1952年底为止，历时17年。

1949年9月，在新中国宣告成立的前几天，“北平工商管理局”给成文厚颁发了新的营业执照①，注册业主为刘国樑的父亲刘显卿，企业登记地址为西单北大街139号，字号名称“成文厚显记”，经销范围为文具纸张、账簿和体育用品。从这份执照看，至少在名义上，刘显卿当时是一店之主，企业印章也是刘显卿的。

在北平市警察局民国37年（1948）的户口簿中，成文厚的家族住所登记为西单大街大酱坊胡同甲3号，“户主”也是刘显卿。这是一处四合院。通过对刘国樑后裔的访谈，我们发现这份户口档案不全，大概可以肯定当时在这所宅院的人口，除了刘显卿夫妇，还有刘国樑的幼弟刘秉揽、3个弟妹、3个侄子、3个侄女，加上刘国樑本人的家庭成员6人，以及雇工2人，共20人。据1952年工商档案企业登记申请书，成文厚本店的房地产的产权，属于刘显卿夫妇，据刘家后代回忆，其实当时也有的家族成员住在西单大街139号的店铺后院。因此可以推测，刘国樑的家族成员，无论住在店铺后院还是大酱坊胡同，当时都在大酱坊胡同登记户口，而这些人口的经济来源都依靠刘国樑负担。档案还提供了刘家的原籍为山东省招远县，信仰基督教。此后我们赴山东调查，进一步了解到这个家族自清代至民国时期的书铺史。

图二　成文厚创业经理刘国樑

成文厚的铺保有3个。在1950年代初的登记中，成文厚的铺保是久大体育用品制造厂和春合体育用品商店（以下简称“久大”或“春合”）。1954年，春合关闭，位于刘国樑在大酱坊胡同住所隔壁的永和寿材厂成为继任铺保。这四家企业在西单大街为邻，其中春合位于成文厚企业隔壁的137号，久大在成文厚附近的西单商场内，永和的厂址即成文厚的家族房产。三家铺保企业皆有中等资产（久大1亿5000万元，春合1亿1000万，永和2亿4900万）②。1952年时，成文厚还给久大和春合当铺保，春合也给久大当铺保，这些档案资料表明，刘国樑与铺保有密切

① 1949年9月的这份档案对北京仍写作“北平”。

② 1955年2月实行货币改革，旧币1万元面值变为1元，根据新币值，3亿元相当于后来的3万元。

的商业合作关系和社会关系。

与刘国樑经营有关的企业档案还有另外2种，它们分别是1952年和1953年的档案，都是刘国樑在前门投资的一家印刷厂的政府登记文献。自1952年起，刘国樑给前门荣华印刷厂注资，合办荣华装订印刷厂，该厂的房地产权人正是成文厚的一个铺保——久大的经理贾华山[①]。此外，在成文厚的公司行政档案中，也提到了这家印刷厂。

在对成文厚企业档案做综合分析后，我们能获得一些中小商业资产运作的不同线索，再通过对这些不同线索的比较，可以更为深入地认识成文厚个案的产权特点。我们的初步结论是，中小商人掌握企业产权，分为不同的层级，我们可以根据这些层级的信息，把他们的产权分成四类，即登记业主产权（registered owner's property）、户主业主产权（head of household's property）、家族业主产权（kinship manager's property）和企业业主产权（business manager's property）。持有不同产权的中小“业主”及其股份所有者，在工商企业内部拥有不同的权力和权益，他们根据不同的商业身份和社会角色需求，传承不同的知识。因此，我们需要把四类企业业主予以分别界定。

登记业主，指在企业档案中填写的业主。他们按照政府的标准登记。但从个人回忆资料看，工商企业也会根据家族企业的文化传统和社会现实，决定业主的填写人选，实权商人不一定登记为业主，如成文厚在1952年以前的登记业主是刘国樑的父亲刘显卿，而真正的经理是刘国樑，刘国樑遵循长子的伦理孝道原则，在父亲生前，从未把自己当做登记业主。

户主业主，指档案中填写的私人家族企业的家长兼房地产权人。其他工商行业的业主也大多属于这种类型。在家族企业中具有这种身份的人是家长，如刘显卿生前就是户主业主，在刘显卿身后，刘国樑的母亲刘李绍棠继续充任户主业主，这位老太太同时也被登记为家族企业的房地产权人。至于刘国樑本人，虽然一次次为成文厚企业和家族住所置办房地产，但始终未在父母生前将自己登记为户主业主。在其父母过世后，他也不是马上把大酱坊胡同的户主业主更名，换成自己，而是登记为幼弟刘秉揽，直到1954年刘秉揽公开声明放弃房产，刘国樑才在没有任何家族争议的情况下，把自己登记为名副其实的户主业主。

家族业主，指家族股份企业的管理者和财产所有者。从企业档案和当事人的回忆资料看，家族业主是享用家族企业股份的血缘家族成员，他们共同拥有家族企业资产，也共同承担企业风险。成文厚的家族企业业主，在1952年之前，等同于户主业

---

① 荣华印刷厂，在档案中注册为“荣华装订印刷支所”，兹据公司档案和企业当事人的口述回忆称“荣华印刷厂”。关于1952年刘国樑对荣华印刷厂的投资注册，参见北京市档案馆藏《荣华装订印刷所》，全宗号：22-6-1068，1952年，第73—75页。关于贾华山的名字分别在荣华印刷厂和久大体育用品制造厂出现，参见北京市档案馆藏《荣华装订印刷所》，全宗号：22-6-1068，1952年，第75页，北京档案馆藏《北京市人民政府工商局私营企业设立登记申请书》（久大体育用品制造厂），全宗号：J 22-6-1112-8，1949年，第67页。

主，都归入刘显卿名下。在1952年刘显卿去世之后，家族股份财产划归刘国樑兄弟四人所有，并不是刘国樑独占，所以这时的家族业主就有4位：刘国樑、刘秉揽、刘敦厚和刘享厚。到1954年，家族业主有3个，即刘国樑、赵金芳（代表其子刘享厚）和刘敦厚。

企业业主，指企业的资方代表，政府档案登记为“经理”或“经理人”。但在家族企业内部，企业业主称“掌柜”或“东家”，“经理”其实是执行具体业务的负责人。刘国樑在成文厚是典型的企业业主，但在新政府登记的工商档案中被称为“经理”，而在家族私营企业中和亲属中仍被称作“掌柜”。

成文厚个案的特殊性之一，是它同时具有登记业主、户主业主、家族业主和企业业主四种类型。其他商业企业组织也大都有家族业主和企业业主，如北京的丝绸行和茶叶行，但不一定都像成文厚这样成为业主类型丰富而具体的商业个体。刘国樑要处理各种业主类型的关系，同时要驾驭成文厚的发展方向，这是他的压力，也是他的内在驱动力。

2. 中小商业的现代化变迁特征

我们需要讨论大批活跃而流动的北京中小工商企业是如何保持创业的进取心，并取得业绩的。从档案和口述史看，这取决于他们积极地与城市管理机构建立合法关系，主动吸收城市文化，传承和拓展行业知识。

（1）师徒行业的专业知识传承

图三 刘国樑的末科徒弟赵吉亮

刘国樑的末科徒弟赵吉亮于2007年7月向北师大调查组回忆了当年的往事。赵吉亮，1932年生，山东莱州人。1951年进京“学生意”①，1952年经人介绍来到成文厚。他在农村家乡已中学毕业，认为自己是有文化的人。他说：“有文化的人做买卖，没文化的人进工厂做工。”他是迄今为止我们了解刘国樑的重要当事人之一。他介绍了在刘国樑管理的企业当学徒的经历。

赵吉亮说，在刘国樑门下学徒，首先是师徒签约，这份契约一直押在刘国樑处。契约上写明徒弟的籍贯和文化程度。规定学徒三年，学徒工没有福利、医疗费，生死不管。徒弟的操行有“十不准”，如不许留指甲、不许留头发、不许吃大葱、不许吃大蒜、

① 以下所使用的赵吉亮口述资料，引自董晓萍、周锦章、吕红峰《成文厚末科徒弟赵吉亮与业主刘国樑老家的调查报告》，北京师范大学，2007年7月，打印稿。

不许抽烟、不许喝酒、不许出门、三年内不许回家、干活中间不许休息、过节不给钱。成文厚包管食宿，徒弟和工人都住在店里，每月有理发师进店给工人理发，由店里统一结账。店铺内有洗澡堂，工人随时可以洗澡。每日没有固定的工作时间，清晨开张，晚上客人散尽打烊。厨房在店铺的后院，赵每天要到皇城根菜场给后厨买菜。白天站柜台，下班上门板，清扫店内卫生，再给大师兄江学真搭铺板，接着再伺候二师兄和三师兄。试用期三个月，期满后，刘国樑认为他肯吃苦、能干，人品不错，把他留下了，但辞退了另外两名学徒工。赵吉亮出徒后，每月工薪从18元提高到38.5元，据他讲，他把第一个月的工资全部寄回了家。他的个人花费很少，他说，成文厚的工作服比他自己的衣服都好，他很满足。

通过赵的叙述可见，与传统商户的师徒传承相比，成文厚现代企业的差异有三。首先，传统商户的师徒关系大都是同乡熟人，刘国樑现代企业的师徒关系是行业关系，成文厚原来的职工也有从山东招远县老家招募的，后因工人罢工，刘就改从莱州招人，不再招同乡。赵是莱州人，从赵的角度看，是否同乡已不再是刘国樑招工的基本条件，刘国樑是把企业发展放在首位的。其次，刘国樑要求所有职工和徒弟都要学习现代账簿和会计知识，赵吉亮也不例外。他向大师兄江学真学到了账簿知识，能记住各规格账簿的名称和价格，然后被分配到门市站柜台。他还要打好算盘，他从小跟父亲学过珠算，到成文厚后，进一步提高了打算盘的水平。刘国樑要求全体职工精通账簿业务，对他也如此，还把他送到贾得泉会计学校读书，并为他支付了全部学费。再次，刘国樑注重进行商业诚信文化教育，对赵吉亮的影响很深，他认为，刘国樑的经营管理水平无人能比。他说，他从刘国樑那里学到了和气生财，“不义之财不能偷”。在赵的心目中，师傅刘国樑给了他一切，所以他在道义上始终忠于刘国樑。他还参与了刘国樑的一些基督教活动，称赞“刘国樑讲信用，开会从来不迟到”。

（2）外来活力和新市场的高驱动力

成文厚原是刘显卿设在吉林成文厚总店的北京分号。据赵吉亮说，日军侵入东三省后，成文厚在吉林的总店罹难，刘国樑的一个弟弟被日军杀害，年幼的侄子被带到北京，交给祖父刘显卿和伯父刘国樑抚养。现在我们可以设想，在1930年代后期，由于七七事变，北京的成文厚分号成为家族企业的中心，这时从外省移居北京的刘国樑，在商业改革上有两个动力：一是在家族企业遭到重创后，必须要做出重振家业的新选择，把北京成文厚建成家族企业的新基地；二是需要找到在城市发展的新市场，以应对北京商业竞争的局面。他最后选择了与家族传统书铺业既有关系，又能融入现代会计知识的账簿业，创立了北京最大的账簿工商企业。我们将这方面资料所能归纳的基本信息和概念做初步的、对分析成文厚有用的假设，包括需要关注的工商业主与城市社会管理、家族企业和行业知识传承之间的互动关系等，兹简略表述如下（表1）。

表 1　北京成文厚业主的城市商业管理和行业知识传承信息一览表

关系/功能	登记业主	户主业主	家族业主	企业业主
政府管理	登记制	家长制	家族股份制	股东合伙制
商业组织约束	行政法规	伦理道德	法律	工商税务法规
社会关系	行政关系	辈分等级	新地缘关系	商业网络和社会关系
家族企业与行业传承	家族连续性与行业合法性	获得房地产资源与确认商人的市民身份	吸收外来知识、与地方权力结合与发现新价值观	动员本地人，利用新行业资源，发现新市场
城市社会重组（假设）	籍贯家族	通过遵守等级层次和传承家族知识而维护家族传统	家族股份变成为行业合资而创造平等、保证商业环境安全	通过企业发展保护家族利益，让移民商户在京发展

在表 1 中，需要补充说明的是，在 1952 年之前，“股东合伙制”是符合 1935 年后成文厚的企业实际的。最初的模式是刘显卿当出资人，其长子刘国樑当经理，这是一种资本与劳动合伙的组织形式，“合伙人本来就具有一定的亲缘联系或乡缘联系”①。这种模式能满足合伙的最基本条件之一，即作为商业伙伴的股东具有足够的信用。在这种模式中，家族观念和家族辈分等级都会起到一定的作用，并影响到成文厚的决策。在日军侵略东北后，尤其是发生七七事变之后，成文厚的户主业主，即家族企业股东，要保护全家族的安全，其决策之一就是迁居北京，在西单大街一带站脚，主要方式有两种：一是与北京本地市民结合，置办房地产，发展成文厚企业规模。而在北京大城市的环境中，他们也只能做如此选择，才能继承家族传统，动员新的行业资源，达到维护家族安全的目标。而城市房地产和行业知识资源是由城市商业网络和社会关系带来的。在基督教堂和基督学校坐落的西单地区，宗教信仰和宗教关系也会成为一种资源，帮助商人找到商机。但到 1952 年底，可以肯定地说，刘国樑又非要面对两种大变动不可：一是政治上的三反、五反运动，它打击市场经济和“资劳”关系，批判资本家的商业组织；二是刘显卿去世，成文厚不能不把原来的出资股东与劳动经理的合作结构，改组为资本与资本的合伙结构。而刘国樑在这时成为成文厚的登记户主和家族业主，政治经济背景已十分复杂，再加上他的家族企业业主的帽子，他本人的处境已岌岌可危。

三、商人的行业网络与社会关系

以下分析刘国樑如何从 1940 年代初到 1950 年代初建立成文厚的成功商业史，分

① 张忠民：《艰难的变迁：近代中国公司制度研究》，上海：上海社会科学院出版社，2002 年，第 10 页。

析外省商人市民怎样给北京城市商业组织带来活力，以及如何搭建获得和运用现代商业知识的新渠道。应该说，成文厚的经营之道与刘氏家族的思想开放有关。他的家庭与西方现代文化技术的距离不是太远。1940 年代，刘国樑的弟弟刘秉揽入川和留英，其子入美国基督教公理会（Congregational church）办的学校读书，这种背景说明，这个家族已具有知识深造的长远目标。这类素质可能使这个家族对现代经营理念有一个基本的反应，而这种反应又会深扎在这个家族传统行业经营理念的根基之上。

1. 吸收现代会计账簿业的核心知识

从成文厚个案看，吸收现代会计账簿业的核心知识，是外省商人与本地市民结合的一个关键要素，刘国樑留下的账簿表单正是这方面的一个例证①。这些账簿的格式创新，能证明当时企业已经发展成熟。这里固然有刘国樑的深厚家底支撑，但这又是一个颇有现代色彩的创新成果。它将传统纸张文具业与现代会计账簿业结合，其产品适应中央政府和北京市财政管理部门的法规要求，适合城市商业会计和银行会计使用，也能满足广大中小店铺的记账报税需求。直到出现电脑记账前，成文厚账簿的销售量都居高不下，这种成功不是人人都能得到的。

从在山东招远刘国樑的老家所调查到的口头资料和当地文献看，当地“蓬、黄、掖的‘买卖人’不仅在东北有很大影响，在京、津、沪等地也多见他们的足迹”。我们可以看到，外出经商是山东招远和莱州一带的家族传统，其范围可覆盖从烟台到潍坊的鲁东沿海地区，这里东端与渤海湾相连，有沟通城乡的廉价水路。成文厚所赖以起家的家族书铺业，由其先人于清道光年间（1821—1850）创建②。自清代中叶起，该家族从孟格庄发迹。刘国樑的祖父刘作信，与南方的宣纸徽商联手，成立了二书铺（1848—1861），经营文房四宝和纸张文具。据刘氏族谱看，刘国樑的父亲刘显卿属成文厚的第二代“显”字辈③，到第二代时，该家族的行业网络已由山东扩大到黑龙江省、吉林省和京津两地，并在各地建立了分号，比较出名的有诚文德、诚文厚和诚文信等④。

据赵吉亮的说法，有一位北京知识分子在成文厚向账簿业的转型和成熟期都起了

① 刘国樑所制《大烈氏账簿表单》已由北京师范大学项目组征得现任成文厚经理的同意，于 2007 年 7 月制成电子书。此项目属北京师范大学项目组与成文厚账簿文具店共同保护老字号非物质文化遗产的合作项目。

② 山东省地方志编纂委员会编：《山东省民俗志》，济南：山东人民出版社，1996 年，第 5 页。引自董晓萍等：《成文厚末科徒弟赵吉亮与业主刘国樑老家的调查报告》。

③ 在刘氏家谱中，“显”字通“先”字，为刘氏字辈谱第二代取名的统一用字，第三代字辈谱用“秉”字，如刘显卿之子名刘秉揽。

④ （山东）招远文化局编：《招远县文化志》，《书店》，2001 年，第 10 章第 1 页。引自董晓萍、周锦章、吕红峰：《成文厚末科徒弟赵吉亮与业主刘国樑老家的调查报告》，北京师范大学，2007 年 7 月，打印稿。

关键作用，他就是贾得泉。贾得泉是会计兼教师，创办了一所会计学校——得泉簿记学校，本人任校长兼财会课教师。赵说，“成文厚的账簿都是他设计的”。赵还提到了另外两位相关人员：刘培森和王文友。刘培森是成文厚的会计，以前是贾得泉的学生；王文友是成文厚的老职工，曾在河北的一家商号做会计兼簿册设计。赵吉亮还回忆说，当时按照刘国樑的要求，他本人曾跟着贾得泉学完了六个月的会计课程。

在成文厚公司内部档案中，我们见到贾得泉之妻王某于 2003 年 12 月写给成文厚的一封信，信中说，贾得泉已于 1994 年去世，并说：“从 1940 年初起，我丈夫贾得泉设计了复式记账单，后来成文厚的主要账簿都是我丈夫设计的。”这封信通过贾妻的角度告诉我们，贾得泉与成文厚的关系是特殊的。赵吉亮补充说，贾得泉直到 1950 年代初都住在大酱坊胡同南面的小酱坊胡同，原来他与刘国樑也是老街坊。

我们在北京档案馆查到贾得泉簿记学校的教育档案 9 种，另如前所述，在北京国家图书馆复制了贾得泉所撰会计学教材《改良商业簿记与报税》，此书附有习题，封面自题：“无师自通”。作者自称“改良”会计记账法，所述涉及当时中国会计业讨论的要害问题，如对中国旧式记账法进行改革，再推广使用，以抵制全盘采用西式记账法。从这本书看，贾得泉是支持徐永祚（1891—1959）的观点的，他相信对中国旧会计制度进行“改良”是可能的。他是上海立信的学生，但他反对全盘采用西方会计制度，并不赞成附和潘序伦（1893—1985）主张的“改革派”观点①。

在刘国樑的账簿汇单样品册中，还夹有一份广告，宣传成文厚“新设成本会计账簿表单”，专门介绍“使用新式账簿种类”，说明是由“得泉贾校长设计著作，北平成文厚文具店出版兼发行”。北京《实报》自 1942 年 10 月 23 日起对此予以报道。这份报纸除了刊发得泉簿记学校 11 月份的招生计划，还刊载了该校以下 3 行信息：“本校设计新式账簿，每本 5 元，预约九扣，十月底附送说明书负责解答，预约处西单北大街成文厚，电西 956。”这种广告将会计学校与成文厚商号的推介混合，一直登到 11 月 13 日，共登载 23 次后停止。此后，自 1942 年 12 月 1 日至 1943 年 10 月 10 日，他们不再做联手广告，只有得泉学校登载每月各班的招生计划。

我们可以看到，刘国樑与贾得泉的联袂，在当时的局势下，至少不是孤立的或偶然的事情。首先，要注意他们两位是通过新信息渠道的广告来表现他们开始合作的。当时广告也是一种新商业知识。登载在《实报》上的广告，象征着两人同意把各自的事业都同时推向市场竞争。他们通过广告刊发的过程，与个别客户进行对话，让客户发现自己的需求有可能被满足，同时其主观要求也被确定下来，逐渐变为成文厚和得泉簿记学校都能认识到的现实。由此也可以推想，刘国樑与贾得泉大概认为，广告能理解和指导供需关系的新载体形式，就像会计学能揭示商业结构一样，它们都是有

① 关于改革派和改良派的争论，参见郭道扬：《中国会计史稿》下册，北京：中国财政经济出版社，1988 年，第 513—521 页。

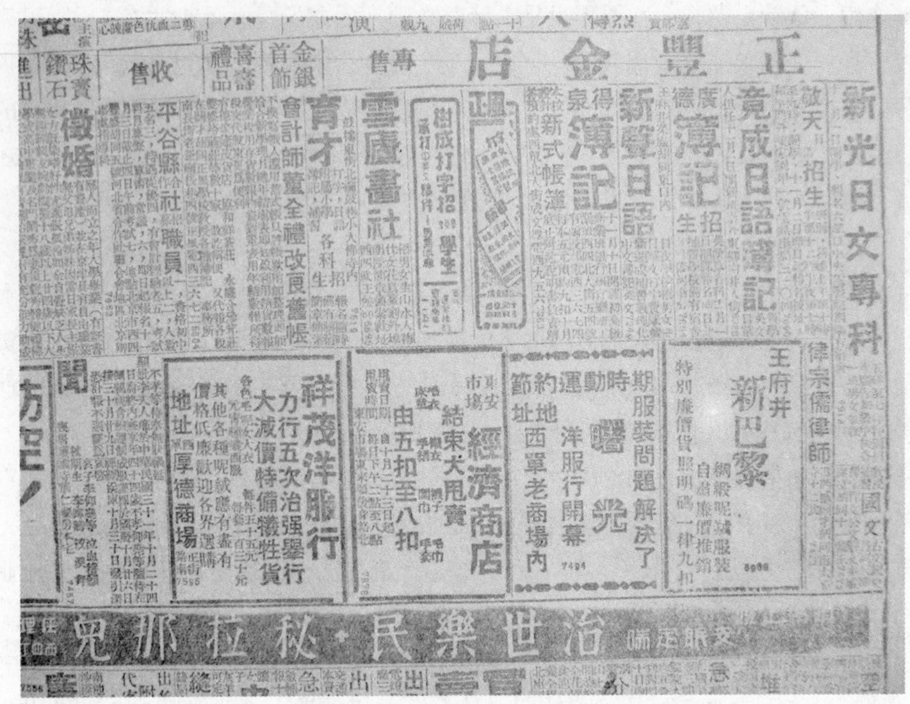
正豐金店
專售
金銀首飾
壽禮品
收售
珠寶鑽石
徵婚
平谷縣合作社職員
育才
會計師簠全禮改良舊帳
雪廬書社
各科生招
新式帳簿
得泉簿記
新聲日語
廣德簿記 招生
竟成日語簿記
新光日文專科
律宗儒律師
王府井
新巴黎
期服裝問題解決了
節約運動時
曙光
洋服行開幕
地址 西單老商場內
東安市場
經濟商店
結束大甩賣
由五扣至八扣
祥茂洋服行
力行五次治強運動
大減價
特備犧牲貨
地址 西單厚德商場
治世樂民·秘拉那兒

图四　北京《实报》刊登贾得泉簿记学校与成文厚合作广告（1942. 10. 23）

用的信息系统。换句话说，在1942年，刘国樑与贾得泉都已掌握不同方式适应发展中的市场经济。我们也不妨推想，此举当初就有双赢的想法：在刘国樑一方，他利用贾得泉的会计知识，给成文厚带来了会计业的新概念和生产账簿的新市场，事实上，这件事也使刘国樑彻底改变了传统书铺的单一经营局面，转向账簿业、印刷业和销售一体的综合性企业生产。经营账簿业还使刘国樑站到现代商业经营的前沿，拥有了城市社会上、中、下各阶层的客户系统，市场能力迅速增强。在贾得泉一方，刘国樑的出资，给他的会计知识提供了一个市场化的新舞台，让他对北京会计市场的专业眼光变为市场现实，同时也让他的会计抱负和教学活动能开花结果。

2. 通过基督教会搭建获得和运用现代商业知识的新渠道

在刘国樑的家族传统中，不能忽视基督教的影响。成文厚所在西单大街西四段缸瓦市地区，是北京基督教会的发祥地，西方现代宗教思想和科学文化思想在这里有一定影响，在这种环境中，商人容易结成社会各界参与的商业联盟。

刘国樑的后代至今清楚地记得祖父的灵柩停在缸瓦市教堂内，举行了庄严的基督徒葬礼。他们说，他们的祖母和母亲生前都每日诵读《圣经》，用铅笔指着逐行口诵，十分虔诚。刘国樑的次子还说，在他九、十岁的时候，父亲每周都带他到“附近的一个拥挤的院子里去”，那里有不少人读《圣经》[①]。他生于1940年，1962年大学毕业，他所说的时间大约是在1949至1950年。根据对中国基督教传播史的研究，我们知道，刘国樑的故乡山东省是中国信徒在中国最早推行基督教本土化运动的地区之一。在第一次世界大战前后，本土基督教信众也强调“自立教会”，刘国樑的故乡招远县正属于这一地区。北京缸瓦市教堂是自立教会的一个地点，在20世纪初已走向基督教堂的自我组织和发展。老舍在1920年代早期的一篇文章中提到缸瓦市堂的组织规则[②]，他曾写道，在他去英国之前，在缸瓦市学习英语。根据一些学者的研究，提倡教会自立的基督教，受到民族主义情感的滋养，对福利工作也非常积极。

我们在英国伦敦会（London Missionary Society）的档案中，看到了一份1948年的会议报告，在这份报告中，刘国樑的名字两次被英国传教士W. F. Rowlands提到[③]。他说，在这次会议之前，北京和天津两个城市的分会都召开了各自的会议，两市的基督教会运作也都很有成效。北京会议的时间是5月20日至22日，“参与者众，十分成功”。他还特别提到，市区教堂推举了“好代表”，包括“缸瓦市堂推举的刘国樑先生和另一位米市堂推举的鲍广林先生（Mr Pao Kuang Lin）”。他还评价说，此会“开展了广泛的讨论，突出了主要问题”。报告末附会务要点，里面有一个“新执委会”8人名单，内含缸瓦市堂的刘国樑。我们最近访问了1949年前后在缸瓦市堂工作的老牧师，他也证实，刘国樑当时是教堂的“执事”，“社会声望很高”[④]。这些资料从当时北京基督教会中外人士的不同角度都给刘国樑以积极的评价，这对证明他在北京工商界基督教商人中的社会影响，增加了说服力。

赵吉亮很赞赏刘国樑的基督教信仰，他承认，他至今视为公平贸易基础的道德观都是刘国樑教给他的。在赵看来，这些观念与刘的基督教信仰有关，他满怀敬意地补充说：“刘国樑什么毛病都没有，经营上也没有乱七八糟的。”[⑤] 我们下面分析得泉簿记学校的时候，还会提到基督教的作用。

---

① 该信息为刘国樑后代在北师大接受访谈时提供的，访谈时间：2009年1月20日。

② 舒舍予（老舍）：《北京缸瓦市伦敦教会改建中华教会经过记略》，《中华基督教会年鉴》，1931年，第69—74页。

③ W. F. Rowlands, “Impressions of the Huapei Synod Meeting” (May 24th - 27th 1948)（从华北宗教会议得出来的体会、1948年5月24—27日），MS, Council for World Mission Archives 1941 - 1950, SOAS, London, Microform LDC, Leiden, 1998, LMS H - 2140 n° 1369. 刘氏提名在第1、第4页。

④ 被访谈人：SW，牧师，男，1916年生，曾任北京基督教会副会长、珠市口教堂牧师等职。

⑤ 董晓萍、周锦章、吕红峰：《成文厚末科徒弟赵吉亮与业主刘国樑老家的调查报告》，北京师范大学，2007年7月，打印稿，第19，25页。

四、企业家的经营之道

1. 个人行业发明和开辟新市场

迄今为止，在对刘国樑的个人商业选择活动认识上，根据赵吉亮的访谈，我们了解到一些刘国樑的企业策略。刘国樑的核心企业思想是建立具有当时现代先进行业知识和技术内涵的、同时又有家族传统的会计账簿加工业。在账簿产品的印刷上，刘国樑本人有两个发明：一是五色账，一是提供大、中、小各类客户需求规格的记账表单。五色账，是一种功能性的发明，主要是把普通账页的黑、灰线格，改为红、蓝、黄、灰、黑五种色彩的线格，这样会计在记账时，就容易按照不同颜色的线格的划分，依次把阿拉伯数字按从高到低的进位，正确填入，这对于当时从汉字记账转为用阿拉伯数字记账的政府、银行、企业会计和中小行业的账房先生来讲，都是一种具体的帮助，成为推动当时北京工商界改革旧式记账法的手段。刘国樑的第二个发明，是为大、中、小各类客户设计生产不同规格的记账表单，这受到城市商界的普遍欢迎。这种策略，体现了刘国樑将成文厚的行业规模发展与市场化能力相匹配的扎实思路。他不仅要服务于北京政府机构和银行、厂矿等大客户，还要抓住所有中小业主。在当时北京社会的政局动荡和财政制度不稳的情况下，刘国樑此举，让成文厚能伸能缩，能保护自身行业利益，在客观上，也使行业发展成为城市社会重组的构件。就账簿业本身而言，他的行业革新，也与当时城市社会改革者试图把会计业现代化的想法相呼应，促进了中国记账文字与数字的统一、多元计算方法的统一和现代会计思想的传播，这对赞成改良中国旧记账法的会计来说，也是一种符合他们期待的社会事件。

2. 商业知识的传承与普及

成文厚经刘国樑之手中兴，展示了刘国樑的革新与北京城市和国家现代化的进程是互有关联的。但是，我们还要强调的是，刘国樑同时要兼顾家族企业传统，这就使他不能不将振兴家业作为他参与现代化进程的一部分。回到行业知识传播上说，我们至少还要有两种假设：一是当时出现了工商业主看重现代商业知识的潮流；二是行业工人有更新行业知识的现代渠道，并出现了掌握现代知识的新群体。我们希望从两个方向上验证这两个假设：一是刘国樑培养徒弟学会计的行为普遍性，二是1940年至1950年代产生新会计阶层的人员构成与规模，我们由此可以分析刘国樑商业管理改革中的现代化影响和结构要素。

刘国樑重视对成文厚职工进行会计业务培训，这没有问题。他要求所有门市职工和库房进货人员都必须懂账簿会计，才能上岗。学会计，也应该是刘国樑与贾得泉伙伴关系的副产品。我们所搜集的口头资料和档案还都说明，成文厚与现代会计业的关系并非特例，在当时的北京中小行业中，业主培养新式会计已成趋势。在我们的4个访谈对象中，每个人都强调，在1950年代初，在北京找份工作并不容易，不过业主只要认为某学徒有培养潜力，就会送去学会计，并资助学费，作为对提升商业管理水平的投资成本。被访谈人高某说，他到成文厚之前，已被另一家书铺业主送到得泉簿记学校补习。在业主看来，对新知识的投资，会从城市现代商业的发展中得到回报。被访谈人孙某，曾在北京郁文会计学校学过成本会计，他原来的业主做鞋行，这时也给他交了学费。他们每个人还都认为，在民国后期西单传统行业的日渐凋敝中，他们都是在学徒期间打下了当会计的基础。

北京当时的会计学校不止贾得泉办的一家，但比较而言，得泉簿记学校是最有名的会计职业培训基地之一。北京市档案馆所保存的该校档案，附教职员履历名籍表、学生履历名籍表、课程设计及授课时间表、学生结业证书存根、市教育局的批件等，我们由此能大体了解该校的建制、政府管理规定、教师来源、生源分布、教学内容和结业标准等，这对我们了解这类职业学校与当时北京工商业涌现更新行业知识潮流和渠道的关系也是一种个案。或说是它们是成文厚个案中的个案。

据档案记录，得泉簿记学校是私立业余补习学校，地点在西单大街西四北路45号。从对档案所列举的数字统计看，在北京沦陷时期至抗战胜利后，在1943、1945和1946年的三年中，该校同等学力生源数量从21人（1943、1945）增加到36人（1946）。每班女生数量，从1943年的4/21；到1945年的3/21；到1946年的11/36，稳中有升。学生年龄参差不齐，1943年为15—38岁，1945年为18—32岁，1946年为16—30岁。从学籍表看，学生的学历普遍不高，除1946年之外，没有大学生①。中学生居多，1943年和1945年均为13人，1946年为23人，其他学生都只有小学程度。可以想见，当时北京会计职业学校的基本生源是被业主送来进修的青年学徒，或是被家长送来的补习生。这些年轻人构成战时和战后新会计行业的城市新就业群体。关于该校的师资，在1946年的档案中，登记有教师4人，其中3人来自天主教大学——辅仁大学（现为北京师范大学），1人来自北京民国学院。辅仁大学的3位教员都很年轻，2位28岁，1位26岁。当然，这很难得出什么结论，不过这3位教员大概工作经验还很有限，他们战后在北京社会重建时被招聘，可能既表明年轻人有了工作机会，而且会计学校也必须招年轻教员才能满足社会需求而生存。

这类职业学校通过普及现代化知识，对城市行业的新利益和认同发挥一定的作用。在城市社会动荡中，行业文化与就业市场相辅相成，造成了一种动态的稳定发展局面，能让不同社会阶层，都通过某种商机存活，悄然无声链接成一个依赖于新知识资源，同时能携带传统文化因素，还能扩大吸收就业人员的活跃城市机体。

---

① 1946年时这位大学生21岁。

五、商业知识与行业组织和管理

刘国樑的商业组织建设新策略是转向综合性结构行业。所谓成文厚的综合性结构行业，是指刘国樑将账簿业、印刷业与纸张文具业三层行业联合运行，适应城市现代商业潮流又不脱离传统的系统行业经营思想和作为。在这三层运作中，账簿业是市场赢利经营，印刷业是技术改革经营，纸张文具业是保底经营，刘国樑是从来不单打一的，他有他的整体观。在他的整体观中，现代行业知识和行业技术有其独立价值，但也是行业文化的一部分。而行业文化的底子更深，深处是家庭。行业文化也是时尚的，时尚的表层是社会责任网络。刘国樑通过新旧结合、大小兼作，树立了诚信的商业形象。所以，当我们以行业知识、行业技术和行业文化为研究目标时，要关注他的行业经营思想和行为系统。

刘国樑的祖上已有南北区域合作经营的传统，所以刘国樑的行业合作意识是部分来自其家庭传统的。这种商业管理的传统模式是家庭股份制，即业主并不是股份的代名词，股份是家族股份制成员的财产。赵吉亮就明确地说："成文厚是刘家的，只有刘家的人才有股份，徒弟干得再好，也没有股份。"但谈到成文厚账簿店，他还认为，刘国樑知人善任，能把各行业有才干的人聚拢到自己周围，在新的市场方向上发展。在1949年前及其后的两、三年内，各路民间英雄都为成文厚的崛起起到不容忽视的作用。赵说："来瑞是会计，周正管现金出纳①，王文友管采购和进货。王文友是河北卢龙人，会设计，心眼多。"对成文厚的账簿设计，我们分析，王文友与贾得泉的关系有些微妙，王是原管理班子中的工头，据赵说，他负责设计中小客户需要的表单。我们还不知道这是否意味着贾得泉负责设计政府、银行和大企业客户需要的统一账簿，而王负责设计其他中小业主需要的庞杂表单，对此，我们不知道是两人各有分工？还者是刘国樑早有两手准备？抑或是王文友在三反五反运动前后取代了刘国樑，也取代了贾得泉？这些都要靠继续调查才能做进一步分析。

除了以上人员，对刘国樑吸收各路人才，赵还说，成文厚还有不少半路出家的伙计，"原先都是打小鼓的，跑纸盒的。打小鼓的，就是收旧货的。后来国家不让他干了，他就到成文厚了。跑纸盒的，就是卖纸的，都是山西人。成文厚没有纸源，靠他们进纸"。不过在此要强调的是刘国樑团结人才和实施商业管理新策略的能力，这是所有现代企业家的一个基本素质。当然，在成文厚的个案中，这又与北京城市社会重组的背景和城市现代商业管理的进程都有关系。刘国樑历经战乱和家业受挫的艰难岁月，他是要花低成本解决上述两个问题的。他把成文厚带出了低谷，并在北京城市现代商业竞争中创造了新账簿业热销产品，这就是他超越家族前人的地方。旧商业管理

---

① 我们不知道当时的出纳和会计现在是否在世，故对其姓名都已稍作变动。

模式可以给他提供同乡劳力资源，却不能给他提供新的市场方向和投资空间，他可能已察觉到了以往的局限，便不能不抛弃旧模式，采用新的行业结构模式。换个角度说，不是北京城市商业氛围使刘国樑变得更有学问，而是旧商业模式已不能帮助他解决社会和家庭的重重危机，他才不得不带着成文厚投入“现代化”的进程和北京城市社会重组的激流。成文厚需要新的商业组织，才能满足北京不同客户的多种需求。

所谓商业组织，指成文厚是一个综合性结构行业，通过行业整合后形成。刘国樑能够创造它，也能够保护它，使它成为他的现代化管理目标的一部分。他对这个商业组织的认识和运作，基于他对内部各业所具有的工商知识。这些知识是通过成文厚内部各业管理者对不断在变的业务、永久商业风险的不同理解而酝酿出来的，因此，刘国樑的管理能力在于协调不同管理者之间的分歧。要在它们之间达成一致是很难的，但这也正是接近、了解市场现实的唯一过程，商机也正在这中间产生。只要处理内部紧张关系，他就能明确选定成文厚公司业务方向。下边我们要讨论成文厚 1950 年代初的变迁，这样会证明这种为行业组织服务的管理方法。

通过分析刘国樑聚拢人才的信息，我们还可以看到，他在行业创新中，有相当的资源利用能力。他发现了人才资源循环利用和整合利用的可操作性。最近一位历史学者将这点视为民国时期北京商业的基本模式①。不过，我们也不能完全将之套用到刘国樑个案，因为我们还需要调查分析刘国樑当时是如何发挥自己的不同身份，从业主到户主、从资本家到经理，他怎么具体利用法律和商业法度、股份制和社会网络。而不同身份之间的桥接点，肯定是他的商人文化和知识。

赵吉亮认为，吸收其他行业的“半路伙计”进成文厚，是刘国樑出于基督教的博爱信仰所致，是他为社会基层的流动劳力提供了福利。在我们看来，这人概也可视为刘国樑在北京社会过渡时期管理新组合行业群体的可能性。在他任用的伙计中，就有“跑纸盒的”，原为西四某纸店的进纸伙计，刘国樑没有纸源，但与该伙计相熟，在该伙计失业时，他接纳其进入成文厚。正是对这种人才的循环利用，他在熟人基础上整合资源，还会拿到最低的资源成本，同时又增加了企业的人文形象。从流动商贩方面说，他们十分熟悉城市基层社会的微观需求，也可以给成文厚提供所需求的具体的信息和基层商机。当然，我们也不排除基督教信仰带给刘国樑的资方开放意识；对西四基督教堂在西单商业街区中的位置和作用，我们也还要继续调查。总之，刘国樑通过双方互利的合作关系，将自己的新行业建立在一个普遍价值体系平台上，这在当时剧烈变动的城市社会环境中，不能不说是一种难能可贵的决策。

在此还要讨论刘国樑对自己社会角色的理解，当然是关系到他的文化知识。他是

---

① 请看 Madeleine Yue Dong（董玥），*Republican Beijing – The City and Its Histories*（民国北京：城市和不同城市史），University of California Press，Berkeley – Los Angeles – London，2003，第 172 – 207 页；也可以参考她的文章，“Juggling Bits：Tianqiao as Republican Beijing's Recycling Center”（杂耍说唱：以天桥为民国北京循环利用资源的中心），*Modern China*，25/3（1999），第 303—342 页。

一个既接受现代商业管理知识，又维护家族经营传统的管理者。在本文中所多次指出的他的“现代性”，基于他不仅是一个资本家和懂技术的业主，又是一个笃信基督教和具有儒家教养的家长。他长期代替父亲的角色，带领成文厚在北京城市社会的环境中和现代商业竞争中拼搏，还要承担管理家庭股份、照顾各位兄弟的家庭经济和培养子女的责任，这是一个复杂的社会文化角色，而不仅仅是地方商业管理者的角色。

刘国樑的杰出能力还表现在他对商业空间的意义理解和实际运用上。这种空间不一定是实体机构，但却是体现均衡利益的现实社会关系。在政府与商人、商人与铺保、公司与家族、总店与分号和资产与房产等各对关系上，每对关系在特定时间内，都可能发生相关相斥的或对立统一的关系波动，他都会借助这种商业空间，把握空间关系中的政策理性，发挥空间关系的社会意义，以及空间的新知识价值。这样商业企业对外部变迁和内部改革的适应，就和而不同，也可以相互包容。他建立的铺保系统，他办理的总、分号各种机构，以及他通过西单基督教堂系统建立的城市客户系统，都属于这种情况。在新政府的新规定下，这种空间本身就酝酿着商机，其商机的目标不是直接发展资本和企业，而是赶趁商机整合资源。

现在我们讨论地方商业史时，已不能不讨论“文化人”的知识传承，详见下表（表2）。

表2　不同类型商人与专业知识传承路径一览表

类　别	登记业主	户主业主/家族业主	民族资本家	经理人
社会资源	法制	家族传统 宗教信仰	法律 文化教育 社会网络	区域网络 行业网络
社会空间	政府	家庭/教堂	高等教育	国内外市场
知识性质	行政政策 国家法律	家法/宗教 /伦理道德	国家法律 现代化知识	专业知识 市场经济
传承途径	认可/ 被认可	整合性教育 历史性资源	识字教育 社会制度	专业学校 业务协作

在表2中，我们以大致归纳所得到的信息说明，在1950年代初，成文厚的登记业主、户主业主和家族业主、股东即资本家和经理人的不同知识分类和传承途径。刘国樑的卓越管理能力和文化代表性，体现在他利用各种角色身份发挥社会资源的作用，吸收不同的知识，包括政府管理和社会网络知识、家族传统价值观和股份利益、现代新型教育和专业知识、来自各方向的市场信息报告等，并能找到制约和利用各种矛盾信息的平衡点。他的行为之道，一方面，颇接近熊彼得（Josef Alois Schumpeter）有关企业家的经济角色的定义，即把业主和管理区分开来，能发展企业为一个理性组

织[①]。但另一方面，他的企业管理自主权建立在家族股份制之上，这也是符合家族股份利益的基本要求，倘若他拥有企业管理自主权，他就可能达到现代化与商业传统的有机结合。

六、1951 年至 1952 年成文厚的具体变迁史

像撰写任何地方史一样，我们的研究进展依赖于我们所能考虑到的当时整个社会历史背景的能力，在这个意义上说，1951 年和 1952 年仍是值得反复关注的。前面说过，这期间成文厚的发展在外部城市环境变迁中进行，这是指 1951 年末至 1952 年 6 月，北京私营工商业与全国一样，搞三反、五反，向资本主义发起进攻。这场运动不久即被指出是打击民族资本家的吹风运动，或者一场阶级斗争，是“共产党清洗私营工商业者”的第一步[②]，在前述北京新政府管理工商业的新规定颁布后，业主被要求做“最新资产评估和向政府报告”，“不法工商资本家和奸商”的破坏行为受到了严重打击[③]。现在我们对三反、五反运动与 1951 年至 1952 年北京工商档案的关系还是假设，但久大和永和的频繁更东，不久荣华的营业证也被“作废”并迁移厂址[④]。各种变故说明，1951 年至 1952 年的工商业主档案登记，在当时北京工商界具有普遍影响，整个城市行业都处在一个转折期中。

成文厚的企业档案组成了一个相对完整的档案文献系统，这对我们认识该个案点是有益的。我们把所查阅的档案与口述史和实地调查资料做综合分析，又发现，这 10 份档案之间有自己的内部联系，实际上可视为 3 种档案，它们从不同角度告诉我们，在 1949 至 1952 年的重大经济转折中，刘国樑积极从事商业企业的历史事件连续累积的结果，使他的政治境遇每况愈下。

---

① 我们应该想起，正是这时熊彼得撰写了他的最后一篇评论，谈到“社会主义的步伐”，原载 *The American Economic Review*（Vol. 40/2, p. 446 – 456, 1950）. 他指出：“资本主义秩序正朝着自我毁灭的方向发展，中央集权的社会主义随后出现。”他还分析了他对此深信不疑的理由。

② Theodore Hsi – En Chen, “The Liquidation of Private Business in Communist China”（中华人民共和国私立企业的消灭）, Far Eastern Survey, Vol. 24, No. 6（Jun., 1955）, p. 81 – 89；关于史学家最近利用新的视角，请看 Bennis Wai – Yip So, “The Policy – Making and Political Economy of the Abolition of Private Ownership in the Early 1950s: Findings from New Material”（1950 年代初私人资产废除的政策和政治经济学观念：从新资料看问题）, The China Quarterly, Volume 171, September 2002, p. 682 – 703；也可以参考 Marie – Claire Bergère, Capitalismes & capitalistes en Chine des origines à nos jours（中国资本主义和资本家历史本末）, Paris, Perrin, 2007, p. 203 – 210.

③ 最早提出反贪污和打击不法奸商的说法，参见 Theodore Hsi – En Chen and Wen – Hui C. Chen, “The ‘Three – Anti’ and ‘Five – Anti’ Movements in Communist China”（中华人民共和国的三反五反运动）, Pacific Affairs, Vol. 26, No. 1（Mar., 1953）, p. 3 – 23；另见近期发表的两篇文章，杨奎松：《毛泽东与三反运动》与《上海“五反”运动之经过》，两文皆有电子本，原载 http://www.yangkuisong.net/ztlw/sjyj/000252_10.htm，2008 年 8 月 29 日查询。

④ 北京市档案馆藏《荣华印刷支店》，全宗号：22 – 6 – 1078，1953 年 3 月 23 日，第 2 页。

第 1 种档案，证实商人运作与政府管理合法性的关系。在成文厚的企业档案中，以 1952 年为界，提供了一个北京中等商人刘国樑的业主简历、经营资格认证和资产评估表单。这对认识该个案的档案与西单地方商业史的关系有一定的参考价值。在各份企业档案里，都有一份新政府的重要文件，即北京市私营企业财产重估评审委员会的一个通知，其背景是新政府清查私营企业固定资产和执行新的管理规定[①]；但从这份文件的内容看，也可视为一个商业企业的财产结算单。通知所列财产清单分两列，每列都填写了资产和债务两项，再按项分类，逐类注明清查结果。在本文中，我们把政府给工商企业下发的这种资产评估表单归纳为第 1 种档案，因为它是商人和商业组织符合政府管理合法性的业务凭据。

北京市政府给成文厚的一份清单于 1951 年 11 月签发，在第二列“财产增资准备”类中，注明资金“281 842 225 元”；在“负债”中，注明资金 14 930 937 元；在“纯益”中注明资金 179 584 525 元；在“资本金额”中注明 29 800 412 元。在这份清单中，“增资准备”四字的含义是值得注意的。从当时一般会计概念看，它是“本为公积之一部，惟因留备某种特别用处，从普通公积中划出”，而所谓“公积（Surplus）”，又“本为公司资本之一部，以未分派之盈余积聚而成者也”[②]。在 1951 年，显然法律已将公积金与股利分开，要用于增资资产，扩大再生产。这个家族资本的投资额，在新政府工商业调整计划生效后，将达到 3 亿元[③]。次年，1952 年 12 月，该家族又有一笔 5506 万元的资金注入，实际是 1 台铸字机和配套印刷器材的费用。据另几份档案看，除这份清单外，在 1950 年至 1954 年，成文厚还先后经过政府的另外两次审核，均通过了资产清查，这说明该企业遵守政府管理制度，刘国樑是合法商人。

第 2 种档案，证实商人与铺保互动的均衡利益关系。仅看第 1 种档案是不够的。1951 年政府下发成文厚的资产清单之所以重要，是因为 1952 年是成文厚转制的关键年。我们从档案分析和实际调查中还发现，在 1951 年至 1952 年间，刘国樑在保证市民合法经营的前提下，在奉公守法和企业自主发展之间，还与铺保联手，分头申请营业执照，并调动资产投入扩大生产。在这些运作中，成文厚档案与铺保档案中的所有执照和声明就成为一个动态而具体的操作记录。

第 2 种档案其实是成文厚档案的主体。它们的特点是，刘国樑在成文厚自身企业

---

① 1950 年代的财会政策史，参见北京《财政志》，特别是第四章第二部分《商业企业财务管理》，参见 http：//www. bjcz. gov. cn/czzs/czz/czz. htm，2008 年 8 月 23 日查阅。

② 关于当时的这些会计概念，参见潘序伦《高级商业簿记教科书》，上海：立信会计图书用品社，1947 年，第 383 页。

③ “财产增值准备”（281 842 225 元）是“转入资本”（270 199 587. 81 元）加“转入公债”（11 642 637. 81 元）的总数。但是 3 亿元的新资本是“转入资本”加 1952 年前的资本（29 880 412. 64 元）的总数。

之外，以政府鼓励和允许的方式，以与铺保合伙的名义，对家族股份资本做分解注资，再领取新的营业执照，发展商业生产，或者扩大商业组织的空间范围。这时刘国樑似乎看懂了政府评估资产政策的用意，在 1949 年、1950 年、1951 年和 1952 年四次政府评估时，都向政府积极地申报私营企业设立申请书和营业执照，做出了活跃的反应。主要步骤如下。

第一，1949 年末至 1950 年初，他将 10 年创建现代账簿业的全部样品整理成册，上交新政府管理下的成文厚公司。这是一本厚厚的行业技术设计档案，能展示他不仅能擅长商业账簿，而且有能力制作工业会计、银行会计和财政部门等所有北京各行各业需要的账表汇单，可以继续承揽北京全部账簿业的商业生产。

第二，他将政府 1950 年资产评估当作一个机会，将成文厚的印刷机和配套机具，共 17 种，含“八页印刷机一架”和“铅字 820 斤”，“共计 49 000 000 元”，在详细分类后，定为“1950 年重估”后的固定资产，在父亲刘显卿名下的“成文厚显记账簿文具店”家族企业之外，以“代理人刘国樑”的名义，划入个人股份之内①。

第三，1951 年 12 月，在政府评估成文厚资产 1 个月之后，刘国樑通过参与铺保运作的途径，首次对家族私营企业股份资产的分解做了尝试。据久大当年的档案，该体育用品制造厂同样于 1951 年 11 月通过政府评估资产。当月，经刘国樑介入，按当时政府要求每注资一次，重新申请一次营业执照的合法规定，久大把企业分为总号和分支两支机构，先把西单商场的店址改为总店，在西单北大街 131 号开设分号，并在原有资产 450 万元的基础上，注入资产 6 050 万，当年 12 月即获营业执照。在这份文件中，刘国樑以“成文厚显记账簿文具店”的名义，任具保企业，另一铺保是春合，贾华山任久大的经理②。再过 1 年，至 1952 年 12 月，久大再将西单商场的总店故意说成是“分号”，将已拥有 6 050 万资金的西单北大街 131 号的分号说成是“总店”，然后改用 6 岁儿童边春茂当股东，并注入资金，又获得营业证。有意思的是，在这份档案中，还有一份贾华山和边春茂合写的《更东声明书》，请求政府同意这次变更，原文如下：

> 本厂原申请分支机构时以西单北大街 131 号为总店以西单第三场 15 号为支店今限于扩展方便及营业情况改为第三场 15 号为总店以西单北大街 131 号为支店已蒙西单区税务分局批准此次更照即希更正此致工商局
>
> 久大体育用品制造厂（盖章）
>
> 边春茂（盖章）
>
> 经理人 贾华山

---

① 关于刘国樑通过政府“1950 年重估”财产的机会将印刷机等以个人名义化为财产，参见北京市档案馆藏《荣华装订印刷所》，全宗号：22－6－1068，1952 年，第 78 页，详见其中《合伙种类详单》第 2 页。

② 北京市档案馆藏《久大体育用品制造厂》，全宗号：22－6－1112－8，1952 年，第 64 页。

1952年12月12日[①]

在这份声明中，6岁儿童边春茂会写“声明”之举，肯定是被人操纵的，因此站在他身边的42岁的贾华山更引人注目。而久大两次使用总店与分号拆分的方法注册的结果，是把主要资产和房产都转向了西单北大街131号，在地理位置上更挨近成文厚，贾华山在中间起了关键作用。据档案记录，他出身于天津利生体育用品厂，用赵吉亮的话说，那是成文厚家族企业的老伙伴。贾华山为久大越卖力，久大就离刘国樑越近。

第四，1952年9月，刘国樑本人正式以“成文厚显记账簿文具店代理人刘国樑”的身份，以个人的名义，使用久大经理贾华山名下的前门西河沿房地产资源，与荣华印刷厂登记合伙企业，将成文厚的印刷机等资产，不是以固定资产的概念，而是以“财产价”的概念，注入荣华，另拿出“现金11 000 000元”一起入股，总计投资“60 000 000元”[②]，当了该厂的股东。赵吉亮肯定地说，刘国樑当时的真正动机是要买下这家印刷厂，补充成文厚企业没有自己的印刷厂、限制生产的不足。我们也看到，赵的说法在刘国樑这次申请营业执照的“声明”中有所透露，声明开头说：“我厂在本年九月一号起共三家合营即成文厚显记账簿文具店投入财产一部分计人民币陆仟万圆……”[③] 既然荣华是“三家合营”企业，又以荣华老厂为基础，成文厚却在三家排序上居首，刘国樑对印刷厂的潜在支配倾向是存在的，但刘国樑在向政府申报《北京市私营企业设立登记事项表》时，却又后退了一步，填写“不执行”业务。执行业务的是贾华山年仅29岁的小同乡贾春和，这又说明刘国樑为自己的进退留了余地。这次申报历时3个月获得成功，1952年11月，荣华顺利地领取到营业证[④]，刘国樑也完成了转移成文厚部分资产的计划。在这次操作中，他对股东资产权益的签约，在分配方式部分定为“年终红利、执行代理人和其他经理酬劳金、改善卫生安全基金、职工福利基金和职工奖励金”[⑤]，共5项。其中“公积金”由“年终红利”的10%抽取；其余4项由股东照例执行。这是当时家族私营企业股份制资产分配的一般做法。

我们将这份家族私企股份制契约（1952年11月政府批准），与1951年11月政

① 北京市档案馆藏《久大体育用品制造厂》，全宗号：22-6-1112-8，1952年，第74页。

② 刘国樑将印刷机等“财产价”，另加部分现金，以个人财产入股，合办荣华印刷厂，参见北京市档案馆藏《荣华装订印刷所》，全宗号：22-6-1068，1952年，第78页，详见其中《合伙种类详单》第2页。

③ 北京市档案馆藏《荣华装订印刷所》，全宗号：22-6-1068，1952年，第77页。

④ 北京市档案馆藏《荣华装订印刷所》，全宗号：22-6-1068，1952年，第76页。

⑤ 北京市档案馆藏《荣华装订印刷所》，全宗号：22-6-1068，1952年，第83—89页。关于成文厚商业往来系统中的家族私营企业股份制分配构成的大体相似特征，参见成文厚铺保久大体育用品公司档案中的《合伙契约》，北京市档案馆藏《久大体育用品制造厂》，全宗号：22-6-1112-8，1952年，第82—86页。

府规定将公积金与股利分开计算、并将获利全部用于企业增资资产的规定，两相比较可以看到，在1951年和1952年期间，在新政府的管理下，改制的权力分配方案和家族私营企业股份制分配方案都在实行，商人在给两种资产管理体制的企业注资后，申请经营执照也都能获得批准，他们经营的自由度还是存在的。刘国樑同时选择了两者，也都是合理合法的。铺保正是他游刃于两者之间的空间。应该指出的是，刘国樑注资荣华，还不仅是为家族企业股份资产寻找出路，他的商业目标还是要发展成文厚账簿印刷业。就在这份荣华档案中，我们还能看到，还有另一位宋姓合伙人，年长他两岁，投资最少，却是业界的内行，曾在北京、重庆和南京等城市印刷所供职。宋某被刘国樑揽为合作伙伴，可以证明刘国樑对拓展印刷行业的长远眼光。

在第2种档案中，商人和铺保紧密勾连，形成了一个具体而动态的商业运作体系。这时铺保不再是僵硬的商人网络中介和死板的资产担保，而是商人注资、发挥新知识、发展新行业、发挥开拓进取的高驱动力的合理环节。在1951年至1952年的1年内，刘国樑在这个环节做了很多工作，主要是与铺保多次办理营业执照和声明手续。我们在调查研究的初期，不大会把这类行政执照和手续看为研究对象，刘国樑对它们的收放自如的操作却提示我们，研究这类申报文件，可以帮助我们了解商人适应政府政策变动的方向，调整投资方式的对策。在这一过程中，中小工商企业家还发挥对固定资产、流动资产和金融注资等概念的灵活理解，把向新政府登记私营企业资产，与增加家族股份积累，分开进行运作，力争维护政府政策和私营企业股份利益两者。他们为此极大地提升了现代商业知识的能动性，一心把行业做稳和做大，以争取双赢。这些资料都向我们大致描述了商人奋斗的动机、运作策略和市场目标。正是在这个意义上，商户与铺保的互动程度，成为衡量企业经济效益与市场运作水平的标志。

第3种档案，家族私营股份制与城市公共商业组织管理的关系。1952年12月，刘国樑家族股份制分配方案发生变更。我们已经知道，在此之前，刘国樑已做好了充分的准备工作。现在我们再来读1952年12月12日刘氏家族变更股份的文件，思路就会更加清楚。在档案中，在12月12日当天，就有4份声明同时签出，包括刘国樑家族更股的3份声明（涉及刘显卿和刘秉揽、刘国樑和刘基厚两代父子之间的股权移交声明2种和荣华印刷机资产回头补报声明1种）①，与久大更东声明1种。这样密

① 北京档案馆藏《北京市人民政府工商局私营企业设立登记申请书》（成文厚），全宗号：J22-6-868-5，1951-1952年，第72，73页。在1952年12月12日刘氏家族股权的两种变更文件中，一是声明父亲刘显卿的股权移交儿子刘秉揽，原文为“本号原有旧股东刘显卿病故由其四子刘秉揽继承其股权”，一是声明父亲刘国樑接受其子刘基厚的股权移交，原文为“原有旧股东刘基厚自愿将所有股权转让其父刘国樑”。另有当日对荣华印刷机资产的回头补报声明1种，原文为：“本号原有印刷铸字机附件家具货物共计五千五百六十万元在重估财产时漏估现已全部入账作为资本仅此说明”。

集的同日签约，与此前9月至12月刘国樑在外与荣华和久大签订的各种契约相联系，我们也许可以设想，一切都在按刘国樑设计的方向发展。而所有这些签约都有贾华山这个外人在场或签章作证，足以证明刘国樑行事谨慎。

在这种背景下，我们集中来看刘国樑处理家族私营企业与成文厚公司关系的方式，可以看出他试图保全公私利益的双向作为，还能看出他对应付双方变动的深思熟虑。在12月12日的声明中，表示刘显卿“已故”，这就把刘国樑同时处理内外变动的焦虑交织在一起，让他的能谋善治一触即发。成文厚到了改换权力的历史时刻，它的实际创业人刘国樑，在奋斗17年之后，终于从埋头苦干的“代理人”改为前台的“任职经理”。他对家族股份实行再分配，并在分配后控制了3份股权，即个人股权、幼弟刘秉揽的股权（放在故父刘显卿的股份名下）和长子刘基厚的股权（由刘国樑的母亲代为办理）。更东后的成文厚家族管理层名义上有4人，分别是刘国樑、刘秉揽和刘国樑的两个侄子刘敦厚和刘享厚，但从档案看，刘敦厚和刘享厚当时还都是中学生，分别为15岁和19岁，而刘秉揽远在云南，整个家族企业显然需要由刘国樑单肩独任。这样刘国樑的所作所为就只能有一种解释，就是他1949年10月1日引用的口号“绝对为大众服务”①，它的含义是既为政府服务，也为家族服务。

这个家族企业培养了一批高级知识分子，而这一切转变都要靠仅受过7年私塾教育的刘国樑打拼基础。他的幼弟刘秉揽，生于1921年，先读私塾，后入北京著名的育英中学就读②。日军占领北京时，转入重庆某政治学校学习，后赴英国皇家海军学院留学。日军战败后，刘秉揽回到国内，在南京中央政治大学做研究。1949年后去云南河西县当干部，他是刘氏家族受过西方教育的高级知识分子。刘国樑的长子刘基厚、长媳关毓顺、次子刘兴厚和侄子刘享厚也都大学毕业。刘秉揽于1954年正式声明放弃股份，刘享厚于1954年将个人股份转给生母赵金芳。这样到1954年9月以后，成文厚家族股份的名下只剩3人：经理刘国樑、39岁的弟媳赵金芳和17岁的刘敦厚。在公私合营前，这种家族资产集中的结果，无疑直接使刘国樑成为成文厚的实权经理，同时成为成文厚公司的一名民族资本家，不久又成了阶级斗争的靶子。

刘国樑在成文厚家族企业和成文厚公司之间兼任双重角色的资料，可以从1950年政府资产评估前后的档案中看到，直到1952年12月，大约有两年的时间，成文厚的外部城市环境和家族内部情况都在向不确定的方向发生历史转折。刘国樑的创造能力也在这种变化中得到了深刻体现。观察他在这一时期的商业运作，可抓住两个核心问题。一是商人市民吸收房地产资源以扩大企业空间的趋势。他通过贾华山对前门一

① “绝对为大众服务”是刘国樑在1949年底上交成文厚公司的账簿表单样品册扉页上亲手书写的题签。

② 其他中共革命文献也提到北京育英中学，视之为1949年前北京许多政治活动的中学策源地之一，参见其中的一种上网资料《天津抗战纪事》，原载 http://dlibrary. tjl. tj. cn/tjkzjs/zzgcd/pjtdx. htm，2008年10月9日查阅。

带荣华房地产的利用与对西单大街久大房地产的逐步收拢，他对西单商户邻居春和房产的并购，他用大酱坊胡同家族房产对永和铺保的引入和控制，都是他努力做大成文厚的规划内容。二是私营工商企业对家族股份制与城市商业组织管理层各自权益分工的关注。他与荣华股份合伙的签约，以及他与久大铺保合伙的签约，都是既维护家族企业、又壮大公司地盘之举。他把这两者关系处理得当，有利于他增加企业资本，使之从小资本变为大资本。

1952 年 11 月，久大受到审查，原因正是 1951 年久大申报西单商场的总店与分号时业主与资本的估算一事，政府否认了这次申报的合法性，并要求对此做出说明。对此，久大原股东边百川和经理贾华山陈述了两种不同的事实。一是原股东边百川声明已将其股份分给 7 个兄弟姐妹，由 6 岁幼弟边春茂任总店股东，也是家族股份制成员的共同选择。一是经理贾华山证实说："今限于扩展方便"，根据"营业情况"和"西单区税务分局批准"，决定"改为第三场 15 号为总店"。这次核查的结果得到西单税务科人员孟俊臣的认可，他承认边家子女的共同决定，又请他们的母亲刘书贵任第二股东，以补充前次申报的不足。不过我们换个角度看，从政府经济政策的变动方面看，久大在合股、独股与股份集中之间的反复变动，其家族中多人放弃股份的选择，与成文厚家族企业股份制内部的变动趋势，其实质是一致的，只是时间上略有先后而已。久大的经营能力和处事水平大概也在刘国樑之下，刘国樑对他的铺保春合的策略也更加证明他的本事。西单北路 137 号是成文厚的第二铺保春合体育用品制造厂的厂址，1952 年 12 月以后春合关闭，而据老职工所讲，刘国樑在 1952 年还为购置春合的房产投入经费，至 1954 年成功。

在成文厚的其他铺保中，永和寿材厂的档案较为复杂，达上百页。由此档案可知，1952 年，永和同样发生了股份重组问题，有 8 个合伙股东发生了冲突。其中一位股东李天贵，参加了解放军，在广东当兵，声明将其股份让出，部分转至胞姐名下，部分捐给政府福利部门，但此举引来了另外两个股东阎逢彭和王淑贞夫妇的反对，他们从养父阎华亭处继承了股份，阎华亭是该企业的老业主，正是阎华亭签约当了刘国樑的铺保。此夫妇也曾出卖股份，但未获上级批准，因此他们也抵制他人更东。但他们遭到了批评，在档案中，有政府人员的手书通知说，阎逢彭"平时懒散不爱劳动"，对股份的这种态度是犯了政治错误。我们看到，当时仍在实行的"公私兼顾、劳资两利"政策，在这次事件中未被执行。周恩来在 1952 年 1 月的一次讲话中曾解释这类冲突为："资本家有些事情可以做，有些事情是不能做的。"①

结论

我们所感兴趣的问题是北京地方商业史及其行业知识传承，这是我们基本的研究

① 周恩来总理于 1952 年 1 月的讲话，引自 Chen，"The 'Three - Anti' and 'Five - Anti' Movements"，P. 12.

对象。但目前我们所搜集的北京工商行业资料还是有限的，对成文厚个案的调查分析还主要依靠政府档案，口头访谈还限于少数当事人。现任成文厚公司领导给我们提供了很有价值的企业文献，但我们也同时被要求配合该企业的老字号非物质文化遗产保护工程，我们的数据库建设正是在这种情况下成为符合研究目标、也符合企业利益的一种工作。

不管怎样，仅通过对以上资料的初步分析，已可以看出，刘国樑建立了一种城市商人管理模式。他把不同行业与学校和教师都视为城市社会的新资源，纳入了行业的社会网络，推动了行业的发展，这种策略也使他的自主管理权日益增强，并在这种条件下，把新行业知识开发、生产和市场销售整合在一起。这个改革过程把他推到一个舞台上，迫使他把行业合作现实与家族同乡关系区分开来，按照适应行业发展的原则发展企业。但这种改革与他恪守道德伦理原则并不矛盾。他作为资本家的利益则来自于他作为企业管理者的实际利益，这正是一种业主与企业相区别的理性商业组织管理模式。

回到我们在论文引言中提出的具体问题，成文厚个案也提供了一些具体答案。在北京城市社会的大变动中，会计知识是通过传统文具行业的渠道引进商业界和传承下来的，并成为构建城市新社会分层的积极因素。除了本行业会计知识，商人刘国樑的经营方式还要依靠不同的行业知识，如法律和新文化广告，不断发展企业的综合组织，善于同时发挥家族私营商企股份制与城市政府公共组织的各自合法权益，吸收房地产在城市扩大企业商业空间。刘国樑所创立的成文厚对民国时期的北京社会现代化作出了一定的贡献。本个案似乎符合研究“中国资本主义的精神遗产”的现代潮流，尤其符合在中国已展开讨论的中国商业管理的现代化问题。如果我们考虑蒂姆·赖特（Tim Wright）提出的五要素：即市场意识、发展技术、选用能人、社会义务责任和管理学说，刘国樑正是符合这些要素的现代管理者①。

然而，刘国樑有本事把成文厚带出低谷，却做不到自始至终的自主管理。1952年以后，由于社会政治原因，他遭到了历史性的失败。虽然他的家族成员曾投身于民族解放运动和爱国主义运动，他本人也曾在1950年代初就把成文厚的全部账簿表单样册上交给国家，还用工整的毛笔字题写了“绝对为大众服务”的捐献赠言，使用了共产党的口号，表示了与新政府合作的愿望，以及他对企业以往成就和信誉的自

① 参见 Tim Wright（蒂姆怀特），“‘The Spiritual Heritage of Chinese Capitalism’: Recent Trends in the Historiography of Chinese Enterprise Management”（中国资本主义的精神遗产：中国企业管理史的最近研究方向），The Australian Journal of Chinese Affairs，19/20（1988），页185—214。有关本讨论参见第198—210页。

信，表达了他对在新社会条件下发展企业还抱有希望[①]，但他终于被内控，至1952年底，他彻底失去了成文厚的领导权。刘国樑对账簿业的投资，对现代与传统商业模式的用心结合和精心维护，虽然曾使成文厚赢得过企业自主管理权，但他以小企业集体化为核心的经营策略，与新政府的大计划经济战略目标，终成对立物，他只能在全社会的政治经济环境压力下退出历史舞台。与其说，1952年以后，刘国樑遭到了历史性的失败；不如说，在市场经济消失之后，他就已没有空间让自己的能力继续发挥作用。

我们还要指出的是，本个案也有另外的意义，成文厚在1979年后再度复兴和对刘国樑的纪念都证明了这种意义：成文厚的个案揭示了北京城市社会的商业现代化进程与传统行业文化的深刻联系。西方经济学界从前视家族行业传统为负面因素，这在中国社会和中国文化传统中是不可同一而论的。刘国樑对成文厚的改革经营之道，不在于他把现代商业知识与传统行业文化对立，而在于他将两者有机结合。他的家族商业传统和他在北京现代城市社会的新关系，使他能够创造出一个新的商业空间。该空间的出现又使现代账簿表单商品与传统书铺业恢复了关系。在这个空间中，开发和推销新产品，既能适应现代社会的商机需求，也能保持在淡旺季都能可持续生产，这时家族传统商业就成为账簿业淡季的补充。这种整体互补策略还能使他在不依赖于政府的状态下，防止企业的大起大落，这样在行业与城市社会之间就建立了稳定的联系。

Christian Lamouroux（蓝克利）

巴黎高等社会科学研究院，巴黎近现代中国研究所教授

董晓萍

北京师范大学文学院，北京师范大学中国民间文化研究所教授

① 刘国樑努力发展企业的行为发生于1950至1953年，给人印象深刻。他虽然卷入三反、五反运动，但仍选择了对合办印刷厂的风险投资；他还于1952年春合破产时，买下了这个老铺保的不动产。赵吉亮热情地描述说，当时成文厚是西单一带最大的企业，进入鼎盛期："如果不搞三反、五反，我们早就都富了。"

地名索引

H

J

K

L

术语引得

D

E

F

T